Forschungen zur DDR-Gesellschaft
Eckhard Jesse / Thomas Schubert (Hg.)
Friedliche Revolution und Demokratie

Eckhard Jesse / Thomas Schubert (Hg.)

Friedliche Revolution und Demokratie

Perspektiven nach 25 Jahren

Mit Beiträgen von
Karl Schwarzenberg, Richard Schröder, Wolfgang Welsch, Andreas H. Apelt, Dietmar Keller, Stefan Wolle, Stephan Hilsberg, Thomas Krüger, Roland Jahn, Peter Brandt, Horst Teltschik, Gerd Poppe, Rainer Eckert, Wolfgang Berghofer

Ch. Links Verlag, Berlin

»Friedliche Revolution und Demokratie. Perspektiven nach 25 Jahren« ist eine Initiative der Sächsischen Staatsregierung und der Professur Politische Systeme, Politische Institutionen an der Technischen Universität Chemnitz. Die Publikation wurde gefördert aus Mitteln des Freistaates Sachsen.

Die Deutsche Nationalbibliothek verzeichnet diese Publikation
in der Deutschen Nationalbibliografie; detaillierte bibliografische
Daten sind im Internet über www.dnb.de abrufbar.

1. Auflage, März 2015

Schönhauser Allee 36, 10435 Berlin, Tel.: (030) 44 02 32-0
www.christoph-links-verlag.de; mail@christoph-links-verlag.de
Umschlaggestaltung unter Verwendung eines Fotos von der Großdemonstration
am 4.11.1989 (Robert-Havemann-Gesellschaft / Jürgen Nagel)
Lektorat: Jana Fröbel, Berlin
Satz: typegerecht, Berlin
Druck und Bindung: Freiburger Graphische Betriebe, Freiburg

ISBN 978-3-86153-834-9

Inhalt

Eckhard Jesse / Thomas Schubert
25 Jahre nach der friedlichen Revolution in der DDR 7

Karl Schwarzenberg
»Deutschland ist eines der weltoffensten Länder« 19

Richard Schröder
»Eine verrückte Theorie von zwei Nationen auf deutschem Boden« 29

Wolfgang Welsch
»Opposition in einer Diktatur kann es nicht geben!« 43

Andreas H. Apelt
»Die schönste Erfahrung meines Lebens« 59

Dietmar Keller
»Wir lernten Demut, Diskussionsfähigkeit, Toleranz und Demokratie« 73

Stefan Wolle
»Nudeln mit Tomatensoße« 89

Stephan Hilsberg
»Herrliche Tage waren das!« 103

Thomas Krüger
»Ich war kein Opfer« 119

Roland Jahn
»Anpassen oder widersprechen? Mitmachen oder verweigern?« 129

Peter Brandt
»Asymmetrie des deutschen Einigungsprozesses« 141

Horst Teltschik
»Gorbatschows Antwort war: Diktat« 155

Gerd Poppe
»Wir hatten einen enormen Lernprozess zu absolvieren« 169

Rainer Eckert
»Trotzdem bleiben Probleme« 185

Wolfgang Berghofer
»Wer die Geschichte nicht versteht, kann die Zukunft nicht gestalten« 199

Eckhard Jesse / Thomas Schubert
Porträts der Akteure 213

Anhang
Personenregister 243
Angaben zu den Herausgebern 248

Eckhard Jesse / Thomas Schubert

25 Jahre nach der friedlichen Revolution in der DDR

Aller guten Dinge sind in diesem Fall nicht drei. Die Vortragsreihe »Friedliche Revolution und Demokratie – Perspektiven nach 25 Jahren« schloss im Sommersemester 2014 den Zyklus von vier Ringvorlesungen zu den Themen friedliche Revolution und deutsche Einheit an der Technischen Universität Chemnitz ab. Diese Ringvorlesung zog erneut nicht nur Bilanz, sondern stand auch für eine akteursorientierte Perspektive auf das Epochenjahr 1989 – und darüber hinaus. Hochkarätige Referenten aus Wissenschaft, Gesellschaft und Politik reflektierten die historische Wegmarke des Jahres 1989 und nutzten sie für einen aktuellen Blick auf die deutsche Demokratie.

15 Jahre zuvor war der Zyklus eröffnet worden. Eingeladen von der Professur Politische Systeme, Politische Institutionen an der Technischen Universität Chemnitz, rekapitulierten im Wintersemester 1999/2000 unter dem Motto »Revolution in der DDR« 14 ostdeutsche Bürgerrechtler – Jens Reich, Konrad Weiß, Marianne Birthler, Vera Lengsfeld, Günter Nooke, Wolfgang Templin, Markus Meckel, Ehrhart Neubert, Freya Klier, Rainer Eppelmann, Edelbert Richter, Ulrike Poppe, Friedrich Schorlemmer und Joachim Gauck – ihr Wirken, ihre Erlebnisse und ihre Ziele in den Jahren 1989 und 1990.[1] Im Wintersemester 2004/05 kam es zu einer Fortsetzung. In der Vorlesungsreihe »Friedliche Revolution in Sachsen« schilderten 16 sächsische Bürgerrechtler ihr Wirken und Erleben im Umbruch 1989/90. Das Spektrum der Referenten war weit gespannt, wie die folgenden Namen verdeutlichen: Martin Böttger, Wieland Orobko, Heinz Eggert, Matthias Kluge, Wolf-Dieter Beyer, Annemarie Müller, Herbert Wagner, Gunda Röstel, Uwe Schwabe, Tobias Hollitzer, Hansjörg Weigel, Cornelia Matzke, Arnold Vaatz, Matthias Rößler, Christian Führer und Werner Schulz.[2] Sie standen stellvertretend für die politische Heterogenität der DDR-Bürgerrechtsbewegung, die in Sachsen

1 Vgl. Eckhard Jesse (Hg.): Eine Revolution und ihre Folgen. 14 Bürgerrechtler ziehen Bilanz, 2. Aufl., Berlin 2001.

2 Vgl. Eckhard Jesse (Hg.): Friedliche Revolution und deutsche Einheit. Sächsische Bürgerrechtler ziehen Bilanz, Berlin 2006.

schnell einen »dritten Weg« verließ und zügig die deutsche Einheit anstrebte.[3] Die dritte Vorlesungsreihe »Friedliche Revolution und deutsche Einheit in Sachsen« ließ – abermals unter einer regionalen Perspektive – im Wintersemester 2009/10 nicht nur jene zu Wort kommen, die am Einsturz der SED-Diktatur mitwirkten: Frank Richter, Brigitta Kögler, Erich Iltgen, Michael Lersow, Rudolf Albrecht, Hartwig Albiro, Thomas Küttler, Gunter Weißgerber, Bernd Albani und Christoph Magirius. Von Interesse waren diesmal auch die Sichtweisen ehemaliger DDR-Funktionäre (Klaus Bartl, Hans Modrow, Klaus Reichenbach) und mit diesem Thema befasster Wissenschaftler: Michael Richter, Marc-Dietrich Ohse, Günther Heydemann.[4]

Auf diese Weise kam ein breites Spektrum von Standpunkten zur Geltung und wurde einer Idealisierung oppositionellen Aufbegehrens wie systemtragenden Handelns entgegengewirkt. Neben den erweiterten und überarbeiteten 46 Vortragstexten umfassen die bislang erschienenen drei Bände zu den Ringvorlesungen Porträts der Referenten, vergleichende biografische Einordnungen und politikwissenschaftliche Analysen zur friedlichen Revolution bzw. zur deutschen Einheit aus der Feder der Herausgeber. Von Beginn an wurde dabei ein kollektivbiografischer Ansatz verfolgt, der neben die subjektiven Zeugnisse die wissenschaftliche Einordnung der Akteure stellt. Die vierte Ringvorlesung im Sommersemester 2014 fügte sich in diese Konzeption ein. Ihr Ziel war es unter anderem, einen nach vorn gerichteten Blick auf die deutsche Demokratie zu werfen.

25 Jahre nach der friedlichen Revolution sind nicht nur die Voraussetzungen und Folgen der Selbstbefreiung von der SED-Diktatur zu erörtern. Vielmehr sollten die damals gezogenen und bis heute zu ziehenden demokratischen wie freiheitlichen Lehren eine größere Rolle spielen. Letztgenannter Aspekt kommt in der Forschung zum Thema bislang zu kurz. Während die von ostdeutschen Bürgerrechtlern 1989/90 vertretenen Strömungen und Konzeptionen gut ausgeleuchtet sind[5] und zunehmend auch die zum Teil sehr unterschiedlichen weltanschaulichen Standpunkte der DDR-Systemeliten im Jahr 1989 durchdrungen werden,[6] mangelt es an vergleichenden politikwissenschaftlichen Studien über die Positionen (z. B.

3 Vgl. dazu die Standardwerke von Michael Richter: Die Friedliche Revolution. Aufbruch zur Demokratie in Sachsen 1989/90, 2 Bde., Göttingen 2009; Die Bildung des Freistaates Sachsen, Göttingen 2004.

4 Vgl. Eckhard Jesse/Thomas Schubert (Hg.): Zwischen Konfrontation und Konzession. Friedliche Revolution und deutsche Einheit in Sachsen, Berlin 2010.

5 Vgl. anstatt vieler: Ehrhart Neubert: Geschichte der Opposition in der DDR 1949–1989, Berlin 1997; Dirk Rochtus: Zwischen Realität und Utopie. Das Konzept des »dritten Weges« in der DDR 1989/90, Leipzig 1999; Karsten Timmer: Vom Aufbruch zum Umbruch. Die Bürgerrechtsbewegung in der DDR 1989, Göttingen 2000; Christof Geisel: Auf der Suche nach einem dritten Weg. Das politische Selbstverständnis der DDR-Opposition in den achtziger Jahren, Berlin 2005; Andreas H. Apelt: Die Opposition in der DDR und die deutsche Frage 1989/90, Berlin 2009.

6 Vgl. etwa die Chemnitzer Habilitationsschrift von Tom Thieme: Eliten und Systemwechsel, Baden-Baden 2015 (i. E.).

zur Demokratie) der damaligen Akteure Jahre nach dem Annus mirabilis. Jenseits autobiografischer Werke (etwa der drei »Stasi«-Unterlagen-Beauftragten Joachim Gauck, Marianne Birthler und Roland Jahn)[7] kamen kaum Wandel und Kontinuität im politischen Denken der Aktiven des Herbstes 1989 zur Sprache.

Neben der Sichtweise der sieben Bürgerrechtler (Richard Schröder, Wolfgang Welsch, Andreas H. Apelt, Stephan Hilsberg, Thomas Krüger, Roland Jahn, Gerd Poppe)[8] werden in diesem wie bereits im vorangegangenen Band die Perspektiven dreier Wissenschaftler auf den epochalen Umbruch des Jahres 1989 und auf seine Folgen für die deutsche Demokratie erörtert (Stefan Wolle, Peter Brandt, Rainer Eckert) sowie Erinnerungen damaliger politischer Akteure dargelegt: auf der einen Seite Karl Schwarzenberg und Horst Teltschik, auf der anderen Dietmar Keller und Wolfgang Berghofer. Dadurch sind Retrospektive, Perspektive und Prospektive jeweils auf unterschiedliche Art verknüpft. Möglich ist dies durch eine vorgegebene thematische Struktur, die seit der ersten Ringvorlesung 1999/2000 Anwendung findet und eine vergleichende wissenschaftliche Einordnung der Beiträge zulässt. Jeder Referent erhielt ein standardisiertes Fragenbündel, ohne dass damit eine einengende Schematisierung beabsichtigt war. Den Referenten stand es frei, ihre Schwerpunkte zu gewichten und eigene Akzente zu setzen.

Unter den Kategorien »Eigene Person«, »Damalige Position«, »Heutige Position«, »Allgemeine politische Einordnung« und »Einordnung mit Blick auf die deutsche Demokratie« sollten die Referenten Antworten auf folgende Fragen geben: Was war Ihre Haltung gegenüber dem politischen »System der DDR«, und was waren die Gründe für diese Haltung? Welches Ereignis aus der Zeit vom Herbst 1989 bis zum Herbst 1990 hat Sie besonders bewegt? Was hat Sie am meisten überrascht – im positiven wie im negativen Sinne? Schwebte Ihnen im Herbst 1989 eine eigenständige DDR als Modell vor? Oder wünschten Sie eine schnelle Vereinigung Deutschlands? Sind im Wiedervereinigungsprozess gravierende Fehler gemacht worden? Ist Deutschlands »innere Einheit« auf einem guten Weg? Welchen Herausforderungen muss sich unsere Gesellschaft stärker stellen? Wie schätzen Sie die deutsche Demokratie heute ein? Wo sehen Sie Diskrepanzen zwischen Ihren Demokratievorstellungen im Jahr 1989 und jenen im Jahr 2014? Was hat die deutsche Demokratie aus der Freiheits- und Demokratiebewegung des Jahres 1989 gelernt, was kann bzw. was sollte sie Ihrer Meinung nach daraus lernen?

Mit den nunmehr insgesamt 60 Textbeiträgen und Porträts liegt eine einzigartige Basis für eine kollektivbiografische Einordnung vor. Beleuchtet werden

7 Vgl. Joachim Gauck: Winter im Sommer – Frühling im Herbst, München 2009; Marianne Birthler: Halbes Land. Ganzes Land. Ganzes Leben. Erinnerungen, Berlin 2014; Roland Jahn: Wir Angepassten. Überleben in der DDR, München 2014.

8 Auch wenn Wolfgang Welsch (1971) und Roland Jahn (1983) die DDR vor der friedlichen Revolution verlassen mussten, so arbeiteten sie unverdrossen gegen die Diktatur, nicht nur publizistisch.

nicht Individuem, sondern mit bestimmten historischen Ereignissen verbundene Einzelschicksale, die mit- oder gegeneinander wirkten, einander Freund oder Feind waren. Dies und die gewollte Heterogenität der gesellschaftspolitischen Ansichten ermöglichen vielfältige gruppen- bzw. parallelbiografische Vergleiche. Die Varianten der Gegenüberstellung sind reichhaltig: die Bürgerrechtler (verschiedener demokratischer Lager) untereinander, die Gegner und Befürworter der friedlichen Revolution, die Standpunkte der Akteure im Jahr 1989 und im Zeitverlauf, die wissenschaftliche Außenperspektive und die subjektive Binnenperspektive.

Vor 25 Jahren brach der »real existierende Sozialismus« in Mittel(ost)europa zusammen, zum einen bedingt durch eigene Schwächen, zum anderen verursacht durch interne Oppositionsbewegungen, die von Land zu Land höchst verschieden waren. Der Vorreiter, die Sowjetunion, war in gewisser Weise der Nachzügler. Erst Ende des Jahres 1991 wurde das »Vaterland aller Vaterländer« aufgelöst und von den Zinnen des Kremls die rote Fahne eingeholt. »Der Zyklus der Revolutionen von 1989/90 ist ein herausragendes Ereignis der europäischen Freiheitsgeschichte. Das Ende des Kommunismus, des Kalten Krieges und der Spaltung Europas war die Folge dieser umstürzenden Ereignisse. Die Revolutionen eröffneten den Menschen in Mittelosteuropa den Weg zu Demokratie und Selbstbestimmung. Gegen jedes nationale Ressentiment war das Grundgefühl einer gemeinsamen Freiheit und Solidarität weitverbreitet.«[9] Nicht alle Hoffnungen gingen dabei in Erfüllung. Entstanden aus der Tschechoslowakei gemäß dem Selbstbestimmungsrecht mit Tschechien und der Slowakei zwei Staaten, so war das gespaltene Deutschland fast auf den Tag genau ein Jahr nach der Feier zur 40. Wiederkehr der Gründung der DDR wiedervereint.

In den vergangenen 25 Jahren hat sich – allein bezogen auf Deutschland – viel getan, mehr Gutes als Schlechtes. Ob das vereinigte Deutschland eine neue oder eine erweiterte Bundesrepublik ist, darüber gehen die Meinungen in der Politik, der Publizistik und in der Wissenschaft weit auseinander.[10] Konsens besteht jedoch darin, dass »business as usual« dominiert. Am 27. September 2013 nahmen die Bürger in den ostdeutschen Bundesländern zum siebten Mal an Bundestagswahlen teil, am 25. Mai 2014 zum fünften Mal an den Wahlen zum Europäischen Parlament. Die Wahlen vom 14. September 2014 in Brandenburg und Thüringen schlossen den sechsten Zyklus der ostdeutschen Landtagswahlen ab. Wohl niemand hätte es vor 25 Jahren für möglich erachtet, dass mit Bodo Ramelow ein Mitglied der Partei Die Linke, der Nachfolgepartei der SED, Ministerpräsident in Thüringen werden konnte.

9 So Rainer Eckert: Opposition, Widerstand und Revolution. Widerständiges Verhalten in Leipzig im 19. und 20. Jahrhundert, Halle (Saale) 2014, S. 15.

10 Vgl. Heike Tuchscheerer: 20 Jahre vereinigtes Deutschland: eine »neue« oder »erweiterte Bundesrepublik«?, Baden-Baden 2010.

Auch die vierte Vorlesungsreihe stieß beim Chemnitzer Publikum auf großes Interesse, die hiesige Tageszeitung *Freie Presse* berichtete regelmäßig von den Veranstaltungen. Der Sprachduktus sollte ebenso in den nun in diesem Band vorliegenden verschriftlichten Vorträgen weithin erhalten bleiben, um ein möglichst authentisches Bild – von den Ausführungen wie den Personen – zu vermitteln. Aus biografischen Porträts der Autoren, vielfach Akteure der friedlichen Revolution, erfahren die Leser, dass es Menschen waren, die das diktatorische System[11] zu Fall brachten. Dieses ist nicht »einfach so« kollabiert.

Karl Schwarzenberg, nach der Wahl Václav Havels zum tschechoslowakischen Staatspräsidenten von 1990 bis 1992 dessen Büroleiter, von 2007 bis 2009 und von 2010 bis 2013 tschechischer Außenminister, spart in seinem Vortrag nicht mit Anekdoten. Er rühmt Havel unter anderem wegen seines Einsatzes für Deutschlands Einheit. Anders als mancher ausländische Politiker habe Havel an das Selbstbestimmungsrecht der Menschen erinnert. Die deutsche Einheit sei insgesamt gut gelungen, der Wandel im Osten Deutschlands unübersehbar, ja unfassbar. Das habe auch an der positiven politischen und ökonomischen Entwicklung Westdeutschlands gelegen. Die dortige 68er-Bewegung sei ambivalent zu bewerten. Schwarzenberg stellt fest, Ostdeutschland habe nach 1990 die Hilfe von Westdeutschland gehabt. Dies gelte nicht für Tschechien – hier dauere deswegen die Etablierung des Rechtsstaates länger. Deutschland müsse nach außen hin mehr Verantwortung übernehmen, nicht zuletzt in militärischer Hinsicht, und Rechtsbrüchen Russlands klar entgegentreten.

Richard Schröder, der SPD-Fraktionsvorsitzende in der ersten frei gewählten Volkskammer, macht keinen Hehl aus seiner Ablehnung der SED-Diktatur. Der frühere Pfarrer, der dem »Bürgertum« entstammte, wundert sich darüber, dass es im Westen – in der Bundesrepublik Deutschland wie in anderen Ländern – Stimmen gegen ein vereinigtes Deutschland gab. Ihm schwebte angesichts eines funktionierenden Gemeinwesens im Westen kein dritter Weg vor, auch keine neue Verfassung. Das vereinigte Deutschland, das im Gegensatz zu anderen Ländern nicht die geringsten separatistischen Tendenzen aufweise, sei auf einem guten Weg, selbst wenn es beträchtliche Herausforderungen gebe: die Vernachlässigung der Interessen der nachwachsenden Generation; die Vernachlässigung der Bedeutung von Institutionen für das Gedeihen einer freiheitlichen Gesellschaft; die Vernachlässigung der Rolle der Europäischen Union für die Zukunft. Das vereinigte Deutschland sei verfassungsrechtlich eine erweiterte Bundesrepublik, völkerrechtlich jedoch eine neue.

11 Vgl. die voluminöse Gesamtdarstellung von Klaus Schroeder: Der SED-Staat. Geschichte und Strukturen der DDR 1949–1990, 3. Aufl., Köln u. a. 2013; zur Frage nach der Art des diktatorischen Charakters siehe Florian Gräßler: War die DDR totalitär? Eine vergleichende Untersuchung des Herrschaftssystems der DDR anhand der Totalitarismuskonzepte von Friedrich, Linz, Bracher und Kielmansegg, Baden-Baden 2014.

Wolfgang Welsch, der in der DDR gegen die kommunistische Diktatur Widerstand geleistet hatte und dies mit Gefängnishaft büßen musste, berichtet anhand zahlreicher Beispiele, wie die Staatssicherheit ihn nach seiner Abschiebung 1971 in die Bundesrepublik Deutschland, wo er seine Aktivitäten fortsetzte (z. B. durch das »Ausschleusen« von Fluchtwilligen), beobachtete, verfolgte und drangsalierte – bis hin zu Mordversuchen. Der Publizist will zeigen, dass die Bürgerrechtler der späten 1980er Jahre nicht den Sturz des Systems anstrebten, sondern »nur« dessen Reform. Er beklagt gravierende Missstände bei der Aufarbeitung der SED-Diktatur, wie sich an der geringen Zahl der strafrechtlichen Verurteilungen zeige. Welsch übt heftige Kritik an der Bundesstiftung zur Aufarbeitung der SED-Diktatur und an der Stasi-Unterlagen-Behörde. Er prangert das geringe Gewicht der Staatssicherheit in Geschichtslehrbüchern an und möchte stärker ins Bewusstsein rufen, dass die DDR ein Unrechtsstaat mit Hunderttausenden traumatisierten Opfern war.

Andreas H. Apelt, im Herbst 1989 Gründungsmitglied des Demokratischen Aufbruchs in Berlin, macht deutlich, wie er zum Gegner der SED-Diktatur wurde, erst in seiner Niederlausitzer Heimat, später im Berliner Stadtbezirk Prenzlauer Berg. Trotzdem wollte er in der DDR bleiben, seiner Heimat. Apelt verstand sich stets als »Gesamtdeutscher«. Die Einheit war dem »Nationalneutralisten« wichtiger als die Westbindung Deutschlands. Das Abschneiden des Demokratischen Aufbruchs bei der ersten und letzten demokratischen Volkskammerwahl fiel für ihn enttäuschend aus. Nach Apelt durchschauten oppositionelle Kräfte nicht den Trick Hans Modrows, mit dem dieser dafür sorgte, dass sie sich als Minister ohne Geschäftsbereich in seine Regierung einbinden ließen. Die friedliche Revolution sei die schönste Erfahrung seines Lebens gewesen, wenngleich ihn die Verteilungskämpfe desillusionierten und patriotische Denkmuster vernachlässigt wurden. Deutsche täten sich schwer damit, an die deutsche Einheit zu erinnern. Das zeige der Streit um das Einheitsdenkmal in Berlin.

Dietmar Keller, unter Hans Modrow Kulturminister in der DDR, schildert die DDR als einen Staat, der durch eine Diktatur der Parteikader bestimmt wurde. Dieses Modell sei zum Scheitern verurteilt gewesen. Als Minister enttäuscht über die mangelnde Unterstützung seiner Mitarbeiter, wollte er den Sozialismus beibehalten, ihn nur reformieren. Die Zeit 1989/90 war für ihn voller Hoffnungen, die Arbeit in der Volkskammer ein Lehrstück demokratischer Parlamentskultur. Vieles Erwünschte (etwa die Absage an jede Form der »Großmachtpolitik«) sei für den antifaschistisch Erzogenen ausgeblieben. Heftig werden deswegen Außenminister Frank-Walter Steinmeier und Bundespräsident Joachim Gauck gescholten. Die Militarisierung der Gesellschaft stelle eine große Gefahr dar. Auch in der Medienpolitik liege vieles im Argen. Wenngleich es keine überzeugende Alternative zur Parteiendemokratie gebe, ist Keller zufolge Kritik an den Parteien mit ihrem »Allzuständigkeitsanspruch« angebracht, ebenso Kritik an der fehlenden gesellschaftlichen Aufbruchsstimmung.

Stefan Wolle, als Historiker an der Aufarbeitung der SED-Diktatur beteiligt, sieht den 9. Oktober 1989 mit der nicht gewaltsam aufgelösten Massendemonstration in Leipzig als deutschen Schicksalstag an. Der Publizist lässt die aufregenden Tage um den 7. Oktober in Berlin, als die SED das 40. Jubiläum der DDR als »Volksfest« groß begehen wollte und massive Proteste ihr die Feier verleideten, Revue passieren. Er wurde festgenommen und verbrachte die Nacht im Gefängnis. Nach einer Vernehmung am nächsten Tag wieder freigelassen, schrieb er einen Bericht für das Büro der »Zeitweiligen Untersuchungskommission der Berliner Stadtverordnetenversammlung zur Untersuchung der Vorfälle vom 7. bis 9. Oktober 1989«. Aus diesem geht das harte Eingreifen der »Sicherheitskräfte« hervor. Monate nach der Wiedervereinigung habe ein Polizeikommissar Wolle wegen des Berichts angerufen: Die Strafverfolgung sei schwierig, weil es sich um eine ungenehmigte Demonstration gehandelt habe.

Stephan Hilsberg, erster Sprecher der 1989 neu gegründeten SDP, schildert seinen Weg in die Opposition in der zweiten Hälfte der 1980er Jahre. Beeinflusst von der Pastorin Ruth Misselwitz, dem Physiker Martin Böttger und dem Pfarrer Martin Gutzeit, gründete der Sohn eines Pfarrers 1988 einen eigenen Friedenskreis. Er wollte den Sozialismus nicht verbessern, sondern abschaffen. Für Hilsberg stellte die SDP die Machtfrage, war sie doch nicht in der Illusion eines dritten Weges gefangen. Die deutsche Einheit sei deshalb so schnell zustande gekommen, weil sich keine DDR-Identität herausgebildet habe. Allerdings sei ihm die parlamentarische Demokratie wichtiger als die deutsche Einheit gewesen. Im Prozess der deutschen Einheit würde die Ost-CDU für den Machterhalt der West-CDU instrumentalisiert. Vom Ausbleiben der viel beschworenen »blühenden Landschaften« habe maßgeblich die Partei des Demokratischen Sozialismus (PDS) profitiert, die Nachfolgeorganisation der SED. In den neuen Bundesländern herrsche ein hohes Maß an politischer Passivität. Es ist notwendig, sagt Hilsberg, dass die Menschen im Osten »ihre« Geschichte erzählen, um Nostalgie abzubauen.

Thomas Krüger, seit dem Jahr 2000 Präsident der Bundeszentrale für politische Bildung, sah sich in der DDR nicht als Opfer, obwohl er ein Gegner des »realen Sozialismus« gewesen sei. Er habe als Theologiestudent Freiräume genutzt und verstand sich als Aktionist. Ein Schlüsselerlebnis war die Stimmenauszählung bei der Kommunalwahl im Mai 1989, weniger die Zeit in der ersten frei gewählten Volkskammer. Rückwärtsgewandte Debatten über die DDR, von der im heutigen Alltag mehr übrig geblieben sei, als oft behauptet wird, führten nicht weiter. Nur Ewiggestrige oder junge Nostalgiker schwärmten für die »Errungenschaften« der DDR, die keineswegs die »lustigste Baracke des Sozialismus« war, wie mediale Banalisierer meinen. Wer Analysen des DDR-Alltags fordere, wolle die ideologische Parteidiktatur nicht weichzeichnen, sondern »Bindekräfte« im Sozialismus benennen, so Krüger. Viele Menschen suchten nach Freiheit in der Unfreiheit. Die politische Bildung müsse sich um eine angemessene Aufarbeitung der beiden Diktaturen in Deutschland bemühen, ohne sie gleichzusetzen.

Roland Jahn, seit 2011 Bundesbeauftragter für die Unterlagen des Staatssicherheitsdienstes der ehemaligen Deutschen Demokratischen Republik, will erklären, was es heißt, in einer Diktatur gelebt zu haben. Am Beispiel des eigenen Verhaltens in der DDR verdeutlicht er seinen zeitweiligen Opportunismus, bis der Widerspruch überhandnahm. Die Konsequenz: Exmatrikulation von der Universität, später gegen seinen Willen Ausbürgerung aus der DDR. Das Leben in der Diktatur führte zur Einschränkung des Denkens (der 17. Juni 1953 sei teilweise ein faschistischer Putsch gewesen – dies glaubte Jahn anfänglich selbst noch im Westen); die Angst vieler habe dazu beigetragen, dass sie leidlich funktionierte. Der kritische Blick auf die eigene Biografie mag schmerzlich sein, aber ebenso befreiend. Auch in einer Demokratie gebe es Opportunismus, Leisetreterei. Doch sie benötige Streit, sie lebt davon. Und die intensive Auseinandersetzung mit den Verhaltensweisen in einer Diktatur trägt laut Jahn dazu bei, die Demokratie besser zu gestalten.

Peter Brandt, inzwischen emeritierter Historiker an der Fernuniversität Hagen, war lange vor 1990 ein engagierter Anhänger der deutschen Einheit unter neutralem Vorzeichen. Er hoffte auf eine Umwälzung in der DDR durch das Zusammenspiel von »Reformen« in der SED und eine revolutionär-demokratische Massenbewegung. Der Gedanke an eine friedliche Revolution, wie sie im Herbst 1989 Wirklichkeit wurde, schien ihm nicht realitätsnah zu sein. Der Ausgang der ersten freien demokratischen Volkskammerwahlen habe ihn überrascht und enttäuscht – wegen des schlechten Abschneidens der SPD. Michail Gorbatschows Hinnahme der NATO-Mitgliedschaft Gesamtdeutschlands kam für ihn ebenso unerwartet. Brandt, ein Anhänger der deutschen Einheit gemäß Artikel 146 des Grundgesetzes, versteht sich wegen der starken Benachteiligung unterer sozialer Schichten und der Deindustrialisierung des Ostens als Kapitalismuskritiker. Zugleich sei jedoch eine moderne Verkehrs- und Kommunikationsinfrastruktur entstanden. Die Massenzuwanderung auch aus anderen Kulturkreisen nütze der »inneren Einheit« Deutschlands.

Horst Teltschik, ein Flüchtlingskind und später langjähriger außenpolitischer Berater Helmut Kohls, beschreibt dessen an Entspannung und an deutscher Einheit zugleich orientierte Strategie. Dazu gehörte auch die wirtschaftliche Unterstützung osteuropäischer Staaten. Nach dem überraschenden Fall der Mauer sei der Bundesregierung daran gelegen gewesen, die Sowjetunion unter Michail Gorbatschow nicht zu demütigen. Mit dem bewusst vorsichtig abgefassten Zehn-Punkte-Plan ergriff die Bundesregierung die Initiative. Gorbatschow, auf eine Zusammenarbeit mit einem ökonomisch starken Westen hoffend, stimmte der deutschen Einheit selbst unter westlichem Vorzeichen nach einigem Zögern schließlich zu. Das Sicherheitstrauma Russlands müsse der Westen helfen abzubauen, meint Teltschik. Mit Blick auf die aktuelle Ukraine-Krise gelte es, Probleme *mit* Russland zu lösen, nicht *gegen* den mächtigen Staat. Teltschik plaudert zum Teil aus der Schule: Die sowjetische Führung habe noch im Januar 1990 eine militärische Intervention in der DDR erwogen.

Gerd Poppe, langjähriger aktiver Bürgerrechtler, berichtet über sein Leben in der DDR, das durch Schikanen gekennzeichnet war. Anfangs konspirativ agierend, suchte er mit anderen später eine Art Gegenöffentlichkeit aufzubauen. Poppe setzte sich früh für blockübergreifende Kontakte ein und hatte viele Treffen mit dem Kreis um Petra Kelly von den Grünen. Die verbreitete Behauptung, die oppositionellen Kräfte seien gegen die deutsche Einheit gewesen, stimmt nach Meinung Poppes so nicht. Sie wollten zunächst die europäische Einheit, dann die deutsche. Der Zentrale Runde Tisch in der DDR, an dem der Ostberliner Bürgerrechtler mitwirkte, strebte schnell den Übergang zur Demokratie mit freien Wahlen an, ebenso eine neue gesamtdeutsche Verfassung. Für das Zusammenwachsen der Deutschen wäre dies besser gewesen, sagt Poppe. Gleichwohl habe sich die innere Einheit gut entwickelt – ungeachtet mancher Ost-West-Probleme. Menschenrechte müssten nicht nur in Deutschland gewährleistet sein, sondern auch in anderen Staaten.

Rainer Eckert, Direktor des Zeitgeschichtlichen Forums Leipzig, wurde unter anderem durch seine Mitgliedschaft in der Jungen Gemeinde geprägt. Sein Traum von der Reformierbarkeit des Sozialismus war mit der Intervention der Truppen des Warschauer Paktes 1968 in der Tschechoslowakei ausgeträumt. Die Nachteile während des Geschichtsstudiums fielen für ihn beträchtlich aus. Nach der friedlichen Revolution war Eckert angesichts des auf Konsum ausgerichteten Verhaltens der DDR-Bürger von einer schnellen deutschen Einheit überzeugt. Auch wenn Kernforderungen der Revolution verwirklicht wurden, seien einige Postulate wie das Ausscheiden Deutschlands aus den Militärblöcken auf der Strecke geblieben. Das Prinzip »Rückgabe vor Entschädigung« habe im Osten für beträchtlichen Unfrieden gesorgt. Die Delegitimierung des Kommunismus sei gelungen, obwohl die Aufarbeitung seiner Hinterlassenschaften zu wünschen übrig lasse. Zu anderen Defiziten gehöre, dass zu wenige Ostdeutsche in den ostdeutschen Bundesländern Führungskräfte seien.

Wolfgang Berghofer, von 1986 bis 1990 Oberbürgermeister von Dresden, macht klar, dass in der DDR die SED »das Sagen« hatte, nicht das wiederum von der Partei abhängige Ministerium für Staatssicherheit. Der Marxismus-Leninismus sei politisch wie ökonomisch, ohne Wenn und Aber gescheitert. Um die Macht zu sichern, verfügte nur ein kleiner Teil der SED über Herrschaftswissen. Obwohl der Niedergang des Systems, erkennbar etwa am Verfall der Städte, offenkundig gewesen sei, habe auch Berghofer an der Parteidisziplin festgehalten. In der Bundesrepublik Deutschland gebe es lebenswertere Bedingungen, aber auch negative Erscheinungen, wie den Verzicht auf die Übernahme erhaltenswerter Errungenschaften der DDR (z. B. bei der Ausbildung im naturwissenschaftlichen Sektor), die überscharfe Kritik an Russland (und die weitgehende »Schonung« der USA), das hohe Ausmaß der Staatsverschuldung, die demografische Entwicklung (mit der Gefahr von Altersarmut) und die weithin fehlende Diskussion über den Zustand des reformbedürftigen Landes.

Es liegt in der Natur der Sache und ist gewünscht: Weder bei der Themenauswahl noch bei der Akzentsetzung war Einheitlichkeit geboten. Es gab nicht nur deutliche Unterschiede innerhalb der Gruppe der Bürgerrechtler, sondern auch unter den Wissenschaftlern und den (einstigen) Politikern. Pluralismus ist für die eigene Meinungsbildung ein Zeichen der Stärke, nicht der Schwäche.

Was die Themenauswahl betraf, so konzentriert sich Stefan Wolle in seinem subjektiven Beitrag mit der Schilderung eigener Erfahrungen auf den 7. Oktober 1989 in Berlin, den 40. Jahrestag der DDR. Im Gegensatz zu Wolle präsentiert Richard Schröder Antworten auf die gesamte Palette der Fragen. Die meisten Texte liegen näher bei Schröder als bei Wolle. Gleichwohl kommt die subjektive Dimension nicht zu kurz. Alle berichten von ihren Erfahrungen in und mit der DDR, so besonders eingehend Rainer Eckert, Roland Jahn und Wolfgang Welsch. Es mag erstaunen, dass bei den einstigen Systemträgern Wolfgang Berghofer und Dietmar Keller dieser Aspekt nicht in den Vordergrund tritt. Konzentrieren sich etwa Horst Teltschik und Thomas Krüger stärker auf die Zeit vor der deutschen Einheit, so stellen Dietmar Keller und Karl Schwarzenberg die Phase danach in das Zentrum.

Die Unterschiede unter den Bürgerrechtlern bei der Perzeption der Zeit vor der deutschen Einheit und danach sind beträchtlich. Wolfgang Welsch urteilt am härtesten. Seine Kritik bezieht sich dabei nicht nur auf die SED-Diktatur, sondern auch auf die seiner Meinung nach unangemessene Aufarbeitung im vereinigten Deutschland. Thomas Krüger hingegen urteilt deutlich milder. Obwohl Andreas H. Apelt (CDU), Gerd Poppe (Bündnis 90/Die Grünen) und Stephan Hilsberg sowie Richard Schröder (beide SPD) unterschiedlichen Parteien angehören, ist dies bei ihren Analysen kaum bemerkbar. Die herkömmlichen Rechts-Links-Differenzen spielen bei ostdeutschen Bürgerrechtlern eine weitaus geringere Rolle als etwa bei westdeutschen Politikern.

Die Positionen der drei Wissenschaftler sind wegen ihrer höchst unterschiedlichen Texte nicht ganz einfach miteinander zu vergleichen. Der Schilderung des 7. Oktober 1989 durch Stefan Wolle steht die Schilderung eines Lebens in der DDR durch Rainer Eckert gegenüber. Peter Brandt wiederum, der im Westen lebte, berücksichtigt stärker außenpolitische Konstellationen vor der deutschen Einheit und ökonomische Rahmenbedingungen danach. Bis auf Wolfgang Berghofer und Dietmar Keller übt keiner so heftige Kritik an den Zuständen in den ostdeutschen Bundesländern wie Peter Brandt.

Bei den vier Politikern ist zwischen Karl Schwarzenberg und Horst Teltschik auf der einen sowie zwischen Wolfgang Berghofer und Dietmar Keller auf der anderen Seite zu unterscheiden. Legen die beiden »West«-Politiker Optimismus an den Tag und loben das Erreichte (bei eher verhaltener Kritik des kommunistischen Herrschaftssystems), so verteidigen die einstigen SED-Politiker zwar nicht mehr das alte System, das sie durchaus als gescheitert ansehen, aber sie heben deutliche Mängel des neuen Systems hervor. Sie erachten dieses nicht für das letzte Wort der Geschichte.

Wie wenig bei außenpolitischen Fragen das konventionelle Rechts-Links-Raster »greift«, erhellen die Aussagen zu Russland und zum Ukraine-Konflikt. Während der Liberal-Konservative Karl Schwarzenberg und der Grüne Gerd Poppe vor jedweder Appeasementpolitik gegenüber Russland warnen, zeigen Wolfgang Berghofer und Horst Teltschik Verständnis für die Interessen Russlands. Außenpolitische Aspekte kommen in den meisten Beiträgen allerdings nicht zur Sprache.

Der Dank der Herausgeber gilt einmal mehr der Technischen Universität Chemnitz, in deren Räumen die Veranstaltungen stattfanden, insbesondere dem Rektorat und dem Dekanat der Philosophischen Fakultät. Der Rektor Arnold van Zyl und die Dekanin Bernadette Malinowski haben die Ringvorlesung eröffnet und nach Kräften unterstützt. Die Herausgeber wissen, dass dies in Zeiten knapper Kassen nicht selbstverständlich ist. Der Freistaat Sachsen förderte das Projekt dankenswerterweise im Rahmen der Initiative der Sächsischen Staatsregierung »25 Jahre friedliche Revolution und deutsche Einheit«. Der Verleger Christoph Links war erneut für die Publikation der Chemnitzer Vorträge zu gewinnen. Für das Lektorat danken wir Jana Fröbel.

Wenn in weiteren 25 Jahren die Professur Politische Systeme, Politische Institutionen eine Ringvorlesung zum Thema »Friedliche Revolution und deutsche Einheit nach 50 Jahren« abhält, wird die Zahl der Zeitzeugen kleiner geworden sein, die der anderen Quellen hingegen größer. Es wäre pure Spekulation, sich über die Akzentsetzung einer solchen Ringvorlesung den Kopf zu zerbrechen. Worüber jedoch Einigkeit bestehen dürfte: Das Revolutionsjahr 1989 ist ebenso ein Schlüsseljahr in der europäischen Geschichte wie das Revolutionsjahr 1789.

Karl Schwarzenberg

»Deutschland ist eines der weltoffensten Länder«

In den 1970er Jahren war in einer österreichischen Zeitschrift ein Artikel über das Waldsterben im Erz- und im Isergebirge erschienen. Daraufhin entschloss sich der österreichische Forstverein, diese Katastrophe zu besichtigen und festzustellen, was da wirklich los sei. Das heißt, man fuhr mit dem Bus in die Tschechoslowakei. Daraufhin wandten sich die Mitglieder an mich, sozusagen – wie man in Afrika zu sagen pflegte – als *white hunter*, also an jemanden, der halbwegs das Land kennt und die Sprache der »Eingeborenen« auch versteht. Sie nahmen mich als Reiseführer mit. Daraus entwickelte sich einer der interessanteren Ausflüge meines Lebens.

Da nun das Ganze von Linz aus organisiert worden war, stellte die tschechoslowakische Botschaft bzw. Staatspolizei erst sehr spät fest, wer an unserer kleinen Reise teilnahm. Infolgedessen wurde der Autobus mitten auf der Strecke angehalten, auf offener Landstraße zwischen der österreichischen Grenze und Prag. Es trat ein freundlich lächelnder Herr in unseren Bus und stellte sich als unser Reisebegleiter vor. Zusammen mit ihm fuhren wir ins Erzgebirge, zunächst auf den Keilberg, wo die Waldschäden beträchtlich waren. Wir fuhren danach weiter nach Gottesgab; dort kam zufällig eine Gruppe aus der DDR über die Grenze. Die Österreicher setzten sich sofort mit den DDR-Bürgern ins Gespräch, und ich fragte sie, wohin sie fahren. Sie sagten mir, sie fahren nach Karlsbad zum Einkaufen. Ich fragte: Was kaufen Sie denn ein? Sie sagten, sie möchten gern Fischkonserven kaufen. Darauf reagierte ich irritiert: Wie bitte? Meines Wissens grenzt die DDR ans Meer, was man von der Tschechoslowakei nicht behaupten kann. Nur bei Shakespeare, da liegt Böhmen am Meer. Da schauten sie mich lächelnd an – sie meinten, dass ich die Geheimnisse der sozialistischen Planwirtschaft nicht verstünde. Fischkonserven seien ein begehrtes Gut. Umgekehrt habe ich später von meinen tschechischen Freunden erfahren, dass die Leute aus der Tschechoslowakei in die DDR fuhren, um Schuhe einzukaufen. Was für mich ebenfalls eine neue Erfahrung war.

Im Laufe der Zeit landeten wir schließlich in Reichenberg (Liberec) und stiegen dort im altehrwürdigen Hotel »Zum Löwen« ab. Und wie der Zufall es wollte, traf ein weiterer Bus in diesem Hotel ein, von irgendeinem Volkseigenen Betrieb (VEB) der Textilindustrie. Nun sind Forstleute meist männlich, Textilarbeiter größtenteils weiblich, infolgedessen gab es binnen kürzester Zeit in der Diskothek des Hotels ein völkerversöhnendes Fest. Da es ein für Ausländer reserviertes Hotel war, fand ich an der Bar sogar einen halbwegs passablen Whisky. Nach kurzer Zeit setzte sich ein langhaariges, ganz schönes Wesen neben mich, und wir kamen ins Gespräch. Sie war ein hübsches und äußerst ehrliches Mädchen, das klar ausdrückte, was ihr Beruf sei. Ich stellte ihr die Frage, wer denn in Reichenberg die besten Kunden seien. Und sie antwortete mir, die Deutschen. Die seien zuverlässig, verhielten sich anständig und zahlten ordentlich. Die Italiener seien unterhaltend und lustig, aber sie zahlten ungern. Die Araber, sagte sie, zahlten sehr viel und hätten viel Geld. Und dann, auf dem vierten oder fünften Platz, kämen die Einwohner der DDR. Bei diesem Gespräch habe ich festgestellt: Es gab die Deutschen, und es gab die DDR-Bürger. Das waren ganz verschiedene Nationen. Die einen kamen im BMW, im Volkswagen oder im Mercedes, die anderen zu Fuß oder im Trabant. Für meine tschechische Gesprächspartnerin waren das zwei verschiedene Völker. So wurde ich damals über die Existenz der zwei Deutschlands belehrt. Auch später, bei Besuchen in Prag oder in Gesprächen mit Freunden und Bekannten, habe ich festgestellt, dass unter gebildeteren Leuten im Unterton bzw. in Nebenbemerkungen – bewusst oder unbewusst – eigentlich alle diese zwei Nationen unterschieden: die Deutschen und die DDR-Bürger. Das war für mich eine aufschlussreiche Beobachtung.

So viel als kleine Einstimmung, wurde mir doch die Aufgabe gestellt, eine Sicht von außen auf die Wiedervereinigung und die Entwicklung Deutschlands aufzuzeigen. 1989 kam es in Prag zu einem besonderen Ereignis. Bekanntermaßen stürmten nach dem berühmten Paneuropäischen Picknick an der österreichisch-ungarischen Grenze am 19. August 1989 unzählige Urlauber aus der DDR, die in Ungarn oder in der Tschechoslowakei weilten, die deutsche Botschaft, die Gott sei Dank im Palais Lobkowitz untergebracht war, wo es einen großen Garten gab. Als die Botschaft und das Botschaftsgelände mit Menschen überfüllt waren, setzten Verhandlungen zwischen der Bundesrepublik Deutschland und der DDR-Führung ein, die letztlich zur Kapitulation des Regimes vor den Flüchtenden führten. Schließlich wurden Personenzüge mit den Botschaftsflüchtlingen vollgeladen. In ihrer Blindheit beharrte die DDR darauf, dass die armen Flüchtlinge über die DDR in den Westen ausreisen mussten, worauf an vielen Bahnhöfen in der südlichen DDR diese Niederlage des Regimes sichtbar wurde; mit den bekannten Folgen, die schließlich im Fall der Berliner Mauer mündeten. Eine andere Folge dieser Ereignisse war, dass Prag nun voll war mit verlassenen Trabants und Wartburgs sowie mit allem, was die Flüchtenden hinterlassen hatten. Den Bildhauer David Černý, einen Freund von mir, brachte dies dazu, ein Trabant-Denkmal anzufertigen, das heute im Garten der deutschen Botschaft steht.

Die Sommerereignisse des Jahres 1989 führten in der Tschechoslowakei zu einer neuen Sicht auf die DDR-Bürger, da man sich nun fragte: Sind sie nicht vielleicht doch Deutsche? Kurz nach der DDR brach dann auch das kommunistische Regime in Prag zusammen. Und es gehörte zu den großen Taten des Václav Havel, dass er als Erstes nach seiner Wahl zum tschechoslowakischen Staatspräsidenten den beiden Deutschlands einen Besuch abstattete. Er fuhr nach Berlin sowie nach München und signalisierte dort: Die alte Zeit ist nun vorbei, für uns ist Deutschland in Zukunft der wichtigste Partner. Wobei ich unterstreichen möchte, dass die Charta 77 bereits Jahre zuvor auf Drängen Havels klar den Satz formuliert hatte, das deutsche Volk habe ein Recht auf die Wiedervereinigung. In einigen westeuropäischen Hauptstädten war die Regierung bekanntermaßen nicht ganz dieser Meinung, geschweige denn Hoffnung. In manchen westeuropäischen Hauptstädten herrschte vielmehr die Haltung vor, es sei gar keine so schlechte Idee, dass Deutschland geteilt ist. Und es war ein hervorragender französischer Intellektueller, François Mauriac, der schon Jahre zuvor auf die Frage, was er von dem Problem halte, sinngemäß antwortete: Ich liebe Deutschland so sehr, dass ich zufrieden bin, weil es gleich zwei Deutschlands gibt. Auch diese Haltung gab es 1989/90 noch in Europa. Umso bemerkenswerter ist die Sicht von Václav Havel, der meinte, Deutschland habe ein Recht auf seine Wiedervereinigung.

Lassen Sie mich ein paar Sätze zu Václav Havel einflechten. Kennengelernt haben wir uns in den 1980er Jahren, als ich für die Internationale Helsinki-Föderation für Menschenrechte immer wieder in diverse Länder des Ostblocks fuhr und im fränkischen Scheinfeld das Dokumentationszentrum für Samisdat-Literatur ins Leben rief, das inzwischen in Prag beheimatet ist. Ich vermied es dabei stets, Václav Havel eigenmächtig aufzusuchen, da ich von seinen und von meinen ständigen »Begleitern« wusste. Erst als er mir eines Tages zu erkennen gab, gern mit mir sprechen zu wollen, vereinbarten wir ein Treffen in einem äußerst lärmenden und damit abhörsicheren Lokal in der Nähe des Wenzelsplatzes. Wir saßen dort bis nach Mitternacht und besprachen diverse Themen. Von da an fanden wir immer, wenn ich in Prag zugegen war, Zeit für ein Treffen. Nachdem schließlich am 29. Dezember 1989 Václav Havel zum neuen Präsidenten der Tschechoslowakei gewählt worden war, lud mich sein Sekretär zu einem Mittagessen mit Havel und anderen ein. Ich fühlte mich ungeheuer geehrt. Das Mittagessen als solches erwies sich als miserabel, aber es war ein Arbeitsessen, bei dem alle am Tisch anwesenden Personen von Havel eine Aufgabe zugeteilt bekamen. Innerhalb einer halben Stunde wurde ich so Staatsbeamter. Inmitten einer Revolution, wenn einem das demokratisch gewählte neue Staatsoberhaupt eine Arbeit anbietet, schickt es sich nicht, diese abzulehnen. Wie es im Film »Der Pate« so schön heißt: »I'm gonna make him an offer he can't refuse.« Ich nahm Havels Angebot an und wurde damit Kanzler seines Präsidialamtes.

Václav Havel war eine außerordentliche Persönlichkeit und ein herausragender Chef. Wenn ich nach vier Jahren der Zusammenarbeit bis heute gut von ihm spreche, dann muss das etwas heißen, dann spricht das für unser gutes Verhältnis. Für mich stand immer fest: Er war der Chef, der Bestimmende, ich fungierte allein als Durchführungsorgan. Er hatte einen ungeheuren politischen Instinkt, irrte sich zwar in Kleinigkeiten, aber in den grundlegenden Dingen entschied er immer richtig. Persönlich ausgesprochen bescheiden und eigentlich schon fast scheu, war er von Natur aus ein Mann des Theaters, der die Politik auch vom künstlerischen Standpunkt aus betrachtete und zu großartigen politischen Inszenierungen – im positiven Sinne – fähig war. Havel war hilfsbereit und ein Mensch, der sich ernsthaft und leidenschaftlich für die Menschenrechte in der ganzen Welt einsetzte. Er unterbreitete beispielsweise den Vorschlag, der burmesischen Freiheitskämpferin Aung San Suu Kyi, mit der er über viele Jahre in Kontakt stand, den Nobelpreis zu verleihen, was im Jahr 1991 auch Realität wurde. Die schönste Zeit meines Lebens – das gebe ich gern zu – war die Zeit, in der ich für Václav Havel auf der Prager Burg arbeiten durfte.

Zurück zum Thema: Nach Havels Deutschlandbesuchen kam es am 15. März 1990 zu einem Gegenbesuch von Bundespräsident Richard von Weizsäcker in Prag. Der Termin war symbolträchtig, war Adolf Hitler doch am 15. März 1939 in Prag einmarschiert. Dieser Besuch, von Václav Havel sehr sorgfältig ins Werk gesetzt, geriet zu einem vollen Erfolg, wozu auch die hervorragenden Reden sowohl Weizsäckers als auch Havels beitrugen. Zwischen den beiden Männern entstand danach eine ziemlich enge Freundschaft. Trotzdem betrachteten damals in Prag viele derer, die aus der Charta 77 oder aus dem Widerstand hervorgegangen waren, Deutschland noch skeptisch. Ich kann mich erinnern, auch bei vielen meiner Freunde war das der Fall. Dazu trug bei – das dürfen wir nicht vergessen –, dass sich Mut und Widerstand in den Familien halten. Das heißt, viele Menschen, die in der Charta 77, die in der Widerstandsbewegung gegen den Kommunismus waren, hatten ihrerseits Eltern und Großeltern, die schon zwischen 1939 und 1945 im Widerstand gewesen waren. Besonders bei diesen Älteren gab es daher noch gewisse Vorbehalte gegenüber Deutschland, was ich auch im eigenen Freundeskreis erfuhr. Das war der Zustand im Jahr 1990.

Es folgten dann 1992 der Abschluss des deutsch-tschechoslowakischen Nachbarschaftsvertrags, den ich die Ehre hatte, mit Bundeskanzler Helmut Kohl auszuarbeiten, und 1997 der deutsch-tschechische Vertrag, der schon wesentlich mühsamer zu gestalten war. Die Beziehungen der beiden Staaten wurden auf neue Grundlagen gestellt. Damit wandelte sich auch sukzessive der Blick der Tschechen auf Deutschland, so dass wir es heute mit einer völlig veränderten Situation zu tun haben. Während Anfang der 1990er Jahre aufgrund der Erfahrungen aus der Zeit des Zweiten Weltkriegs und wegen der nachfolgenden kommunistischen Propaganda noch eine skeptische Sicht auf Deutschland vorherrschte, ist heute wahrscheinlich kaum ein Land – vielleicht mit Ausnahme der Vereinigten Staaten von Amerika – so populär in der Tschechischen Republik wie Deutschland. Dies ist zu Recht der Fall, ich möchte dafür zwei Argumente anführen.

Nach dem Beitritt der Tschechischen Republik zur NATO und zur Europäischen Union siedelten sich zwischen Pilsen und Ostrava nach und nach viele deutsche Unternehmen an. Die meisten davon waren wirtschaftlich sehr erfolgreich, und sie brachten eine andere Unternehmenskultur mit, vor allem im Verhältnis zu ihren Angestellten, so dass die Stimmung in diesen Unternehmen, ob man nun auf das Skoda-Werk schaut oder auf einen der vielen abhängigen oder unabhängigen Zulieferbetriebe, an sich ansprechend ist. Das hat den guten Ruf der Deutschen sehr gefestigt – daran besteht kein Zweifel.

Ein weiterer Aspekt, der in den letzten 25 Jahren die deutsch-tschechischen Beziehungen verbessert und die tschechische Sicht auf die Deutschen gewandelt hat, ist die geleistete politische Unterstützung. Als früherer Außenminister kann ich Folgendes sagen: Als die Tschechische Republik im Jahr 2009 die EU-Ratspräsidentschaft übernahm, waren die deutsche Bundeskanzlerin Angela Merkel sowie Außenminister Frank-Walter Steinmeier von großer Hilfe. Auf die deutsche Bundesregierung war nicht nur in dieser Phase stets Verlass. Die Kooperation ist heute hervorragend, unabhängig davon, ob Rot oder Schwarz in Berlin oder in Prag an der Macht sind. Nur sehr selten ertönt die Klage von Missständen.

Dasselbe sehr gute Verhältnis haben wir heute übrigens zwischen der Tschechischen Republik und der Slowakei. Als Kanzler von Präsident Václav Havel bekam ich Anfang der 1990er Jahre jede Woche die tschechoslowakischen Meinungsumfragen auf den Tisch. In keinem Moment waren in einer der beiden Teilrepubliken, der tschechischen und der slowakischen, mehr als 25 Prozent für die Teilung. Jedoch kam es bei den Wahlen 1992 zu völlig verschiedenen Ergebnissen im böhmischen und im slowakischen Teil. Im böhmischen Teil haben, kurz gesagt, die Občanská demokratická strana (ODS, die Demokratische Bürgerpartei) und die Parteien gewonnen, die für eine Marktwirtschaft eintraten und das Land öffnen und schnelle Reformschritte machen wollten. Im slowakischen Teil siegten hingegen die Parteien um Vladimír Mečiar, die für das Gegenteil standen, also so viel wie möglich vom Sozialismus behalten wollten und eben nicht das Land und die Volkswirtschaft öffneten, sondern eine protektionistische Politik bevorzugten. Die beiden Konzepte waren nicht zu vereinbaren, weshalb die Verantwortlichen schließlich die Teilung des Landes beschlossen.

Das Resultat dieser Politik nach über 20 Jahren ist ambivalent. Einerseits sind die inneren Komplexe und Konflikte zwischen Tschechen und Slowaken, die jedoch nie grundlegend waren und die etwa denen zwischen »Piefkes« und Bayern in Deutschland entsprachen, mehr oder weniger vorbei. Die Slowaken haben heute nicht mehr das Gefühl, dass die Tschechen sie gönnerhaft behandeln, und die Tschechen haben mittlerweile erkannt, dass die Slowakei eigenständig erfolgreich sein kann. Andererseits brachte die Teilung eine Schwächung auf internationaler Ebene mit sich. Zwei kleine Staaten haben eben nicht das Gewicht, das der »Mittelstaat« vorher hatte. Nichtsdestotrotz sind Tschechen und Slowaken heute das am glücklichsten geschiedene Paar in Europa. Und auch hier gilt: Unabhängig davon, welche Parteien in Prag und in Bratislava regieren, das Verhältnis ist hervorragend. Die Frage nach einer möglichen Wiedervereinigung steht in beiden Ländern, die Mitglieder der Europäischen Union sind, dennoch nicht auf der Tagesordnung. Indem wir uns auf europäischer Ebene ohnehin vereinigen und dieser (zwar mühsame und schwierige) Prozess weiter voranschreitet, sehen wir da keine Notwendigkeit. Im Gegenteil, eher laufen andere europäische Staaten Gefahr, dass es in ihnen zu Spaltungstendenzen kommt.

Merkwürdigerweise wurde an mich auch die Frage gestellt, wie ich die Wiedervereinigung und die seitherige deutsche Entwicklung einschätze. Ich glaube, sie ist, summa summarum, erstaunlich gut gelungen. Dass es am Anfang Irritationen geben würde, das war zu erwarten. Bekanntermaßen geht einem niemand mehr auf die Nerven als ein reicher Verwandter, der immer gute Ratschläge erteilt. Ich habe das in meiner Jugend selbst erlebt und kenne das. Entsprechend gab es in Ostdeutschland bald Vorurteile gegenüber »Wessis«, die alles besser wussten und noch dazu einen BMW oder Mercedes fuhren. Das erzeugt Spannungen, daran besteht kein Zweifel. Aber wie es insgesamt gelungen ist, die ehemalige DDR wiederaufzubauen, das ist sehr erstaunlich.

Ich hatte die Gelegenheit, das Land schon vor der friedlichen Revolution besuchen zu können – einmal in den 1960er Jahren, danach war es eine Zeit lang nicht möglich, dann gleich nach 1989. Und ich kann sagen: Der Wandel, der hier stattgefunden hat – man sieht ihn, wenn man durch die Städte, durch die Dörfer fährt –, ist nahezu unfassbar. Der Aufstieg dieses Landes, so scheint es mir, ist etwas, das heute Europa und die ganze Welt beeindruckt. Natürlich gibt es gegenwärtig noch Landstriche, die im Vergleich mit anderen zurückgeblieben sind. So etwas findet man aber auch in Tschechien, in Polen oder – schon früher – in der alten Bundesrepublik, der »Bonner Republik«. Dennoch glaube ich, nicht nur die Deutschen, ganz Europa kann glücklich und zufrieden sein, wie die Entwicklung gelaufen ist. Am erstaunlichsten ist dabei für mich, wie stark das deutsche Volk zusammengewachsen ist. Heute stammen sowohl der Bundespräsident als auch die Bundeskanzlerin aus der damaligen DDR. Wenn ich das jemandem im Jahre 1995 gesagt hätte, wäre ich wohl für verrückt erklärt worden. Heute ist es eine Tatsache: Die Deutschen sind wieder ein Volk geworden. Und das alles ist friedlich passiert, es wurde kein Tropfen Blut vergossen, es gab manche Aggression, aber nie etwas wirklich Wesentliches. Dazu muss man den Deutschen gratulieren.

Entscheidend für die politische Entwicklung des heutigen Deutschlands war nach meinem Dafürhalten die Genese im freien Teil, war die Entwicklung in der »alten« Bundesrepublik. Die Gesellschaft konnte sich einerseits frei entfalten, andererseits bewirkte die alliierte Politik der Reeducation nach dem Zweiten Weltkrieg, dass sich der Gedanke der Demokratie und des Rechtsstaates in Deutschland verbreiten und verankern konnte. Aufgrund des völligen Kollapses des nationalsozialistischen Regimes war die Bereitschaft vorhanden, das neue Gedankengut aufzunehmen und die neue Ordnung anzunehmen. Das dauerte selbstverständlich einige Zeit. In den späten 1950er und frühen 1960er Jahren habe ich in Deutschland studiert, und ohne Zweifel gab es damals an den Universitäten und in den Gerichten ehemalige Anhänger des Nationalsozialismus, die sich noch relativ lange hielten. Ganz entscheidend war dabei etwas, das ich anfangs noch als Münchner Student sehen konnte, dass nämlich die dringendsten materiellen Bedürfnisse bald befriedigt waren. Das von Bomben beschädigte Haus wurde repariert, die Menschen konnten sich ihr erstes Automobil kaufen und damit einen Ausflug nach Italien, an die Adria, machen. Plötzlich befand man sich wieder in einem normalen Leben. Und damals kam bald die Frage auf: Vater, Großvater, was hast du in der Vergangenheit getan? Aus dieser Auseinandersetzung, die teilweise sehr hart geführt wurde und manchmal in Familientragödien endete, entstand die 68er-Bewegung, die Europa und Deutschland veränderte.

Wer nicht die Jahre 1968 bis 1970 in Deutschland gesehen hat, der wird vieles nicht verstehen. Das Westdeutschland der 1950er Jahre hat in einer Art Biedermeier gelebt. Erschöpft durch den Zweiten Weltkrieg, erschüttert von dem, was passiert war, flüchteten die Menschen in die Werte der Vorkriegszeit. Eine führende Figur, die ein großes Glück für Deutschland bedeutete, war Bundeskanzler Konrad Adenauer. Aber auch er setzte auf das Biedermeierliche. Erst das Jahr 1968 brachte ganz neue Ansichten im politischen Denken hervor. Dass es dabei auch zu furchtbaren Irrwegen kam, etwa zur Anbetung der schlimmsten Diktatoren der Weltgeschichte, unter anderen Mao Tse-tung, steht außer Frage. Ich kann mich gut daran erinnern, wie Studenten demonstrierten und mit den kleinen roten Büchern durch die Straßen gingen und riefen: »Ho, Ho, Ho Chi Minh!« Alle diese teilweise sehr nachteiligen Entwicklungen – die ärgste war die Rote-Armee-Fraktion – waren Teil der 68er-Bewegung, die die Gesellschaft gleichwohl in eine liberalere, in eine offenere Gesellschaft verwandelte.

Von großem Vorteil für die ehemalige DDR war etwas, was mir Bundeskanzler Helmut Kohl 1992 im Anschluss an eine Verhandlungsrunde berichtete. Nach der Wiedervereinigung habe er die mit Überkapazitäten versehenen westdeutschen Gerichte »entleert« und 8000 Richter – teilweise aus dem Ruhestand geholt – in die ostdeutschen Bundesländer geschickt. Das war ein wesentlicher Schritt in Richtung einer guten rechtsstaatlichen Konsolidierung. Hingegen hatten wir in der Tschechischen Republik keinen westlichen Landesteil mit einem entwickelten Rechtsstaat. Alle unsere Richter und das Justizpersonal waren in dem alten System und in dessen Gedankenwelt sozialisiert worden. Das ist ein ungeheurer Unterschied! Ich kann mich erinnern, wie ein sehr intelligenter britischer Philosoph in den 1980er Jahren in die Tschechoslowakei fuhr und Wohnungsseminare abhielt. Viele gute britische Hochschullehrer, die etwa in Deutschland oder Holland arbeiteten, kamen nach Prag und gaben in Wohnungen Privatunterricht. Das war eine wichtige Möglichkeit, um neue Ideen aufzufangen. Als einer dieser Hochschullehrer im Jahr 1990 zu uns kam, fragten wir ihn: Was sollen wir im Hinblick auf Demokratie und Rechtsstaat machen? Er antwortete: »Shoot the judges!« (Erschießt die Richter!), die des alten Regimes. Das war eine übertriebene Zuspitzung, aber richtig ist: Wenn das Justizsystem nicht vollends auf eine neue, auf eine bessere Basis gestellt wird, dann gehen die Unarten des alten Regimes weiter, viel länger als man glaubt. Darunter leidet mein Land im Unterschied zu Ostdeutschland bis heute.

Ohne den geringsten Zweifel ist Deutschland heute das führende Land in Europa. Was für kleinere Staaten in der Nachbarschaft manchmal etwas mühsam zu akzeptieren ist. Aber wir müssen zugestehen: Es hat in der europäischen Geschichte noch keine Hegemonialmacht gegeben, die derartig zurückhaltend, taktvoll und stets auf Rechtsstaatlichkeit pochend agierte. Selbstverständlich gibt es Differenzen in außenpolitischen oder anderen Fragen, aber es liegt auf der Hand: Deutschland ist heute für viele ein Vorbild in Europa geworden. Diese Wandlung des Deutschlandbildes ist eines der erfreulichsten und erstaunlichsten Dinge, die ich erleben durfte. Ich kann mich noch gut daran erinnern, wie man von außen auf das Deutschland der 1950er, 1970er und 1980er Jahre blickte. Das hat sich jetzt völlig gewandelt. Freilich übertragen ihr neues Außenbild und ihr neues inneres Wesen der Bundesrepublik Deutschland eine gewaltige Verantwortung. Wer einen Kontinent anführt, der hat eine große Verpflichtung. Das wird den deutschen Politikern erst langsam bewusst. Die seligen Zeiten der Bonner Republik und auch die der Jahre danach, in denen man gut verdiente, sich aber mit der großen Politik, der Machtpolitik, den militärischen Einsätzen nicht die Hände schmutzig machen musste, sind vorbei. Nun ist Deutschland in jedem Bereich zur Verantwortung gerufen, was die Situation wesentlich verändert hat.

Deutschland kann sich seiner internationalen Verantwortung nicht mehr entziehen. Wir müssen wahrhaben, dass die friedliche Zeit in Europa heute wieder einmal vorbei ist. In dem Moment, in dem Wladimir Putin beschloss, dass die Regeln der Vereinten Nationen für ihn nicht gelten, in dem Moment, in dem er ein fremdes Staatsgebiet annektierte, in dem Moment mussten wir begreifen: Die Verhältnisse in Europa haben sich gravierend verändert. Im Jahr 1992 wurde in Budapest ein Vertragswerk unterzeichnet, in dessen Folge die Ukraine die Kernwaffen, über die sie als sowjetisches Erbe verfügte, an die Russische Föderation übergab. Im Gegenzug wurden der Ukraine von der Russischen Föderation ihre Grenzen garantiert. Anhand der Ereignisse im Frühjahr 2014 sehen wir, dass diese Garantie nicht einmal das Papier wert war, auf dem sie niedergeschrieben stand.

Wir treten in eine neue europäische Periode ein. Die Theorie mancher Historiker, das 20. Jahrhundert sei das kürzeste gewesen, indem es 1914 mit dem Attentat von Sarajevo begann und 1989 mit dem Fall der Berliner Mauer und dem Zerfall der Sowjetunion endete, lässt eine interessante Parallele aufscheinen. Vielleicht beginnt das 21. Jahrhundert gerade jetzt, mit dem Bruch aller Verträge und der russischen Besetzung von Teilen eines Nachbarstaates. Jedenfalls müssen wir uns wieder auf ein tiefes Misstrauen in Europa gefasst machen. Wir müssen zudem zur Kenntnis nehmen, dass wir uns auf keinen Vertrag, auf keine Garantie mehr verlassen können und dass wir in eine instabile politische Situation geraten sind. In dieser Konstellation ist Deutschland zur Verantwortung gerufen. Nur wenn wir die russische Föderation dazu bringen, dass sie Verträge respektiert, können wir ein friedliches Europa haben. Ansonsten kehren wir in das unglückliche 20. Jahrhundert zurück. Ich weiß, dass es für viele Deutsche vor dem Hintergrund des Zweiten Weltkriegs und der großen Wirtschaftsinteressen, die die Bundesrepublik und ihre Unternehmen in Russland haben, eine sehr unpopuläre Angelegenheit ist, aber ich fürchte, Deutschland kommt um die Frage eines anderen Umgangs mit Russland nicht herum.

Zwei Dinge scheinen mir hierbei für Deutschland und für Europa notwendig. Die eine Aufgabe ist, dass wir der Ukraine wirtschaftlich und finanziell helfen müssen. Die Energie- und Wirtschaftspolitik Putins hat dazu geführt, die Ukraine durch spezifische Preisvereinbarungen in die Abhängigkeit zu führen und die ukrainische Wirtschaft sozusagen »sturmreif« zu machen. Wir sind daher zu Hilfe aufgerufen. Das ist eine schwierige, aber eine lösbare Aufgabe. Europa ist wirtschaftlich stark genug, es ist technisch gut ausgerüstet, so dass diese Angelegenheit machbar ist. Die zweite, wesentlich unangenehmere Aufgabe ist es, durch langfristig konzipierte Sanktionen der Russischen Föderation bzw. Wladimir Putin begreiflich zu machen, dass solche Taten nicht ungestraft bleiben. Wir müssen langfristige Maßnahmen treffen, die für Russland spürbar sind. Andernfalls wiederholt sich, was mit der Annexion der Krim passiert ist. Wir dürfen nicht vergessen, dass die Russische Föderation die – angeblich – unabhängigen Länder Südossetien und Abchasien besetzte. Damals hat der Westen nicht reagiert. Der französische Präsident Nicolas Sarkozy flog zwar nach Moskau und brachte einen Waffenstillstand zustande, aber in Wirklichkeit hat Putin ihn in diesem Fall übertölpelt. Mit dem Appetizer bekam er Appetit, und jetzt hat er sich mit der Krim die Vorspeise gegönnt. Wir dürfen gespannt sein, ob die Suppe auf der Speisekarte Moldawien, Transnistrien oder was auch immer sein wird. Die Ukraine wird mit großer Wahrscheinlichkeit der Hauptgang werden.

Wäre Adolf Hitler im Sommer 1939 gestorben, nachdem er den Anschluss Österreichs durchgeführt und nachdem er die böhmischen Grenzgebiete besetzt hatte, dann würde er vielleicht als großer deutscher Staatsmann dastehen – schließlich war seine Popularität zu dieser Zeit enorm. Und heute? Für viele Russen ist das Auseinanderfallen der Sowjetunion nach wie vor eine Schmach. Wladimir Putin selbst hat das Auseinanderfallen der Sowjetunion als die »größte geopolitische Katastrophe des Jahrhunderts« bezeichnet (immerhin gab es im 20. Jahrhundert zwei Weltkriege). Und er hat geäußert, dass er es als seine Aufgabe ansehe, diese Entwicklung so weit wie möglich zurückzudrehen. Und wer vor diesem Hintergrund in die Geschichte zurückblickt, wird sehen, dass in den 1930er Jahren für viele Deutsche der Verlust von Elsass-Lothringen im Westen wie von Teilen Schlesiens und Ostpreußens im Osten inakzeptabel war. Auch dürfen wir nicht vergessen, wie lange es dauerte und wie schwer es war, dass sich Frankreich mit dem Verlust Algeriens abgefunden hat. Gebietsverluste sind immer traumatisch, zumal dann, wenn es sich – wie im Falle der Sowjetunion – um eine Großmacht handelte. Dass das für viele Russen bis heute ein Trauma ist, müssen wir vor dem Hintergrund der Geschichte verstehen.

Während die von mir erwähnte veränderte Rolle Deutschlands bei manchen Befürchtungen hervorruft, bin ich überzeugt: Deutschland hat in der zweiten Hälfte des 20. Jahrhunderts einen Wandel vollzogen, der solche Besorgnisse als unbegründet zurücklässt. Das Deutschland, das ich aus meiner Jugend kenne, und das heutige Deutschland sind zwei verschiedene Welten. Wahrscheinlich haben die Deutschen am wenigsten gemerkt, wie sehr sie sich selbst verändert haben, aber Gott sei Dank, ohne ihre Tüchtigkeit zu verlieren.

Wenn ich mich an meine ersten Fahrten durch Sachsen erinnere und wenn ich mir das heute ansehe: Es ist ein anderes Land geworden. So wie die Dekanin Bernadette Malinowski in ihren einleitenden Worten davon sprach, dass sie Ende der 1980er Jahre geträumt habe, die Mauer würde fallen, so wünschte ich heute einigen Menschen, dass sie träumten, die Mauer sei wieder da, und dass sie feststellten, wie ihr Leben damals war – als Gefangene im eigenen Land. In der Gegenwart treffe ich Deutsche, junge wie alte, auf der ganzen Welt. Es mag sich wie Schmeichelei anhören, doch bin ich von der folgenden Aussage überzeugt: Deutschland ist eines der weltoffensten Länder. Ich gratuliere Ihnen dazu!

Richard Schröder

»Eine verrückte Theorie von zwei Nationen auf deutschem Boden«

Ich stamme aus einer protestantischen Familie, die den christlichen Glauben sehr ernst nahm. Und mein Vater war bis zu seinem Tode privater Apotheker in einer Kleinstadt. Also: falsche Weltanschauung, falsche Klassenzugehörigkeit. »Dein Vater ist Ausbeuter, weil er Angestellte hat«, sagte der Schulleiter einmal zu meiner Schwester. Die Absurdität des Vorwurfs »Ausbeuter« lag darin, dass mein Vater als staatlich angestellter Apotheker mehr verdient und außerdem eine Altersversorgung bekommen hätte. Außerdem bestimmten staatliche Vorschriften, dass seine Angestellten niedrigere Gehälter bekamen als die Angestellten staatlicher Apotheken. Die meisten Lehrer an unserer Grundschule waren von solchen klassenkämpferischen Tönen erkennbar peinlich berührt. Als ich 1958 mit 14 Jahren vom Besuch der Oberschule ausgeschlossen wurde, wie meine älteren Geschwister, obwohl ich doch kurz zuvor vom Schulleiter öffentlich eine Buchprämie für sehr gute schulische Leistungen überreicht bekommen hatte, nahmen einige meiner Lehrer mich beiseite und drückten mir ihr Bedauern aus. Und unter den Mitschülern gab es nicht eine Spur von Diskriminierung.

Es ist nicht ganz einfach, die Situation der 1950er Jahre in der DDR heute zu beschreiben. Etwa 90 Prozent der Bevölkerung gehörten der evangelischen Kirche an. 1958 nahm fast die gesamte Klasse an der Konfirmation teil. Die Jugendweihe gab es zwar bereits, aber beansprucht wurde sie nur von Altkommunisten, die sehr selten waren. Nur etwa fünf von 25 Kindern waren nicht Mitglieder der Pionierorganisation. Ärzte, Apotheker, die meisten Bauern, die Handwerker waren noch selbständig oder »privat« und wurden wirtschaftlich mal mehr, mal weniger benachteiligt – sie mussten mit ihrer Enteignung rechnen. Regelmäßig verschwanden Klassenkameraden, weil ihre Familie bei Nacht und Nebel über West-Berlin in den Westen gegangen war, nur mit Handkoffern. Da muss ich wohl nicht ausführlich über die Haltung zum politischen System referieren, in der ich aufgewachsen bin. Die kommunistische Herrschaft wurde als unberechenbar und bedrohlich erlebt – und dazu gab es reichlich Anlass.

Ich möchte weitere Aspekte hervorheben. Der eine war die Erfahrung der NS-Zeit. Bekanntlich hatten sich damals auf der einen Seite die »Deutschen Christen«

formiert, die den Nationalsozialismus begrüßten und eine »Entjudung« des Christentums und der Kirche forderten, auf der anderen Seite die Repräsentanten der »Bekennenden Kirche«, die namentlich dem Totalitätsanspruch der nationalsozialistischen Weltanschauung und des nationalsozialistischen Staates widersprachen. Die Bekennende Kirche hatte 1934 auf der Bekenntnissynode zu Barmen die Barmer Theologische Erklärung verabschiedet, die diesen Widerspruch artikulierte. Meine Großfamilie stand auf der Seite der Bekennenden Kirche, und nicht in der Tradition eines unkritischen Obrigkeitsgehorsams. »Man muss Gott mehr gehorchen als den Menschen«, dieser Satz des Petrus war ein Familienmotto.

Wenn ich die politische Einstellung meines Vaters kurz beschreiben soll, würde ich sagen: Er war überzeugter Rechtsstaatler. Jede Regierung und Verwaltung muss Recht und Verfassung strikt respektieren, und das muss gerichtlich überprüfbar sein. Scheinwahlen und Wahlmanipulationen, Gummiparagrafen und Schauprozesse, darüber konnte sich mein Vater jedes Mal von Neuem empören. Die ganze NS-Zeit über und auch während der sowjetischen Besatzungszeit hatte mein Vater im Kontor der Apotheke das Bild von Reichspräsident Hindenburg hängen, mit der Begründung, er sei das letzte frei gewählte deutsche Staatsoberhaupt gewesen. Eines Tages wurde er deswegen beim sowjetischen Stadtkommandanten angezeigt. Der erschien wortlos in der Apotheke, ging ins Kontor, salutierte vor dem Bild und ging wieder davon. Wahrscheinlich war das ein Denkzettel gegen das Denunziantentum.

Meine Eltern beurteilten die Installation der kommunistischen Diktatur im Lichte ihrer Erfahrungen mit der NS-Diktatur. Meine Mutter pflegte zu sagen: Man weiß gar nicht, wer von wem am meisten abgeguckt hat. – In unserer Kleinstadt gab es wirklich wundersame Kontinuitäten. In der NS-Zeit war ein HJ-Heim gebaut worden. Das wurde jetzt zum FDJ-Heim umfunktioniert. Mit Landsknechtstrommel und Fanfaren war die HJ-Kapelle bei Demonstrationen vorneweggezogen. Nun dienten dieselben Instrumente, mit neuen Aufschriften versehen, wieder demselben Zweck. Erst später war genug Geld da, um einen Schalmeienzug zu gründen, wie es die kommunistische Tradition vorsah. Allerdings waren manche Melodien immer noch dieselben. Übrigens hatte damals in der evangelischen Kirche die Totalitarismustheorie von Hannah Arendt viele Anhänger. Oft wurde sie allerdings auf einen platten Antikommunismus verkürzt. Hannah Arendt hatte nicht »den Kommunismus« mit »dem Faschismus« parallelisiert, sondern Gemeinsamkeiten im Herrschaftssystem von Hitler und Stalin herausgearbeitet.

Ich erwähne noch zwei bis in die Grundschulzeit zurückreichende Erfahrungen. Das eine war die Angst vor willkürlicher Verhaftung, die damals umging. Menschen wurden vorzugsweise nachts verhaftet, und man erfuhr oft nur gerüchteweise, warum das geschah. Die andere frühe Erfahrung war das ökonomische Versagen der DDR. Besuche aus dem Westen und Besuche im Westen, die bis zum Mauerbau möglich waren, dokumentierten das. Ich war Pfingsten 1961 zum letzten Mal auf Verwandtenbesuch in Westdeutschland und am 10. August 1961 zum letzten Mal in West-Berlin. Zu jener Pfingstreise kam es so: Eines Tages rief der Vorsitzende des Rates des Kreises die Angehörigen der »medizinisch-technischen Intelligenz« zu einer Aussprache, um sie von der grassierenden »Republikflucht« abzuhalten. Unser Staat tue doch alles für ihr Wohlergehen (was nicht stimmte), und sie sollten doch offen ihre Probleme benennen, damit sie behoben werden könnten. Da meldete sich mein Vater und sagte, er wolle über Pfingsten mit zweien seiner Söhne zum Verwandtenbesuch nach Westdeutschland. Darauf der Vorsitzende: Solche Reisegenehmigungen lägen zwar nicht in seiner Zuständigkeit, aber er wolle sich bei der Volkspolizei dafür einsetzen, was auch geschah. Reisegenehmigungen nach Westdeutschland wurden damals sehr restriktiv vergeben.

Welches Ereignis aus der Zeit vom Herbst 1989 bis zum Herbst 1990 hat mich besonders bewegt? Ich nenne gleich deren vier: der Gründungsaufruf des Neuen Forums; die Montagsdemonstrationen in Leipzig; Gorbatschows Haltung zur deutschen Einheit; die formelle Einheit am 3. Oktober 1990. Erstens: Den Gründungsaufruf des Neuen Forums vom 10. September 1989 hatten nach einem Monat 20 000 Menschen unterschrieben, mit Namen und Adresse, obwohl der Aufruf nicht veröffentlicht werden konnte, sondern von Hand zu Hand ging. Anfang des Jahres 1989 hatte die Ökumenische Versammlung für Gerechtigkeit, Frieden und Bewahrung der Schöpfung einen beachtlichen DDR-kritischen Text innerkirchlich veröffentlicht, der zwar durchaus Diskussionen in manchen Kirchengemeinden auslöste, aber nicht entfernt eine solche Bewegung wie dieser Aufruf. Da war ein Damm gebrochen durch das erste Loch im Eisernen Vorhang in Ungarn. Zweitens: Bei der Montagsdemonstration am 9. Oktober waren unerwartet 70 000 Demonstranten erschienen. Da die Sicherheitskräfte nur mit 50 000 gerechnet hatten, riskierten sie nicht die Konfrontation, sondern sie zogen sich zurück – »mit Eigensicherung«. Das eigentliche »Wunder« war die beherrschte Gewaltlosigkeit der Demonstranten, die die Sicherheitskräfte ungemein verwirrt hat. Drittens: Mit Gorbatschows Zustimmung zur Vereinigung beider deutscher Staaten hatte ich so schnell nicht gerechnet. Das war für mich eine große Überraschung. Viertens: Der 3. Oktober 1990 brachte nicht nur die deutsche Einheit, sondern beendete auch die Vormundschaft der Siegermächte. Der Zwei-plus-vier-Vertrag ist de facto der Friedensvertrag, der den Zweiten Weltkrieg abschloss, und wir sollten dankbar dafür sein, dass es bei 2 + 4 blieb statt 2 + 48, denn so viele Staaten hatten am Ende der NS-Diktatur den Krieg erklärt. Bei formellen Friedensverhandlungen wären Deutschland reichlich offene Rechnungen präsentiert worden.

Negativ überrascht hat mich der italienische Politiker Giulio Andreotti mit seinem Satz: Wir lieben Deutschland so sehr, dass wir am liebsten zwei davon haben. Der französische Präsident François Mitterrand stattete Ende des Jahres 1989 der DDR einen Staatsbesuch ab, warnte vor Leipziger Studenten vor der Wiedervereinigung und schloss ein fünfjähriges Handelsabkommen mit der DDR ab. Lothar de Maizière fragte damals den französischen Botschafter, ob er glaube, dass die DDR zum Ende dieser Vertragsdauer noch existiere, und bekam zur Antwort, diesbezüglich sei der Präsident beratungsresistent. Die britische Premierministerin Margaret Thatcher war bemüht, Michail Gorbatschow gegen eine Wiedervereinigung einzustimmen. Ihr Außenminister allerdings wirkte am Zwei-plus-vier-Vertrag konstruktiv mit. Und es war dem sehr guten Verhältnis zwischen Helmut Kohl und François Mitterrand zu verdanken, dass dieser seine Bedenken aufgab. Insofern war die deutsch-französische Aussöhnung auch eine Voraussetzung für das Zustandekommen der deutschen Einheit. Ausschlaggebend aber war am Ende die Verständigung zwischen George Bush senior und Michael Gorbatschow. Gegen dessen Bedenken, ein vereinigtes Deutschland könne wieder auf Sonderwege geraten und unberechenbar agieren, antwortete Bush, das sei ausgeschlossen, wenn Deutschland in der NATO integriert sei.

Die Partei Die Linke, die fordert, Deutschland solle aus der NATO austreten, und darin offenbar einen Beitrag zu Frieden und mehr Sicherheit sieht, hat bis heute nicht begriffen, dass ein »neutrales«, also ungebundenes Deutschland die Nachbarn nicht erfreuen, sondern eher beunruhigen würde. Ich halte darüber hinaus die Angst vor deutschen Alleingängen für abwegig. In der überwiegenden Mehrheit haben wir Deutschen einige Lektionen aus den schwarzen Kapiteln deutscher Geschichte gelernt. Andere finden jenes Argument von George Bush senior ehrenrührig oder bevormundend. Ich finde es nicht. Wenn wir nicht können, was wir nicht wollen, sind wir nicht unfrei. Unfrei ist, wer nicht kann, was er will, aber nicht derjenige, der nicht will, was er nicht kann. Faire Verträge binden immer die Vertragspartner, beeinträchtigen also ihre »Souveränität«, aber zum beiderseitigen Vorteil. Wer unberechenbar frei ist, wird gefürchtet.

Ich habe die schöne westdeutsche Gastfreundschaft nach der Maueröffnung erlebt und ich hebe noch die tätige Solidarität hervor, die sich über die Jahre in ganz erheblichen Zahlungen niedergeschlagen hat, sich aber auch in einem sehr dichten Netz von Unterstützungen für östliche Bundesländer und Kommunen auswirkt. Mit dieser breiten tätigen Solidarität kontrastierte allerdings 1990 bei einigen westdeutschen Wortführern eine Ablehnung der deutschen Vereinigung, die ich nur als »Westmacke« verbuchen konnte. Sie fand sich bei Autonomen und Grünen, auch bei einigen führenden Intellektuellen.

Am 12. Mai 1990 fand in Frankfurt am Main eine Demonstration mit 20 000 Teilnehmern statt unter dem Motto »Nie wieder Deutschland«. In der ersten Reihe, diese Losung hochhaltend: Claudia Roth, Angelika Beer, Jutta Ditfurth. Es gab auch die Losung »Deutschland muss sterben, damit wir leben können« – ein Satz, den nur verstehen kann, wer weiß, dass auf dem umstrittenen Kriegerdenkmal am Hamburger Dammtor aus einem Lied von Heinrich Lersch (1914) steht: »Deutschland muss leben, und wenn wir sterben müssen«. Es hat manchmal selbst das Schlechte sein Gutes. Die Zensur in der DDR hatte bewirkt, dass wir genau auf unsere Wortwahl achteten. Das plakative, polarisierende und maßlos übertreibende, aber nicht ganz ernst gemeinte Plappern habe ich mir abgewöhnt.

Die Bundesrepublik hatte mit dem Grundgesetz (GG) die beste Verfassung, die es je in Deutschland gab. Ich hatte mir 1974 von einem Bremer Freund ein Exemplar unter der Fußmatte seines Volkswagens mitbringen lassen. Unter schweren Geburtswehen hatte die bundesdeutsche Gesellschaft zudem den Weg zu einer offenen Gesellschaft erfolgreich beschritten. Zugleich hatte sie damit bewiesen, dass ihr »System« lernfähig war. Anfangs schien es so, als hätte die CDU die Kanzlerschaft unverlierbar abonniert. Aber das änderte sich. Die DDR dagegen war ein erstarrter Staat, dessen Erstarrung sich steigerte, als die SED-Führung sich ausdrücklich Gorbatschows Erneuerungskurs verweigerte. Die SED-Führung hatte sich nicht nur lokal in Wandlitz, sondern auch mental eingemauert – sie war weithin nicht mehr in der Lage, die Realitäten unverstellt wahrzunehmen. Alter und Krankheiten der Gerontokraten taten ein Übriges dazu. Der Anfang vom Ende war wohl das Verbot der sowjetischen Zeitschrift *Sputnik*, zu deren »Abo« die Genossen zuvor doch geradezu gedrängelt worden waren. Als dort unter Gorbatschows Glasnost ein Artikel erschien, der Stalin und Hitler verglich, soll Erich Honecker persönlich das Verbot gefordert haben. Das löste zum ersten Mal seit langem Proteste unter den SED-Genossen aus, die sich betriebsöffentlich an den Anschlagbrettern der Partei äußerten.

Mir schwebte im Herbst 1989 keine eigenständige DDR vor. Im August 1989 hatte Professor Otto Reinhold von der Akademie der Gesellschaftswissenschaften beim Zentralkomitee der SED im *Neuen Deutschland* einen Artikel veröffentlicht, in dem er erklärte, ohne den Systemgegensatz habe die DDR keine Existenzberechtigung. Da habe ich mir gedacht: Der Mann hat recht, aber ganz anders, als er denkt. Er wollte nämlich mit seinem Satz unterstreichen, dass der Sozialismus als Existenzbedingung der DDR erhalten werden müsse. Er setzte dabei stillschweigend die Einheit der deutschen Nation voraus. Zwar war unter Honecker eine verrückte Theorie von zwei Nationen auf deutschem Boden, eine sozialistische und eine kapitalistische, in die Welt gesetzt worden – die war aber schon wegen der Wortverbindung »deutscher Boden« selbstwidersprüchlich und ohne Widerhall im Bewusstsein der Menschen, ohne das keine Nation besteht.

Im Mai 1990 hatte ich ein Gespräch mit dem sowjetischen Diplomaten Valentin Koptelzew, der mir erklärte, die sowjetische Führung habe diese Theorie zwar Honecker zuliebe unterstützt, in Wahrheit sei sie aber immer davon überzeugt gewesen, dass eine so gewichtige Nation wie die deutsche nicht auf Dauer teilbar sei. Er könne sich auch nicht vorstellen, dass Russland auf Dauer geteilt werde. Ich stimmte ihm aus vollem Herzen zu und dachte: Hoffentlich merkt er nicht, wie viele Deutsche sich das offenbar inzwischen vorstellen können, und zwar mehr im Westen als im Osten. Ich hatte späterhin noch Kontakt mit Koptelzew. Er schilderte mir in bewegenden Worten, wie schwer es ihm gefallen sei, nach dem Verbot der KPdSU sein Parteibuch abzugeben.

Ein beachtlicher Unterschied zwischen ungarischen oder tschechoslowakischen Kommunisten einerseits und denen in der DDR andererseits war der: Jene waren zuerst Polen oder Tschechen oder Slowaken und dann Kommunisten, während in der DDR das Wort »sozialistisch« das Wort »deutsch« übertönen musste. Darauf hatte Otto Reinhold angespielt. Und deshalb standen die Kommunisten in der DDR bei den anderen kommunistischen Führern in Verruf, 150-prozentige sozialistische Oberlehrer zu sein.

Der Ausdruck »dritter Weg« ist mehrdeutig, je nachdem, was unter erstem und zweitem Weg gemeint ist. Gemeint ist immer etwas zwischen »Kapitalismus« und »Sozialismus«. Aber manche sehen in Ludwig Erhards sozialer Marktwirtschaft etwas Drittes zwischen »Raubtierkapitalismus« und Sozialismus. Tony Blair bezeichnete einst seinen Kurs als dritten Weg und meinte eine wirtschaftsfreundliche sozialdemokratische Position, die von Enteignungen nichts hält. Ota Šik, der ökonomische Berater von Alexander Dubček während des »Prager Frühlings«, sprach von einem dritten Weg – und meinte damit so etwas wie eine sozialistische Marktwirtschaft, also Marktwirtschaft ohne »Privateigentum an Produktionsmitteln«. Dritte Wege als Ausweg oder Ausstieg aus einer Extremposition können gerechtfertigt sein. Zwischen zentraler Planwirtschaft und Marktwirtschaft gibt es aber kein dauerhaft stabiles Drittes. Und es gibt zwar Marktwirtschaften ohne Demokratie, aber keine Demokratien ohne Marktwirtschaft. Schließlich gehört die »Gewerbefreiheit« zu den ältesten demokratischen (liberalen) Grundrechten.

Kriegswirtschaften zeigen immer starke planwirtschaftliche Elemente, aber deshalb, weil ein nichtökonomisches Ziel, der Sieg, wichtiger ist als wachsender Wohlstand. Es ist ein verbreiteter Irrtum, unter Kapitalismus eine Wirtschaftsform zu verstehen, die neben anderen jederzeit zur Wahl stehe. Wird unter Kapitalismus Marktwirtschaft verstanden, dann gilt: Immer und überall, wo die Arbeitsteilung steigt – und diese steigt notwendig mit dem technologischen Fortschritt –, müssen die einen Spezialisten das Lebensnotwendige eintauschen, was nur andere Spezialisten fertigen können. In einer anonymen Großgesellschaft entsteht dadurch zwingend Marktwirtschaft, fragt sich nur, von welcher Art sie ist, das heißt, wie der rechtliche Rahmen aussieht. Die Alternative zur Marktwirtschaft ist, so gesehen, die Subsistenzwirtschaft: Großfamilien produzieren fast alles, was sie brauchen, selbst. Aber aus den Ländern mit Subsistenzwirtschaft kommen die Wirtschaftsflüchtlinge. Sozialistische Planwirtschaften sind daran gescheitert, dass man den Bedarf einer Großgesellschaft an Gütern und Dienstleistungen nicht wirklichkeitsnah zentral berechnen kann. Der Chefplaner der SED, Gerhard Schürer, hat nach dem Ende der DDR dieses Problem klar benannt und gesagt, die Modelle, die der Planung zugrunde gelegt wurden, seien viel zu grob gewesen, um treffsicher planen zu können. Und der Staat vermochte nie das Unvorhergesehene einzuplanen, wie etwa politisch bedingte Mineralölpreissteigerungen, Missernten und neue technische Erfindungen, die neuartige Produkte auf den Markt bringen. Es stimmt also nicht, dass die sozialistische Planwirtschaft bloß schlecht *gemacht* war. Sie war aus prinzipiellen Gründen Mangelwirtschaft und innovationsfeindlich. Deshalb wird eine verbesserte Wirtschaftsordnung immer eine Marktwirtschaft mit verbesserten rechtlichen Rahmenbedingungen sein oder eben ein gebändigter Kapitalismus.

Meine Position zur deutschen Einheit war 1990 dieselbe, die in der Koalitionsvereinbarung der Regierung de Maizière formuliert wurde: »so schnell wie möglich und so gut wie nötig«. Wir mussten das Schiff in den Hafen bringen, ehe es im Chaos versank. Das Hauptproblem war dabei die internationale Zustimmung, zumal die der Sowjetunion. Es gab 1989/90 unter den neuen politischen Bewegungen in der DDR einige, die für die DDR etwas völlig Neues, Vorbildliches anstrebten. Manche sprachen auch von einer neuen Art von Demokratie. Ich habe damals gefragt, ob die Welt schon wieder am (diesmal ost-)deutschen Wesen genesen solle und ob wir nicht genug zu tun hätten, bis wir die bundesdeutschen oder – allgemeiner – westeuropäischen Standards erreicht haben? Im Übrigen waren diese Himmelsstürmer blind für die Ökonomie. Die DDR-Wirtschaft war erkennbar in der Krise, und zwar nicht nur der Zahlungsschwierigkeiten wegen, sondern auch weil die Produktionsanlagen verschlissen und die Produkte nach Preis oder Qualität nicht weltmarktfähig waren. Vereinfacht gesagt: Nach der Währungsunion waren einige DDR-Produkte zwar gut, aber unter Weltmarktbedingungen zu teuer. Andere waren zwar billig, aber nicht gut genug. Und wieder andere waren zwar gut und billig (etwa Brötchen), aber nur deshalb, weil der Staat sie subventionierte, so dass sie unter den Herstellungskosten verkauft wurden.

Die Forderungen der Demonstranten: »Reisefreiheit«, »Stasi in die Produktion«, »Deutschland einig Vaterland«, »Kommt die D-Mark, bleiben wir, kommt sie nicht, gehen wir zu ihr« – all diese Forderungen sind erfüllt. Allerdings war vielen nicht klar, welche Wirkung manche Wünsche haben werden. Den massiven Zusammenbruch der DDR-Wirtschaft hatten viele so nicht erwartet. Weil der wirtschaftliche Zusammenbruch erst nach der deutschen Vereinigung manifest und vor Ort im Betrieb spürbar wurde, lasteten ihn viele Menschen der Bundesregierung und der Treuhandanstalt an. Die gewaltige Arbeitslosigkeit, die über die Ostdeutschen hereinbrach, hat vielen im Osten die Freude an der deutschen Einheit vergällt.

Das ist ein eigenes Thema und ein weites Feld. Ich will dazu nur dies sagen: Überall im ehemals sozialistischen Lager waren der Ausstieg aus der zentralen Planwirtschaft und der Übergang zur Marktwirtschaft mit gewaltigen Schmerzen verbunden. Dank der deutschen Vereinigung konnte dieser unvermeidliche Kollaps sozial erheblich abgefedert werden. Allerdings war die Kollapserfahrung auch deshalb besonders heftig, weil sie besonders plötzlich kam. Nach dem Mauerfall konnte den Ostprodukten keine Schonfrist durch Zölle gewährt werden, weil niemand an der innerdeutschen Grenze systematische Zollkontrollen durchführen, also die Grenzabfertigungsanlagen wieder in Betrieb nehmen wollte.

Der Übergang zur Marktwirtschaft wäre etwas günstiger verlaufen, wenn die Ostmärkte nicht weggebrochen wären. 1990 hatte die Sowjetunion vom vereinigten Deutschland verlangt, alle Lieferverpflichtungen, die die DDR gegenüber der Sowjetunion eingegangen war, zu übernehmen. Das führte zu einem Handelsabkommen über 20 Milliarden DM. Mit dem Zerfall der Sowjetunion, den so kaum jemand vorhergesehen hatte, war das Abkommen hinfällig, und weitere Ostbetriebe hatten ihre Kundschaft verloren. Für diese Verluste war deshalb sehr schwer Ersatz zu schaffen, weil die Märkte weithin gesättigt waren, das Angebot über der Nachfrage lag. Die westdeutsche Wirtschaft war 1990 nur zu 68 Prozent ausgelastet und hätte mit einer Steigerung von 20 Prozent die neuen Bundesländer vollständig versorgen können.

Das ist auch die Erklärung dafür, warum es kein ostdeutsches »Wirtschaftswunder« gab, wie manche in einer verfehlten historischen Analogie erwarteten. Hätte man 1945 Württemberg mit der Schweiz vereinigt, wäre es auch nicht zu einem Wirtschaftswunder gekommen, sondern zu Abwanderung und Transfer. Nach 1945 musste nur wiederaufgebaut und produziert werden, was es schon einmal gab. Deutschland war vom Weltmarkt abgeschottet und ohne konvertible Währung. Keine dieser Bedingungen galt 1990 für Ostdeutschland.

Sind im Einigungsprozess gravierende Fehler gemacht worden? Es kommt darauf an, was man unter »gravierend« versteht. Wenn gemeint ist: Fehler, bei deren Vermeidung der Einigungsprozess spürbar besser und schneller verlaufen wäre, möchte ich antworten: nein. Das heißt nicht, dass alle Entscheidungen »alternativlos« waren, sondern dass alternative Entscheidungen auch Schattenseiten oder Nachteile gehabt hätten.

Ein Fehler war, dass die Einigungskosten kleingeredet wurden. Es wäre besser gewesen zu sagen: Das wird schwierig, das wird teuer, aber wir schaffen das. Und wir haben es ja auch geschafft. Dass die Bundesregierung diese Tonart vermieden hat, lag daran, dass der Kanzlerkandidat der SPD, Oskar Lafontaine, viel Zustimmung bei Umfragen erfuhr, als er erklärte, die Vereinigungsstrategie der Bundesregierung sei unbezahlbar. Daraufhin kamen Helmut Kohl Zweifel darüber, wie belastbar die Solidarität der Westdeutschen an dieser Stelle sei. Ein Fehler war auch, dass die Sozialsysteme im Osten weitestgehend aus Beiträgen statt aus Steuermitteln bezahlt wurden. Das schonte diejenigen, die keine Beiträge in diese Systeme zahlten (Beamte, Selbstständige), und es trieb die Lohnnebenkosten eine Zeit lang in die Höhe. Andererseits flossen Steuermittel in die Sozialsysteme.

Bei der Suche nach Fehlern sehen viele eine höchst fragwürdige Voraussetzung: Wenn alles richtig gemacht worden wäre, hätte niemand Grund zum Klagen gehabt. In Wahrheit war die DDR-Wirtschaft weithin ruiniert, wie aus dem Geheimgutachten des Planungschefs Schürer vom 30. Oktober 1989 hervorgeht. Und die Staatsfinanzen waren zerrüttet. Als Lothar de Maizière sein Amt als Ministerpräsident antrat, fragte er die Verantwortlichen nach der Zahlungsbilanz in Devisen. Die Antwort: Die Zahlungsunfähigkeit in Devisen werde noch dieses Jahr eintreten.

Nun wenden manche ein, so schlimm könne es nicht gewesen sein, denn es gab Reserven bei Schalck-Golodkowskis KoKo-Imperium. Das stimmt zwar. Diese einbezogen waren die Schulden in Devisen deutlich niedriger. Aber etwas anderes war viel schlimmer: Die Kreditwürdigkeit der DDR war dahin, als bekannt wurde, dass diese auf vorgetäuschten Guthaben in Devisen beruhte. Und entscheidend ist immer, ob jemand seine Schulden bedienen, also Zinsen und Tilgung bezahlen kann. Dann kann er mit Millionenschulden (Krediten) gut verdienen. Wenn er seine Schulden nicht bedienen kann, ist die Höhe der Schulden zweitrangig. Die DDR konnte keine weiteren Waren auftreiben, die sich für Westgeld verkaufen ließen. Sie konnte also bei steigenden Devisenausgaben die Einnahmen nicht erhöhen. Das ist die Konstellation, die in Insolvenzen, den Konkurs oder die Pleite führte. Nun sagen manche, Staaten können gar nicht pleitegehen. Das stimmt insofern, als sie nicht wie ein Unternehmen aufgelöst und versteigert werden können. Es wird ihnen aber nur unter strengen Auflagen geholfen – sie verlieren ihre finanzielle und wirtschaftliche Souveränität. Sie werden unter Kuratel gestellt.

Verfassungsrechtlich gesehen haben wir eine erweiterte Bundesrepublik, weil die DDR nach Artikel 23 des Grundgesetzes (alt) dem Geltungsbereich des Grundgesetzes beigetreten ist. Allerdings wurden die Beitrittsbedingungen in Staatsverträgen zwischen beiden deutschen Staaten ausgehandelt und von beiden deutschen Parlamenten beschlossen. Das war kein Erfordernis von Artikel 23, für den ein einfacher Volkskammerbeschluss genügt hätte, dem dann ein Überleitungsgesetz des Bundestages gefolgt wäre, wie beim Beitritt des Saarlandes. Der Weg über Verträge hatte den Vorteil, dass die westdeutsche Fachkompetenz hinsichtlich rechtsstaatlicher Regelungen zusammengeführt werden konnte mit der ostdeutschen Feldkompetenz. Die östliche Seite kannte die Ausgangssituation in der DDR besser als die westliche; Letztere kannte das Ziel besser, nämlich grundgesetz- und europarechtskonforme Regelungen. Es ist eine Mär, dass die Bundesrepublik bereits mit der Währungsunion die DDR übernommen und von da ab weder Volkskammer noch DDR-Regierung etwas zu sagen hatten. Diese Kolonialisierungsthese übersieht erstens, dass die Mehrheit der DDR-Bevölkerung die Einheit durch Beitritt wollte. Sie gab nämlich bei den Volkskammerwahlen und den Kommunalwahlen den Parteien die meisten Stimmen, die das wollten. Und zweitens mussten sowohl der Beitritt als auch die drei Verträge (Währungsunion, Wahlvertrag, Einigungsvertrag) von beiden deutschen Parlamenten mit Zweidrittelmehrheit beschlossen werden. Außerdem musste vor der Anwendung des Artikels 23 GG das Einverständnis der Siegermächte des Zweiten Weltkriegs vorliegen, wenn die deutsche Einigung nicht sofort den Beleg für deutsche Unberechenbarkeit liefern sollte.

Am 17. Juni 1990 versuchten die DSU (und Teile der CDU), einen sofortigen Beitrittsbeschluss herbeizuführen. Auch Wolfgang Ullmann und andere von Bündnis 90/Grüne traten dafür ein, auch ein paar »Abweichler« aus der SPD-Fraktion. Seltsamerweise war den Antragstellern nicht bewusst, dass der sofort wirksame Beitrittsbeschluss auch die Selbstauflösung der Volkskammer bedeutet hätte, denn eine Volkskammer war ja im Grundgesetz nicht vorgesehen.

Ministerpräsident Lothar de Maizière konnte mit tatkräftiger Unterstützung der SPD-Fraktion diesen Unfug gegen ein deutliches Murren der eigenen Fraktion abblocken. Andernfalls hätte die Sowjetunion aus dem Radio erfahren, sie habe 400 000 Militärangehörige auf NATO-Gebiet stationiert. Die deutsche Einheit als unabgesprochene Sturzgeburt hätte vielen im Ausland das Vorurteil bestätigt, die Deutschen tendierten zu irrationalen Entscheidungen.

Die Entscheidung für eine Einigung nach Artikel 23 GG fiel vor allem deshalb, weil sie schnell vollziehbar war. Wollte man vor der Vereinigung eine neue Verfassung ausarbeiten, hätte sich das »Fenster der Gelegenheit« schließen können, weil Gorbatschow erschossen oder abgesetzt worden wäre. Über dieses Argument wurde 1990 viel gespottet. Der Spott verstummte, als Gorbatschow tatsächlich entmachtet wurde. Im Übrigen ist dem Wortlaut nach in Artikel 146 GG von der deutschen Vereinigung gar nicht die Rede, sondern davon, dass das Grundgesetz seine Gültigkeit verliert, wenn sich das deutsche Volk in freier Selbstbestimmung eine neue Verfassung gibt. Nichts steht davon drin, dass sich das deutsche Volk vor einer Vereinigung eine neue Verfassung geben müsse, wie 1990 manche behaupteten. Das deutsche Volk kann sich weiterhin jederzeit eine neue Verfassung geben. Das ist allerdings so schnell wohl nicht zu erwarten, weil die Zufriedenheit mit dem Grundgesetz sehr groß ist. Aber im Zuge der europäischen Vereinigung könnte einmal der Bedarf nach einer neuen Verfassung entstehen, weil das Grundgesetz dem Souveränitätsverzicht Grenzen setzt, die weiteren Schritten auf dem Wege zur deutschen Einheit im Wege stehen. Das Verfassungsgericht ist an die geltende Verfassung gebunden. Bestimmte Fragen kann es nur dann anders beantworten als bisher, wenn es auf der Grundlage einer anderen Verfassung neu zu entscheiden hätte.

Übrigens sind im Einigungsvertrag einige Grundgesetzänderungen vorgenommen worden, darunter, besonders von der Sowjetunion gefordert, die Streichung des Artikels 23 GG, damit er nicht weiter beansprucht werden kann. Da Stettin westlich der Oder-Neiße-Grenze liegt, tauchte dort 1990 die Losung »Beitritt nach Artikel 23« auf einer Wand auf, was einige Außenministerien aufschreckte. Denn diese Art von Verwicklung wollte nun wirklich kein beteiligtes Land.

Der Einigungsvertrag empfahl zudem eine Volksabstimmung über das geänderte Grundgesetz. Die unterblieb mit dem Argument, es sei zu wenig verändert worden, und die Mehrheit werde doch ohnehin zustimmen. Das letztgenannte Argument halte ich für unberechtigt. Vor dem Standesbeamten sagen auch weit über 90 Prozent Ja, und trotzdem ist die Frage unverzichtbar. Gefragt werden ist ja auch ein Akt des Ernstnehmens. Aber man kann nicht behaupten, Deutschland leide unter der unterbliebenen Volksabstimmung zum Grundgesetz. Inzwischen hat es ja zudem weitere Grundgesetzänderungen gegeben.

Diejenigen, die beklagen, dass aus Anlass der deutschen Vereinigung keine neue Verfassung ausgearbeitet wurde, übersehen zweierlei: Erstens: Man kann nicht eine neue Verfassung fordern wie eine neue Hose. Da wird vorausgesetzt, dass die alte durch Gebrauch verschlissen ist. Das ist aber bei Verfassungen nicht der Fall. *Neu* ist deshalb bei Verfassungen für sich genommen kein Gewinn. *Besser* muss die nächste sein. Auch eine verschlechterte Verfassung wäre ja neu. Zweitens: Für eine neue Verfassung braucht man eine Mehrheit in Bundestag und Bundesrat. Was an Verfassungsänderungen mehrheitsfähig ist, wird sozusagen fortwährend getestet. Es ist gar nicht zu erkennen, dass es 1990 oder heute eine Mehrheit für eine grundlegende Verfassung, etwa die Präsidialdemokratie wie in Frankreich oder den USA, gab.

Wir sind noch immer bei der Frage, ob wir in einer neuen oder einer erweiterten Bundesrepublik leben. Verfassungsrechtlich haben wir eine erweiterte Bundesrepublik. Völkerrechtlich gesehen befindet sich die Bundesrepublik seit dem 3. Oktober 1990 in einer völlig neuen Situation. Erstens: Es gibt keine offene deutsche Frage mehr. Deutschland in den Grenzen des 3. Oktober 1990 ist das ganze Deutschland, und dessen Grenzen sind ringsum vertraglich unstrittig gezogen. Wir sind umgeben von Freunden, mit denen wir zudem in der Europäischen Union und der NATO vereint sind. So komfortabel war Deutschlands Situation in seiner bisherigen Geschichte wohl nie. Zweitens: Deutschland ist mit dem 3. Oktober 1990 ohne alliierte Vorbehalte als gleichberechtigtes Mitglied in die Staatengemeinschaft zurückgekehrt. Erwartet wird, dass wir dort unsere Rolle gemäß unserer Bedeutung und Potenziale auch wahrnehmen. Dabei droht heute wohl weniger die Gefahr der Selbstüberhebung und Überheblichkeit als vielmehr die der Selbstverkleinerung. Beides stört. Man kann sich auch durch übertriebene Bescheidenheit (und Drückebergerei) unbeliebt machen.

Ist Deutschlands innere Einheit auf einem guten Weg? Meine Antwort lautet Ja. Kriterium ist dabei für mich: Gibt es separatistische Tendenzen? Die gibt es in Spanien, Italien, Frankreich, Großbritannien, bloß nicht in Deutschland. Für separatistische Tendenzen gibt es drei Eskalationsstufen: davon reden, dafür demonstrieren, terrorisieren. Nicht einmal die erste Stufe trifft man in Deutschland an, wenn ich von dem Autoaufkleber »Für ein Bundesland Franken« absehe, den ich einmal gesehen habe. Für dieses Fehlen separatistischer Tendenzen in Deutschland nenne ich drei Gründe. Erstens: Die traditionellen Unterschiede in Deutschland sind eher nord-südlich als ost-westlich. Die Teilung in Besatzungszonen war ost-westlich und hat uralte enge traditionelle landsmannschaftliche Bindungen zwischen Thüringern und Hessen, Mecklenburgern und Schleswig-Holsteinern sowie Hamburgern zertrennt. Eine nord-südliche Teilung hätte die Entfremdung möglicherweise verstärkt. Zweitens: Für DDR-Bürger war der Blick nach Westen so normal, dass die meisten wohl mehr westdeutsche Minister mit Namen kannten als ostdeutsche. Drittens: Deutschland hat seit dem Dreißigjährigen Krieg Erfahrungen im Umgang mit Verschiedenheiten gesammelt.

Im 19. Jahrhundert ist oft beklagt worden, dass sich kein zentralistisch orientiertes Deutschland gebildet hatte in Analogie zu Frankreich und, cum grano salis, auch zu Großbritannien. Man hat die Kleinstaaterei gegeißelt, auch zu Recht. Aber der Föderalismus ist ein Nachkomme deutscher Kleinstaaterei, und das föderale Prinzip ist als Subsidiaritätsprinzip inzwischen europäisches Verfassungsprinzip. Es wird inzwischen allzu zentralistischen Staaten als Heilmittel gegen separatistische Tendenzen empfohlen.

Welchen Herausforderungen müsste sich die deutsche Gesellschaft stärker stellen? Ich nenne dreierlei: Erstens besteht die Gefahr, dass die geballte Macht der Rentner ihre Interessen gegen die nachwachsenden Generationen durchboxt; zweitens ist die Bedeutung von Institutionen für die Freiheit in unserem Lande zu schwach ausgebildet; drittens wird die Rolle der Europäischen Union für unser wohlverstandenes Eigeninteresse von vielen unterschätzt.

Die friedliche Revolution hat drei Neuerungen oder Erfindungen hervorgebracht: den Runden Tisch, zuerst praktiziert in Polen; die Treuhandanstalt; das Stasi-Unterlagen-Gesetz und den Bundesbeauftragten für die Stasi-Unterlagen. Alle drei Einrichtungen stellen keinen neuen Typ von Demokratie dar, sondern sind Einrichtungen für den Ausstieg aus Diktatur und zentralistischer Planwirtschaft. Es sind Einrichtungen des Übergangs. Der Runde Tisch hatte die Aufgabe, zwischen den bisherigen Machthabern und der Opposition erste Reformschritte auszuhandeln, zuerst die Modalitäten freier Wahlen, aus denen eine demokratisch legitimierte Volksvertretung hervorgeht. Deshalb waren die Runden Tische nicht formell korrekt demokratisch legitimiert. Runde Tische dürfen Parlamente nicht ersetzen. Sie können auch in einer etablierten Demokratie nützlich und hilfreich sein für die Aussprache über neu auftretende Probleme mit hoher Sprengkraft, und sie können die öffentliche Meinungsbildung befördern. Die Treuhandanstalt hat offiziell ihre Tätigkeit längst beendet. Es ist ein Missstand, dass ihre Arbeit bisher nicht wissenschaftlich untersucht worden ist, weil die Akten nicht zugänglich sind. Nach meinen begrenzten Einsichten war die Arbeit der Treuhand weitaus besser als ihr Ruf. Die Behörde des Bundesbeauftragten für die Stasi-Unterlagen ist ebenfalls eine Gründung zur Regelung von Problemen, die beim Ausstieg aus der Diktatur aufgetreten sind. Deshalb hat auch diese Institution in diesem Zuschnitt eine begrenzte Laufzeit. Das eigentlich Neue, nämlich der Zugang zu den Geheimdienstakten, wie ihn das Stasi-Unterlagen-Gesetz geregelt und die Rechtsprechung präzisiert hat, muss erhalten bleiben als eine der Grundlagen für die weitere Bearbeitung der Diktaturgeschichte.

Was bleibt von der friedlichen Revolution? Ich teile nicht die Auffassung, diese Revolution habe das Rezept geliefert, wie man ohne Blutvergießen eine Diktatur stürzen kann. Ich bin zwar der Auffassung, dass diese Revolution nur als friedliche diesen Erfolg haben konnte. Friedlich hieß aber hier: vonseiten der Demonstranten. Denn die Sicherheitskräfte waren vor dem 9. Oktober 1989 keineswegs friedlich. Sie waren ganz darauf eingestellt, gewalttätige Revolutionen gewalttätig niederzuschlagen. Die Gewaltlosigkeit hat die Strategen verwirrt und das Feindbild vom aggressiven Klassenfeind mächtig beeinträchtigt. Dennoch ist Gewaltlosigkeit nicht immer ein Erfolgsrezept. Dass die Parteispitze sich von Gorbatschow distanzierte, enttäuschte sehr viele SED-Mitglieder und untergrub deren Loyalität zur Partei. Und Gorbatschows Erklärung, die Sowjetunion werde sich nicht in innere Auseinandersetzungen der sozialistischen Länder einmischen (Aufhebung der Breschnew-Doktrin), ließ in der SED-Spitze die Gewaltoption riskant werden. Zudem war die DDR zunehmend von ihrem internationalen Ruf abhängig geworden, weil sie immer mehr Westkredite brauchte.

Nur unter diesen günstigen Bedingungen konnte die friedliche Revolution Erfolg haben. Das mindert aber weder den Mut der Demonstranten noch die Umsicht der Organisatoren. Was uns bleibt, ist die Erinnerung an eine gelungene Revolution und an disziplinierte Zivilcourage. Lenin soll einmal gelästert haben: Wenn Deutsche einen Zug stürmen wollen, kaufen sie zuvor eine Bahnsteigkarte. Der Spott war voreilig. Tatsächlich waren diese Demonstrationen nach Feierabend, ohne Verletzung der »Dienstpflichten«, auch deshalb erfolgreich. Diese schönen Erinnerungen an etwas Gelungenes haben wir nötig. Denn kein Mensch und kein Volk kann aus der Betrachtung des Versagens Ermunterung, Zuversicht und Orientierung gewinnen. Zur Herbstrevolution und zur deutschen Vereinigung können wir sagen: Da ist uns einiges erstaunlich gut gelungen.

Wolfgang Welsch

»Opposition in einer Diktatur kann es nicht geben!«

In diesem Jahr, in dem sich der Mauerfall zum 25. Mal jährt, stehe ich hier nicht als ehemaliger Oppositioneller oder Bürgerrechtler, sondern als ein Mann des Widerstands. Den bedeutsamen Unterschied werde ich im Verlauf meiner Ausführungen deutlich machen. Als Ost-Berliner Schüler lernte ich früh, dass die Welt geteilt war. Wenn ich nach der Schule zu meiner in West-Berlin lebenden Großmutter radelte, wechselte ich in eine Welt ohne Parteilosungen, uniformiertes Denken und mit vollen Geschäften. Dann kam die Mauer, und die Welt wurde eindimensional. Unfreiheit, geistige Leere und die ständige Bevormundung nahmen zu. Keine Frage, ich lehnte die DDR total ab. Ich wollte nicht in einer »sozialistisch« genannten Gesellschaft leben, die meine Träume und Sehnsüchte als bürgerliche Relikte der Vergangenheit abwies. Erst war mir die DDR fremd, dann verhasst. Bis zu ihrem Untergang blieb ich ihr widerständig verbunden und avancierte zu ihrem besonderen Staatsfeind.

Nach Abitur und Examen an der Schauspielschule, trotz Theaterengagements und Förderungsvertrag beim DDR-Fernsehen wollte ich diesen Staat verlassen. Doch die Mauer stand seit einigen Jahren. Ich versuchte es trotzdem. Die Flucht misslang, und ich landete in der Zelle eines Untersuchungsgefängnisses des Ministeriums für Staatssicherheit (MfS). Es begann ein sieben Jahre andauernder Leidensweg von zermürbender Haft, sensorischer Deprivation, physischer und psychischer Misshandlung bis hin zu ausgeklügelter Folter und Scheinhinrichtung. Als politischer Häftling, inmitten des Bodensatzes der »entwickelten sozialistischen Gesellschaft« und eines weitverzweigten Spitzel- und Denunziantensystems, war ich von Hass und Gewalt umgeben und lernte die zu hassen, die mich quälten. Daraus erwuchs in mir der Wunsch zum Widerstand. Widerständiges Handeln war mir nicht unbekannt. Damals, 1963, tippte ich auf einer Schreibmaschine Flugblätter, die zu einer Demonstration gegen die Mauer aufriefen. Die Unfreiheit wollte ich nicht unwidersprochen hinnehmen! Jetzt gab ich meiner tiefen Abneigung eine produktive Richtung zum Widerstand: Im Rahmen der Haftzwangsarbeit sabotierte ich mit anderen politischen Häftlingen Produkte und Produktionsmittel – so konnte ich der DDR-Volkswirtschaft Schaden zufügen.

Darüber hinaus gelang es mir, »Kassiber« aus dem Gefängnis herauszuschmuggeln, die von Freunden in den Westen verbracht und dort publiziert wurden. Amnesty International, Sektion Yorkshire, England, ernannte mich 1970 zum »Gefangenen des Jahres«, verfasste Protestnoten an die DDR-Regierung und forderte meine Freilassung. Die Bundesregierung setzte mich auf ihre Freikaufliste. Mein Widerstand trug Früchte. Mit einem Regierungstransport der DDR kam ich 1971 in die Bundesrepublik, krank und ausgezehrt, aber frei. Nach wochenlanger Rekonvaleszenz glaubte ich, mit einem Engagement am Staatstheater Niedersachsen meine berufliche Karriere wieder aufnehmen zu können. Doch Sprachblockaden als Folge posttraumatischer Belastungsstörungen hinderten mich nachhaltig daran. Durch einen Freund kam ich auf Einladung von Helge Pross nach Gießen, ich immatrikulierte mich an der Universität für Politik, Soziologie und Philosophie als Doktorand bei Frau Pross. Thema meiner Dissertation: »Arbeitsweise, Aufgabenstellung und Zielsetzung des Ministeriums für Staatssicherheit der DDR«. Im Verlauf des Studiums lernte ich das MfS ein zweites Mal kennen, diesmal theoretisch – ich war überrascht, wie wenig man im Westen über das MfS wusste, vor allem was die Verfolgung politischer Gegner der SED-Diktatur betraf.

Noch während des Sommersemesters 1972 half ich meinem ehemaligen Haftkameraden, nun Kommilitone, die Flucht eines Dozenten der Deutschen Hochschule für Körperkultur (DHfK) Leipzig zu organisieren. Die Flucht glückte. Durch Mund-zu-Mund-Propaganda erwuchsen daraus neue »Kandidaten«. Im gleichen Jahr verhalf ich drei weiteren DDR-Bürgern zur Flucht, im Folgejahr bereits elf, darunter einigen Medizinern. In einem Schreiben an Freunde in Ost-Berlin meldete ich mich »an die Front des Widerstands« zurück. Viele Jahre später fand ich den Brief in meinen Stasi-Akten.

Im Frühjahr 1973 sprach ich im deutschen Fernsehen über Misshandlungen und Folter an politischen Häftlingen in DDR-Gefängnissen. Seit dem Bau der Mauer war ich damit wohl einer der ersten ehemals politischen Häftlinge, die den SED-Staat auf mediale Weise an den Pranger stellten. Im Frühsommer desselben Jahres elektrisierte mich eine Pressemeldung: Die DDR wolle, zeitgleich mit der Bundesrepublik, im September der UNO beitreten. Die gleiche DDR hatte mich bei meiner Verurteilung wegen Flucht, unter anderem auch wegen eines 1963 geschriebenen Briefes an die UNO, zu einer Einsatzstrafe von anderthalb Jahren verurteilt. Darin hatte ich mich als Ost-Berliner gegen meine Musterung zur Nationalen Volksarmee (NVA) beschwert – das war ein Verstoß gegen das Potsdamer Abkommen. Die Begründung des Obersten Gerichts der DDR: »Verbindungsaufnahme mit einer verbrecherischen Organisation«. Nun begehrte die DDR die Mitgliedschaft in ebendieser »verbrecherischen Organisation« UNO.

Davon inspiriert, verfasste ich ein Schreiben, warum die DDR nicht Mitglied der UN werden könne. Ich überschrieb die acht Seiten mit »Memorandum«. Schließlich gehört zur UN-Mitgliedschaft die Anerkennung der Charta für Menschenrechte. Die DDR verletzte sie täglich. Über Franz Josef Strauß, den Vorsitzenden der CSU, gelangte das Papier zu einem Abgeordneten der bundesdeutschen Delegation für New York. Er hinterließ das Memorandum in der Geschäftsstelle der UN, wo es ins Englische übersetzt wurde. Am 18. September 1973 lag mein Memorandum auf allen Tischen im Plenum der UN, auch auf dem des DDR-Vertreters. Der Schluss lautete: »Der Unterzeichner bittet die Mitgliedsstaaten der Vereinten Nationen und dessen Generalsekretär, mit Mehrheit gegen den Aufnahmeantrag der ›DDR‹ in die Vereinten Nationen zu stimmen. Im Namen der Menschenrechte! Im Namen eines verstummten und gefesselten Volkes!« Kein Widerstand gegen Unrecht, mag er noch so aussichtslos erscheinen, ist sinnlos.

Auf Anweisung des Ministers für Staatssicherheit, Erich Mielke, rief die Hauptabteilung (HA) VI des MfS darauf 1974 den Zentralen Operativen Vorgang (ZOV) »Skorpion« ins Leben. Darin wurden die Präliminarien für meine »Zersetzung« und »Liquidierung« festgelegt. Über zehn Jahre wurde ich mit Mordanschlägen bedroht. Zwischenzeitlich promovierte ich mit der zuvor erwähnten Studie – ich führte meine Fluchthilfeaktionen klandestin und kontinuierlich weiter. Der DDR konnte ich hoch qualifiziertes Personal entziehen und ihr damit empfindlich schaden. Zwar wusste die Staatssicherheit inzwischen, wer hinter den teils spektakulären Aktionen stand, meine wechselnden Methoden blieben ihr jedoch unbekannt. Das Wissen, der DDR damit empfindlich zu schaden, ließ mich gründlich und sorgsam arbeiten.

Das erste Attentat erfolgte 1979. In den Semesterferien fuhr ich regelmäßig nach Griechenland, wo das MfS einen Inoffiziellen Mitarbeiter (IM) an mich »heranspielte«, mit dem ich mich befreundete. Sein Auftrag: Mord. An meinem Wohnort platzierte er wenig später einen Sprengsatz in meinem Auto, der auf der Autobahn explodierte. Dabei wurde ich verletzt. Der vermeintliche Freund lockte mich im darauffolgenden Jahr zum nächsten Tatort nach England. Die Hauptverwaltung Aufklärung (HV A) hatte, in »operativer Kampfgemeinschaft« mit der HA VI des MfS, auf der Autobahn M1 einen Scharfschützen positioniert, der mich kurz vor London erschießen sollte. Das tat er auch – er traf mich aufgrund glücklicher Umstände jedoch nicht.

1981 allerdings sollte meine Liquidierung gelingen. Wieder lockte der IM meine Familie und mich ins Ausland, diesmal zu gemeinsamen Ferien nach Israel. Das hochgiftige Schwermetall Thallium wurde in ein vom MfS exportiertes Wohnmobil geschmuggelt. Das Gift sollte mich töten. Der IM fügte es unbemerkt dem Essen bei. Einer späteren Diagnose zufolge nahm ich eine zehnfach tödliche Menge des Giftes auf. Der IM wurde von einer – mutmaßlich hauptamtlichen – Frau aus dem MfS angeleitet. Nach wochenlanger notfallmedizinischer Behandlung überlebte ich auch diesen Anschlag wie durch ein Wunder.

Kaum wiederhergestellt, organisierte ich erfolgreich die Flucht einer Familie aus Potsdam. Inzwischen setzte ich mich in Vorträgen, Artikeln und Radiofeatures mit den Menschenrechtsverletzungen der SED-Diktatur auseinander und prangerte sie an. Ich ahnte, dass das MfS mich jagte und ich meinen Widerstand mit dem Leben bezahlen könnte. Tatsächlich war der nächste Mordanschlag bereits in Planung, wie ich später den Geheimakten der Zentralen Koordinierungsgruppe (ZKG) des MfS entnahm. Die HV A bildete, unter anderem in Prora, sogenannte »Befreiungskämpfer« für Mord- und Terroranschläge aus, so auch für die südwestafrikanische Befreiungsorganisation SWAPO. Man plante, sie zu informieren, dass ich – angeblich – für den Geheimdienst des südafrikanischen Apartheid-Regimes arbeite. Die »Befreiungskämpfer« sollten mich als ihren Feind töten. Dazu kam es nicht mehr. Die Ereignisse im Sommer 1989 und die Flucht tausender Menschen in die Botschaften der Bundesrepublik in Ländern des Ostblocks ließen die Diktatur taumeln. Das MfS stellte seine Kampfoperationen gegen mich ein. Dem »Schild und Schwert« der SED war es trotz großer Anstrengungen nicht gelungen, mich zu »zersetzen« oder zu töten. Bis dahin hatte ich 220 DDR-Bürgern zur Flucht in die Freiheit verholfen. Mein widerständiges Handeln war nachhaltig.

Im Sommer 1989 veränderte sich die politische Lage. Die Flucht tausender DDR-Bürger war Totalverweigerung, Totalabsage an den SED-Staat und damit massenhaft widerständiges Handeln, wie zuletzt in den Wochen und Tagen vor dem Mauerbau 1961 geschehen. Außenminister Hans-Dietrich Genscher, rigider Verfechter der Ostpolitik gegenüber DDR-Bürgern, die in den 1970er und 1980er Jahren Zuflucht in bundesdeutschen Botschaften des Ostblocks suchten und abgewiesen wurden, reüssierte im Spätsommer 1989 zum größten Fluchthelfer aller Zeiten, als er den in Prag wartenden Botschaftsflüchtlingen die Ausreise verkündete. Endlich bekannte sich die Bundesrepublik ihnen gegenüber als Schutzmacht. Die Ostpolitik mit ihrer öffentlichen Ignoranz gegenüber dem alltäglichen Unrecht in der DDR war gescheitert.

Als ich dies live im Fernsehen sah und hörte, wusste ich: Das ist der Anfang vom Ende der Diktatur. Zugleich wurde vor aller Welt sichtbar, dass widerständiges Verhalten das diktatorische SED-Regime in die Knie zwang, dass Männer und Frauen mitsamt ihren Kindern sich dem SED-Staat und dessen Repressionen total verweigerten. So wurden auch die bislang angepassten Menschen und die, die glaubten, eine Diktatur wäre reformierbar, mutig. Das sichtbar werdende Macht- und Handlungsvakuum machte Demonstrationen wie die in Leipzig und anderswo möglich. Der SED-Staat war durch die Massenflucht nach dem Wegfall der sowjetischen Interventionspolitik bereits entscheidend destabilisiert und taumelte orientierungslos in den Untergang. Das Politbüro der SED hoffte, mit Reiseerleichterungen den Druck aus der für ihre Macht gefährlichen Entwicklung zu nehmen. Dieser als Notbremse gedachte »Knüller«, von Politbüromitglied Günter Schabowski auf einer Pressekonferenz am 9. November 1989 verkündet, änderte alles. Nur wenige Minuten später hörte ich Schabowskis Worte auf einem westlichen Sender. Ich war erstarrt und zutiefst berührt. Augenblicklich war mir bewusst, dass sie der Todesstoß für die DDR waren, weil diese nur im Schatten geistiger Isolation, der Sowjetarmee und der Mauer lebensfähig war. Noch am gleichen Abend löste die im Rundfunk verbreitete Meldung einen Massenansturm auf die Grenze nach West-Berlin aus, was nach wenigen Stunden zum Zusammenbruch des Grenzregimes und der Öffnung der Mauer führte. Damit lag auch etwas auf der Straße, was die meisten Menschen im Westen längst aus dem Blickfeld verloren hatten: die Einheit Deutschlands. Daran hatte ich mein bisheriges politisches Leben geglaubt und mich deswegen an der Uni als »Revanchist« beschimpfen lassen! Jetzt war sie nicht nur theoretisch in den Bereich des Möglichen gerückt.

Wenig später löste sich das alte DDR-Regime auf. Am 18. März 1990 fanden die ersten freien Wahlen zur Volkskammer statt, in deren Ergebnis sich die erste frei gewählte DDR-Regierung unter Lothar de Maizière etablierte. Ihrem Charakter nach war es eine Übergangsregierung. Hinter den Kulissen rang man bereits um Modalitäten der Wiedervereinigung. Dem Volkswillen entsprechend, beschloss die Volkskammer am 23. August 1990 den Beitritt der DDR zum Geltungsbereich des Grundgesetzes der Bundesrepublik Deutschland gemäß Artikel 23 des Grundgesetzes mit Wirkung zum 3. Oktober 1990. Der Beitritt beendete die Ära des Kalten Krieges und den über 40 Jahre andauernden Zustand der Teilung Deutschlands. Ich betrachte diese Entwicklung als Bestätigung dessen, was meinen politischen Widerstand über zwei Jahrzehnte lang begründete und trug.

Der Krenz'sche Begriff bzw. die SED-Terminologie »Wende« für den Zusammenbruch des alten SED-Regimes, von Politik, Presse und Gesellschaft oft kritiklos akklamiert, ist besetzt durch die »geistig-moralische Wende« der ersten Regierung Helmut Kohls von 1982 an. Es gab keine »Wende« in der DDR. Der Zusammenbruch des SED-Staates als Folge des Innendrucks bewirkte die Zerstörung der vormals wirkenden Strukturen. Ihn als »Wende« zu bezeichnen, ist deshalb falsch und irreführend. Die neue Reisefreiheit führte zur massenweisen Ausreise und zu einer Dynamik des politischen Drucks auf die SED, dem sie mit »Wendeparolen« nicht mehr gewachsen war.

Die Gründe für den Zusammenbruch des SED-Staates habe ich erläutert. In diesem Zusammenhang taucht der Begriff »friedliche Revolution« auf, der synonym gebraucht wird. Revolution bedeutet eine Umwälzung politischer, wirtschaftlicher, gesellschaftlicher Verhältnisse. Zwar kann sie auch mit friedlichen Mitteln eine Änderung der bestehenden Ordnung herbeiführen, doch wirft die Definition Fragen auf. Wer waren die Revolutionäre? Waren das die Demonstranten in Leipzig? Die politischen Verhältnisse (Entmachtung der SED, Stürmung der Stasi-Zentralen, Einführung des politischen Pluralismus) wurden tatsächlich noch zu »Lebzeiten« der DDR geändert, zum großen Teil auch wegen des Drucks der Massendemonstrationen – aber: Sieger in der Auseinandersetzung pluralistischer Parteien war nicht der Erhalt der DDR, sondern der Beitrittsgedanke. Die »politische Revolution« führte nur bedingt zu einem Wandel der politischen Verhältnisse in der DDR, sie mündete in deren Abschaffung.

Die DDR war seit Jahren wirtschaftlich am Ende. Aus eigener Kraft, also durch eine Revolution, wurden die wirtschaftlichen Verhältnisse nicht geändert. Zudem hatten die »Revolutionäre« so gut wie keine realistischen bzw. praktischen Vorstellungen über die wirtschaftliche Zukunftsfähigkeit der DDR. Diese war seit Jahren auf Hilfe von außen angewiesen. Hält man sich an die Forderungen der Bürgerrechtler, dann stand eine Umkehr der wirtschaftlichen Verhältnisse nicht zur Debatte; am Grundgedanken des Sozialismus wurde festgehalten. Revolutionierend wirkten hier allenfalls die widerständigen 30 000 Flüchtlinge im Sommer 1989, die der DDR ihre letzte wirtschaftliche Grundlage entzogen und somit die Wirtschafts- und Währungsunion erzwangen.

Wenn wir uns vor Augen führen, dass eine Revolution eine grundlegende Umwälzung der bestehenden Ordnung herbeiführen will, dann können die Bürgerrechtler in der Mehrzahl jedenfalls nicht die Revolutionäre gewesen sein. Sie wollten den Sozialismus der DDR reformieren, nicht abschaffen. Sie wollten keine Vereinigung beider deutscher Staaten. Sie wollten den Staat »DDR« erhalten und glaubten an eine »eigenständige, erblühende DDR mit demokratischem Sozialismus«. Die gesellschaftlichen Verhältnisse wurden erst durch die Sozialunion »revolutioniert«, das heißt reformiert und westlichen Standards angepasst. Der Revolutionsbegriff passt hier nicht, weil Bürgerrechtler gerade im sozialen Bereich DDR-Standards (Arbeitsplatzgarantie, niedrige Mieten) eher beizubehalten statt abzuschaffen suchten.

Es gab jedoch eine Art »politische Revolution«, die in der Forderung nach Abschaffung der SED-Herrschaft bestand, was erst im Zug der Volkskammerwahlen gelang. Die Existenz des Runden Tisches (SED und Bürgerrechtler im Dialog) beweist dies. Das Ergebnis der Volkskammerwahlen führt jedoch die »politische Revolution« ad absurdum, denn fortan bestand diese aus dem Ziel der Wiedervereinigung.

Wenn man also ernsthaft über eine friedliche Revolution sprechen will, dann muss man auch die handelnden Protagonisten beim Namen nennen. Es waren vor allem die Flüchtlinge, die die DDR, die den SED-Staat in toto ablehnten und den Gedanken an die deutsche Einheit nach wie vor in sich trugen. Im Sommer 1989 verließen Tausende die DDR. Allein ihr Handeln war revolutionär und bereitete den politischen Boden für den Sturz der Diktatur. Das Handeln bzw. Nichthandeln der sowjetischen Schutzmacht kann als der eigentliche revolutionäre Vorgang, wenn auch ungewollt, gesehen werden. Mit dem Schutz der Sowjetunion verlor die SED ihre Durchsetzungsgewalt. Die Abkehr von der Breschnew-Doktrin und die Entlassung der DDR aus dem Ostblock war eine weltpolitische Revolution, bei der Michail Gorbatschow ein »Revolutionär wider Willen« war.

Die »Totalverweigerer«, das heißt die Flüchtlinge und Ausreiser, kehrten ihr den Rücken, weil sie die DDR für nicht reformfähig hielten und sie keine Zukunftshoffnungen mehr hegten. Diese Akteure hatte es während der gesamten Existenz der DDR gegeben; sie leisteten Widerstand, indem sie die DDR in ihrer Gänze ablehnten. Die politischen Aktionisten/Reformer/Bürgerrechtler/Oppositionellen hingegen glaubten an die Reformierbarkeit der DDR unter Beibehaltung sozialistischer Grundgedanken, aber mit demokratischen, freiheitlichen Strukturen. Ihre Aktionen zielten auf einen friedlichen Dialog mit der herrschenden SED zur Umgestaltung der DDR, nicht auf deren Abschaffung. Sie erlitten bei der Volkskammerwahl im März 1990 eine verheerende Niederlage. Als ihre Forderungen nach politischem Pluralismus weitgehend erfüllt waren, kehrte sich dieser mit dem Ausgang der Volkskammerwahlen gegen ihr eigentliches Ziel, den Erhalt der DDR. Somit schlossen sich die Bürgerrechtler notgedrungen – und den Ergebnissen der Wahl gehorchend – dem Zeitgeist an. So wurden auch sie zu »Revolutionären« wider Willen.

Die SED propagierte, gezwungenermaßen, Reformen, also eine »Wende« ihrer bisherigen Politik. Ziele waren der Machterhalt und die Weiterexistenz des Staates DDR. Die demonstrierenden »Dableiber« zielten mit ihren Rufen »Wir sind das Volk« zunächst auf die Abschaffung von SED- und Stasi-Herrschaft. Darin trafen sie sich mit den Intentionen der Bürgerrechtler. Mit ihren Rufen »Wir sind *ein* Volk« zielten sie nach der Maueröffnung auf die Wiedervereinigung, weil ihnen die versprochenen Reformen von Egon Krenz oder Hans Modrow zu langsam gingen und sie ihnen misstrauten. Wenn man von »Revolutionären« sprechen möchte, dann waren es diese Demonstranten, die durch Sprüche wie »Sie wollten nur Bananen« von den »Sozialismusreformern« denunziert wurden.

Fazit: Die Fluchtbewegung, die im Grunde schon vor 1953 eingesetzt hatte und nur durch den Mauerbau teilweise eingedämmt werden konnte, bildete die Basis und den Katalysator für die Massendemonstrationen und die Entstehung einer Opposition im Herbst 1989. Der Revolutionsbegriff muss in weiten Teilen abgelehnt bzw. transformiert werden, insofern mit der Revolution die Wiedervereinigung gemeint war – und diese ist tatsächlich ein welthistorisches, revolutionäres Ereignis. Die außenpolitische, wirtschaftliche, ideologische und politische Zukunftslosigkeit der DDR führte zu ihrem Zusammenbruch. Das Ende des Ost-West-Konflikts, die Auflösung des Sowjetimperiums und des Warschauer Pakts sind Ergebnisse revolutionärer Vorgänge im Ostblock, die diese Entwicklung erzwangen, deren Grundlage jedoch auch die Ablehnung der kommunistischen Ideologie mit all ihren negativen Folgeerscheinungen war.

Was unterscheidet die Bürgerbewegung der späten 1980er Jahre von jenen, die den Widerstand in der DDR individuell oder in bestimmten Phasen gemeinschaftlich und wesentlich früher getragen haben? Ein Großteil derer, die in den Friedens-, Umwelt- und Menschenrechtsgruppen saßen, war von den Ereignissen 1968 im Westen stark beeinflusst. Sie fühlten sich mit diesen Alternativbewegungen solidarisch. Das Friedensengagement einiger »Friedensgruppen« als Opposition zu sehen, wäre deshalb eine Selbsttäuschung.

Zunächst steht der Begriff »Bürgerrechtler« synonym für Reformsozialisten. Kein Bürgerrechtler wollte den Sturz der DDR. Die meisten wollten alternativ leben, das Meinungsmonopol der SED abschaffen, nicht die DDR. Sie wollten einen sogenannten »dritten Weg« zum Sozialismus, eine »erblühende, sozialistische DDR«. Kaum einer der Protagonisten wollte die deutsche Einheit oder hatte daran auch nur gedacht. Trotzdem war widerständiges Verhalten bei Bürgerrechtlern wie Roland Jahn zu finden.

Die Mehrheit der Bürgerrechtler stand dem Sozialismus jedoch näher als die Mehrheit der Bevölkerung. Diese war innerlich renitent und äußerlich angepasst. Bei den meisten Bürgerrechtlern verhielt es sich umgekehrt. Sie neigten dem demokratischen System Westdeutschlands mehrheitlich nicht zu. Deshalb gelten die Formeln: Opposition = Bürgerrechtler = Sozialismusreformer = demokratischer Sozialismus; Widerstand = Flüchtlinge = parlamentarische Demokratie = Rechtsstaat.

Die wirtschaftliche Lage spielte in den Diskussionen der Bürgerrechtler kaum eine Rolle. In Verkennung der Realität waren die Ziele des Neuen Forums eher idealistische als realpolitische Vorhaben. Kein Wunder, dass die Bürgerrechtler politisch versagten. Jens Reich spricht von ihrer »Enteignung«. Das aber ist »Geschichtsklitterung«, denn sie haben sich selbst als unfähig erwiesen. Falsche Selbsteinschätzung, Überschätzung und Unfähigkeit sind keine Perspektiven. Natürlich ist es für die »Betroffenen« irgendwie traurig, dass sie als »Pseudorevolutionäre« an Einfluss und Wirksamkeit verloren haben. Nicht nur »Bürgerrechtler«, auch Politiker und Intellektuelle entschuldigen ihr Einknicken vor der Diktatur mit der Nichtvorstellbarkeit einer zukünftigen Einheit Deutschlands. Dabei war es kein Geringerer als Willy Brandt, der noch in den 1970er Jahren öffentlich festhielt: Der Tag wird kommen, an dem das Brandenburger Tor nicht mehr an der Grenze liegt.

Bis zum Zusammenbruch der Diktatur gab es in der Geschichte des SED-Staates keine homogene Oppositionsbewegung, die diesen Namen verdient hätte. Die politische und gesellschaftliche Realität, in der SED und MfS die bestimmenden Faktoren waren, ließ Formen der Kritik oder des Widerstands nur unter erheblichen persönlichen, beruflichen oder wirtschaftlichen Schwierigkeiten zu. Jegliche Opposition war daher zum Scheitern verurteilt. Eine oppositionelle Massenbewegung wie in Polen konnte nicht entstehen. Die hochtrabend »Opposition« genannten Dissidenten hatten die Teilung Deutschlands tief verinnerlicht und als unumkehrbar betrachtet. Es gab eine Schweigespirale des Mitläufertums und der Anpassung aus Angst vor der Isolation. Im Gegensatz dazu gab es von Beginn des SED-Staates an Widerstand und widerständiges Verhalten.

Woran liegt es nun, dass der Widerstand nicht gebührend gewürdigt wird? Zu den oben genannten Gründen kommt ein wissenschaftliches Begriffswirrwarr. Grundsätzlich findet sich in der Literatur immer wieder der synonyme Gebrauch von Opposition und Widerstand; die beiden Begriffe werden nur wenig differenziert gebraucht. Verschiedene Forscher verwenden unterschiedliche Definitionen und Abstufungen, die bei der Beurteilung nicht sehr hilfreich sind. Eines jedoch sollte bei aller semantischer Begriffsverwirrung klar sein: Opposition in einer Diktatur kann es nicht geben!

Opposition ist eine Bezeichnung aus den Wertebegriffen demokratischer Staaten, für eine Diktatur nur unspezifisch anwendbar, weil sie dem Charakter einer

Diktatur widerspricht. Opposition in einer Diktatur hieße, dass die Machthaber kritische Partizipation oder gar entgegengesetzte Meinungen zuließen. Dafür gab es in der DDR zu keiner Zeit eine Basis. Grundsätzlich traten in der DDR dissidente Bestrebungen auf, und es gab Systemkritiker und Systemgegner zuhauf. Opposition per definitionem gab es in der DDR erst, als die Machthaber diese angesichts ihres Versagens zulassen mussten, also erst im Verlauf des Jahres 1989. Die Basisgruppen unter dem Dach der evangelischen Kirche wurden von der Stasi teilweise geduldet, bespitzelt und beeinflusst. Von Widerstand waren sie weit entfernt. Die Bürgerrechtsbewegung, die sich später selbst »Opposition« nannte, war allenfalls das i-Tüpfelchen auf einem jahrzehntelangen widerständigen Verhalten vieler Menschen gegen eine aggressive Diktatur.

Die dissidenten Gruppen, die sich vorwiegend in den späten 1980er Jahren gründeten, haben Verdienste beim Zusammenbruch der DDR, die es anzuerkennen und zu würdigen gilt. Aber ursächlich verantwortlich für das Ende der DDR waren sie nicht. Da reagieren Opfer hellhörig, denn zu den moralischen Privilegien und Pflichten derer, die für den Widerstand und für die Opfer zu sprechen haben, gehört Hellhörigkeit. Heute okkupieren Bürgerrechtler die ethischen Werte des Widerstands, nicht zuletzt deshalb, weil sie sich lange Zeit für die Illusion eines »dritten Weges« einsetzten. Die unübersehbare Bedeutung des Widerstands für den Sturz der Diktatur wird marginalisiert. Dabei war die Ausreise- und Fluchtbewegung explizit eine Erscheinungsform widerständigen Verhaltens. Das müsste bedeuten, dass die Widerständigen im Mittelpunkt von Forschung und gesellschaftlichem Interesse stehen, nicht die Position der Sozialismusreformer.

Der Widerstand, im Westen heimlich und verhalten gefördert, bleibt bis heute historisch und politisch ausgegrenzt oder wird verdrängt. Seine Träger warten auf die ihnen gebührende Anerkennung und Würdigung. Die, die Widerstand leisteten, setzten ihr persönliches und berufliches Fortkommen, nicht selten ihr Leben aufs Spiel, um für die Ideale von Recht und Freiheit einzutreten. Für ihre konsequente Haltung trugen sie die Hauptlast. Es waren die Pfarrer, Friedensforscher, Sozialismusanhänger und alternative Kräfte, die noch bis kurz vor dem Ende des SED-Staates Manifeste zu seinem Erhalt unterschrieben. »Tatsächlich«, erklärte Günter Schabowski am 26. Februar 1996 vor dem Landgericht Berlin, »ist die DDR an Ablehnung und Widerstand der Menschen zugrunde gegangen.« Der Widerstand gegen den SED-Staat war zugleich auch ein Kampf gegen die Ideologie des Sozialismus/Kommunismus, passiv oder aktiv, in jedem Fall unter Einsatz von Gesundheit, Eigentum und nicht selten von Leben. Er war vom Gewissen geleitet, im patriotisch-humanistischen Denken verwurzelt und wünschte die Einheit und damit die pluralistische Demokratie.

Ein weiterer zu klärender Begriff ist »Aufarbeitung«. Was heißt Aufarbeitung? Dies ist ein Begriff der Bürgerrechtler, der seit 1990 verwendet wird. Im Einigungsvertrag selbst ist er nicht definiert. Der Opferbegriff wird bewusst vermieden, weil am Ende die ehemaligen Opfer als Sieger aus dem System hervorgingen und nicht länger Opfer sein wollten. Die Gesellschaft gewinnt durch Aufarbeitung Einblicke in die Mechanismen einer Diktatur. Ihr Ziel ist ein Gerechtigkeitsausgleich. Demokratie und Rechtsstaat sollen dadurch gestärkt werden und könnten internationalen Vorbildcharakter haben. Über die Notwendigkeit der Aufarbeitung im Allgemeinen gab es breiten Konsens. Uneinigkeit jedoch bestand darüber, wie weit und wie lange die Aufarbeitung gehen sollte. Mit der Aufarbeitung wurden hohe Ideale verknüpft: die Wiederherstellung des inneren Friedens in der Gesellschaft, ein Täter-Opfer-Ausgleich, Restitution, Versöhnung und schließlich eine Integration der Täter. Gleichzeitig ist Aufarbeitung ein Mittel der Diktaturüberwindung und der Diktaturprävention, an deren Ende die Herstellung von Gerechtigkeit und Festigung der Demokratie stehen kann.

Wenn wir die politische, historische und juristische Aufarbeitung der SED-Diktatur betrachten, kommen wir zu überraschenden Ergebnissen. Die politische Aufarbeitung ergab sich aus den Beschlüssen des Einigungsvertrags. Im September 1990 verabschiedete die Volkskammer der DDR ein Rehabilitierungsgesetz, das folgende Punkte enthielt: Überprüfung rechtswidriger Strafurteile, Regelungen zur verwaltungsrechtlichen und beruflichen Wiedergutmachung sowie den Umgang mit Unrecht unter sowjetischer Besatzung von 1945 bis 1949. In den Einigungsvertrag ging dieses Gesetz jedoch zum größten Teil nicht ein. Im Gegenteil: In den Artikeln 18 und 19 des Vertrages blieben alle gerichtlichen und öffentlichen Verwaltungsakte der DDR in Kraft. Es galt das Rückwirkungsverbot. Das heißt: Das aktenkundige Unrecht der DDR-Diktatur war zunächst rechtmäßig. Daraus folgt, dass die überwiegende Mehrheit der Täter nicht zur Rechenschaft gezogen werden konnte. So mussten nach 40 Jahren der Diktatur und des Unrechts nur 46 Täter Gefängnisstrafen antreten.

Im Zuge der Wiedervereinigung tauchte alsbald der Gedanke einer Amnestie für DDR-Verbrechen auf. Dagegen heißt es im Artikel 8 des Einigungsvertrags: »SED-Unrecht soll verfolgt und geahndet werden.« Der Grund für den Wunsch nach Amnestie lag darin, dass den westdeutschen Politikern, die ganz überwiegend nicht im SED-Staat gelebt und sich lange Jahre um »Entspannung«, »Normalisierung«, »Koexistenz«, »gutnachbarliche Beziehungen«, »Wandel durch Annäherung« und vieles mehr im Verhältnis zum SED-Regime bemüht hatten, ein irreales DDR-Bild vor Augen stand. Darin waren Terror und Unterdrückung als Wesensmerkmale der SED-Diktatur verdrängt. Stattdessen überwog ein DDR-Bild, das die kommunistische DDR als normalen Staat mit einigen Schönheitsfehlern und als Alternative wertete – Terror, Verfolgung und Todesschüsse galten als bedauerliche Erscheinungen der überwundenen Phase des Stalinismus.

Es ist vor allem den Abgeordneten aus den neuen Ländern und sonstigen Kennern der DDR-Wirklichkeit zu danken, dass der Versuch, die Amnestie oder wenigstens eine Teilamnestie für Stasi-Spione durchzudrücken, misslang. Dass das Bundesverfassungsgericht 1994 unter Überschreitung der ihm gesetzten Grenzen

»rechtsschöpferisch« eben das dekretierte, woran der Gesetzgeber 1990 gescheitert war, zeigt allerdings, wie stark westdeutsche Funktionseliten in Verkennung des wahren Charakters kommunistischer Diktaturen heute noch im Banne jener Schlussstrich-Mentalität stehen. Das Beispiel mag verdeutlichen, dass eine sukzessive Schließung der Akten, wie sie von namhaften westdeutschen Politikern mehr oder weniger unverhüllt gefordert und von den alten Kadern in der Partei Die Linke begrüßt wurde, an den gesellschaftlichen Erfordernissen der historischen Aufarbeitung vorbeigeht und im Übrigen auch den Anspruch der Verfolgten auf der Suche nach Tätern und Wahrheit ausschließt.

Wer sich mit dem Thema näher beschäftigt, muss feststellen, dass es kaum strafrechtliche Verurteilungen im Zusammenhang mit DDR-Unrecht gab. Weniger als ein Prozent aller Beschuldigten und Belasteten wurden tatsächlich verurteilt. Die Übrigen wurden freigesprochen, womit der Einstufung des DDR-Staates als Unrechtsstaat der Boden entzogen war. Wie kam es dazu? Im Osten gab es eine akute Personalnot, so dass nur Schwerpunktstaatsanwaltschaften für DDR-Unrecht eingerichtet wurden, die hoffnungslos überfordert waren. Sachsen forderte eine Teilamnestie für SED-Täter, Baden-Württemberg wollte illegales Abhören nicht mehr verfolgen. Die Teilamnestie trat mangels Personal in Kraft. Deshalb ist es nicht ganz falsch, von einer Bankrotterklärung des Rechtsstaates zu sprechen. Einige Zahlenbeispiele mögen dies verdeutlichen: Von den 75 000 Ermittlungsverfahren scheiterten 98,6 Prozent. Von 1737 Angeklagten wurden 753 rechtskräftig verurteilt, also – bezogen auf die Ermittlungsverfahren – 0,7 Prozent. Von diesen 753 verzichteten die Richter bei acht auf eine Strafe, bei 165 kam es zu Geldstrafen und bei 580 gab es Freiheitsstrafen, davon 90 Prozent auf Bewährung. Insgesamt gab es, wie erwähnt, lediglich 46 Haftstrafen ohne Bewährung, das sind 0,06 Prozent der anfangs Beschuldigten. Nach 40 Jahren Diktatur! Dieses Ergebnis kommt einer Rehabilitierung des SED-Regimes gleich!

In der Anlage I des Einigungsvertrags befindet sich auch eine Änderung des Artikels 415 Strafgesetzbuch der Bundesrepublik, in dem es heißt, dass eine Straftat nach dem Gesetz geahndet wird, das zur Tatzeit gültig ist – für Ostdeutschland also das Strafgesetzbuch der DDR. Begründet wird dieses Rückwirkungsverbot mit Artikel 103 Grundgesetz: »Eine Tat kann nur bestraft werden, wenn die Strafbarkeit gesetzlich bestimmt war, bevor die Tat begangen wurde.« Damit konnten sich Verantwortliche für schwere Menschenrechtsverletzungen mithilfe des Rechtsstaates vor der Bestrafung schützen. Eine Aufhebung des Rückwirkungsverbots im Interesse der Opfer wurde niemals ernsthaft diskutiert.

1992 setzte der Bundestag eine erste Enquete-Kommission mit dem Titel »Aufarbeitung von Geschichte und Folgen der SED-Diktatur in Deutschland« ein. Aufarbeitung wurde als gesamtdeutsche Aufgabe gesehen. Die Kommission arbeitete von 1992 bis 1994, sprach mit Hunderten von Zeitzeugen und erforschte vor allem die Wirkungsmechanismen des MfS. Es folgte eine zweite Enquete-Kommission unter dem Titel »Überwindung der Folgen der SED-Diktatur im Prozess der deutschen Einheit«, die nicht viel mehr brachte, als den unbefriedigenden Ist-Zustand der Aufarbeitung zu beschreiben.

Zur juristischen Aufarbeitung des DDR-Unrechts gehören auch vier »SED-Unrechtsbereinigungsgesetze« und das Ministergesetz von 2008. Am 26. Juni 2008 einigten sich die Fraktionen der Großen Koalition auf ein novelliertes Bundesministergesetz. Darin ist festgeschrieben, dass die Minister des DDR-Kabinetts unter Lothar de Maizière eine monatliche »Ehrenpension« in Höhe von 650 bzw. 800 Euro (für de Maizière) wegen ihrer »besonderen Verdienste um die Wiedervereinigung Deutschlands« während ihrer fünfeinhalbmonatigen Amtszeit (!) erhalten. Zum Vergleich: Ein ehemaliger politischer Häftling bekommt ab sechs Monaten Haft eine einkommensabhängige monatliche Zuwendung von 250 Euro. Neben Sozialismusreformern wie Rainer Eppelmann, Peter-Michael Diestel oder Markus Meckel zählt dazu ausgerechnet Kurt Wünsche, der als Justizminister bereits unter Walter Ulbricht und Erich Honecker in diesem Ressort einer der Hauptverantwortlichen für die nachhaltige Verschärfung justiziellen Terrors gegenüber politisch Verfolgten gewesen war. Eine unglaubliche und beispiellose Instinktlosigkeit! Das Ministergesetz ist nicht nur ein Skandal, es bringt genau das Maß an Wertschätzung gegenüber denen zum Ausdruck, die widerständig handelten und das Einheitsgebot des Grundgesetzes nie aus den Augen verloren.

Einen guten Ruf hinsichtlich ihrer Aufklärungs- und Bildungsarbeit hat die Stasi-Unterlagen-Behörde, vereinfacht Gauck-, später Birthler-, heute Jahn-Behörde, nach den Namen ihrer jeweiligen Bundesbeauftragten. Sie dokumentiert, dass die Auseinandersetzung mit der SED-Diktatur erwünscht ist. In der Behörde wird das Erbe des MfS verwaltet und gegen den Willen der damaligen Regierung in Bonn den Betroffenen, Instituten, Wissenschaftlern und Medien zugänglich gemacht. Mit heute ca. 1550 Mitarbeitern werden Millionen Fotos, Filme, Tonträger und rund 180 Kilometer Akten verwaltet, archiviert und erforscht. Mit Hilfe der Behörde gab es Überprüfungen von Amtsträgern und Personen im öffentlichen Dienst. Allerdings waren Regelüberprüfungen keine Pflicht, und der Umgang mit den Überprüfungsergebnissen wurde nicht kontrolliert. Wichtig war und ist die Behörde für Opfer und Betroffene, die schon von Anfang an gefordert hatten: »Meine Akte gehört mir!«

1997 wurde gegenüber dem Parlament bekräftigt, dass man keine ehemaligen IM beschäftige, sondern nur 15 ehemalige hauptamtliche Mitarbeiter des MfS. 2006 wurde öffentlich, dass in der Behörde mindestens 54 ehemalige MfS-Mitarbeiter beschäftigt seien. In Wahrheit waren es 70 Mitarbeiter. Dem damaligen Leiter der Behörde wurde ein »mehr als nur nachlässiger Umgang mit der Wahrheit« nachgewiesen. Er stellte elf Personen von der sogenannten »Eichhorn-Liste« ein. Erst durch die dankenswerte Initiative des Amtsnachfolgers Roland Jahn wurde mit der Versetzung betroffener BStU-Mitarbeiter begonnen.

Im Westen gab es mindestens 12 000 Personen, die als Stasi-Spitzel arbeiteten. Ihre Akten sollten vernichtet werden. Die Bonner Regierung sprach sich auch gegen die Aktenöffnung und für den Umzug der Akten ins Koblenzer Bundesarchiv aus, wo sie dem Verfassungsschutz zugänglich geworden wären. Die DDR-Volkskammer verabschiedete noch am 24. August 1990 ein Gesetz, nach dem Sonderarchive in den Ländern und ein Zentralarchiv in Berlin eingerichtet werden sollten, die parlamentarisch zu kontrollieren seien. Der damalige Bundesinnenminister Wolfgang Schäuble und der DDR-Staatssekretär Günther Krause waren davon nicht begeistert. Beinahe wäre der Einigungsvertrag vom 31. August 1990 an dieser Frage gescheitert. Ende 1991 wurde das Stasi-Unterlagen-Gesetz verabschiedet, wonach die Akten für die Opfer geöffnet wurden.

Im Laufe der letzten 20 Jahre gab es bei der Behörde eine Reihe von Skandalen, Ungereimtheiten und Streitigkeiten. Bekannt wurden die Fälle Gregor Gysi, Lothar de Maizière oder Manfred Stolpe. Auch die Akte Helmut Kohl geriet zu einem Grundsatzstreit zwischen Wahrung von Persönlichkeitsrechten einerseits und den Interessen historischer Aufklärung andererseits. 2004 verbot das Bundesverwaltungsgericht die Offenlegung von MfS-Unterlagen über Personen der Zeitgeschichte, sofern sie grundgesetzwidrig zustande gekommen seien. Das war ein schwerer Rückschlag für die Aufarbeitung insgesamt.

Am 2. April 1998 wurde die bundesunmittelbare »Stiftung zur Aufarbeitung der SED-Diktatur« gegründet. Sie hat den gesetzlichen Auftrag, die umfassende Aufarbeitung der Ursachen, Geschichte und Folgen der Diktatur in Sowjetischer Besatzungszone (SBZ) und DDR zu befördern, den Prozess der deutschen Einheit zu begleiten und an der Aufarbeitung von Diktaturen im internationalen Maßstab mitzuwirken. Bis 2008 verfügte sie über einen Etat von 25 Millionen Euro, mit denen sie bis dahin 1600 Projekte, 220 Ausstellungen, 310 Veranstaltungen, 220 Multimediaprojekte und Filme, 200 Bücher und zahlreiche Stipendien finanziert hat. Sie leistet Opferberatung und ist mittlerweile ein Archivierungsunternehmen. Das Stiftungskapital von 77 Millionen Euro stammt aus SED-Vermögen im Ausland, zu dem der Bund jährlich zwei Millionen Euro beisteuert.

Die Leitmotive der Stiftungsarbeit sind Fördern, auch in Form von Anschubfinanzierungen, Informieren und Vernetzen. Zwar hat die Stiftung Aufarbeitung den gesetzlichen Auftrag, Projektvorhaben zu fördern, die dazu beitragen, die Ursachen, Geschichte oder Folgen der Diktatur in der SBZ/DDR und ihre Verortung in den Diktaturen des 20. Jahrhunderts aufzuarbeiten und entsprechende Projekte inhaltlich und finanziell zu unterstützen, doch geschah dies in der Vergangenheit durchaus selektiv. Antragsberechtigt für Projektförderungen sind juristische Personen des öffentlichen oder privaten Rechts, das heißt Vereine, Verbände, Universitäten, Institutionen der politischen Bildungsarbeit. Freie Schriftsteller, Autoren und Publizisten, von denen sich viele im Widerstand befanden und unmittelbar Opfer und Geschädigte des DDR-Regimes mit traumatischen Erfahrungen waren, die aktiv und kenntnisreich in der Aufklärung tätig sind, haben aus »Satzungsgründen« keinen Anspruch auf Förderung. Darunter fallen fast alle ehemaligen politischen Häftlinge des Regimes, die unmittelbar Widerstand leisteten und ihre vielfältigen persönlichen Erfahrungen mit der Repression der Diktatur in Sachbüchern, Theaterstücken, Filmen etc. aufarbeiteten.

Deren wichtige Erkenntnisse als Facetten des realen Widerstands gegen die SED-Diktatur, in Korrelation mit dem gesetzlichen Auftrag zur Aufarbeitung, werden zumeist ausgeblendet und als »zu emotional« bewertet. Projekte des Widerstands, vor allem Bücher, werden oft nicht gefördert. Verantwortlich dafür ist die von Beginn an inhaltliche Distanz zwischen Vertretern des Widerstands und den »Bürgerrechtlern« genannten Sozialismusreformern, die mehrheitlich im Vorstand und im Beirat sitzen. Der Satzungszusatz der Stiftung, dass die Bewilligung von Zuwendungen unter anderem von inhaltlichen Prioritäten abhängig gemacht werde, ist eine deutliche Relativierung ihres gesetzlichen Auftrags und der verschleiernde Hinweis auf tiefgehende Differenzen in der Betrachtung der SED-Diktatur.

2007 erhoben viele ehemals politisch Verfolgte, Opfer der Diktatur, Historiker, Politiker und selbst Bürgerrechtler schwere Vorwürfe gegen die Stiftung und den seit 2004 dort amtierenden Ex-DDR-Abrüstungsminister und Bürgerrechtler Rainer Eppelmann. So schrieb der Bürgerrechtler Wolfgang Templin 2007 im *Tagesspiegel*, die Stiftung Aufarbeitung habe sich »Schritt für Schritt« von dem ihr zugeschriebenen Auftrag entfernt. Besonders umstritten ist auch die Kooperation der Stiftung Aufarbeitung mit der Rosa-Luxemburg-Stiftung. Gerade diese der Partei Die Linke nahestehende Stiftung verklärt den SED-Staat und dessen Protagonisten in unerträglicher Weise. Die Mitglieder der Stiftung Aufarbeitung focht das nicht an. Die Kooperation mit der Rosa-Luxemburg-Stiftung wurde mit dem Hinweis auf einen »demokratischen Entscheidungsprozess« verteidigt. An die Opfer hat dabei wohl niemand gedacht. Bis heute kann die Stiftung die Rehabilitierung und Verharmlosung der SED-Diktatur nicht aufhalten. Ihre Projektförderung mutet fragwürdig an und führt zur Entpolitisierung der Aufarbeitung. Trotz der Kritik muss anerkannt werden, dass die Stiftung ihre Verdienste hat: Sie führt ein Archiv unter anderem zum Widerstand, und es gibt eine opulente Fachbibliothek, die allerdings nicht ungehindert nutzbar ist.

Meine persönliche Einschätzung dessen, was zu tun wäre, ist: weiter, vor allem stärker und differenzierter aufklären, an Schulen, Universitäten und anderen Bildungseinrichtungen. Dazu gehört, ins Bewusstsein zu rufen, dass die DDR ein Unrechtsstaat war, eine Diktatur, die täglich Verbrechen gegen die Menschlichkeit verübte, dass es Hunderttausende traumatisierte Opfer gibt, die auf der Grundlage des Einigungsvertrages bis heute weder ausreichend restituiert worden sind noch adäquate medizinische Behandlung erhalten. Dazu gehört eine Beweislastumkehr bei ehemals politisch Verfolgten.

Die Behandlung des Terrorapparates MfS in den aktuellen Geschichts- und Politikbüchern der Schulen ist inakzeptabel, eine Beschäftigung mit der Stasi findet größtenteils nicht statt. Von 50 Geschichtsbüchern in den Ländern Brandenburg, Sachsen, Thüringen, Nordrhein-Westfalen und Bayern erwähnen sieben das MfS überhaupt nicht; mehr als dreieinhalb Seiten werden ihm in keinem der Bücher eingeräumt. In 19 von 31 Politiklehrbüchern taucht nicht einmal die DDR auf, vom MfS und dem Widerstand ganz zu schweigen. Zwar ist von »Staatsfeinden« die Rede, von unmenschlichen Haftbedingungen, für die sie verantwortlich war, wobei selten deutlich wird, was darunter zu verstehen ist. Dass das MfS wahrscheinlich auch als Teil der westdeutschen Geschichte angesehen werden muss, bleibt weitgehend ausgeblendet.

Wenn aber in den Lehrmaterialien die zweite Diktatur auf deutschem Boden nur am Rande Erwähnung findet, dann ist es für Schüler ziemlich schwierig, fundierte und kritische Ansichten zu ihrer Gegenwart zu entwickeln. Über die – angebliche – Politikverdrossenheit der Jugend sollte sich unter diesen Umständen keiner mehr wundern. Die Jugend verdient, umfassend über die Vergangenheit aufgeklärt zu werden. Ohne Erinnerung können wir weder Gegenwart noch Zukunft gestalten. Nur wer die Vergangenheit kennt, kann in der Demokratie Perspektiven für die Zukunft entwickeln.

Andreas H. Apelt

»Die schönste Erfahrung meines Lebens«

Mit der großartigen Idee, Zeitgeschichte durch subjektive Erlebnisberichte zu konservieren, kommt diese Ringvorlesung sehr nah an das Geschehene, vor allem an das Gefühlte, Gedachte, Empfundene der Akteure einer so wichtigen Zeit heran. Die Vorträge schaffen Quellen, erschließen Quellen, bringen Zusammenhänge ans Licht. Dies alles ist umso wichtiger, als die Erinnerungen der Akteure verblassen, Fehlinterpretationen und Geschichtsklitterungen Raum gewinnen. Und selbst die damals Handelnden sind davon nicht frei, 25 Jahre hinterlassen Spuren in der Erinnerung, auch falsche und entstellte. Zu beachten ist ferner, dass ein Teil der damaligen Akteure gar nicht mehr unter uns ist. Ich nenne nur Namen wie Bärbel Bohley, Jürgen Fuchs, Stefan Heym, Ludwig Mehlhorn, Heiner Müller, Günter Ullmann, Wolfgang Ullmann. Auch Ibrahim Böhme hätte ich heute gern noch so manche Frage gestellt. Für meine Dissertation (*Die Opposition und die deutsche Frage*, erschienen im September 2009 im Ch. Links Verlag) jedenfalls habe ich auf das umfängliche Material der bis dahin zweibändigen Reihe zurückgegriffen. Und ich habe kräftig zitiert und die Erfahrungsberichte mit den mir sonst zugänglichen Quellen verglichen.

Ich würde gern, wenn ich in Chemnitz etwas zu sagen hätte, eine Art Geschichtsfeldvermessung anregen. Bei dieser Geschichtsfeldvermessung sollten Akteure unterschiedlicher politischer Ausrichtungen zu Wort kommen. Und zwar nicht nacheinander, sondern gleichzeitig. Sie sollten miteinander ins Gespräch kommen und Ereignisse bewerten, einordnen, interpretieren. Interessant ist dabei: Man würde feststellen, dass die Akteure damals zu ein und demselben Vorgang, den Treffen, den Parteitagen, den Besprechungen, den Planungen ganz unterschiedliche Interpretationen abgeben. Interpretationen, die im Widerspruch zu den damaligen Bewertungen stünden und die uns vielfach erst heute bewusst werden. So ist etwa das wichtige Treffen im Gästehaus des DDR-Ministerrates am 28. Januar 1990, bei dem Vertreter der DDR-Regierung und von Oppositionsgruppierungen beteiligt waren, nicht nur unterschiedlich interpretiert, sondern auch höchst unterschiedlich beschrieben worden. So, als hätten die Zeitzeugen an verschiedenen Veranstaltungen teilgenommen. Schon diese Beteiligten wieder zusammenzuholen, erscheint mir deshalb lohnenswert, ist doch an diesem Tag Geschichte geschrieben worden. Am 28. Januar wurde der Wahltermin festgelegt, und die DDR-Regierung erklärte ihren Bankrott. Ich bin sicher, bei einem neuerlichen Treffen der Beteiligten würde nicht nur Geschichte geschrieben, sondern auch eine spannende Geschichte erzählt werden, von mir aus auch eine Heldengeschichte in einer von Helden so vernachlässigten Welt.

Um es gleich vorwegzunehmen: Ich war kein Held. Keineswegs. Helden sind etwas für Geschichtsbücher – und für Talkshows. Aber vielleicht gesteht mir die Geschichte der friedlichen Revolution wenigstens eine Komparsenrolle zu. Und was wären all die Helden ohne Komparsen. Ehrlich gesagt bin ich sogar auf diese Nebenrolle stolz. Aber auch für Nebenrollen muss man sich bewerben, neuhochdeutsch: ein Casting durchlaufen. Meines fand vor gut 40 Jahren statt. Im Hobbykeller eines Hauses in der Dorfstraße Nr. 16 in Zinnitz. So hieß mein Wohnort, in dem 220 Niederlausitzer Seelen lebten, irgendwo zwischen Luckau (meiner Geburtsstadt) und der Kreisstadt Calau, oder besser: in der Mitte zwischen Berlin und Dresden, fast ein Niemandsland.

Meine oppositionelle Karriere begann in Zinnitz als 15- oder 16-Jähriger. Da wusste ich noch gar nicht, was Opposition ist. Und eigentlich war ich nur unfreiwillig beteiligt. Denn das, was da geschah, ist nicht untypisch für Diktaturen, auch wenn andere meinen sollten, es sei typisch deutsch. In unserem Vierfamilienhaus gab es einen Nachbarn, das war ein älterer von mir wegen seiner Bildung sehr verehrter Kunstlehrer: ein feinsinniger, kulturell interessierter und belesener Mann, dessen Bibliothek ich ebenso bewunderte wie die Gemälde, die seine Wohnung schmückten. Er war für mich auch äußerlich der Prototyp des deutschen Intellektuellen: blass, hager, mit schmalen langen Fingern und Brille, immer rauchend, nachdenkend, sinnend und wunderschön erzählend. Ich hätte ihn mir als Vater gewünscht, gegenüber meinem eigenen Vater, der außer der Tageszeitung weder las noch etwas mit Literatur oder Kunst am Hut hatte. Vielleicht lag es auch daran, dass er 1944 als 17-Jähriger zur Waffen-SS gezogen worden war und gebrochen aus dem Krieg kam. Jede Art von Idealismus war ihm fremd. Dieser kunst- und kulturinteressierte Nachbar also schrieb, wie ich erst 20 Jahre später lesen konnte, einen Brief an das Volkspolizeikreisamt Calau. Darin hieß es sinngemäß: Ich möchte Sie auf den Sohn unserer Nachbarin, der Lehrerin Ruth Apelt, aufmerksam machen. Dieser hat an den Wänden seines im Keller eingerichteten Hobbyraums westliche Reklame.

Bei genauer Betrachtung weiß ich gar nicht, ob dies westliche Reklame war. Da hingen zwei Poster angloamerikanischer Popgrößen an den Wänden. Es war nicht zu leugnen: im weitesten Sinne Westreklame. Neben einem Poster für den Film »Easy Rider« prangte der Spruch einer Liedzeile der amerikanischen Band Steppenwolf an der Kellerdecke des schmucklosen Hauses in der Dorfstraße 16: »Born to be wild«. Ich kannte weder den Film, noch wusste ich mehr von der Band. Vermutlich war selbst mein Englisch so schlecht – an unserer Dorfschule wurde keines gelehrt –, dass ich nur vermutete, was das heißen mochte. Aber es war irgendwie etwas anderes in der verschlafenen 220-Seelen-Heimat. Und ich war stolz, überhaupt ein Poster von zwei Motorradfahrern zu besitzen, die so gar nicht auf unsere Dorfstraße passten.

Auch das Englisch meines Lehrers war wohl nicht so gut, dass er den Satz als Hilfestellung für die kreisstädtische Polizeibehörde übersetzt hätte, Westreklame war da schon wirkungsvoller und umfassender. Interessanterweise interessierten den kunstsinnigen Lehrer in meinem stets unverschlossenen Hobbykeller, den ich mit den Kohlen und Holzvorräten der Familie teilte, weder Ernst Jünger noch seine »Stahlgewitter«, die ich damals las und von denen ich die besten Zeilen auch an die Wand gemalt hatte, noch meine Sammlung von alten Deutschlandkarten, die wohl kaum den Vorstellungen der jungen Republik entsprachen. Nein, der Westen war stärker als die »Stahlgewitter« und stärker als meine Sammlung von Deutschlandkarten oder alten Luftgewehren.

Im Ergebnis wurde ein Vorgang eröffnet. Der mutmaßlich dekadente Schüler bekam eine Akte. Und so wurde ich ohne mein Zutun und ohne eine besondere Tat Oppositioneller. Und ich konnte noch nicht einmal stolz darauf sein, weil ich es nicht wusste. Stattdessen beschäftigte mich über Jahre hinweg die Frage: Wie bin ich eigentlich zu dem geworden, was ich später war? Warum wurde ich ein Aufmüpfiger, ein zum Widerspruch Bereiter, ein Oppositioneller? Der Spruch »Born to be wild« war es sicherlich nicht. Die Frage bewegt mich bis heute. Was hat mich davor geschützt, mitzutun oder gar nur mitzulaufen? Ich hatte doch die gleiche Geschichte wie meine Schulkameraden, mit denen ich Fußball spielte oder Briefmarken tauschte.

Zum Widerspruch, nicht Widerstand, fühlt man sich dann ermutigt, wenn man sieht, wie Unrecht geschieht. In unserem Dorf gab es kein Unrecht. Oder doch? Da war das Haus meiner Großeltern, das wir nicht bewohnen durften, weil sich die Großmutter nach dem Tod des Mannes mit den vier Geschwistern meines Vaters nach dem Westen abgesetzt hatte. Und Republikflüchtlingen wurde eben alles abgenommen, egal ob die eigenen Kinder im Haus lebten oder nicht. Auch in unserem Fall war das so: Da im Grundbuch der Name des Republikflüchtigen (meine Großmutter) stand, fiel der Besitz nicht meinem Vater zu. Gnädigerweise durfte er einige Möbel aus seinem Elternhaus gegen Zahlung an die Staatskasse erwerben.

Aber reichte das, um Oppositioneller, Widerständiger zu werden? Mit 15 Jahren reichte das nicht. Da war für mich ein anderes Erlebnis weitaus gravierender, nämlich der Besuch in der Heimat meiner Vorfahren, in Schlesien. Irgendwie hatte ich als 15-Jähriger das Gefühl, da gehöre ich hin, das ist doch meines. Und ich hatte das Gefühl von Unrecht. Warum nahm man uns das weg? Warum? Erklärt wurde uns das nie. Oder auf eine Weise, dass man es nicht einsehen wollte – Gewalt, Vertreibung, Erniedrigung. Die Vorgeschichte blieb uns zu großem Teil verwehrt, auch die Begründung. Selbst als Ende der 1960er Jahre der Großvater einer Schulkameradin, der Schneider des Dorfes, »abgeholt« und wegen seiner

Aufsehertätigkeit in Theresienstadt hingerichtet wurde. Die Dorfgemeinschaft schwieg oder fand die Hinrichtung ungerecht, »weil einer Pech hatte«. »Was hätte er auch anders machen sollen?« Das war Geschichtsaufarbeitung à la DDR.

Bewegt haben mich auch die als Familienfeiern deklarierten heimlichen Vertriebenentreffen. Hier sah ich die Alten und ihre Tränen, und ich verstand die Welt nicht mehr. Dabei war sie doch eigentlich heil, die Welt. Jedenfalls so heil, wie sie sein konnte in einem Dorf zwischen Dresden und Berlin. Da störte weder der Fahnenappell noch das Pionier-Zeltlager. Ganz im Gegenteil, sie waren sogar willkommene Abwechslungen im tristen Alltag. Und doch fand ich in meinen Unterlagen ein Gedicht, das ich als vielleicht 16-Jähriger geschrieben hatte: »Was andere denken, / das wollt ihr lenken. / Was ihr nicht seid, / ist der Gedanken Obrigkeit.« Auch das war keine heroische Tat, es war nicht mal eine heroische Antwort, und es erklärt nicht den Widerspruch.

Wirklich zu denken begann ich wohl mit 16, 17 oder 18 Jahren. Da war beispielsweise meine Lehre als Forstfacharbeiter in einem Internat. Zweihundert Jungen lebten in Vierbettzimmern eines hässlichen Neubaus auf einem Feld in der Nähe Bad Dübens. »Gehalten« wurden die Jungen durch straffen Drill, harte Arbeit, Fahnenappell am Morgen nach dem Aufstehen und das gegenseitige Terrorisieren von Gruppen gegenüber den »Neuen«, den »Schwachen«. Die Leitung des Hauses – der Leiter war ein abgehalfterter NVA-Major, der aus uns »richtige Menschen machen wollte« – schaute dabei zu. Und vielleicht war es ein Stück Erziehung, wenn man sich gegenseitig das Leben zur Hölle machte. Traumatische Erlebnisse folgten, denn rohe, sinnlose Gewalt regierte. Und über allem stand der Spruch: »Wir machen richtige Menschen aus euch.«

Warum erzähle ich das so ausführlich? Nun, um zu zeigen, wie simpel es sein kann, auf eine für Diktaturen schiefe Bahn zu geraten. Diese ist in der Regel nicht nur schief, sondern auch steil, steil abfallend. Da erholt man sich nicht mehr. Bereits im Alter von 18 Jahren schrieb ich jenen Schiller'schen Satz in mein Tagebuch: »Freiheit ist nur in dem Reich der Träume, und das Schöne blüht nur im Gesang.« Kein Wunder, dass ich mich zur Kunst, zur Philosophie hingezogen fühlte, weil ich Antworten erwartete. Fortan war ich ein anderer. Und ich fühlte anders, dachte anders. Ich traf mich mit den Anderen, den Gleichgesinnten, Unangepassten, den Aussteigern aller Couleur. Aber war ich deshalb gleich ein Widerständiger?

Die Stasi nahm sich jedenfalls Zeit für mich. Als ich nach meiner Lehre noch einmal in unserem Dorf wohnte, wartete in der Regel jeden Freitag nach Arbeitsschluss ein Auto vor unserem Haus in der Dorfstraße. Zwei zivil gekleidete Herren passten mich dann ab, nahmen mich entweder gleich mit, um mich am Sonntagabend wieder laufen zu lassen, oder versuchten wenigstens herauszufinden, mit wem ich mich wo treffen wollte. Auf jeden Fall versuchten sie zu zeigen, dass sie da waren. Eine im Übrigen peinliche Angelegenheit für alle Seiten. Meine Eltern schämten sich für das Auto mit den zwei Herren, denn jeder im Dorf wusste, dass es sich wohl kaum um verwandtschaftlichen Besuch handelte. Auch einem der

Vernehmer war nicht ganz wohl, war er doch ein früherer Arbeitskollege meines Vaters, der nun bei der Stasi oder Kripo eine eigentümliche Rolle spielte.

Als ich Ende 1978 nach Berlin-Prenzlauer Berg zog, war meine Akte jedenfalls schon umfänglich – und die Einschätzung der Sicherheitsbehörden verheerend genug. Die DDR in Frage zu stellen kam mir auch da nicht in den Sinn. Die Diktatoren saßen fest im Sattel. Bestenfalls blieb Kritik, leise, unauffällig, eine Gratwanderung. Und es blieb das Leiden am System, das zwar nicht zum Widerstand reichte, aber dennoch den Widerspruch nährte. Dieses Leiden war konkret. Da wurden einerseits Freunde oder Kollegen abgeholt, weil sie Ausreiseanträge gestellt hatten, ihre Fluchtversuche verraten worden waren oder sie »Feindverbindungen« hergestellt hatten. Andererseits litten wir auch unter jedem, der das Land verließ, wegging und in der Regel nicht wieder einreisen durfte. Oder unter denen, die sich verkauften, sei es an Fluchthelfer, sei es an Männer und Frauen, die sie zum Schein heirateten. Wir litten unter den Zwängen, nicht frei reden zu dürfen, überwacht, gemaßregelt, jeglicher Willkür ausgesetzt zu sein. Und wir litten unter der Mauer. Wir litten vor allem Angst.

Im Frühjahr 1984 veröffentlichte eine amerikanische Zeitschrift für Deutschlehrer ein Gedicht mit dem Titel »Ostberlin« (geschrieben 1983) von mir. Und das unter meinem Namen neben einem Foto, das die Sperranlagen der Berliner Mauer zeigte. Darin hieß es:

> Gezähmt zwischen Mauern
> ein Verlangen
> Gekettet jeder Wunsch
> an Vergänglichkeit
> Gebunden die schreiende Hand
> Erwürgt jedes Wort
> Verschenkt das Ich
> Dulden ist Selbstbetrügen
> Ertragen Peinigung
> Aufbegehren heißt Qual.

Vielleicht ist das ein Stimmungsbild jener Jahre. Dulden ist Selbstbetrügen, und doch ist Aufbegehren Qual. Die Aussichtslosigkeit ist deutlich. Dass es unter meinem Namen veröffentlicht wurde, war eine Nachlässigkeit der Amerikaner, denen offensichtlich gar nicht bewusst war, welche erheblichen Probleme damit verbunden sein konnten. Noch immer gab es den berühmten Gummiparagrafen 100 des Strafgesetzbuches, der die »Kontaktaufnahme mit feindlichen Mächten« unter drakonische Strafe stellte. Fortan hatte ich eine fürchterliche Angst, eines Nachts abgeholt zu werden. Angst – das ist es, was mich über Jahre begleitete, immer Angst.

Natürlich hätte ich damals einen Ausreiseantrag stellen können. Das gehörte fast zum guten Ton in meinem Umfeld des Prenzlauer Bergs. Aber ich tat es nicht – trotz der unglaublichen Angst, der Perspektivlosigkeit, der ständigen Kontrollen, der Drangsalierungen. Ich stellte ihn nicht einmal, als mein Personalausweis eingezogen wurde und ich, nun aller staatsbürgerlichen Rechte beraubt, sogenannte Ersatzausweise erhielt. Mit diesen, einmal nur ein Schein ohne Passbild und einmal ein sogenannter PM 12, war ich nicht einmal berechtigt, den »sozialistischen Bruderländern« einen Besuch abzustatten. Der Besitz dieser Papiere war mit weiteren Auflagen verbunden, in der Regel mit Aufenthaltsverboten, wie etwa während des Turn- und Sportfestes in Leipzig oder während der SED-Parteitage in Berlin. Mit dem ebenfalls als Ausweis gültigen Schein war die Auflage verbunden, sich alle fünf Tage bei der Polizei zu melden. Vorsorglich hatte man dafür auf dem Schein ein großes freies Feld gelassen, in das, als Nachweis, die Datumsstempel des Volkspolizeiamtes gedrückt wurden.

Nein, ich stellte keinen Ausreiseantrag, weil ich partout nicht wegwollte. Der Westen erschien mir zu geordnet, zu wohlsortiert, unabänderlich, wenig spannend, historisch »zu westlich«, das heißt zu westeuropäisch. Er war mir zu vollkommen und förmlich im Wohlstand erstarrt. Geschichte, so fühlte ich, schrieb man dort nicht. Ich wollte aber auch nicht weg von dem, was ich meine Heimat nannte, nicht weg von meinen Eltern, um deren Job ich bangen müsste (meine Mutter war Lehrerin und Schuldirektorin), nicht weg aus einem trotz aller Drangsal und noch mehr Angst gebeutelten Leben. Heute erscheint es mir ein Stück verrückt. Noch verrückter und um ein Vielfaches gefährlicher war mein illegales Fernstudium bei einer amerikanischen Universität in Albuquerque (New Mexico), eine Universität, die ich freilich nicht zu Gesicht bekam. Letztlich war es das Ergebnis eines Angebots amerikanischer Professoren und der damals gefühlten Aussichtslosigkeit, jemals in der DDR studieren zu können. Aber das wäre eine zu lange Geschichte, die ich hier nicht auswalzen will.

Trotzdem fühlte ich – auch das hat mich geprägt – eine Dankbarkeit gegenüber Amerika, dieser großen freiheitsliebenden Nation. Der in der DDR-Opposition zuweilen offen zutage getretene Antiamerikanismus oder ein diffuses Amerikabild, das ein Abklatsch der DDR-Ideologie war, fruchtete bei mir nicht. Über meine Haltung zur DDR lasse ich lieber die Staatssicherheit urteilen. Sie hat kurz und bündig in einem Aktenvermerk festgehalten: »Die politische Grundhaltung ist charakterisiert durch eine ablehnende Haltung zu Fragen der sozialistischen Demokratie, die sich insbesondere an der Kritik der Meinungsfreiheit zu Äußerungen mit gesellschaftskritischem Charakter in der DDR verdeutlicht.« Es folgt der schöne Satz, den ich immer in Bewerbungsbögen schreiben möchte, ohne die Quelle zu nennen: »Es kann eingeschätzt werden, dass der Apelt ausgesprochen intelligent ist. Er ist in der Lage andere Personen auf seine Positionen zu bringen.« Manchmal möchte man selbst der Stasi gern recht geben.

Meine Haltung zum bundesrepublikanischen System war in den Jahren vor der Revolution eine durchaus positive. Allerdings habe ich auch immer gesamtdeutsch gedacht und den Westen insbesondere mit seiner Westbindung nicht als die Antwort auf die deutsche Frage begriffen. Konrad Adenauer hatte es deutlich schwerer. Ich hatte nie verstehen wollen, warum man die Stalin-Noten, ohne sie ernsthaft zu prüfen, ablehnte. Selbst wenn, wie sich später herausstellte, sie nicht ernst gemeint waren, boten sie die Gelegenheit, die Situation zu ändern, unter der vor allem der neue Osten des Landes weitere fast vier Jahrzehnte zu leiden hatte. Die Orientierung auf den Westen, die Westbindung, hielt ich für ahistorisch.

Wie weit ich mich als Konservativer fühlte, wird aus einem Essay deutlich, den ich im Frühjahr 1989 schrieb. Meine berufliche Situation hatte sich inzwischen grundsätzlich geändert. Nach meinem Studium an der Humboldt-Universität, das ich nach zahlreichen Eingaben zwischen 1983 und 1988 endlich absolvieren durfte, erhielt ich von der Sektion Germanistik das Angebot eines Forschungsstudiums im Bereich Literaturgeschichte. Daraus wurde leider nichts, da ich wenige Wochen vor Antritt einen Verweis erhielt. Eine Begründung gab es freilich nicht, die Ursache fand ich später auf einem Zettel, der mir 1992 an der Uni in die Hände fiel. Dort hatte ein Prorektor und wohl auch Offizier der Staatssicherheit »im besonderen Einsatz« (OibE) meine wissenschaftliche Karriere mit einem großen roten Strich über das ganze Formblatt des Aufnahmeverfahrens beendet.

Fortan schlug ich mich mit Gelegenheitsjobs als Hausmeister und Gärtner durch. Eine typische Oppositionellenkarriere, könnte man meinen, allerdings schrieb ich neben dieser Scheintätigkeit vornehmlich für holländische und französische Zeitungen und Zeitschriften Artikel, die aus der DDR herausgeschmuggelt und unter fremden Namen veröffentlicht wurden. Damit lebte ich besser als jeder Forschungsstudent und manch Friedhofsgärtner, denn die Einnahmen in DM waren wunderbar umtauschbar in Mark der DDR. Die Stasi hatte mich mit dem Rauswurf nicht wirklich bestraft, sondern indirekt belohnt. Gleichwohl blieb die Angst mein steter Begleiter.

Unter der Überschrift »Was ist uns Deutschland?« sandte ich den besagten Text vom Frühjahr 1989 an Martin Walser. Dieser hatte ein Jahr zuvor, mit dem in der *Zeit* Nr. 45/1988 veröffentlichten Beitrag »Über Deutschland reden« zu heftigen Kontroversen Anlass geboten. Zuweilen wurde er wegen seiner nationalen Gesinnung angegriffen – er verlor daraufhin eine Reihe von Freunden. Ich fand den Beitrag großartig, sprach er mir doch aus dem Herzen. Walser hielt der Bundesrepublik einen Spiegel vors Gesicht. Meinen Text sandte Walser nun weiter an Theo Sommer von der *Zeit*. Dieser wiederum schrieb mir sinngemäß, er wolle ihn nicht veröffentlichen, da er nicht zeitgemäß sei. In der Tat war er damals nicht zeitgemäß, aber er entsprach meinen deutschlandpolitischen Vorstellungen und Wünschen.

Ich zitiere: »Ich bin ein Deutscher. Ich komme daran nicht vorbei, so wenig wie an mir selbst. So wenig wie an meiner und der Geschichte meiner Väter. Ich bekenne mich zu Deutschland, denn ich bin ein Teil dieses Deutschlands, dieses Deutschseins, und ich bekenne mich zu seiner Geschichte, die die Tragik von Vergangenem einschließt. Deutschland hat es, und dies ist an die Adresse jener gerichtet, die gleichsam als Geschworene im ›Deutschland-Prozeß‹ zu Gerichte sitzen, schon vor 1933 und 1871 gegeben. Deutschland büßt seit 44 Jahren (vielleicht merken dies viele bundesdeutsche Weltbürger kaum, dann sollten sie mal in die DDR fahren) für dieses zwölfjährige Dilemma und wird weiterhin zu büßen haben. Auch das ist deutsche Tragik. Das Bekenntnis zu Deutschland, Deutschsein, das Achtung und Verachtung, Stolz und Liebe, Schuld- und Schamgefühle einschließt, dieses Bekenntnis muß den deutsch-deutschen Realitäten Rechnung tragen. In der Anerkennung dieser Realitäten liegt aber noch nicht der Verzicht auf Lösungen, die dieser Tragik ein Ende bereiten.«

In dem Text wird später auch das Weltbild kultiviert, das für mich bis Anfang 1990 Bestand hatte. Und das – wie kann es anders sein für einen, für den die Literatur immer eine Rolle spielte? – auch Bezug auf Thomas Mann nahm. »Deutschland«, so verkündete ich, sei »traditionelle Mittelmacht, als Land der Mitte«. Ich bemühte Thomas Mann, der seinerseits an einen geistigen Ausgleich zwischen dem slawischen Osten und dem romanischen Westen dachte. In der Tat war die deutsche Mittlerrolle oder besser: die geopolitische Mittelmachtrolle, die ich für Deutschland wünschte, geistig eher an Bismarck und seinem Denken im 19. Jahrhundert orientiert als an den Vorstellungen, die sowohl die damalige DDR-Opposition als auch die Bonner Regierung hatten.

Dafür gab es zwei Gründe: Erstens sahen wir Deutschland als besetztes Land. Besetzt von den Alliierten, denn der Krieg war so lange nicht wirklich vorbei, wie es keinen Friedensvertrag gab. Für diesen Friedensvertrag gab es nach meiner Vorstellung nur ein Ergebnis, den Abzug aller Siegermächte. In dem besagten Text hieß es: »Deutschland, als Tummelplatz ausländischer Heere, bewacht wie eine Kolonie, ist mit Waffen aller Art gefüllt, als wäre es ein Militärmuseum.« Zweitens habe ich mir nicht vorstellen können, dass Moskau den Osten Deutschlands kampflos und friedfertig ohne adäquate Gegenleistung räumen würde. Die später von Moskau kassierte Summe für den Bau von Wohnungen für Soldaten war lächerlich gegen das, was unserer Vorstellung von dem entsprach, wie sich die sowjetische Führung das Faustpfand Deutschland abhandeln lassen würde.

Mir schien klar, dass die Sowjetunion die DDR nur dann aufgeben würde, wenn sie mindestens den Preis einer partiellen Entmilitarisierung oder zumindest einer deutschen Neutralität erhielt. Diese Neutralität war ein Grundgedanke und wenn man will: ein dritter Weg in der Außen- und Sicherheitspolitik bzw. deutschen Verankerung. Er ließ uns nicht mehr los. Wenn ich »uns« sage, dann meine ich damit bereits Teile der Opposition, vom Demokratischen Aufbruch, dem ich angehörte, bis zum Neuen Forum etwa um Arnold Vaatz. Im Übrigen setzte dies nur konsequenterweise meine Haltung fort, die bereits bei der Einschätzung der Stalin-Noten von 1952 eine Rolle spielte. Der Westen hätte, egal wie ernst und ehrlich es Moskau auch immer meinte, die Chance nutzen müssen. Ich wurde das Gefühl nicht los, dass wir im Osten dafür büßten. Auf unserem Rücken wurde zuallererst die Teilung ausgetragen. Vielleicht erklärt dies die Haltung vieler Oppositioneller, die genau dies auch in den Revolutionsmonaten fürchteten, dass die Siegermächte zur Sicherung eigener Interessen lieber den Status quo festschrieben als die einmalige historische Chance zu nutzen. Insgesamt gesehen speist sich eine nationalneutralistische Haltung, die sich freilich in ihrer Ausformung und ihren Zielen auch zwischen den Oppositionsgruppen erheblich unterschied, aus vier Quellen (ich habe sie bereits in meiner Arbeit »Die Opposition in der DDR und die deutsche Frage« benannt): erstens der Einsicht in das Versagen einer Friedenssicherung durch die Großmächte, NATO und Warschauer Pakt und die atomare Gefahr zulasten des besetzten Deutschlands; zweitens der Vorstellung, dass nur ein militärisch neutrales, wenigstens unabhängig von den Blöcken agierendes Deutschland ein Selbstbestimmungsrecht wahrnehmen kann; drittens der Hoffnung, dass die Beseitigung, zumindest Reformierung/Liberalisierung der SED-Diktatur und ihres menschenverachtenden Systems durch eine von Moskau unabhängige Innenpolitik gelingen kann; viertens das Vorhandensein einer zivilisations- und kulturkritischen Haltung gegenüber den USA und der westlichen Werte- und Konsumwelt.

Meine nationalneutralistischen Überlegungen flossen im September 1989 in die Gründungsvorstellungen einer Gruppierung ein, die ich Demokratische Union nennen wollte, eine, wie es hieß, »überparteiliche Sammlungsbewegung, die sich den drängenden Problemen der Zeit stellen soll«. Sie hatte »liberale, christliche und konservative Anschauungen und Interessen zu vereinen«. Das Kürzel DU war bewusst gewählt und sollte die Möglichkeit eröffnen, es später durch ein C zu ergänzen. Das war damals leider in der DDR belegt. Doch vorher holte ich mir mit jenem deutschlandpolitischen Konzept eine blutige Nase, als ich im August oder September 1989 bei Bärbel Bohley und einigen ihrer »Jünger« vorstellig wurde. Sie verwies mich mehr oder minder der Tür mit der Bemerkung, dass für unzeitgemäße Überlegungen keine Zeit sei – sie würden jetzt über den deutsch-israelischen Ausgleich debattieren. So also war ich fehl am Platz; mit Bärbel Bohley wurde ich nie warm. Das Ergebnis war eben die Gründungsidee einer DU und ein Besuch bei Rainer Eppelmann, der einem Freund und mir andeutete, dass wir nicht noch etwas Neues gründen, sondern mit ihm gemeinsam den Demokratischen Aufbruch (DA) aus der Taufe heben sollten. Datum und Ort der Gründungsveranstaltung gab er uns gleich mit. Und so kam es dann auch. Meine deutschlandpolitischen Vorstellungen nahm ich in den DA mit, obgleich sie dort nicht zum Tragen kamen. Die Zurückhaltung der Akteure, nicht zuletzt aus Angst vor der Staatsmacht, war doch deutlich spürbar.

Gern möchte ich noch einen Gedanken mit dem Thema Nationalneutralismus verbinden. Ich weiß, dass man sich mit diesen Überlegungen bis heute nicht immer Freunde macht. Dieser Gedanke berücksichtigt die Ausgangssituation, ebenso die befürchteten oder gewünschten Entwicklungen im Frühjahr/Sommer 1990. Und da ist der Blick auf die damaligen Realitäten in jedem Fall hilfreich. Bis heute hat mir noch niemand eine erschöpfende Antwort auf die Frage gegeben, was geschehen wäre, wenn Michail Gorbatschow der deutschen Einheit nur unter der Bedingung einer deutschen Neutralität zugestimmt hätte – etwa im Sinne der Stalin-Note. Das hätte zumindest die Altbundesrepublik in einen unlösbaren Konflikt gestürzt. Denn das bedeutete, die alte Adenauer-Doktrin aufzugeben, und damit den Verzicht auf die Westbindung. Als Preis winkte die deutsche Einheit. Oder als Alternative: Beibehaltung der Westbindung und zugleich Verzicht auf die deutsche Einheit. Wofür hätte sich die Bundesregierung entschieden? Westbindung statt deutsche Einheit oder deutsche Einheit statt Westbindung? Zumindest Hans-Dietrich Genscher war sich, wie er später mitteilte, der Brisanz der Lage bewusst und hatte offensichtlich Angst vor dieser Entscheidung. Ich bin sicher, auch der Bundeskanzler Helmut Kohl war sich der Dimension der Entscheidung bewusst.

Den Konflikt selbst hätten meines Erachtens die Bürger gelöst – egal ob im Westen oder im Osten. Denn sie hätten sich gefragt, was das Einigungsgebot des Grundgesetzes wert sei, dass ausgerechnet jetzt, wo die Einheit vor der Tür stand, man auf diese verzichten sollte. Vor allem die regierende Union wäre nicht umhin gekommen, dem Druck der DDR-Bürger nachzugeben, die auf ihr Selbstbestimmungsrecht pochten. Und wenn das Selbstbestimmungsrecht das Existenzrecht des eigenen Staates in Frage stellte, blieb den politisch Verantwortlichen nichts anderes übrig, als diesem Wunsch früher oder später zu entsprechen. Den DDR-Bürgern bedeutete eine Westbindung nicht viel. Sie hatten weder das Gefühl, dass der Westen Schutzmächte stellte, noch war ihre Bereitschaft ausgeprägt, Rücksicht auf ebenjene Westmächte zu nehmen. Erschwerend kam hinzu, dass deren Vorbehalte gegenüber der deutschen Einheit ihr eigenes Ansehen erheblich lädierten. Dies gilt zuerst für die europäischen Sieger in London und Paris. Ich bin sicher, in einem nationalen Taumel wäre die Westbindung in ihrer ursprünglichen Form geopfert worden. Und sei es bei den ersten freien Wahlen, die zwangsläufig die Weichen für die Vereinigung stellen mussten.

Doch noch war es nicht so weit. Die Frage der deutschen Einheit stand zumindest bis zum 9. November 1989 nicht auf der Tagesordnung, selbst wenn Forderungen nach deutscher Einheit schon vor dem 9. November auf der Straße wie in oppositionellen Gruppierungen nachweisbar sind. Zum Tragen kam die Frage freilich nach dem Mauerfall, der die Dinge erheblich beschleunigte. Ich hatte zwar Ende Oktober 1989 in einem Artikel für den französischen *L'Express* bereits ein Szenario entworfen, wohin der Wunsch nach Freiheit in der DDR führen würde, doch mit einer so schnellen Grenzöffnung rechnete ich keinesfalls, was zu meinem »finanziellen Nachteil« führte, denn der Mauerfall beraubte den Artikel, ohnehin schon um eine Woche verschoben, nun gänzlich seiner Aktualität, so dass er nicht mehr veröffentlicht wurde. Gleichwohl sah ich darin die Tage der DDR gezählt. Die Forderung nach freier Meinungsäußerung musste freie Wahlen nach sich ziehen.

Am 28. November machte ein Aufruf Furore, der mit der Zeile überschrieben war: »Für unser Land«. Fast zeitgleich veröffentliche Bundeskanzler Helmut Kohl sein Zehn-Punkte-Programm. Beides entfaltete eine ungeheure Wirkung. Wer sich die Texte heute noch einmal anschaut, findet die Sprengkraft gar nicht so offensichtlich. Kohls Plan war eher abwägend, vorsichtig formuliert, auf Zeit spielend. Doch bei den Menschen in der DDR war er 1989 eine Botschaft. Eine, die sie hören wollten, weil sie eine Richtung vorgab. Auf der anderen Seite unterschrieben eine halbe Million Menschen innerhalb weniger Wochen den Aufruf »Für unser Land«, dessen Initiatoren hoch angesehene Persönlichkeiten waren, unter ihnen Stefan Heym und Christa Wolf. Es schien damals, als wäre das Rennen noch völlig offen und die Weichen keinesfalls in die eine oder andere Richtung gestellt. Bei näherer Betrachtung gab es für die Fortexistenz der DDR keine Chance. Sie war wirtschaftlich am Ende und moralisch bankrott. Nur der Aufbau einer neuen Mauer aus Beton oder die Zusage des Westens, keine DDR-Bürger mehr aufzunehmen, hätte die DDR als Staat retten können. Lediglich ein freier Staat wäre sie dann keinesfalls gewesen. Und realistisch war weder das eine noch das andere.

Dennoch, die Opposition in der DDR machte gerade in den Tagen Ende November, Anfang Dezember 1989 ihre erste große Bewährungsprobe durch. Sie glaubte, jetzt entscheiden zu können, wie es weitergehen sollte mit diesem vom Untergang gezeichneten Land, das ohne Mauer auskommen wollte. Die Opposition war gespalten. Schon der 9. November hatte Teile von ihr in eine tiefe Sinnkrise gestürzt und vom Ende der Revolution reden lassen. Andere überlegten sogar, wie sie die Mauer wieder schließen könnten. Galt es doch, ihre DDR zu retten, freilich eine unter neuen, diesmal wahrhaft sozialistischen Vorzeichen. Es galt Farbe zu bekennen. Auch der Demokratische Aufbruch tat dies mit einem eigenen Papier, das Anfang Dezember verabschiedet wurde. Mit einem Papier, das ich als Leiter der neu eingerichteten Arbeitsgruppe Deutschlandpolitik mit verfasst hatte. Es begann mit dem Satz: »Was in eine ferne Zukunft gerückt schien, ist auf die Tagesordnung gesetzt: Die Einigung der Deutschen Nation.« Darin wurde nicht nur das Zehn-Punkte-Programm Helmut Kohls begrüßt, sondern auch zur Wahl einer deutschen Nationalversammlung aufgerufen. Damit war für mich die Richtung klar. Doch ausgerechnet der Leipziger Parteitag Mitte Dezember 1989 milderte die Forderungen ab. Dies geschah wohl mit Rücksicht auf den linken – vornehmlich Berliner, auch Leipziger und Wittenberger – Flügel im Demokratischen Aufbruch. Spätestens mit dem Austritt dieses Flügels (u.a. Friedrich Schorlemmer, Sonja Schröter) war der Weg frei für eine klare deutschlandpolitische Orientierung, wie ich sie anstrebte. Meine Wahl zum Berliner Landesvorsitzenden des DA im Januar 1990 untermauerte diesen Kurs. Im Übrigen hatte Angela Merkel den Kurswechsel nicht nur mitvollzogen, sondern auch in bewusster Abgrenzung zum linken Flügel mitgetragen. Hätte es den Kurswechsel nicht gegeben, wäre ich wohl aus dem Demokratischen Aufbruch aus- und in die CDU oder DSU eingetreten. Doch war ich froh, dass es nicht so weit kam. Hier hatte ich meine politische Heimat und eine Reihe neuer politischer Freunde gefunden: Hans Geisler, Dietrich Gericke, Brigitta Kögler, Peter Krause, Günter Nooke, Matthias Rößler, Klaus Zeh und viele andere.

Wenn ich heute nach negativen Erfahrungen während der Revolution gefragt werde, so steht das im Zusammenhang mit dem, was jede Geschichte erst spannend macht – Verrat. Für mich von Bedeutung war Wolfgang Schnur, mein Parteivorsitzender, dem ich vertraute und dem ich einst den Vorzug vor Rainer Eppelmann gab, weil er mir damals zumindest deutlich weniger staatstragend erschien. So also kann man sich täuschen. Umso mehr ist mir heute Rainer Eppelmann nah, dessen aufrichtige Haltung ich sehr schätze und der trotz manch anderer Politikansätze meine Hochachtung verdient. Die Geschichte Wolfgang Schnurs muss erst noch erzählt werden, und ich wundere mich sehr, dass sich an diesen Politkrimi bis heute niemand gewagt hat. Dabei sollte er einiges Überraschendes zutage fördern.

Enttäuschend war das Abschneiden des Demokratischen Aufbruchs in der Allianz für Deutschland bei der Volkskammerwahl. Das mag an Wolfgang Schnur gelegen haben, der wenige Tage vor der Volkskammerwahl am 18. März als Inoffizieller Mitarbeiter des Ministeriums für Staatssicherheit (IM) enttarnt wurde. 0,9 Prozent der Stimmen bedeuteten dank des Fehlens der Fünf-Prozent-Hürde zwar vier Mandate, aber der Gang (andere behaupten: Absturz) in die Bedeutungslosigkeit war programmiert. Ich selbst hatte auf der Berliner Landesliste hinter Rainer Eppelmann kandidiert und war damit chancenlos. Zwar konnte der Demokratische Aufbruch noch einen Minister für Abrüstung in der neuen DDR-Regierung unter Lothar de Maizière stellen, doch als politisches Schwergewicht und moralisches Mäntelchen hatte er ausgedient. Wir entließen unsere Mitarbeiter. Auch ich, damals Angestellter der Partei und zuständig für den Bereich Presse- und Öffentlichkeitsarbeit, suchte im April 1990 einen neuen Job. Damals wurde ich der erste Angestellte der von mir mitgegründeten Deutschen Gesellschaft, der ersten nach dem Fall der Mauer ins Leben gerufenen gesamtdeutschen Vereinigung. Bitter war der Absturz bei den Wahlen vor allem wegen der Umstände, hier Schnurs Enttarnung. Es kamen eigene strategische und taktische Fehler hinzu. Der größte war, dass sich der Hauptausschuss der Partei nicht auf eine Listenverbindung mit den Allianzpartnern CDU und DSU einlassen wollte. Am liebsten wären Rainer Eppelmann und seine Gefolgsleute nicht einmal in die Allianz für Deutschland gegangen, aus nachvollziehbarer Angst, sich mit den »Blockflöten« gemein zu machen. Allerdings geht es in der Politik nicht allein um Moral, sondern auch um die Umsetzung von Zielen. Und der Demokratische Aufbruch hatte alle Chancen, die uns angebotene Listenverbindung mit den Allianzpartnern zu nutzen. So wäre er mit erheblichem Einfluss aus den Wahlen hervorgegangen. Es sollte nicht sein, kein Reißverschlussverfahren und damit kein Drittel der an die Allianz vergebenen Sitze. Nicht auszudenken, welches politische Gewicht der DA in der späteren CDU gehabt hätte.

Vielleicht war dies einer der größten Fehler während der Revolution. Bedeutungsvoller für die gesamte Opposition war ein unscheinbarer Tag Ende Januar 1990 im Gästehaus der Regierung von Hans Modrow. Mitten in der friedlichen Revolution, als die DDR schwer angeschlagen taumelte und die Macht auf der

Straße lag, luden Modrow und seine Übergangsregierung, unter ihnen Lothar de Maizière, zu einem Gespräch. Teilnehmer waren die Vertreter der Parteien und Gruppierungen am Runden Tisch, unter ihnen Wolfgang Ullmann, Ibrahim Böhme, Wolfgang Schnur. Modrow hatte zwei Ziele, die er natürlich nicht verkünden konnte: Einerseits musste die Staatssicherheit die Vernichtung der Akten ungehindert fortsetzen können, andererseits sollten die Mitarbeiter in allen Bereichen des öffentlichen Lebens untergebracht und die Vermögens- und Kapitalwerte gesichert werden. Für beides brauchte er Zeit und innenpolitisch Ruhe.

Das ging allerdings nur mit der Opposition. Also versuchte Modrow die Opposition mit dem lukrativen Angebot einer Regierungsbeteiligung einzubinden. Entsprechend malte der Regierungschef ein düsteres Bild der Lage: bürgerkriegsähnliche Tumulte, Brandanschläge, Lynchjustizopfer. Die Lage sei so ernst, dass sich die Opposition nicht der Verantwortung entziehen könne. Der Trick funktionierte wohl besser, als Modrow selbst geglaubt hatte. Statt den Rücktritt der Regierung zu fordern und die Macht an sich zu reißen, beteiligte sich die Opposition an der Regierung. Und das nicht wie in einem Vorgespräch geplant mit Ministerposten und klaren Zuständigkeitsbereichen (u. a. wurde neben Konrad Weiß auch ich als Minister für innerdeutsche Beziehungen gehandelt), sondern als Minister ohne Geschäftsbereich und damit ohne jeglichen Einfluss, und vor allem ohne Durchblick. Damit nahm die Revolution ein jähes Ende. Ihre Fortsetzung blieb den Wählern am 18. März 1990 vorbehalten.

Heute kann ich trotzdem sagen: Die friedliche Revolution war die schönste Erfahrung meines Lebens, nicht zuletzt deshalb, weil sie siegreich war. Wir haben viel Kraft und manche Illusion gelassen, aber es hat sich gelohnt. Ich habe mir damals gewünscht, dass einige Symbole Gesamtdeutschlands an diese revolutionäre Zeit erinnern. Warum konnte der Bundestag nicht Nationalversammlung in Erinnerung an 1848 oder 1919 oder die Bundesrepublik nicht Republik Deutschland heißen? Kleine Gesten, die den gesamtdeutschen Ansatz deutlich gemacht hätten. Mir ist heute klar, dass vieles vermessen gewesen wäre, auch angesichts der Mehrheitsverhältnisse. Allerdings begann 1989/90 auch für die alte Bundesrepublik ein neues Zeitalter. Sie wurde nicht nur größer und protestantischer, sondern auch trotz aller Solidarleistungen und Transferzahlungen unendlich reicher.

Enttäuschend waren für mich im Nachhinein die Verteilungskämpfe. Wo blieb der viel gepriesene Patriotismus? Am deutlichsten wurde dies in der Diskussion um die neue Hauptstadt. Was sich die Bundesrepublik hier leistete, war nicht nur geschichtsvergessen, es war beschämend. Beschämend ist auch die jahrzehntelange Diskussion um die angemessene Würdigung von Widerspruch und Widerstand. Warum nur tun wir Deutsche uns so schwer, die Revolution und die Wiedervereinigung als das vielleicht schönste und glücklichste Ereignis der deutschen Geschichte feierlich zu begehen. Und zwar nicht bloß mit einem Volksfest, sondern mit einem Denkmal, das auch von unserem Stolz kündet, eine Diktatur beseitigt und unsere Vereinigung erstritten zu haben?

Dennoch, ich rate zur Gelassenheit mit Blick auf die deutschen Probleme. Sogar schmunzeln darf man. Ich erinnere an die gegenwärtige Diskussion um ebendieses neue Nationaldenkmal. Doch weder um Freiheit noch um Einheit und ihre inhaltliche Aufwertung wird gestritten, sondern um Fledermäuse. Die wohnen nämlich in den Katakomben unterhalb des Baus und gefährden nach dem Wunsch der Tierschützer das Erinnern. Mit dieser Einstellung hätte es vor 25 Jahren keine Revolution gegeben, bestenfalls einen Aufschrei. Wir sind schon ein merkwürdiges Völkchen, das aufpassen muss, dass ihm der Wohlstand und der Hang zum Banalen nicht zu Kopf steigen und den klaren Blick auf die wirklich nötigen Dinge vernebeln. Große Herausforderungen gibt es allemal. Gerade wir Deutschen sollten aus unserer Geschichte und den zwei Diktaturen gelernt haben. Das heißt für mich, sich in jedem Teil der Welt für jene Freiheits- und Bürgerrechte einzusetzen, die nicht nur den Frieden, sondern auch die Menschenwürde sichern.

Dietmar Keller

»Wir lernten Demut, Diskussionsfähigkeit, Toleranz und Demokratie«

Das Beste an der DDR war mein Traum, den ich von ihr hatte. Es war auch der Traum meines Vaters und des Großvaters, der nach der Evakuierung im März 1945 aus Chemnitz nach Leukersdorf bis zur Rückkehr des Vaters aus der Kriegsgefangenschaft Familienoberhaupt war, mit dem ich Stichlinge im Dorfbach als Zugabe zur Kartoffelschalen-Suppe fing, dessen Satz »Lieber will ich im Leben vom Hunger zerfressen werden, als noch einmal einen Tag Krieg erleben zu müssen« sich mir einbrannte. Es war auch der Traum meiner Lehrer an der Leipziger Universität, Walter Markov und Manfred Kossok, Max Steinmetz und Ernst Werner, der Traum vieler deutscher Intellektueller, die sich nach dem Krieg für einen Systemwechsel im Osten entschieden hatten.

Nicht wenige Menschen vieler Generationen sahen nach dem Krieg im Sozialismus eine Hoffnung der Menschheit und verbanden ihr Leben und ihr Schicksal zunächst ohne Vorbehalte mit ihm. Sie träumten von einer sozialen Demokratie, von einer neuen demokratischen deutschen Republik wie Gläubige an den Erlöser. Der Traum war nicht nur irgendeine Träumerei, er hatte auch einen realen Hintergrund: Es war der antifaschistische und friedenspolitische Gründungskonsens des Landes: Kein Krieg sollte mehr von deutschem Boden ausgehen, soziale Gleichheit, gleiche Bildungschancen auch für die Armen des Landes, Gesundheitsfürsorge und Gleichberechtigung für alle. Auch ich stand in meinen Träumen in den Traditionen der antifaschistischen Vergangenheit.

Greta Kuckhoff, zusammen mit ihrem Mann Adam 1943 zum Tode verurteilt, die selbst im KZ Buchenwald überlebt hatte, während ihr Mann wie Hilde und Hans Coppi als Mitglieder der »Roten Kapelle« hingerichtet wurden, sagte mir Mitte der 1970er Jahre in einem Gespräch: »Wenn ihr diese antifaschistische Tradition verspielt, soll euch der Teufel holen.« Die Mitglieder der »Roten Kapelle« waren in der DDR Helden, in der offiziellen BRD Verräter, die Mitglieder der »Weißen Rose« und die Militärs um Claus Schenk Graf von Stauffenberg waren in der BRD Helden und wurden in der DDR – jedenfalls in ihrer Anfangszeit – mit großem Misstrauen betrachtet. So etwas prägt, zumal Adolf Hitlers Chefankläger Manfred Roeder, der die Todesurteile gefällt hatte, nach dem Krieg Mitglied des

Gemeindevorstandes in Glashütten im Taunus, als Pensionär hochgeachtet und geehrt wurde. Bis zu seinem Tod unterzeichnete er ungehindert mit »Generalrichter a. D.«.

Solchem Wissen verfangen, kann man, wenn man zu lange träumt, gegenüber der Wahrheit der historischen Entwicklung immun werden. Die russische Oktoberrevolution war für mich wie für viele andere ein Heiligtum – ich verstand erst Jahrzehnte später, dass sie im falschen Land und zu einem falschen Zeitpunkt stattgefunden hatte. Mit der Enteignung des Privateigentums wurde in Russland nicht der Schritt von der Verstaatlichung zur Vergesellschaftung, von der Nationalisierung zur Sozialisierung der Produktionsmittel vollzogen. Die Produktionsmittel blieben in der vollen Verfügungsgewalt des Staates. Der Staat, ohne eigene bürgerliche Zivilisationsgeschichte, ohne Erfahrungen mit der bürgerlichen Demokratie, Rechtsprechung und eines bürgerlichen Parlamentarismus, wurde verkörpert durch eine revolutionär-diktatorische Staatsmacht. Unter diesen Bedingungen verlor die Diktatur des Proletariats alle ihre proletarisch-demokratischen Elemente. Die nationalisierten Produktionsmittel gerieten in die Verfügungsgewalt der Parteikader. Da diese sich durch den demokratischen Zentralismus der Kontrolle durch die Parteimitgliedschaft entzogen hatten, wurden sie objektiv von den Verwaltern der staatlichen Produktionsmittel zu ihren neuen Eigentümern. Die regierenden Parteikader wurden zu neuen kollektiven Eigentümern der Produktionsmittel, die Proletarier wieder enteignet und entmachtet.

Die Diktatur des Proletariats transformierte sich so zu einer Diktatur der politisch, ideologisch und militärisch herrschenden Parteikader, deren Machtzirkel immer kleiner wurde. Sie entwickelten unter dem Vorwand des Schutzes vor dem Klassenfeind ein eigenes Dogma, eine eigene Theorie und unter dem Mantel der Weisheit der Partei einen dogmatisierten, angeblich schöpferisch weiterentwickelten Marxismus-Leninismus. Die Ideologie wurde zur säkularisierten Religion. Konsequenzen waren der Personenkult, die Unfehlbarkeit der Parteiführung, die Beherrschung der Kultur und Wissenschaft und ihr Missbrauch als Machtinstrumente, die jesuitische Disziplinierung in der Partei und schließlich des Volkes. Dieses Modell wurde auf Ostdeutschland, später die DDR übertragen. Diese war also von Anfang an zum Scheitern verurteilt und konnte nur als Satellit der Sowjetunion überleben.

Damit ist eigentlich schon alles gesagt. So wie die DDR das sowjetische Modell des Staatssozialismus übernehmen musste, wurde in der BRD ein sozialstaatlich regulierter Kapitalismus bestimmend. Die Abschottung der DDR nach dem Mauerbau 1961 und der vollständige Rückzug der SED von einer möglichen gesamtdeutschen Option Anfang der 1970er Jahre waren das faktische Eingeständnis, im Systemwettbewerb nicht bestehen zu können. Die internationale Anerkennung der DDR und die neue westdeutsche Ostpolitik waren da nur eine zeitweilige Überlebenshilfe. Der Zusammenbruch der Sowjetunion und der Kurs der SED-Führung gegen Michail Gorbatschow leiteten schließlich das Ende vom Ende ein.

Warum blieb mir das als Student, junger Wissenschaftler und Nachwuchspolitiker weitestgehend verborgen, obwohl ich doch Geschichte studiert hatte? Warum wollte ich nicht sehen, was ich eigentlich hätte sehen müssen? Dafür gibt es keine Entschuldigung und keine verständliche Erklärung. Ich hatte einmal in der »Giftabteilung« der Deutschen Bücherei in Leipzig gelesen, dass Max Planck 1936 Werner Heisenberg bei dessen Besuch in London geraten hatte, im Land zu bleiben und auch unter schwierigen Bedingungen auszuhalten: »Sammeln Sie Inseln des Bestandes, Gruppen von jungen Menschen, Kristallisationspunkte des Neuen, denken Sie an die Zeit, die danach kommt.« Wahrscheinlich meinte der damalige nordrhein-westfälische Ministerpräsident Johannes Rau genau dies, als er mir in einem persönlichen Gespräch 1987 empfahl, nicht zu vorlaut zu sein und die Herrschenden in der DDR nicht zu Reaktionen gegen mich zu zwingen.

Wer in der DDR gelebt hat, wird *seine* DDR im Kopf oder im Herzen haben, mit Wut und mit Trauer, mit verlorener und enttäuschter Liebe, mit Verachtung und vielleicht auch mit Hass versehen. Viele Angehörige der geistig-kulturellen Eliten und der Funktionseliten, die das System mitgetragen haben, aber bei weitem nicht nur sie, hatten ein Verhältnis zu dieser Gesellschaft wie Eltern zu ihrem behindertem Kind: eine verzweifelte, selbstquälerische Liebe im Bewusstsein der Defekte, mit Hoffnung auf Änderung und Besserung und wütende Abwehr, wenn Außenstehende es besser wissen wollten.

Doch was für eine Fäulnis muss ein Regime befallen haben, wenn man Frieden hält, Arbeit gibt, Wohnungen baut, Kultur schafft, Brot reicht und zugleich Abkehr, Müdigkeit, Gleichgültigkeit und Feindschaft entstehen. Alles eine Folge von Feindes Kraft? Ja, des Feindes vor allem im eigenen System. Als Macher von Kultur in der DDR wusste ich von ihren Grenzen. Es war ein Teil meines Daseins, dass ich versuchte, diese Grenzen aufzubrechen. Dafür muss ich mich heute nicht schämen. Ich wollte den Sozialismus nicht abschaffen, ich wollte ihn verbessern, seine Kinderkrankheiten heilen helfen und mit neuen Leuten zu den Ursprüngen unserer Träume zurückkehren. Ich würde heute lügen, wenn ich bezweifelte, dass ich in der ständigen Zerreißprobe zwischen Loyalität und Abkehr, zwischen Bejahung und Kritik, zwischen Zorn und Nachsicht trotzdem kein unglückliches Leben führte. Es war ein zufriedenes-unzufriedenes Leben in einem absterbenden Staat.

Wahrscheinlich waren es auch die Ruhe und Unruhe, die innere Zerrissenheit und das Prinzip Hoffnung, die mich dazu verführten, wenige Tage nach dem Besuch Erich Honeckers in der BRD 1987 in einem kleinen Kreis bei einer Flasche Wein in einer Bonner Künstlerkneipe nach einer Ausstellungseröffnung Folgendes zu sagen: »Die DDR wird das Jahr 1989 nicht überleben.« Der Bonner Kunsthistoriker Klaus Honnef und Lothar Romain, später Rektor der Hochschule der Künste Berlin, erinnerten mich nach der Wende daran. Ich war darüber erschrocken, dass ich in Bonn dazu den Mut hatte und zu Hause nicht. Es gab allerdings genügend Anzeichen, um eine solche Prognose zu wagen. Und deshalb war für mich die Grenzöffnung nicht der »Schicksalstag der DDR«, sondern die logische Konsequenz von gesellschaftlichen und politischen Änderungen, die in die Leipziger Montagsdemonstrationen und die Berliner Alexanderplatzkundgebung gemündet waren.

Die politische und soziale Struktur war instabil geworden, die SED-Politbürokratie wortlos und handlungsunfähig. Aus stillen Protesten wurde eine Massenbewegung, die sich mit ungeheurer Dynamik selbst organisierte, die die Angst vor der Macht verlor und die Straße zu ihrer Meinungsäußerung nutzte. Die Friedfertigkeit der Demonstranten wie der Staatsmacht leiteten eine Wende ein, die zunächst nicht im Zeichen großer historischer Ziele stand, der kein ideologisches Dogma übergestülpt worden war und die deshalb auf die »führende Rolle« irgendeiner Gruppe verzichten konnte. Die Massen auf den Straßen und Plätzen taten den Herrschenden kund: Bis hierher und nicht weiter. Die Maueröffnung war nun ein unaufhaltsamer Schritt. Der Ansturm auf die Grenzübergangsstellen war kein Zufall, sondern entsprang einer massenhaften Verweigerung des Gehorsams gegenüber der Obrigkeit. Die Zeit war reif, es war kein historischer Zufall und schon gar nicht das Ergebnis einer Konterrevolution.

So stimmte ich ohne zu zögern dem Vorschlag zu, ins Kabinett Hans Modrow als Kulturminister einzutreten. Ich ahnte, nein, besser: ich wusste, was auf uns zukam, dass wir keine Chance hatten. Deshalb stimmte ich Modrow zu, der am Vorabend der Vereidigung in der Volkskammer im Kreis der SED-Minister sagte: Unsere wichtigste Aufgabe wird es sein, gewaltfrei, ohne Generalstreik, trocken und warm, ohne größere Versorgungslücken über den Winter bis zu den Wahlen zu kommen. – Diese nüchterne Analyse unserer Möglichkeiten sagte mir zu. Bei der Bestimmung des kleinsten gemeinsamen Nenners war ich mit Modrow ziemlich einig, bei der Bestimmung des größten trennten uns allerdings Welten.

Ob das Ende der DDR vermeidbar gewesen wäre, das ist heute nicht mehr zu beantworten, die Frage »Was wäre wenn?« zählt weder in der Geschichte noch in der Geschichtswissenschaft. Ob alle Möglichkeiten für einen anderen Weg der DDR gesehen und geprüft worden sind, lässt sich schon eher beantworten. Zunächst: Einem »besonderen deutschen Weg zum Sozialismus« war bereits mit dem Beginn des Kalten Krieges 1946 und der damit verbundenen Gleichschaltung an das sowjetische Modell der Boden entzogen worden. Selbst nach dem »Enthüllungs«-Parteitag der Kommunistischen Partei der Sowjetunion (KPdSU) 1956 durfte das von Stalin geprägte administrativ-zentralistische Sozialismusmodell nicht angetastet werden. Es gab keine Chance, den Sozialismus demokratisch zu erneuern. Die SED-Führung marschierte auf direktem Wege vom Stalinismus in den Poststalinismus. Ihr Handeln war bis zu ihrem Sturz durch die Erfahrungen des Jahres 1953 geprägt. Der »Lernschock« saß tief. Das Politbüro tat alles, um aus sozialen Spannungen oder politischen Konflikten erwachsende Bewegungen, Unruhe oder Veränderungsansätze erbarmungslos bereits im Keim zu ersticken. Das schloss soziale Zugeständnisse nach dem Prinzip Zuckerbrot und Peitsche selbst dann ein, wenn sie die Kraft der Volkswirtschaft überforderten.

Die Anfang der 1960er Jahre nicht nur in der DDR einsetzenden ökonomischen Reformversuche, die Mitte der 1960er Jahre im »Neuen Ökonomischen System« mündeten, mussten scheitern, weil sie halbherzig waren und sich auf die Wirtschaft beschränkten. Die Versuche einiger Intellektueller, die Verkrustungen aufzubrechen, wurden auf dem 11. Plenum des Zentralkomitees der SED 1965 mit aller Härte unterbunden. Das sowjetische Grundmodell durfte nicht verändert werden. Mit der militärischen Intervention in der ČSSR war klar, dass eine Reform des »Realsozialismus« für die Weltmacht Sowjetunion nicht auf der Tagesordnung stand.

Die SED-Führung konnte sich aus den selbst gelegten Fesseln nicht befreien. Sie wollte es auch nicht, weil sie nicht begriff, dass eine Demokratisierung der Gesellschaft lebensnotwendig war. Damit war der Untergang der DDR programmiert. Den Zeitpunkt ihres Zusammenbruchs – oder besser gesagt: ihrer lächerlichen Aufgabe – bestimmte allerdings die Sowjetunion. Die neue Politik Gorbatschows und der Mut der Massen in Zirkeln, in der Kirche und auf den Straßen läuteten den Untergang der DDR ein. Die »historische Tür« war fast über Nacht aufgestoßen worden. Und wie eine Pendeltür schlug sie wieder zu. An die Stelle der politischen Selbstorganisation des Herbstes 1989 trat die politische Fremdorganisation des Frühjahrs 1990.

Das war allerdings auch möglich geworden, weil die Bürgerrechtsbewegung selbst strukturell zersplittert, politisch uneinig, gesellschaftskonzeptionell weitgehend unvorbereitet war. Sie hatte kluge Leute, talentierte politische Seiteneinsteiger, aber keine ausgereiften Konzepte und Programme. Das demokratische Chaos des Herbstes 1989 mündete mit einem Höllentempo in den politischen und ökonomischen Strukturen der alten Bundesrepublik. Personen kamen und gingen, Namen glühten auf wie Sterne und stürzten noch schneller ab.

Mir scheint, es ist Zeit, mit viel zitierten Legenden aufzuhören. Die historische Leistung der Bürgerrechtler ist ausreichend gewürdigt worden, daran sind keine Abstriche zu machen, doch sie waren 2000, bei gutem Willen höchstens 3000 Personen. Auf den Straßen waren Hunderttausende von Bürgern, Parteimitglieder und Parteilose, Gläubige und Ungläubige, darunter viele Mitglieder der SED. Diese war spätestens in der zweiten Hälfte der 1980er Jahre keine geschlossene, monolithisch handelnde Partei mehr. Die Diskussionen, die Auseinandersetzungen und der Kampf um Mehrheiten und Deutungsmonopole zwischen den konservativen und reformerischen Kräfte der SED fanden in und außerhalb der Parteigremien statt, im Staatsapparat und in Teilen der bewaffneten Einheiten, je nach konkreter Lage öffentlich, offen oder verdeckt in kleinen Gruppen, in Umwelt- und Friedensbewegungen und selbst in der Kirche. Ein Teil der mittleren Funktionärsgeneration war hellwach, schwieg nicht mehr, unterschied deutlich zwischen oben und unten und hatte Interesse an Kontakten zu oppositionellen Gruppen als einem möglichen Katalysator von Reformen. Aber es existierte ein Grundübel. Die Mehrheit der Zweifelnden war entweder nicht demokratie- und konsensfähig, musste Toleranz erst lernen, oder die alte Disziplin steckte noch so in den Köpfen und Knochen, dass sie die Handlungsunfähigkeit weiter aufrechterhielt. Auch wesentliche Teile der Bürgerrechtsbewegung versperrten sich einer Öffnung für SED-Mitglieder. Die Rechnung mussten sie teuer bezahlen. Um es kurz zu fassen: Die Bürgerrechtler waren gegenüber der Macht abstinent, als dass sie selbst die Macht ergreifen wollten. Sie konnten die Chance des Sturzes der SED-Führung nicht als Möglichkeit einer Neufassung von Macht begreifen. Und die SED-Reformer konnten die Neufassung der Macht nicht als Sturz und Ende der SED denken.

Wenn ich heute, ein Vierteljahrhundert später, ohne Wenn und Aber zurückblicke, haben sich bei mir zwei Gefühle tief verankert. Erstens: Ich hatte keine Illusionen, ich kannte die Geschichte des Ministeriums für Kultur und wusste, wer in der Zentrale arbeitete. Und trotzdem war ich zutiefst enttäuscht, dass mich ein Großteil der Mitarbeiterinnen und Mitarbeiter nach meinem Amtsantritt allein ließ. Um Unruhe zu vermeiden, lud ich schon drei Tage nach der Vereidigung alle in den Steinsaal des Hauses der Ministerien ein – natürlich nach der Arbeitszeit. Die Gewerkschaftsleitung intervenierte, sie wünschte die Zusammenkunft während der Arbeitszeit. Ich stellte an den Beginn meiner Ausführungen ein persönliches Credo: »Ich wollte nicht unbedingt Minister werden, ich weiß auch, meine Chancen sind gering, und ich habe auch keinerlei Illusionen. Die Annahme der Funktion erfolgte aus der Verantwortung, die wohl letzte Möglichkeit für einen menschlichen und demokratischen Sozialismus zu nutzen. Wenn ich dieses Vertrauen bei Ihnen verspiele, gehe ich freiwillig, das kann in 14 Tagen sein, das kann später sein. Ich will Ihnen ein ehrlicher und anständiger Leiter sein und nichts fordern, was ich nicht schon von mir selbst gefordert habe, was ich nicht selbst vorlebe. Der Einsatz meiner ganzen Person, ohne Rücksicht auf meine Person, wird allein auf die Sache gerichtet sein, Arbeit entscheidet. […] Wir haben keine Zeit zu verlieren. Es geht um die Kultur des Überlebens.«

Danach stellte ich meine kulturpolitische Sicht vor: Ich war gegen jede Erscheinung verordneter Kultur, gegen alle Formen einer Repräsentations- und Feiertagskultur, gegen die überhebliche »Erziehermission« der Kultur, gegen jede Form der Politisierung des geistigen Lebens und alle Versuche, Kunst und Literatur ideologisch zu missbrauchen, gegen die Ausgrenzung Andersdenkender, gegen die Zensur und für die Freiheit der Kunst, für neue Formen der kulturellen Selbstdarstellung und Interessenwahrnehmung. Das erforderte die Reduzierung des Verwaltungsapparates und des Verwaltungsaufwandes, die Auflösung der Hauptverwaltungen für Literatur und Film, die Beförderung der kommunalen Kultur, der Straßen- und Alltagskultur und auch eine teilweise Privatisierung im Buch- und Verlagswesen und beim Verkauf bildender und angewandter Kunst.

Auf viele dieser Aufgabenstellungen waren das Ministerium für Kultur und seine Mitarbeiter nicht ausreichend vorbereitet, Zeit für Umschulung und Qualifikationskurse war nicht gegeben, es mussten Schnitte gemacht werden, die leider für viele schmerzhaft waren. Es war weder Zeit zum Diskutieren noch für eine

Verständnis erweckende Logik der einzelnen Schritte, mitunter war nicht einmal Zeit, die engeren Mitarbeiter des Leitungskollektivs über alle Maßnahmen, Schritte und Entscheidungen zu informieren. Das erweckte hier und da Unverständnis und Widerspruch. Manche glaubten, die demokratische Herbstrevolution sei der Freibrief, alles in Frage zu stellen.

Ich war zutiefst enttäuscht, dass viele Mitarbeiter, die mich vor der Wende als Hoffnungsträger gefeiert hatten, mich nach der Wende verließen. Ich war zutiefst enttäuscht und konnte kein Verständnis aufbringen, dass ich, wenn ich nach Beratungen oder Sitzungen spät abends noch einmal ins Ministerium fuhr und meine zweite Schicht begann, nach offiziellem Dienstschluss außer dem Pförtner und dem Diensthabenden keinen Mitarbeiter mehr antraf. Hinzu kam, dass ich schon einige Tage später auf einer internationalen Pressekonferenz auf die Frage, wie sich das zahlenmäßige, proportionale Verhältnis zwischen Berufskünstlern und der Bevölkerungszahl entwickeln würde, nicht um den heißen Brei herumreden konnte. Hinter der Frage stand das Wissen, dass im Lande die Berufskunst überproportional gefördert worden war und dass ein ganzes System von sozialen Sicherheitsmaßnahmen die Existenz auch ohne künstlerische Leistungen garantiert hatte. Nach meinen Notizen gab ich folgende Antwort: »Ja, wir haben durch verschiedene Fördermaßnahmen eine ausreichend hohe Zahl professioneller Künstler, die entsprechend der Bevölkerungszahl im oberen Feld im Vergleich zu anderen europäischen Ländern liegt. Die Öffnung der Grenze wird aber einen härteren Konkurrenzkampf mit sich bringen, Prinzipien des Kunstmarktes und der uns noch fremde Marktmechanismus werden stärker wirksam werden, und damit gelangen existenzielle Fragen auf die Tagesordnung. In diesem Prozess wird sich auch Spreu vom Weizen trennen. Einige Künstler werden dann wohl kaum noch ausschließlich von ihrer künstlerischen Arbeit leben können.«

Am Abend verbreitete der Allgemeine Deutsche Nachrichtendienst (ADN) wie üblich eine kurze Information. Sie stand unter dem Titel: Minister für Kultur für Marktmechanismus, der die Spreu vom Weizen trennen wird. Nun war der Teufel los. Ich hatte nichts Falsches gesagt, ich wollte ihnen helfen, sich auf die Marktwirtschaft vorzubereiten – vielleicht war der Satz auch unsensibel, auf jeden Fall unterschätzte ich die neu gewonnene Freiheit der Medien, die sich in meinem Satz badeten. So bekam ich nicht nur eine Brise, sondern einen eisigen Sturm von manchen zu spüren, denen ich eigentlich dienen wollte. Das hat mich schmerzlich berührt und blieb lange Zeit eine brennende Narbe in meiner Erinnerung.

Zweitens: Ein Glücksgefühl vermittelten mir das Lernen von Toleranz und die Fähigkeit zur Demokratie in der Zeit der ersten frei gewählten Volkskammer. Das betrifft die Arbeit in der eigenen Fraktion gleichermaßen wie die Arbeit in der Volkskammer. Die Angst vor den Fehlern der Vergangenheit schien unsere Arbeit zunächst zu lähmen. Jeder fühlte sich im Recht, jeder schien es aus seiner Erfahrung besser zu wissen und verteidigte seine Meinung mit zeitaufwendigen Erklärungen. Mehrheiten in der Fraktion wurden durch Frauenvotum, Minderheitenvotum,

Behindertenvotum und Ähnliches blockiert, die mühsam erarbeitete Geschäftsordnung der Fraktion durch mehr als ein Dutzend Ausnahmeregelungen ad absurdum geführt. Meistens dauerten die Sitzungen bis nach Mitternacht. Wer sich im Unrecht fühlte, beantragte Auszeit, Pausen oder knallte die Türen hinter sich zu. Das schien für manchen die neue revolutionäre Haltung zu sein. Was viel wichtiger war: Wir lernten Demut, Diskussionsfähigkeit, Toleranz und Demokratie.

Das Land war nach der Volkskammerwahl im März 1990 voller Hoffnungen. Die Wähler nahmen deshalb gelassen hin, dass die Freien Demokraten mehrfach ihren Namen änderten, dass die Deutsche Soziale Union (DSU), protegiert und bezahlt durch die CSU, mitten in der parlamentarischen Arbeit ihre Minister verlor, dass die Demokratische Bauernpartei (DBD) sich auflöste und ihre Abgeordneten wie bei einem Würfelspiel die Fraktionen wechselten, dass beim Demokratischen Aufbruch manch einer nie wusste, ob diese Partei denn schon im Schoß der CDU gelandet sei oder noch nicht, dass die Regierungskoalition ihr Ende bekannt gab, als dies schon alle längst wussten und die Parlamentstribüne zur Wahlkampfarena verkümmert war. Das Wichtigste waren die dominierende demokratische Diskussionskultur und das fraktionsunabhängige Verhalten bei den Abstimmungen. Mitunter war die Volkskammer ein Kindergarten, die meiste Zeit aber ein wunderbares Lehrstück demokratischer Parlamentskultur. Leider war das Ende der Volkskammer auch das Ende dieser Kultur. Was mir ebenso wichtig war: Ich lernte interessante Menschen kennen, die ernst zu nehmen waren und völlig anders dachten als ich: Friedrich Schorlemmer und Wolfgang Ullmann, Regine Hildebrandt und Peter-Michael Diestel, Reinhard Höppner und Lothar de Maizière, Hans-Jochen Tschiche und Jens Reich, Walter Romberg und Herbert Schirmer, Richard Schröder und Wolfgang Thierse, Edelbert Richter und Ulrike Poppe.

Als Historiker weiß ich um die Gefahr subjektiver Erinnerungen und um den Wert von Originalquellen. Deshalb schrieb ich am 2. Oktober 1990 an mich selbst einen Brief, der den letzten Poststempel der DDR trägt und am Montag, dem 4. Oktober 1990, in meinem Postkasten lag. Ich wollte ein authentisches Dokument meines Denkens für den Tag des Beitritts der DDR zur BRD ein für allemal für mich behalten. Darin heißt es: »Morgen gibt es ein vereinigtes Deutschland – wie Du vorausgesagt hast. Ich weiß, daß die Art und Weise seines Entstehens nicht Deinen Vorstellungen und Hoffnungen entsprach. Die historisch einmalige Chance des Entstehens eines wirklich neuen Deutschlands ist leichtfertig wie in einem Spielcasino verhökert worden. Vielleicht tragen die Verantwortlichen dafür einmal die Schuld der Neulast genauso ehrlich wie Du die der Altlast. Doch das ist mehr Hoffnung als Realitätssinn. Die Vereinigung beider deutscher Staaten ist trotz aller berechtigten, möglichen Einwände auch ein neues Beginnen, neue Chancen brechen auf, Europa und die Welt schauen auf uns. […] Auch die deutschen Linken haben ein neues Feld der Bewährung, auch sie haben eine einmalige historische Chance, und sie sollten dereinst nicht jammern, wenn sie diese leichtfertig verspielen. Jetzt zählt einzig und allein Toleranzfähigkeit unter den deutschen Linken. Ich weiß natürlich um die Probleme und will sie nicht kleiner machen, aber über die Zeit heute und morgen wird entscheiden, wer das bessere Energie-, Ökologie- und Verkehrsprogramm hat, wer davon abgeleitet Lösungen für die brisanten Fragen unseres Jahrhunderts hat, die keine auf ein Land bezogenen Fragen, sondern ein Weltproblem sind. Also höre auf, traurig über den Verlust Deiner geliebten und gehaßten DDR zu sein, zwei Drittel Deines Lebens liegen sowieso schon hinter Dir, sie waren nicht umsonst, stürze Dich mit Vernunft und Verstand, mit Leidenschaft und Unbestechlichkeit in das neue Deutschland, viel Zeit, Spuren zu hinterlassen, bleibt Dir leider sowieso nicht mehr.«

Welche Gedanken bewegen mich heute, ein Vierteljahrhundert nach der Wende? Es sind zunächst Gedanken über ein Zurück zur freien und sozialen Marktwirtschaft. Laut einer neuen Studie des Deutschen Instituts für Wirtschaftsforschung (DIW) ist in keinem Land der Eurozone der Reichtum so ungleich, oder besser: ungerecht verteilt wie in Deutschland. Um es deutlicher zu sagen: Gewinne werden in unserem Land privatisiert, Verluste sozialisiert. Bertolt Brecht hat das schon vor mehr als einem halben Jahrhundert auf einen Nenner gebracht: Reicher Mann und armer Mann, standen da und sah'n sich an. Und der Arme sagte bleich: Wär ich nicht arm, wärst du nicht reich.

Müssen wir uns nicht schämen, vor uns selbst und vor der Welt? Sind wir ein Entwicklungsland? Die zwei entgegengesetzten säkularen Glaubenslehren erblicken in der Wirtschaft den Weg zur Erlösung. Der Kommunismus sieht sie in der Vergesellschaftung der Produktionsmittel – sein Versuch ist gescheitert –, der Marktradikalismus in deren Privatisierung, bis hin zu wesentlichen staatlichen Einrichtungen und Leistungen, seien es Schulen, Eisenbahn oder Post, seien es Straßenbau oder Sozialwerke. Was immer zur gesellschaftlichen Infrastruktur gehört, soll als Geschäft betrieben werden. Dazu zählt als Humankapital der »Rohstoff Mensch«. Was ist das für ein Gefühl: einen Monat lang ordentlich zu arbeiten, um dann einen Lohn zu erhalten, der ein ordentliches Leben nicht ermöglicht? Es ist ein Gefühl der Entwürdigung. Nein – es ist »Entwürdigung«. Wer Menschen den minimal gerechten Lohn verweigert, nimmt ihnen die Würde. Der Markt erniedrigt den Menschen zur Ware, zum Objekt – vor allem diejenigen Menschen, die sich dagegen nicht zur Wehr setzen können: Kinder, Jugendliche, Obdachlose, sozial Schwache, Arme, Menschen im Alter.

Das hat Altbundeskanzler Ludwig Erhard mit seinem Bekenntnis zur freien und sozialen Marktwirtschaft nicht gewollt. Auch deshalb hat er sich bei ihrer Begründung zur Bergpredigt bekannt. Wie sagte doch Papst Franziskus: »Das Geld muss dienen und nicht regieren.« Der Marktradikalismus erniedrigt den Menschen zum »Homo oeconomicus«, zum Rohstoff Mensch, zum Objekt von Markt- und Wirtschaftsmacht. Das Evangelii Gaudium verurteilt diese Degradierung mit den Worten: »Der Mensch an sich wird wie ein Konsumgut betrachtet, das man gebrauchen und dann wegwerfen kann.« Der Papst weiß, wovon er spricht. Er hat in der Auseinandersetzung mit der südamerikanischen Befreiungstheologie gelernt, dass sich Armut und Entfremdung nur durch Veränderung des ökonomischen Unterbaus beseitigen lassen, und zwar durch Gesetz. Dem Stellvertreter in Rom geht es um die Glaubensfrage unserer Zeit: Welchen Kapitalismus wollen wir? Die Fratze? Oder den mit menschlichem Antlitz?

Wenn wir uns für Letztgenanntes entscheiden, bedeutet das ein Umdenken auf vielen großen und kleinen Gebieten unseres Lebens. Jeden Tag bekommen wir »Traumfrauen« und »Superhelden« in den Medien vorgesetzt: zum Beispiel im Sport Boris Becker und Franz Beckenbauer, Michael Schumacher und Sebastian Vettel. Doch wo bezahlen die eigentlich ihre Steuern? Ich rede gar nicht über Banker und Industriebosse, Zeitungsmagnaten und Spitzenkünstler. In einer Zeit mit der Losung »Von den USA lernen heißt siegen lernen« wäre es gut, auch in unserem Land über eine Vermögenssteuer konkret nachzudenken oder das US-Recht einzuführen und die Steuerpflicht an die Staatsbürgerschaft zu binden. Wir brauchen endlich einen ehrlichen Weg der Umverteilung, von oben nach unten, und nicht wie in den Jahren der Wende von unten nach oben.

Wir brauchen ferner eine unserer Geschichte geschuldete Außenpolitik. Ich bin antifaschistisch erzogen und mit Picassos Friedenstaube erwachsen geworden. Diese Haltung hat mich in der DDR geprägt, nicht weil sie durch den Staat verordnet war, sondern trotz mitunter peinlicher Staatsverordnung. Deutschland als Verlierer des heißen Krieges ist – welch Karikatur der Geschichte – der große Gewinner des Kalten Krieges. Es hat seine Einheit wiedererlangt, seine alten Feinde verloren und die volle Souveränität erreicht. Das verleitet offensichtlich einige Politiker zum Leichtsinn. Nach dem Zusammenbruch des sowjetischen Imperiums liegt Deutschland nicht mehr am Rand der westlichen und der östlichen Welt, sondern mitten in Europa. Nach meiner Meinung sollte die BRD diese gewonnene geografische Mitte auch als Aufforderung zur politischen Mitte verstehen. Es wäre ein großer Fehler, wenn Deutschland versuchte, erneut Großmacht zu werden. Außenminister Frank-Walter Steinmeier aber will das: »Deutschland ist zu groß, um Weltpolitik nur von der Außenlinie zu kommentieren.«

Bei allem wirtschaftlichen und politischen Gewicht geht die deutsche Geschichte zurück auf zwei Weltkriege, auf die Auseinandersetzung mit der Schuld und Verantwortung in den zwölf Jahren des Dritten Reichs. Vor diesem Hintergrund warne ich vor dem leichtfertigen Schluss, dass einem größeren Deutschland eine größere internationale Verantwortung zukomme. Auch für Deutschland muss gelten, dass das Credo jeder Außenpolitik Bescheidenheit, Nichteinmischung, Glaubwürdigkeit, Verlässlichkeit und Beharrlichkeit ist. Man ist Teil eines Ganzen und nicht das Ganze selbst. Das gilt umso mehr, als die Zahl der Kriege und gewaltsamen Konflikte 2013 so hoch wie seit 1945 nicht mehr war. Von insgesamt 414 Krisen wurden 45 als hoch gewaltsame Konflikte eingestuft, 20 davon als Kriege. Wer sich die Welt anschaut, ahnt oder besser: weiß, was noch alles in diesem Jahrhundert auf uns zukommt. Über 100 Millionen Tote und Invaliden fielen dem bewaffneten deutschen Nationalismus zum Opfer. Deutschlands Verantwortungslast ist in Europa nicht vergessen. Seine Politiker, die in diesen Tagen nach einem europäischen »Narrativ« fahnden, können jederzeit auf den tausenden Soldatenfriedhöfen zwischen Moskau und Sizilien mit der Suche beginnen.

Bereits 1992 bezeichnete der damalige Verteidigungsminister Volker Rühe die Bundeswehr als Instrument »zur Aufrechterhaltung des freien Welthandels und des ungehinderten Zugangs zu Märkten und Rohstoffen in aller Welt«. Im Taumel der Einheit haben das viele nicht zur Kenntnis genommen. 2010 formulierte Bundespräsident Horst Köhler während eines Truppenbesuchs ein wenig verschwommen, dennoch deutlich: »Meine Einschätzung ist aber, dass wir insgesamt auf dem Wege sind, doch auch in der Breite der Gesellschaft zu verstehen, dass ein Land unserer Größe mit dieser Außenhandelsorientierung und damit auch Außenhandelsabhängigkeit auch wissen muss, dass im Zweifel im Notfalle auch militärischer Einsatz notwendig ist, um unsere Interessen zu wahren, zum Beispiel freie Handelswege, zum Beispiel ganze regionale Instabilitäten zu verhindern, die mit Sicherheit dann auch auf unsere Chancen zurückschlagen.« Dafür und aus anderen Gründen wurde er damals von den eigenen Parteimitgliedern geopfert, er trat zurück.

Mit dem jetzigen bürgerrechtlerischen Bundespräsidenten Joachim Gauck, einem Meister der verblendenden freien Rede und des geschriebenen Wortes, bewegen wir uns auf einer gefährlichen Rutschbahn seiner Auffassung von Deutschland als dem großen Krisenlöser: »Tun wir, was wir tun könnten, um unsere Nachbarschaft zu stabilisieren, im Osten wie in Afrika? […] Tun wir, was wir tun müssten, um den Gefahren des Terrorismus zu begegnen? […] Und wenn wir überzeugende Gründe dafür gefunden haben, uns zusammen mit unseren Verbündeten auch militärisch zu engagieren, sind wir dann bereit, die Risiken fair mit ihnen zu teilen?« Wer in einer Rede so viele Fragen so drängend stellt, der weiß sehr genau, wohin er will. Wenn er dann noch fragt: »Welche Rolle wollen wir in den Krisen ferner Weltregionen spielen? […] Deutschland wird nie rein militärische Lösungen unterstützen, […] aber wenn schließlich der äußerste Fall diskutiert wird – der Einsatz der Bundeswehr –, dann gilt: Deutschland darf weder aus Prinzip nein noch reflexhaft ja sagen«, dann sträuben sich mir doch etwas die Haare. Was meint er damit, wenn er behauptet, »Deutschlands historische Schuld wird instrumentalisiert, um legitimen militärischen Interventionen eine Absage zu erteilen«? Ich finde diesen Satz ungeheuerlich.

Ich kann nicht die Augen davor verschließen, dass die Militarisierung der Gesellschaft keine abstrakte Gefahr, sondern bereits bittere Realität ist: in Kindergärten mit Kriegsspielzeug; Universitäten forschen für das Militär; Schulen bieten »Jugendoffizieren« eine Propagandaplattform; Arbeitsagenturen fungieren als verlängerter Arm der Armeewerber; Bundeswehrmusiker konzertieren in der Dresdner Frauenkirche und so weiter. Quo vadis, Deutschland?

Wissen ist Macht, und Macht entscheidet über Wissen. Laut dem nationalen Bildungsbericht der Bundesregierung von 2012 sind 50 000 junge Menschen ohne

Schulabschluss. 300 000 Ausbildungsplatzsuchende, das sind 30 Prozent, landen in Übergangsschleifen. 1,5 Millionen Menschen im Alter von 20 bis 29 Jahren sind ohne Berufsabschluss. 7,5 Millionen Menschen, 14,5 Prozent der Bevölkerung zwischen 18 und 64 Jahren, sind funktionale Analphabeten. 29 Prozent der Kinder und Jugendlichen wachsen in sogenannte Risikolagen auf, also in armen oder bildungsfernen Elternhäusern. Wie ist die Lebensqualität ohne finanzielle Ressourcen für die Bildung, ohne die Fähigkeit, lesen und schreiben zu können? In jedem Radio- und Fernsehsender hört man mehrfach am Tage: Nähere Informationen erhalten Sie im Internet. Was macht ein Mensch ohne Computer? Wie ist die Lebensqualität ohne Computer? Wer denkt in unserem Land an die Menschen, die ohne durchschnittliche Bildung, ohne Kenntnisse und Besitz der modernsten Technik ausgegrenzt sind? Gehören sie nicht mehr zu uns? Das Internet ist heute das Niederschlagsgebiet allen neuen Wissens. Das 21. Jahrhundert brach an mit dem Internet. Was wir erfahren, was wir denken, was wir sagen: Bei Facebook und Google, bei Twitter und Wikipedia findet es seinen Niederschlag. Diese sekündlich anschwellende Menge des elektronisch vermittelten Menschheitsgedächtnisses erschlägt uns fast, das Einspeisen, Einordnen und Einmotten im Netz vollzieht sich im Tempo eines Lidschlags. Unter diesen Bedingungen gewinnt der schreibende und sprechende Journalist immer mehr an Bedeutung. Durch ihn kann sich Bildung bilden, das Netz bietet dazu nur den kruden Werkstoff. Für den medialen und digitalen Stimmungsmacher zählen fast nur noch Auflagenhöhen und Einschaltquoten, Sensationen und Katastrophen, Spekulationen und Demütigung von Politik und Politikern im In- und Ausland. Gefragt sind roter Teppich, Korruption und Steuerbetrüger. Gestern Wulff und Steinbrück, Brüderle und Hoeneß, heute Putin und Timoschenko. Muss wirklich jeden Tag eine neue journalistische Sau durchs Dorf getrieben werden? Die Ereignisse in ihrer gesellschaftlichen Breite und geschichtlichen Tiefe erfassen, hieße die Gegenwart zu historisieren. Es wäre wohl die edelste Aufgabe der Journalisten. Wo sind sie zu finden, jene Begreifbarmacher? Was ist mit der »Aufklärung« des 21. Jahrhunderts?

Wer in der Berliner Republik Erfolg haben möchte, lernt am besten mehrere Sprachen: eine für zu Hause und jeweils eine für die Medien, die Parteifreunde und die Parteigegner. Sind wir schon wieder so weit gekommen? Was machen die, die diesen Zirkus nicht durchschauen? Sie zählen zu den Dummen in unserem Land und glauben den Medien und Politikern, und wenn man Glück hat, misstrauen sie ihnen ein wenig. Medienpolitiker und Journalisten müssen glaubwürdig sein, nicht korrumpierbar, aufrecht und ehrlich gegenüber ihren Quellen und denjenigen, über die sie schreiben. Leider beweist jede Umfrage: Journalisten schneiden im Meinungsbild der Bevölkerung schlecht ab, meist nur knapp vor Politikern und Bankern. Die Frage ist also erlaubt: Wie frei sind die Medien und die Medienvertreter in unserem freiheitlichen Land wirklich? Dazu möchte ich vier Fakten präsentieren:

(1) Medien- und Pressefreiheit ist ohne die Freiheit von Überwachung nicht denkbar; für den Journalisten hat die Vorratsdatenspeicherung dramatische Folgen. Welcher Informant und Gesprächspartner würde sich einem Journalisten noch anvertrauen, wenn jeder Telefonanruf und jede E-Mail zu ihm zurückverfolgt werden kann? Wer die Vorratsdatenspeicherung einführt, schadet der Freiheit der Medien.

(2) Seit 2006 gibt es zwar ein Informationsfreiheitsgesetz, aber die vielen Ausnahmen erschlagen die Regel. Es gibt wesentliche thematische Einschränkungen, monatelange Bearbeitungsfristen und hohe Bearbeitungsgebühren. Am Ende ist in der Akte auch noch alles geschwärzt, was nicht an die Öffentlichkeit soll.

(3) Die Behördenauskunft darf kein Gnadenakt sein. Manche Pressestellen kennen alle Tricks, missliebige Fragesteller auszubremsen und durch Verzögerung und Verallgemeinerung die Informationen letztlich unwirksam zu machen.

(4) Die Journalisten nutzen ihre Freiheiten zu wenig, ihr Alltag ist von zeitlichem und ökonomischem Druck geprägt. Die Sicherung des eigenen Arbeitsplatzes siegt mitunter über die journalistische Sorgfalt, die Schlagzeile über die sichere Recherche. Der Zeitgeist erschlägt den Geist.

Meinungsfreiheit ist ein hohes Gut und muss geschützt werden. Sie darf weder an Ministertüren abgegeben noch instrumentalisiert werden. Es kann und darf keine politisch gelenkten Meinungsmonopole geben. Das betrifft zum Beispiel auch die Verbreitung eines Geschichtsbildes über die DDR, das einseitig und mitunter der Wahrheit nicht dienlich ist. Ilko-Sascha Kowalczuk, einer der fähigsten und ausgewiesensten Nachwendehistoriker, dem man nun wirklich nicht nachsagen kann, die DDR verklären zu wollen, kam jüngst zu dem Schluss: »Was die Geschichte der DDR betrifft, scheint sie einem politischen/gesellschaftlichen Wächterrat zu unterliegen. Dessen vornehmste Aufgabe scheint es zu sein, die SED-Diktatur durch möglichst hohe und historisch nicht beweisbare Zahlen, die DDR noch weiter/immer wieder zu delegitimieren.« Eine von vielen Ursachen dafür benannte jüngst der vor über einem Jahrzehnt an der Universität Jena lehrende westdeutsche Lutz Niethammer: »Da ich der Dienstälteste unter den neuen Lehrstuhlinhabern für Zeitgeschichte in Ostdeutschland war, habe ich in den 1990er Jahren einmal alle Kollegen nach Jena eingeladen. Dabei stellte sich heraus, dass Inhaber von Dauerstellen Westdeutsche waren – nicht etwa die Mehrheit oder viele, sondern alle.« Belassen wir es dabei.

Ich weiß besser als viele andere, worüber ich rede: Ein klein wenig weniger Intoleranz, weniger messianischer Eifer, Selbstgefälligkeit und Rechthaberei würden der Darstellung über die beidseitige und gemeinsame deutsche Geschichte des 20. Jahrhunderts guttun. Ein gebildetes Volk braucht freien und bezahlbaren Zugang zu Wissen sowie freie, unabhängige und gebildete Lehrer und Meinungsmacher.

Reformstau und Reformblockade, alle diskutieren darüber, und jeder versteht etwas anderes darunter. Immer mehr hört man unterschiedliche Meinungen über Politikverdrossenheit, Wahlverweigerung, Extremismusauswüchse und das Ende der Parteiendemokratie. Worin besteht der Kern all dieser Diskussionen? Bundeskanzler Willy Brandt formulierte in seiner Regierungserklärung 1969: »Wir wollen mehr Demokratie wagen.« Kaum zitiert wird, was er im nächsten Satz sagte: »Wir werden darauf hinwirken, dass jeder Bürger die Möglichkeit erhält, an der Reform von Staat und Gesellschaft mitzuwirken.« Die Grundkonzeption dieser Überlegung war die Bürgergesellschaft, in den 1990er Jahren in intellektuellen Zirkeln heiß diskutiert.

Damit es keine Meinungsverschiedenheiten gibt: Ich kenne keine überzeugende Alternative zu politischen Parteien in demokratischen Massengesellschaften. Wir brauchen sie dringend und dass sie starken politischen Einfluss haben, ist selbstverständlich. Umso wichtiger ist es, klarer zu wissen, welche Rechte und Pflichten sie haben. In Artikel 21 des Grundgesetzes steht der Kernsatz: »Die Parteien wirken bei der politischen Willensbildung des Volkes mit.« Vergleicht man das mit der Realität, können einem Tränen der Rührung kommen. In Wirklichkeit haben sich die Parteien zu einem ungeschriebenen sechsten Verfassungsorgan entwickelt, das auf die anderen fünf einen immer weiter gehenden, zum Teil völlig beherrschenden Einfluss entwickelt hat. Er geht weit über den staatlichen Bereich hinaus und reicht direkt oder indirekt in die Medien, bei der Richterwahl in die Justiz, in die Kultur und den Sport, in kirchliche Gremien und Universitäten hinein. Es gibt zwei Entwicklungen, die die Väter und Mütter des Grundgesetzes nicht vorhersehen konnten: Die eine ist die Oligarchisierung und Abschottung der Parteien. Die Personalauswahl geschieht nur noch in engsten Kreisen. Die andere ist, dass der parlamentarische Kampf zum Kampf von Fraktionsapparaten geworden ist und kein Ringen von Individuen um Konsens und Kompromiss. Das Problem liegt in der Ausweglosigkeit der Willensbildung des Volkes jenseits von Wahlterminen. Die Antwort auf die Parteienkrise ist deshalb nicht in einer Parteienreform zu suchen und zu finden, sondern in einer anderen, in einer neuen Politik. Das im Prinzip unersetzbare repräsentative System der Demokratie muss durch vorsichtig konzipierte plebiszitäre Elemente aufgelockert werden. Bleibt alles wie es ist, werden die Parteien von Jahr zu Jahr mehr überfordert und schließlich von populistischem Protest unterspült. Die Parteien können ihre Macht nur bewahren, wenn sie Macht abgeben. Es geht dabei vor allem um die Rücknahme des Allzuständigkeitsanspruches und der Allzuständigkeitspraxis durch die Parteien, es geht darum, dass die Parteien jeden Anspruch aufgeben, über ein Monopol in der politischen Willensbildung zu verfügen. Es geht um die Beförderung neuer Formen der politischen Partizipation, zum Beispiel durch Bürgerinitiativen, Vereine oder Verbände. Es ist ein Zustand eingetreten, dass sich heute kaum einer um grundsätzliche Fragen der strategischen Gesellschaftsentwicklung kümmert. Es gibt keine Visionen mehr, keine Aufbruchsstimmung – und das bereitet mir Sorgen. Wie die Kanzlerin sich selbst definiert, so definiert sich das Land nicht mehr durch das, was es ist und was es will, sondern nur noch dadurch, was es nicht ist und was es nicht will.

25 Jahre nach der Wiedervereinigung sind zugleich auch 25 Jahre nach dem Ende der DDR. Stefan Heym sprach davon, dass von ihr vielleicht nur eine Fußnote in der Weltgeschichte zurückbleibe. So oder so. Es bleiben Solidarität, Gemeinschaftsgefühl, gegenseitige Verantwortung, Geborgenheit, wissenschaftliche und kulturelle Leistungen. Sie haben meine Identität geprägt. Andere haben andere Formulierungen gefunden: Fremdheit und Geborgenheit im eigenen Land, richtiges Leben im falschen Land, anständiges Leben in einer unanständigen Diktatur. Ich bringe eine grundlegende Erfahrung in mein neues Leben ein: die Erfahrung des Scheiterns eines Staates, einer Gesellschaftsordnung, die sich ihre allseitige Überlegenheit immer nachgewiesen hatte. Ich habe einen geschichtlichen Vorsprung, weil ich die Hinfälligkeit einer Weltordnung erlebt habe. Die DDR ist untergegangen, sie ist Verlierer der Auseinandersetzung, die BRD ist übrig geblieben – an sie Fragen zu stellen, gehört heute für jeden denkenden Menschen zur historischen Pflicht. Vielleicht hatte Heym doch recht, denn jeder Wissenschaftler weiß, dass eigentlich in den Fußnoten ernst zu nehmender Wissenschaftler mehr Weisheit als in seitenlangen Kommentaren von Kopfnickern steckt.

Stefan Wolle

»Nudeln mit Tomatensoße«

Das Gedächtnis gleicht einem unaufgeräumten Archiv. Weder gibt es dort eine chronologische Ordnung noch ein anderes sinnvolles Prinzip der Ablage. Einen Archivar, der für dieses Chaos verantwortlich wäre, hätte man längst vom Dienst suspendiert oder zumindest in eine Abteilung versetzt, in der er keinen Schaden anrichten kann. Das Gedächtnis bewahrt nur einzelne Augenblicke, flüchtige Bilder. Doch selbst diese einzelnen Splitter verwandeln sich ständig und auf geheimnisvolle Weise. Es ist, als ändere sich der Inhalt eines Aktenstücks mit jeder Nutzung. Man legt ein anderes Konvolut ins Regal als das, was man herausgenommen hat. Was aus der Physik als die Heisenbergsche Unschärferelation bekannt ist, gilt allemal und sogar noch mehr für die Erinnerung: Das Objekt der Forschung verändert sich durch die Beobachtung.

Also weg mit dem individuellen und subjektiven Kram und vorwärts ad fontes. Gottlob gibt es Protokolle, Dokumente, Aufzeichnungen, Briefe, Tagebücher – Wegweiser durch das Chaos der Erinnerungen. Wie der Faden der Ariadne leiten sie uns durch das Labyrinth der Erinnerung ans helle Licht der geschichtlichen Wahrheit. Zumindest sollte man diese Hoffnung niemals aufgeben. Als Beispiel für das Verhältnis von Erinnerung und Forschung soll ein deutscher Schicksalstag dienen, der mit jedem Jubiläum an Bedeutung gewinnt: jener 9. Oktober 1989, als in Leipzig die bis an die Zähne gerüstete Staatsgewalt vor den demonstrierenden Massen kapitulierte und damit die friedliche Revolution einleitete. Dabei geht es nicht um die Haupt- und Staatsaktionen jenes Tages, sondern um die simple Frage: Was habe ich an jenem Tag erlebt, gedacht, gefühlt, befürchtet und gehofft? Wie viel davon ist subjektive Erinnerung und wie viel aktenkundige Überlieferung?

Tatsächlich existiert mein Tagebuch aus dem Jahr 1989, genauer gesagt: ein Kalender mit täglichen Notizen. Und damit beginnen die Merkwürdigkeiten. Die Tage und Monate sind russisch, und auf den Zwischenseiten prangen die seit Kindertagen vertrauten Motive der sowjetischen Bilderwelt: ein Raumschiff, die Kremltürme mit den roten Sternen, rauchende Hochöfen, Getreidevollerntemaschinen auf goldgelben Weizenfeldern. Der Rückgriff auf einen sowjetischen Kalender hatte übrigens keinerlei ideologische, sondern rein praktische Gründe.

Eine der Kuriositäten der Planwirtschaft der DDR bestand darin, dass Taschenkalender knapp waren und sich dieser Mangel von Jahr zu Jahr verschärfte. Wer die Auslieferung der Kalendarien an den Einzelhandel im September versäumt hatte, musste sich ein ganzes Jahr lang irgendwie behelfen. Mir war in dieser Sache eine Studienreise nach Moskau dienlich. Überall dort war die wirtschaftliche Katastrophe mit Händen zu greifen. Doch die Abteilung Kanzleiwaren des Staatlichen Kaufhauses GUM am Roten Platz in Moskau war auch in den Zeiten des voranschreitenden Untergangs des Sowjetimperiums ein Paradies für Freunde guter Schreibwaren. Dort erstand ich neben anderen nützlichen Dingen den Taschenkalender für das Epochenjahr 1989, ohne den späteren Symbolwert des Vorgangs zu erahnen. Im Januar 1989 begann ich den Kalender als Tagebuch zu nutzen.

Während die Krankheiten der Kinder, häusliche Anschaffungen und das Gedeihen der Katzenpopulation darin ausführlich gewürdigt sind, widerspiegeln sich die politischen Ereignisse nur in allgemeinen Ausführungen. Der Grund dafür ist denkbar einfach. Auf keinen Fall sollte das Tagebuch Namen und Fakten über jene Aktivitäten enthalten, die in der damals noch vollkommen unbekannten Geheimsprache der Staatssicherheit »Politisch-ideologische Diversion« (PID) und »Politische Untergrundtätigkeit« (PUT) genannt wurden. So ist auch die Tagebuchnotiz vom 9. Oktober 1989 mehr als dürftig: »Seltsame Nacht. Abends wieder Demo in Leipzig. K. hat während meiner Abwesenheit das Geld für den Dachdecker besorgt. Er kann morgen ausbezahlt werden.« Das ist nicht lapidar, das ist fast schon blasphemisch, bezogen auf einen Tag, der längst zur nationalen Legende gehört.

Die Vorsicht war nicht unbegründet und hat ihre Spuren hinterlassen. Um den Ereignissen vorzugreifen: Vollkommen ernsthaft überlegte ich in jener seltsamen Nacht vom 8. zum 9. Oktober 1989 auf dem vergitterten Polizeitransporter, ob ich Teile meines Notizbüchleins zerkauen und herunterschlucken sollte. In Agentenfilmen hatte ich es so gesehen. In dem Büchlein standen – wenn auch unter Abkürzungen – belastende Telefonnummern und Adressen. Vorschriftswidrig hatte man mir bei der Festnahme meine Tasche mit dem Notizbuch gelassen. Ich riss alle bedenklichen Seiten heraus, zerfetzte sie in kleine Schnipsel und ließ einen kurzen Konfettiregen auf die nächtliche Schönhauser Allee niedergehen. Doch dazu später.

Anfang Oktober gibt es in Berlin gewöhnlich noch einige schöne Tage. So war es auch an jenem schicksalhaften 7. Oktober 1989, dem 40. Jahrestag der Gründung der Deutschen Demokratischen Republik. Ein strahlend blauer Himmel mit nur wenigen weißen Wölkchen versprach schon am Morgen Geburtstagswetter. Dazu herrschten angenehme Temperaturen, und eine leichte Brise ließ die Wimpel und Fahnen im Herbstwind flattern. Im Radio lief seit 8.35 Uhr die Sendung »Lieder auf unserem Weg«. Noch einmal kamen die Aufbaulieder der frühen Jahre und die optimistischen FDJ-Songs zu Gehör. Dann folgten Tipps zum Tage. »Heute geht's am Alex rund«, verkündete die Sprecherin des Berliner Rundfunks mit Blick auf das Volksfest auf dem Alexanderplatz. Eine Ankündigung, die sich bewahrheiten sollte – wenn auch auf andere Weise als gemeint.

Wie jedes Jahr waren auf dem Alexanderplatz Bühnen, Verkaufsstände und Würstchenbuden aufgebaut worden. Nach der Militärparade begann das allgemeine Volksvergnügen. Über dem Platz breitete sich der Geruch von Grillettas aus. Es handelte sich dabei um eine Art Fleischklops, der auf dem Grill gegart und scharf gewürzt wurde. Ansonsten gab es für die werktätige Bevölkerung wie in jedem Jahr Sonderangebote knapper Produkte: Stonewashed-Jeans oder Kunstgewerbe, wie das begehrte Zwiebelmustergeschirr vom VEB Triptis Porzellan, das sonst fast ausschließlich in den Export ging. Die Zeiten der puritanischen Konsumverächtung waren lange schon vorbei. Die Partei hatte in den 1980er Jahren die Parole ausgegeben: »Ich leiste was – Ich leiste mir was«.

Das »zeitweilig erweiterte Warenangebot« sollte die Leute verlocken, in Scharen zum Volksfest zu erscheinen. Und warum sollten sie auch nicht kommen? Vati trank ein Bierchen, die Kinder bekleckerten sich mit Softeis und Tomatenketchup, Mutti reihte sich unterdessen in die lange Schlange vor der Jeansboutique ein. Die Darbietungen »international bekannter Musikformationen« verbreiteten gute Laune. Die Menschen sollten vergnügt sein, gut einkaufen und ganz nebenbei ein bisschen Kulisse für den inszenierten Jubel sein. Doch die Idylle hatte in diesem Jahr etwas Gespenstisches. Eine lauernde, nervöse Spannung lag über dem weiten Rund des Alexanderplatzes. Verborgene Kameras observierten den gesamten Alexanderplatz, die Befehlszentralen von Stasi und Partei waren rund um die Uhr besetzt, die Polizeibereitschaften aus Basdorf und das Wachregiment »Feliks Dzierzynski« des Ministeriums für Staatssicherheit (MfS) standen zusätzlich bereit. Polizisten in Uniform und Zivil, Angehörige des MfS, »gesellschaftliche Kräfte«, das heißt zuverlässige Genossen aus den Betriebsparteiorganisationen, mischten sich unter das Festtreiben. Sie sollten im Falle feindlicher Provokationen »positiv diskutieren« und Störer oder eingeschleuste Elemente dingfest machen. Für diese Sicherheitsvorkehrungen gab es gute Gründe.

Nach der von Oppositionsgruppen aufgedeckten Fälschung der Kommunalwahlen vom 7. Mai 1989 hatten Bürgerrechtsgruppen dazu aufgerufen, sich an jedem siebenten Tag des Monats um 17 Uhr auf dem Alex zu versammeln. Damit tickte eine Zeitbombe. Bisher war es jedes Mal gelungen, die wenigen Demonstranten abzudrängen oder einzusammeln. Die Einkaufsbrigaden aus der DDR-Provinz und aus den sozialistischen Bruderländern, die um diese Tageszeit stets den Alex bevölkerten, hatten den Vorgang kaum wahrgenommen. Doch die Aktionen waren durch die westlichen Medien bekannt geworden. Sowohl die zuständigen Stellen als auch viele Bürger fragten sich nun teils erwartungsvoll, teils besorgt: Was wird an diesem Nachmittag im Schutz des allgemeinen Trubels noch geschehen? Seit den turbulenten Szenen rund um die bundesdeutschen Vertretungen in Budapest und Prag war jedem denkenden Menschen klar, dass es so nicht weitergehen würde. Entweder würde nach den Oktoberfeierlichkeiten die vergreiste Führung die Zügel anziehen, die Reiseverbote auf die Tschechoslowakei und Polen ausdehnen, die frech gewordene innere Opposition an die Leine nehmen. Oder aber …? Und hier kam ein großes Fragezeichen. Ein Führungswechsel? Eine DDR-Perestroika unter der Schirmherrschaft des immer noch beliebten Michail Gorbatschow? Oder eine »chinesische Lösung« wie auf dem Platz des Himmlischen Friedens in Peking?

Im Umkreis der Weltzeituhr drängten sich bereits gegen 16 Uhr Menschen, die auf irgendetwas zu warten schienen. Manche gaben sich betont locker, rauchten lässig – sei es um die Angst zu überspielen, sei es um harmlos zu wirken. Niemand wusste, was den Nebenmann hierher geführt hatte. Den einen stand der Sinn wirklich nur nach Bratklops, Bier und Blasmusik, andere waren gekommen, um für den demokratischen Wandel zu demonstrieren, wieder andere hatten Aufträge von ihrer Dienststelle oder der Parteiorganisation. Irgendwo in der Menge tauchte das bekannte mürrische Gesicht des ARD-Korrespondenten Horst Hano auf. Ihm auf dem Fuß folgten sportliche junge Männer mit kurz geschnittenen Haaren und Bundjacken, um im Notfall durch Rempeleien das Aufnahmeteam zu behindern.

Gegen 17 Uhr wurde die Nervosität unerträglich. Aus den Lautsprechern plärrte der Schlager: »Du bist so heiß wie ein Vulkan und heut verbrenn ich mich daran. Tanze Samba mit mir! Samba, Samba, die ganze Nacht. Tanze Samba mit mir! Weil die Samba uns glücklich macht.« Doch es drehte sich niemand auf der in der Budenstadt errichteten Tanzfläche. Aus irgendeinem Grund hatte die Regie des Volksfestes vergessen, zuverlässige Genossen abzukommandieren, auf dem Tanzboden unbeschwerten Frohsinn zu demonstrieren. Der Minutenzeiger der Weltzeituhr näherte sich der vollen Stunde. Irgendwo entstand Tumult und Gedränge. Schreie, Pfiffe, Buhrufe. Drei oder vier Männer in Nylonanoraks schleppten mit geübtem Polizeigriff einen vor Angst leichenblassen jungen Mann in Richtung der bereitstehenden Polizeiwagen. Die Menge stob auseinander, um dem Aktionsraum der Stasi-Greifer zu entkommen. Aus sicherer Entfernung gaben sie den Sicherheitskräften ihr Missfallen kund. War es Zufall oder Absicht – irgendjemand hatte die Tonanlage auf Überlautstärke gedreht. Über die Szene röhrte das brünstige Organ des Schlagersängers mit dem Refrain »Liebe, Liebe, Liebelei, morgen ist sie vielleicht vorbei. Tanze Samba mit mir, Samba, Samba mit mir!«

Dann begann eine Gruppe neben der Weltzeituhr im Takt zu skandieren: »Freiheit! Freiheit! Freiheit!« Erst waren es einige Dutzend, dann Hunderte, die in den Rhythmus des Sprechchores einfielen. Das heilige Wort Freiheit – von Demagogen tausendfach missbraucht, in Sonntagsreden zerkaut und im westlichen Politikbetrieb verschlissen – hatte 200 Jahre nach dem Sturm auf die Bastille nichts von seiner Kraft verloren. Jedenfalls nicht bei denen, die diese Freiheit entbehrt hatten. Immer mehr Menschen scharten sich um die Weltzeituhr. Sie hoben im Rhythmus der Freiheitsrufe die Hände mit den zum Siegeszeichen gespreizten Fingern. Ihr Sprechchor brach sich an den Wänden des HO-Möbelhauses, übertönte die Lautsprechermusik, stieg auf zum strahlend blauen Herbsthimmel über Berlin. Das Unglaubliche war Wirklichkeit geworden: eine staatsfeindliche Demonstration mitten im Zentrum der sozialistischen Hauptstadt und noch dazu zur Jubelfeier des 40. Jahrestages der Republik.

Auf den Monitoren des »Operativen Fernsehens« verfolgten die Offiziere des Volkspolizei und der Staatssicherheit fassungslos das Geschehen rund um die Weltzeituhr. Noch wäre es möglich gewesen, mit einer Hundertschaft Volkspolizei Ruhe und Ordnung wieder herzustellen. Die Sicherheitskräfte erhielten aber keinen Befehl zum Eingreifen. Zivile Greiftrupps vor Ort nahmen zwar mehr oder weniger willkürlich einzelne Demonstranten fest, doch ein Großeinsatz erfolgte nicht. In der Zentrale der Bezirkseinsatzleitung herrschte Funkstille. Der sonst stets einsatzbereite, allmächtige und allgegenwärtige Sicherheitsapparat war wie gelähmt. Dies hatte einen sehr realen Grund. Nur einige Hundert Meter weiter, im Palast der Republik, zelebrierte die Partei- und Staatsführung der DDR mit ihren Gästen den offiziellen Staatsempfang zum 40. Jahrestag.

Der prominenteste und wichtigste Gast dieses Abends war Michail Gorbatschow. Vor allem ihm zuliebe wollte man wenigstens noch einige Stunden die brüchigen Fassaden des schönen Scheins aufrechterhalten. Gegen 17.20 Uhr setzten sich ungefähr 300 meist junge Leute in Bewegung. Unbeirrt spielte die Kapelle weiter, wie einst jenes berühmt gewordene Tanzorchester auf der untergehenden Titanic: »Das ist die Berliner Luft, Luft, Luft. So mit ihrem holden Duft, Duft, Duft.« Langsam entfernten sich die Demonstranten aus dem Schallbereich der Lautsprecheranlage. Polizei, Sicherheitskräfte in Zivil und westliche Kamerateams folgten ihnen auffällig und sorgten für weiteren Zustrom. Manch einer hatte unter Wahrung eines gewissen Sicherheitsabstandes irgendwo gestanden und reihte sich jetzt ein. An der Spreebrücke vor dem Palast der Republik war die Menge auf etwa 3000 Personen angewachsen. Sie verteilte sich längs des Ufers, rief nach »Gorbi« und skandierte auch die aus Leipzig bekannten Losungen »Wir sind das Volk« und »Keine Gewalt«. Erich Mielke ließ sein Sektglas stehen und eilte hinunter, um sich mit eigenen Augen von der Ungeheuerlichkeit zu überzeugen. Über das Verhalten der anderen Gäste ist wenig bekannt. Allerdings behaupteten später sowohl Egon Krenz als auch Günter Schabowski, durch die getönten Fensterscheiben des Palastes die Menschenansammlung beobachtet zu haben. In ihrem Inneren muss damals eine Welt zusammengebrochen sein. Bisher hatten sie das Volk immer als Jubelkulisse wahrgenommen. Andrej Hermlin, der mit seiner Swing-Band im »Palazzo« zum Tanz aufspielen sollte, will gesehen haben, wie Honecker einsam, blass und resigniert an dem riesigen Tisch vor den leer gegessenen Tellern saß. Hätte er einen Fotoapparat dabeigehabt, »es wäre das Foto des Jahrhunderts geworden«, meinte Hermlin Jahre später in einem Fernsehinterview.

Als die frühe Dunkelheit des Herbsttages hereinbrach, zogen die Demonstranten in Richtung Prenzlauer Berg davon. Doch es war nicht allein die Abendkühle, die manche jetzt frösteln machte. Die Macht war zwar desorientiert und verunsichert, aber sie war mit all ihrem Gewaltpotenzial nach wie vor existent.

Hatte sie nicht seit Jahren gepredigt: Wenn die Machtfrage gestellt wird, gibt es kein Zögern und Zaudern. Als Gorbatschow mit seiner Delegation das Festbankett verlassen hatte, um zum Flughafen zu fahren, soll Mielke mit den Worten »Jetzt ist Schluss mit dem Humanismus« den Sicherheitskräften den Einsatzbefehl gegeben haben. Die »Antiterroreinheit« des MfS schlug jetzt zu. In dem 1991 von einer Untersuchungskommission veröffentlichten Bericht dazu heißt es: »Mit unglaublicher Härte werden einzelne Demonstranten wie wahllos aus der Menge herausgegriffen und von bis zu acht zivilen MfS-Angehörigen zusammengeschlagen [...]. Volkspolizisten und MfS-Mitarbeiter prügeln viele der Festgenommenen auf die Transportfahrzeuge, obwohl keine Gegenwehr erfolgt. Bevorzugt richtet sich die Brutalität gegen Frauen, um männliche Demonstranten zum gewaltsamen Handeln gegen die Sicherheitskräfte zu provozieren. Die Regie des Geschehens liegt zu diesem Zeitpunkt schon gänzlich bei den Offizieren des MfS. Dem Beispiel der MfS-Kräfte folgend, mißhandeln Volkspolizisten verhaftete Demonstranten vor und in den LKW. Unter den Demonstranten befinden sich zahlreiche Lockspitzel des MfS, die Angehörige der Volkspolizei provozieren und aggressiv auftreten.« Gegen 20.30 Uhr riegelten die Sicherheitskräfte den Bereich rund um die Gethsemanekirche ab, wo um 18 Uhr eine Fürbittandacht begonnen hatte. Als die Teilnehmer das Gotteshaus verließen, standen sie einem riesigen Polizeiaufgebot gegenüber. Bis in die späten Abendstunden ereigneten sich immer wieder Übergriffe und Verhaftungen.

Während in Prenzlauer Berg Polizei und Stasi auf Demonstranten einprügelten, stiegen über dem Volkspark Friedrichshain Raketen auf. Ein gigantisches Höhenfeuerwerk bildete den Abschluss der Feierlichkeiten zum 40. Jahrestag der DDR. Man hört von ferne das Krachen der Böller. Am Nachthimmel entstanden kunstvolle Figuren und Lichtreflexe. Die maroden Gründerzeitfassaden im Prenzlauer Berg wurden in ein buntes Farbenspiel getaucht. Die herabsinkenden Leuchtkörper verursachten einen schnellen Wechsel von grellem Licht und Schatten, die über die gespenstische Szenerie rasten. Zum Schluss zauberten die Feuerwerker eine riesige 40 an den Himmel über Berlin. Höhnisch klatschen einige Demonstranten Beifall. Dann wurde der Himmel wieder dunkel. Aus einem der in der Nähe stehenden Polizeiautos schallte überlaut die Ansage des Sprechers von Radio DDR: »Zum Programmschluss hören Sie die Nationalhymne der Deutschen Demokratischen Republik. Wir melden uns um null Uhr mit Kurznachrichten.« Es ertönt die vertraute Melodie von Hanns Eisler, der Text war schon vor Jahren unter den Teppich gekehrt worden. Dann hörte man aus dem Autoradio die Pieptöne des Zeitzeichens. Der Radiosprecher verkündete, es sei Sonntag, der 8. Oktober 1989. Ein neuer Tag begann, nach dem in der DDR nichts mehr so sein sollte, wie es vorher war.

Der Sonntag versprach ausgesprochen milde zu werden. Am Alexanderplatz wurden die Buden des Volksfestes abgebaut, die Kabel der Lautsprecheranlagen eingerollt, und Reinigungsfahrzeuge fuhren über den Platz. Ansonsten herrschte wenig Betrieb. Bei »Mutter Hoppe«, einem der besseren Restaurants im Nikolaiviertel, erzählte der Kellner begeistert von den gestrigen Ereignissen. Vor seinem Lokal stehend, hatte er die Menschen beobachtet, die protestierend zum Palast der Republik gezogen waren. »Tausende waren das … vielleicht Zehntausende«, schwärmte er ohne Scheu vor ungebetenen Lauschern. »Im Sprechchor haben sie gerufen: ›Demokratie! Jetzt oder nie!‹ und ›Gorbi, Gorbi!‹« Die offenbare Sympathie des Kellnerburschen tat gut. Mit ein bisschen gutem Willen konnte man ihn zur Arbeiterklasse rechnen, und auf die kam es ja in letzter Konsequenz irgendwie an. Die Teilnahme an den Aktionen der unabhängigen Friedensbewegung – der Begriff Opposition wurde streng gemieden – war weniger von Angst vor Repression begleitet als vielmehr von einem Gefühl der Isolation, vielleicht sogar der Lächerlichkeit. Gerade intellektuelle Kreise rümpften gerne die Nase über die Friedensheinis in den Kirchen, denen es an akademischen Weihen und höheren Einsichten in das Weltgeschehen mangelte. Doch dies ist ein anderes Kapitel.

Vom Molkenmarkt nahm ich ein Taxi, um zur Gethsemanekirche zu fahren. »Stargarder Straße« sagte ich vorsichtshalber. Ein kurzer Blick des Taxifahrers: »Zur Kirche?«, fragte er. »Ja«, antwortete ich so harmlos wie möglich. Der Verkehr in Richtung Norden war zähflüssig. Die Hans-Beimler-Straße und die breite Kreuzung zur Mollstraße waren immer noch voller Polizei. Am Abend zuvor hatte es hier eine Prügelorgie der Polizei gegeben, von der ich damals aber noch nichts wusste. In den Seitenstraßen standen Mannschaftswagen, Wasserwerfer, Personenwagen vom Typ Lada mit jungen Männern. Hier und da gab es kleine Gruppen von Neugierigen. Sonst war eigentlich nicht viel los. Sonntagnachmittag in Ost-Berlin eben. Der Platz um die Gethsemanekirche allerdings war weiträumig abgesperrt. »Ick setze Ihnen vor die Polizeiabsperrung ab«, meinte der Taxifahrer und hielt das Auto vor dem Café Milch-Mixer, einige Hundert Meter vor der Stargarder Straße. Als ich zum Portemonnaie griff, sagte er: »Lass man jut sein! Von solche wie Sie nehm ick keen Jeld.« Die Zeit war aus den Fugen. Die Taxifahrer verzichteten auf das Fahrgeld. Dunkel ahnte ich, dass die Revolution nicht mehr aufzuhalten war.

Quer über die Stargarder Straße stand eine fest geschlossene Reihe Polizisten. Es waren wehrpflichtige Bereitschaftspolizisten aus Basdorf. Sie waren unbewaffnet und trugen die einfache Dienstuniform und Schirmmützen. Demonstranten, besonders Mädchen, versuchten, mit ihnen zu diskutieren. Die Polizisten – halbe Kinder noch – machten einen verunsicherten Eindruck, ließen sich aber auf keine Diskussion ein. Zwischen der Polizeikette und dem Kirchengebäude hatte sich ein großer freier Raum aufgetan. Dahinter stand der Klinkerbau der 1893 geweihten neogotischen Gethsemanekirche. Über der Eingangstür stand auf einem großen Stofftransparent das Bibelwort »Wachet und betet«, darunter »Mahnwache für die Inhaftierten«. Auf den Stufen brannten Tausende von Kerzen. Im Gemeindebüro hatten Bürgerrechtler ein »Kontakttelefon« eingerichtet, wo aus der ganzen DDR Mitteilungen über Solidaritätsaktionen, Festnahmen und Schnellgerichtsurteile einliefen. Im Kirchenschiff befand sich ein permanentes Diskussionsforum. Hier ging es zu wie in einem Bienenstock. Überall an den Wänden hingen Zettel, Aufrufe der verschiedenen Gruppierungen, Listen mit Kontaktadressen, Informationen über die aktuellen Ereignisse, Protestresolutionen. Auf Matratzen rund um den Altar lagen die Mitglieder der Mahnwache. Überall standen leere Saft- und Wasserflaschen. Man hörte, morgens sei der Bäcker vorbeigekommen und habe einen Korb Schrippen gebracht.

Mir war es gelungen, über den Bahnsteig des S-Bahnhofs Schönhauser Allee und die kleine eiserne Fußgängerbrücke zur Kirche durchzukommen. Hier war hier der Teufel los – wenn die Formulierung bei einer Kirche statthaft ist. Die Besucher standen dicht gedrängt im Mittelgang und auf den Emporen. Um die Kanzel herum saßen junge Leute auf dem Fußboden. Über eine altersschwache Lautsprecheranlage wurden Erfahrungsberichte von »Zugeführten« verlesen. Dieser Begriff aus der Sprache des Machtapparats wurde damals nahtlos in das Vokabular der Rebellion übernommen. Zugeführte trugen meist verwaschene Jeans, grüne Parkas, gefärbte Baumwollwindeln um den Hals, lange Haare und Bärte. Sie waren von der Polizei aufgegriffen, durchgeprügelt, stundenlang vernommen, formell ermahnt und teilweise nach etwa 24 Stunden wieder auf freien Fuß gesetzt worden. Auf sie hätten im Falle einer Rückkehr in die sozialistische Normalität langfristig wirksame Bestrafungen gewartet, wie Schul- und Universitätsverweise, berufliche Nachteile, Reiseverbote auch innerhalb des Ostblocks und anderes mehr. Die Brutalität der Sicherheitskräfte war erschreckend. Kaum jemand hätte das in den friedlich gestimmten 1980er Jahren noch für möglich gehalten. Zudem waren nicht alle bereits frei. Es war von Schnellgerichtsurteilen von einem halben Jahr die Rede. Darüber gab es Namenslisten, die öffentlich verlesen wurden. Liefen die Dinge auf einen Bürgerkrieg zu?

Als gegen 22 Uhr die Andacht beendet war und die Teilnehmer auf den freien Platz vor der Kirche strömten, schienen die schlimmsten Befürchtungen wahr zu werden. Polizeipfiffe schrillten durch die Nacht. Genagelte Stiefel knallten über den Asphalt. Im Laufschritt näherten sich Polizisten. Über die auf den Polizeiautos aufmontierten Lautsprecher tönte es immer wieder: »Sie befinden sich in einer nicht genehmigten Menschenansammlung. Verlassen Sie unverzüglich den Handlungsraum der Sicherheitskräfte! Die Einsatzkräfte beginnen in wenigen Minuten mit der Räumung.« Pfeif- und Buhkonzerte antworteten auf jede der Durchsagen. Einige drängten zurück in den sichereren Raum der Kirche. Viele hätten den Platz angesichts dieses martialischen Aufmarsches tatsächlich gern verlassen. Doch wohin? Überall war Polizei. Tatsächlich gab es noch den Durchschlupf über die Fußgängerbrücke. Über den Bahnsteig des S-Bahnhofs erreichte man die Schönhauser Allee. Dort war der Verkehr inzwischen eingestellt worden. Die U-Bahn, die hier auf einer Hochbahntrasse fuhr, stand ebenfalls still. Auf der großen Kreuzung sammelten sich neuerlich Menschen. Als die Menge groß genug geworden war, erschallte der Ruf: »Zum Alex!« Unter dem Gesang der »Internationale« ging es den Polizeiketten entgegen. Es erklang die Hymne der Arbeiterbewegung: »Völker, hört die Signale …« Vielleicht lag dieser spontane Rückgriff auf das sozialistische Liedgut einfach daran, dass diese Lieder die einzigen Gesänge waren, die alle in der Schule gelernt hatten. Natürlich wollte man auch signalisieren, dass hier nicht Konterrevolutionäre marschierten, sondern die wahren Sozialisten.

Nach etwa ein- oder zweihundert Metern wurden die Demonstranten gestoppt. Räumfahrzeuge, eine Art Schneeschieber für Menschen, rückten vor. Viele Jahre später konnte man in einem aus der Sicht und in der Sprache der Volkspolizei geschriebenen Buch lesen: »Zu den neu unterstellten Kräften und Mitteln gehörten auch sogenannte Sperr-LKW vom Typ W-50, die am Kühler aufklappbare Metallgitter im Format 2 x 4,50 m trugen […]. Die Fahrzeuge wurden später von manchen Demonstranten fälschlich als ›Räumpanzer‹ bezeichnet, die es in der Ausrüstung der DVP aber gar nicht gab.« Es wäre damals beruhigend gewesen, zu wissen, dass es die Räumfahrzeuge gar nicht gab. Der späte Hinweis aus den Quellen ist dennoch erhellend.

Die Demonstranten setzten sich aufs Straßenpflaster und sangen wieder: »Völker, hört die Signale! Auf, zum letzten Gefecht! Die Internationale erkämpft das Menschenrecht!« Die Hymne der Arbeiterbewegung mischte sich mit dem Geschrei und den Lautsprecherdurchsagen der Sicherheitskräfte. Greiftrupps schnappten sich einzelne Demonstranten, zerrten sie in Hausflure und schlugen sie dort zusammen. Dann ging plötzlich alles sehr schnell. Später wurde mir von Freunden erzählt, ich hätte zwei prügelnde Stasi-Leute angebrüllt: »Ihr seid wohl verrückt geworden, ihr Schweine!«, woran ich mich nicht erinnere. Darauf ließen sie von ihrem Opfer ab, droschen auf mich ein und zerschlugen mir dabei die Brille auf der Nase, was sehr ärgerlich war. Brillengestelle waren ein notorischer Engpass im Warenangebot des sozialistischen Einzelhandels. Dann tasteten mich die Sicherheitsleute sehr routiniert nach Waffen ab, was mich befremdete. Offenbar lebten die Genossen von der Sicherheit in der seltsamen Vorstellung, wir seien bewaffnete Insurgenten. Darauf schleppten sie mich in einen Gitterwagen, von dem aus ich die weiteren Vorgänge gut beobachten konnte. Wie erwähnt, vergaßen sie es, mir meine lederne Umhängetasche abzunehmen – ohne Zweifel eine schwerwiegende Verletzung ihrer Dienstpflichten.

Einige Wochen später – der Bericht ist auf den 30. November 1989 datiert – habe ich die Erlebnisse zu Papier gebracht und beim Büro der »Zeitweiligen Untersuchungskommission der Berliner Stadtverordnetenversammlung zur Untersuchung der Vorfälle vom 7. bis 9. Oktober 1989« abgegeben, um dann lange nichts mehr davon zu hören.

In dem Bericht, der hier wörtlich zitiert werden soll, heißt es: »Ich möchte mich […] als Zeuge eines Vorfalles zur Verfügung stellen, der sich am 8. Oktober d. J. gegen 22.00 Uhr in der Schönhauser Allee abspielte. […] Ungefähr eine Stunde nach meiner Festnahme fuhr der Wagen aus der Stargarder Str. heraus, in die inzwischen von Demonstranten geräumte Schönhauser Allee. Er bewegte sich im Schrittempo und mehrmals haltend hinter der Polizeikette her, die in Richtung Bornholmer Str. die Demonstranten vor sich hertrieb. Gegen 22 Uhr wurde aus Richtung Stadt, also nicht aus dem Bereich der Demonstration, von zwei zivilen Angehörigen der ›Sicherheitskräfte‹ ein junger Mann angeschleppt. Der Festgenommene hatte zu diesem Zeitpunkt bereits offensichtlich Schwierigkeiten, sich selbständig fortzubewegen. Sein Kopf hing herab, wie bei einem Bewußtlosen. Etwa fünf Meter vor unserem Fahrzeug stürzte der junge Mann auf den Asphalt. Daraufhin versuchten die beiden Angehörigen der ›Sicherheitskräfte‹, ihn durch Fußtritte zum Aufstehen zu bewegen, obwohl es offensichtlich war, daß er dazu nicht mehr in der Lage war. Ob er bei dieser Gelegenheit oder bereits vorher die Verletzungen erlitt, an denen er anschließend offensichtlich litt, ließ sich vom Augenschein her nicht beurteilen. Schließlich wurde der junge Mann auf das Fahrzeug geschleppt. Wir legten ihn auf die Holzbank und versuchten zu helfen, so gut es ging. Er litt offenbar große Schmerzen, blieb aber die ganze Zeit über bei Bewußtsein. Offenbar hatten ihm die Angehörigen der ›Sicherheitskräfte‹ in den Unterleib getreten. Seine eigene Aussage lautete: ›Die haben mich voll in die Eier getreten.‹ Außerdem hatte er Schmerzen in der Rippengegend. Er äußerte den Eindruck, eine oder mehrere Rippen seien gebrochen. [...] Er versuchte, sich eine Zigarette anzustecken, war aber dazu nicht mehr in der Lage. Die brennende Zigarette fiel mehrfach zu Boden. Da die Schmerzen nicht nachließen, sondern offenbar sogar noch stärker zu werden schienen, wandten wir uns an das Wachpersonal. Teilweise reagierten die angesprochenen Polizisten überhaupt nicht, teilweise gaben sie uns zynische und abweisende Antworten. Erst als das Fahrzeug für eine längere Phase zum Stehen kam und sich eine kleine Ansammlung empörter Bürger bildete, die wir lautstark auf die Situation aufmerksam machten, fanden sich die Polizisten bereit, einen Sanitätswagen zu rufen. Zwei Sanitäterinnen, die sich übrigens vom brutalen Vorgehen der ›Sicherheitskräfte‹ deutlich entsetzt zeigten, hoben die verletzte Person aus dem Wagen und legten ihn auf eine Decke am Straßenrand. Ein anwesender höherer Polizeioffizier fragte mit betont zur Schau getragenem Zynismus: ›Na, isser schon tot?‹«

Es folgen Versuche einer Personenbeschreibung des Verletzten und einiger Zeugen sowie die Mitteilung, dass ich bereit sei, diese Angaben vor Gericht zu wiederholen. Das letzte Bild, das mir aus dem langsam fahrenden Polizeiwagen in Erinnerung geblieben ist, war der nun still im hellen Schein der Bogenlampen genau vor dem Eingang zum S-Bahnhof Schönhauser Allee liegende junge Mann.

Den Rest der Nacht fuhren wir spazieren. Zunächst ging es nach Rummelsburg in den Knast. Jedenfalls verband sich damals mit dem Begriff Rummelsburg nahezu sprichwörtlich die Vorstellung von Knast. In dem erwähnten Bericht über die Berliner Volkspolizei heißt es dazu: »Es handelte sich dabei um ein Dienstobjekt der Kriminalpolizei [...] mit maximal 250 Plätzen. Es war räumlich getrennt von andern Dienstobjekten und hatte nichts mit der dortigen Untersuchungshaftanstalt (UHA) und der ebenfalls in der Nähe befindlichen Strafvollzugseinrichtung

(StVE) zu tun.« Diese feinen Unterscheidungen blieben uns damals verschlossen. Interessanter ist der Hinweis, dass »dieser Zuführungspunkt [...] von erfahrenen Führungskräften besetzt war«. Dies scheint in der Tat so gewesen zu sein.

Gut erinnerlich ist mir folgendes Detail: Nach dem Absteigen vom Lkw trat ein junger Beamter an mich heran und sagte verhältnismäßig ruhig und höflich: »Zeigen Sie mal Ihre Hände her.« Verblüfft willfahrte ich der Aufforderung, und blitzschnell schlossen sich mit leichtem metallischen Klick Handschellen um meine Handgelenke. Immerhin eine neue Erfahrung. Stundenlang stand dann der Wagen auf dem Gefängnishof. Im Morgengrauen ging es wieder los. Die aufgeregte Stimmung wich einer gewissen Müdigkeit. Einige waren vielleicht sogar eingeschlafen. Plötzlich hörte man hysterisches Hundegebell. Der Wagen stand auf dem von Tiefstrahlern hell erleuchteten Hof der Untersuchungshaftanstalt Wendenschloss in Köpenick, was natürlich erst im Nachhinein bekannt wurde. Im Karree standen Polizisten mit Gummiknüppeln um das Auto. Die Insassen des Gitterwagens wurden angebrüllt, sie sollten einzeln und im Laufschritt den Wagen verlassen. Es ging durch eine Gasse von prügelnden Polizisten. Wer hinfiel, wurde getreten und weitergeprügelt, bis er auf allen vieren den Eingang erreichte. Ich steckte meine lädierte Brille in die Jackentasche und rannte ohne weitere Blessuren durch die Gasse in das Gebäude. Dort fand die erkennungsdienstliche Behandlung statt: Leibesvisitation, Fingerabdrücke, Fahndungsfotos, Entfernen von Schnürsenkeln, Gürteln aus der Kleidung, Abnahme aller Gegenstände. Und alles gewürzt mit zynischen Sprüchen. Wir fanden uns in einem Klubraum wieder. Dort sollten alle mit dem Gesicht zur Wand stehen bleiben. Am Eingang lauerten ein scharfer Köter und mehrere Vollzugsbeamte beiderlei Geschlechts. Gänge auf die Toilette erfolgten unter Aufsicht.

Nach Dienstbeginn der Polizei, vermutlich ab etwa acht Uhr, ging es einzeln zur Vernehmung. In quälender Langsamkeit tippte der Untersuchungsbeamte meine Personalien in eine vorsintflutliche Schreibmaschine. Ich spürte bereits nach den ersten Fragen, dass ich nicht ins Bild passte. Beispielsweise fragte er nach meinem Spitznamen in der kriminellen Szene. Damit konnte ich nicht dienen. Sie suchten offenbar nach Rowdys und Asozialen, denen man die Krawalle des Vorabends in die Schuhe schieben wollte. Der Doktortitel, die angegebene Arbeitsstelle Akademie der Wissenschaften, mehr noch die vier Kinder und das Häuschen am Stadtrand irritierten das Polizistengehirn. Asozial im engeren Sinne wenigstens wirkte das alles nicht. Neben ihm auf dem Schreibtisch lagen der Taschenkalender und ein phantastischer Roman von Leo Perutz in der Ausgabe des Aufbau-Verlages. Gott sei Dank kein Westbuch. Dies hätte ich während der nächtlichen Irrfahrt weder aufessen noch zu Konfetti verarbeiten können.

Dann begann die Vernehmung. Ich log ohne Scham und Hemmung. Zufällig sei ich gestern Abend die Schönhauser Allee entlangspaziert, um einen Freund zu besuchen, als mich irgendwelche Polizisten packten. Gethsemanekirche? Nie gehört. Neues Forum? Keine Ahnung. Das ging eine Stunde so. Dann ging es zurück in den Klubraum. Von Stunde zu Stunde spürte man eine gewisse Entspannung. Irgendwann wurden Stühle geholt. Alle durften sich setzen. Neben mir saß ein kräftiger junger Mann und heulte. »Was ist los?«, flüsterte ich. »Ich heule über den Staat, in dem ich zu leben gezwungen bin«, flüsterte er zurück. »Schnauze!«, brüllte ein Polizist, und der Hund kläffte bösartig. Zum Mittagessen gab es Nudeln mit Tomatensoße. Mein Nachbar wies das Essen zurück. Offenbar hatte er einen spontanen Hungerstreik begonnen. Er hat nicht viel versäumt, doch essbar war das Kantinenessen der Volkspolizei durchaus. Das gleiche Mittagsmahl verzehrte auch das Wachpersonal. Viel später las man in einem großen Interview mit Erich Honecker, seine Lieblingsspeise in der Kantine des Zentralkomitees der SED seien Nudeln mit Tomatensoße gewesen. Damit wollte er sich gegen den Vorwurf wehren, er hätte Privilegien und ein unangemessenes Wohlleben genossen. Wenn man an jenem Tag vom Lieblingsgericht des Generalsekretärs gewusst hätte, dann hätte die Nudelspeise auf dem Plasteteller der Volkspolizei noch besser gemundet.

So gingen die Stunden dahin. Die Armbanduhr hatte man mir natürlich abgenommen. Es musste aber bereits später Nachmittag sein. Meine größte Sorge war, dass der Dachdecker sein Geld bekam – eine Riesensumme, natürlich in bar. In der DDR ließ man Handwerker nicht warten. Zugang zum Konto hatte ich allein. – Dann wurde ich wieder ausgerufen. Korrekterweise wie auch schon mehrfach zuvor mit Doktortitel. Ich fing einen erstaunten Blick meines Nachbarn auf. Immerhin war es in dieser Situation das erste und letzte Mal, dass ich auf den akademischen Titel stolz war. Im Vernehmungszimmer ging es eigentlich nur um die Modalitäten der Entlassung. »Haben Sie noch etwas zu sagen?«, fragte mich der Vernehmer zum Abschluss. Ich war nun wieder obenauf: »So wie gestern Abend in der Schönhauser Allee löst ihr kein Problem«, sagte ich im Aufstehen. »Das sehe ich auch so«, meinte der Polizeibeamte müde und resigniert. Vielleicht hatte die Volkspolizei neue Weisungen erhalten, vielleicht hatte mein Vernehmer in der Kaffeepause Westradio gehört oder ganz einfach über die Dinge nachgedacht. Die Politik des Dialogs, mit der die SED in den nächsten Wochen die Dynamik der Revolution bremsen wollten, hatte am späten Nachmittag des 9. Oktober 1989 die U-Haftanstalt Wendenschloss erreicht – einige Stunden früher also, als in Leipzig die Würfel fielen und es zu keinem Polizeieinsatz kam.

Nun ohne Handschellen ging es zur Asservatenkammer. Ich durfte die Schnürsenkel wieder einfädeln, bekam die Armbanduhr und den inzwischen fragmentarischen Kalender zurück. Während der Vernehmung hatte er übrigens keine Rolle gespielt. Ein Wachbeamter führte mich zum Tor. Im herrlichsten Sächsisch sagte er: »Nu gähts heeme.« Ich verabschiedete mich höflich und erwischte gerade noch die Straßenbahn in Richtung Köpenick. Dort saßen grinsend zwei Jungproletarier. Es mag sein, dass sie nach Fußballkrawallen rund um die Alte Försterei schon ähnliche Kurzaufenthalte auf der Polizeiwache hinter sich gebracht hatten. Jedenfalls hatten sie gut aufgepasst. »Na, ham die Nudeln geschmeckt?«, meinte der eine. »Det sin ma janz neue Erfahrungen, wa?«, flachste der andere. Wir stiegen am S-Bahnhof Köpenick gemeinsam aus, und die beiden strebten dem »Hauptmann von Köpenick« entgegen, einem bekannten Bierlokal gleich am Bahnhof.

Die Stadt war seltsam still und unberührt von den Ereignissen. Möglicherweise war es die Zeit der *Tagesschau*, und das Volk hing vor dem Fernseher. Ich versuchte, am Bahnhofskiosk Schokolade zu erwerben. Das erwarteten die Kinder üblicherweise nach meinen nicht ganz seltenen kurzen Abwesenheiten. Das Süßwarenangebot auf dem Bahnhof Köpenick war mehr als kärglich. Nicht einmal die braun eingefärbten Süßtafeln mit synthetischem Kakaogeschmack waren erhältlich. Das wunderte mich einen Augenblick. Doch auch dieses Geheimnis der Geschichte ließ sich anhand der Akten des Bundesarchivs lüften. Am 6. Oktober 1989 hatte Unter den Linden eine gewaltige Manifestation der Jugend stattgefunden. Als wäre im Lande nichts geschehen, hatte man aus dem ganzen Land FDJ-Mitglieder zusammengekarrt, die mit Fackeln und Winkelementen an der Tribüne mit der Staatsführung und den hohen Gästen vorbeidefilierten. Die Verpflegung der anreisenden FDJ-Kolonnen erforderte das Augenmerk der Leitung, wenn sie auch deutlich bescheidener ausfiel als bei früheren Anlässen. »Die bereitgestellten Warenfonds für den Fackelzug erfolgen im Rahmen der Warenfonds der Hauptstadt der DDR in gesonderten Abpackungen im Rahmen der Kaltverpflegung«, so lautete eine offizielle Mitteilung. Bereitgestellt wurden 12 Tonnen Teegemisch, 0,3 Tonnen Jojo-Kekse, 6 Tonnen Kakaowaffeln, 0,9 Tonnen Erfrischungswaffeln, 0,4 Tonnen Fruchtschnitte Honig, 0,3 Tonnen Bon-Riegel, 0,1 Tonnen Schoko-Münzen, 0,3 Tonnen Schnittbrot sowie 147 000 Fettbrötchen. Das Ministerium für Glas- und Keramikindustrie war beauftragt worden, Tragetaschen, Toilettenpapier, Papierhandtücher, Pappteller, Servietten sowie Trinkbecher für Heiß- und Kaltgetränke zu liefern. Keine leichte Aufgabe angesichts der ständigen Engpässe gerade bei solchen Dauermangelwaren wie Toilettenpapier und Papierservietten. Die stark überzuckerte Tagesration für das sozialistische Jungvolk führte in der Zeit rund um das Großjubiläum dann auch zu einem schweren Einbruch der Süßwarenversorgung. Es war in den Tagen des Zusammenbruchs der DDR kaum möglich, an einem Bahnhofskiosk oder in der Kaufhalle Süßigkeiten zu bekommen. Die Waffeln und Schokotaler aus Ersatzstoffen hatte die Partei als letzte Kampfreserve in die verlorene Schlacht um den Sozialismus geworfen.

Die Kinder mussten also diesmal auf ihr Geschenk verzichten. Übrigens waren sie schon im Bett, als ich nach Hause kam. Im Fernsehen lief eine Originalschaltung aus Leipzig. Alle waren froh, dass der Abend ohne Gewalt verlaufen war. Auch war ich froh zu hören, dass K. das Geld für den Dachdecker bei meiner Schwester besorgt hatte. Der Ausbau des Häuschens konnte trotz der Weltereignisse weitergehen.

Einige Monate nach der Wiedervereinigung rief mich ein Polizeikommissar der nun vereinten Berliner Polizei an und erklärte, er habe von mir noch eine Anzeige auf dem Tisch. Was sollte damit geschehen? Er meinte meinen Bericht an die Untersuchungskommission über die Vorfälle am 7./8. und 9. Oktober 1989.

Die Strafverfolgung sei schwierig, immerhin habe es sich um eine nicht genehmigte Demonstration gehandelt. Insofern sei das Vorgehen der Ordnungskräfte grundsätzlich berechtigt gewesen. Ich räumte ein, dass eine behördliche Genehmigung zur Revolution nicht vorgelegen habe, genauso wenig, wie beim Sturm auf die Bastille am 14. Juli 1789. »Das wollen Sie doch nicht vergleichen«, meinte der Kommissar ungehalten. »Nun ja …«, entgegnete ich und wollte zu längeren Ausführungen über den historischen Rang der friedlichen Revolution ausholen. Doch der Kommissar hatte schon aufgelegt. Der Vorgang konnte abgelegt werden. So verstaubt der Bericht inzwischen in irgendeinem Archiv. Doch umso lebendiger ist die Erinnerung in all ihrer Unordnung und Subjektivität. Farbe, Geruch und Geschmack erhält die geschichtliche Erzählung durch die Gedächtnissplitter – und wenn es der Geruch und Geschmack von Nudeln mit Tomatensoße aus der Polizeikantine ist, der für mich über den glorreichen Tagen des Oktobers 1989 liegt.

Stephan Hilsberg

»Herrliche Tage waren das!«

Rückblick, Bestandsaufnahme, Ausblick – ich bin eingeladen worden, Auskunft zu geben über meine Einschätzung der friedlichen Revolution 1989, was daraus wurde und was weiter ansteht. Darüber wird in diesem Jahr noch viel geredet werden. Ich werde versuchen, Ihrem Anliegen durch ein Höchstmaß an Subjektivität gerecht zu werden. Über die Zeit von 1989 bis heute kann ich gar nicht anders reden denn als Zeitzeuge. Und ich gehe wohl nicht falsch in der Annahme, dass Sie mich auch als solchen eingeladen haben. Ich stehe dazu, Sie werden mich als solchen bekommen. Ich will versuchen, Sie teilhaben zu lassen an meinem Weg in die oppositionelle Bewegung in der DDR, meinem Weg in die Sozialdemokratie und, was für mich das Gleiche war, für die Demokratisierung der DDR.

Dieser Demokratisierung bin ich bis heute treu geblieben. Sie war mir wichtiger als die deutsche Einheit, deren Voraussetzung sie damals war und die dennoch nicht zu den 1990 erledigten Aufgaben gehört. Diese Demokratie ist mir eine Herzensangelegenheit und sie wird es wohl auch bleiben. Dass die Bürger der DDR, dass das heutige Ostdeutschland dieser Demokratie teilhaftig wurden, dass sie durch uns den Wiedereintritt in die Moderne schaffen durften, das rechne ich mir als Mitglied der ehemaligen oppositionellen Bewegung, der Friedensbewegung in der DDR, wie wir uns damals nannten, als bedeutendsten Beitrag an, den ich für dieses Land leisten durfte – wichtiger als die 19 Jahre als Mitglied des Deutschen Bundestages anschließend, und erst recht als meine Tätigkeit als Parlamentarischer Staatssekretär in der Bundesregierung von 2000 bis 2002, obwohl ich beides gerne und mit großer Leidenschaft gewesen bin.

Das hat mir nicht in der Wiege gelegen. Aber es gab Voraussetzungen dafür, für die ich nichts kann, und die mich geprägt haben, mit denen ich mich auseinandergesetzt habe, teils angeeignet, teils verworfen. Ich habe die DDR gehasst. Nicht ihre Bürger, nicht die Menschen, nicht die Bevölkerung, nicht einmal die SED-Mitglieder und -Parteisekretäre. Ich habe den Staat DDR gehasst, also die Bedingungen, unter denen die Menschen in der DDR leben mussten. Ich bin nicht zum Hass erzogen worden. Im Gegenteil, als wahrer Protestant hat man seine Feinde zu lieben. Tu das mal, wenn sie dir alles nehmen, was du dir als Jugendlicher für deine Zukunft erträumt hast.

Dass ich nicht bei den Pionieren war, nicht in der FDJ, nicht jugendgeweiht, das hielt ich für selbstverständlich, dazu bekannte ich mich. Da war ich, wie man heute sagt, bei mir. Dass dieser Staat sich dafür rächen würde, damit rechnete ich. Aber nicht damit, dass mir die zu erwartende und dann auch exekutierte Strafe dieses Staates so schwer werden würde. Nichtzulassung zum Abitur, was ist das schon? Macht man eben was anderes. Doch das fand ich nicht. Heute weiß ich, dass ich die wichtigsten Weichen für meine spätere Entwicklung genau in dieser Zeit stellte. Damals aber erschien sie mir nur dunkel und ausweglos zu sein. Und ich war auch nicht in der Lage, meinen Hass gegen diesen Staat in Worte zu fassen. Ich blieb sprachlos und allein damit. Doch ich war nicht allein. Das allerdings merkte ich erst, als ich meinen Weg in die Opposition der DDR fand.

Ich will Sie hier nicht weiter mit meiner Biografie eines DDR-Jugendlichen, der in einem Pfarrhaus groß geworden ist, behelligen. Doch irgendwie muss ich Ihnen ja meinen Hass auf dieses System verständlich machen, der aus dieser Zeit herrührte – und über den ich mir erst ganz klar wurde, als ich bereits im Bundestag saß. Etwas arbeitete in mir, etwas suchte, stellte Fragen, deren Antwort mir niemand gab, geben konnte, angesichts der allgemeinen Ratlosigkeit und Resignation gegenüber den politischen Verhältnissen in der DDR, und die ich, seit ich den Begriff das erste Mal gehört hatte, als genauso totalitär wie das nationalsozialistische Hitler-Deutschland empfand.

Heute weiß ich, dass dieses Alleinsein mit seinen Fragen ein Kennzeichen der Moderne ist, dass wer nach neuen Lösungen sucht, weil er mit den alten nicht mehr leben mag, sich ganz bewusst auf den Weg in die Einsamkeit macht, aber eben genau dort, den eigenen Weg findend und gehend, auch die eigene Identität findet. Obwohl die DDR, wie alle kommunistischen Staaten Europas, ja wie alle totalitären Systeme in ihrem Kern, einen Versuch darstellte, die Moderne zu verhindern, war es die Moderne selbst, die diesen Systemen den Garaus bereitete. In meinem Fall kam sie von innen. Sie kam auf den Schwingen der protestantischen Tradition.

Meinen von der DDR vorenthaltenen politischen Rechten stand das Bewusstsein der Illegitimität ihrer Diktatur und meiner persönlichen, wenn auch durch die Möglichkeiten begrenzten Verantwortung für das Öffentliche gegenüber. Dazwischen waren Rätsel, die zu lösen waren. Schritt für Schritt machte ich mich auf den Weg ins Öffentliche, jedes Mal gleichsam Neuland betretend, jedes Mal auf Sicht fahrend, jedes Mal meinen ganzen Mut zusammennehmend, dafür aber jedes Mal neue, ermutigende Erfahrungen machend.

Die späten 1980er Jahre, über die ich hier rede, waren keine Zeit spontaner Einfälle, das wohl auch, für mich aber noch mehr der intellektuellen Durchdringung unserer gesellschaftlichen Verhältnisse. Ich will die Namen einiger Menschen nennen, stellvertretend für viele andere, die es lohnt, in Erinnerung zu behalten, und von denen ich meine, dass man ihnen irgendwann einmal ein Denkmal setzen sollte.

Da ist die Pastorin Ruth Misselwitz. Sie hielt Ende Januar 1988 eine Predigt, die mich zur Opposition brachte. Im Gegensatz zu vielen anderen bin ich nämlich erst sehr spät zu ihr gestoßen. Misselwitz hatte die schwierige Aufgabe, die Gefühle einer enttäuschten, entmutigten Zuhörerschaft auf den Punkt zu bringen und gleichzeitig eine neue Perspektive zu weisen. Vorausgegangen war eine große Welle an Solidarität mit den Inhaftierten der Liebknecht-Luxemburg-Demonstration vom 17. Januar 1988, die als Gegendemonstranten der SED einen Spiegel vorgehalten hatten. Dass »Freiheit immer die Freiheit der Andersdenkenden« sei, das wollte sich die SED von diesen Oppositionellen nicht sagen lassen. Schwer beleidigt taten sie den Gegendemonstranten um Freya Klier und Stephan Krawczyk den Gefallen, sich die Maske vom Gesicht zu reißen und deutlich zu machen, dass gerade in der DDR die Freiheit der Andersdenkenden mit Füßen getreten wurde. Doch die SED hatte die Lage falsch eingeschätzt. Die Lunte brannte, und innerhalb weniger Tage entstand die erste ernst zu nehmende Protestbewegung in Berlin und Leipzig, jeden Tag mehr Kirchen füllend. Die SED geriet unter Druck und suchte ein Ventil. Mit Hilfe von vier DDR-Topjuristen, darunter Gregor Gysi, Manfred Stolpe und Lothar de Maizière, gelang es ihr, die Inhaftierten, die von dieser Protestbewegung nichts erfahren hatten – die Juristen hatten geschwiegen –, in den Westen zu bugsieren.

Das nun traf die Protestbewegung an ihrer Achillesferse. Das hatte sie nicht gewollt. Sie wollte die Inhaftierten an ihrer Seite sehen, um noch mehr Druck gegen die SED aufzubauen, und nicht im Westen, wo schon so viele andere waren. Stattdessen hatten die sich scheinbar, wie so viele andere bereits vor ihnen, mal wieder aus dem Staub gemacht, die Protestierenden und ihre eigenen Ziele menschlicherer Verhältnisse in der DDR im Stich gelassen. Dieser Tag war eine Niederlage für die oppositionelle Friedensbewegung in der DDR. Es erklärt die langen, traurigen und enttäuschten Gesichter der Zuhörerschaft auf dem Abschlussgottesdienst dieser bis dahin täglichen anwachsenden Fürbittandachten zur Freilassung der Inhaftierten. Ruth Misselwitz sprach unerhörte Worte zu den Enttäuschten: »Wieder einmal erleben wir, dass unser Vertrauen in andere Menschen enttäuscht wurde. Wir müssen begreifen, dass Vertrauen in Menschen nicht gerechtfertigt ist. Wenn wir wirklich etwas verändern wollen, dann müssen wir, jeder für sich, das selber tun.«

Dieser Aufruf zur Eigenverantwortung, die harte und unbequeme Erkenntnis, dass Vertrauen in Menschen nicht gerechtfertigt sei, ist nur vor christlich-protestantischem Hintergrund zu verstehen. Dennoch traf er einen politischen Nerv. Und auch das hat etwas mit der Moderne zu tun. Wer etwas verändern will, darf nicht auf andere warten, sondern er muss selber handeln. Das war die Botschaft, und sie führte dazu, dass die vermeintliche Niederlage in ein gewaltiges Anwachsen der Opposition mündete.

Ich kann mich nicht erinnern, solche klaren Sätze von der Selbstenttäuschung, der programmierten Enttäuschung des Vertrauens in andere Menschen und der daraus notwendig folgenden Eigenverantwortung jemals von einer demokratischen Partei heute gehört zu haben. Damals führte die Not einer politischen Krise zu einer ganz anderen Entschlusskraft der Menschen und zu politischer Betätigung, als wir das heute erleben. Ich glaube nicht, dass wir Krisen brauchen, doch es gibt sie, und es kommt darauf an, dass es dann Leute gibt, die sich trauen, die notwendige Orientierung zu geben. Diese Orientierung wird nicht in der Stunde der Not geboren, aber sie wird dann vernommen. Und so kann es gelingen, dass die Schar der sich selbst Ermächtigenden wächst.

Ich gründete wenige Zeit später in der Berliner Golgatha-Gemeinde meinen ersten eigenen Friedenskreis. Denn im Pankower Friedenskreis, in der Gemeinde jener Ruth Misselwitz, wollte man mich nicht haben. War er überlaufen, wollte man unter sich bleiben, oder war es gar Misstrauen, die Geißel der Opposition? Ich wusste es nicht. Der Golgatha-Friedenskreis jedenfalls wurde zu meiner Schule der Demokratie. Ohne Lehrer, ohne Aufpasser, mit einem sehr toleranten und gegen die politischen Verhältnisse aufbegehrenden Pfarrer, der zugleich mein Vater war; weshalb ich das Glück hatte, simultan zu meinen politischen Gehversuchen ihm wieder näher zu sein. Die folgenden anderthalb Jahre gingen wir gemeinsam: jeden Monat ein neues Thema. Jedes Mal die Grenzen erweiternd. Jedes Mal neu Mut gefasst. Jedes Mal eine neue Provokation. Und jedes Mal die erstaunliche Erfahrung, dass der Staat sich nicht mehr wehrte. Hier lernte ich diskutieren, debattieren, Kompromisse schmieden, Reden halten – all das, was in einer Demokratie unverzichtbar ist.

Der zweite Name ist Martin Böttger. Der sanfte, immer ruhige und besonnene Martin Böttger gehörte damals bereits seit nahezu anderthalb Jahrzehnten zur Opposition. Im Gegensatz zu mir hat er dafür mehrere Male im Gefängnis gesessen. Ich kann mich nicht erinnern, ihn ein einziges Mal verzweifelt gesehen zu haben. Er war einer jener Typen, die einem in der DDR den Glauben an die in jedem Menschen vorhandene Würde zu erhalten halfen. Dieser Mann nahm mich mit zur Wahl 1989. Das war ein ganz besonderes Event. Martin Böttger fuhr eine 150er Java. Gemeinsam donnerten wir an diesem herrlichen Sonnensonntag, dem 7. Mai 1989, die Wahllokale in Berlin-Karow ab. In 80 oder 90 Prozent dieser Wahllokale beobachteten unsere eigenen Leute die Auszählung der Stimmen – ausreichend genug, um der SED das erste Mal in ihrer Geschichte die von Anfang an von ihr praktizierte Wahlfälschung nachweisen zu können. Nach diesem Beweis stellten wir Strafanzeige. Das war auch eine neue Erfahrung für mich. Noch nie hatte ich den Staat so herausgefordert, zumindest kam es mir so vor. Dabei lernte ich Gregor Gysi kennen, der unsere Bitte, uns anwaltlich zu verteidigen, aus nicht nachvollziehbaren Gründen ablehnte. Immerhin, Gysi war damals ein Staranwalt, dessen Name auch in oppositionellen Kreisen einen guten Klang hatte. Als er uns nebenbei erzählte, dass die DDR vor allem daran kranke, dass ihr eine Verwaltungsgerichtsbarkeit fehle, war er für mich erledigt. Das war mir entschieden zu wenig. In der Tat, die Aufdeckung der Wahlfälschung war ein Ereignis – Politik als Spaßaktion mit todernstem Hintergrund.

Und gestatten Sie mir hier eine Bemerkung: Politik bedarf der Hinterzimmer, der Überlegungen, der Ideen und Konzepte. Aber hier wird sie nicht vermittelt. Dafür braucht es eben Events. Kreativität ist gefordert. Das ist mehr als Info- oder Stammtische und Pressegespräche. Gefragt sind Kommunikationsformen, die die Herzen der Menschen erreichen. Für die Vernunft in der Politik braucht man seinen Kopf; um die Menschen zu erreichen, braucht man Hollywood. Nur so kann man heute erfolgreich sein.

Nachdem unsere Wahlbeobachtungsgruppe die Aktion mit der Strafanzeige abgearbeitet hatte, hörte ich bei unserem letzten Treffen mit einem halben Ohr zu, wie Martin Böttger einem Mitstreiter von einer Zusammenkunft im September 1989 in Grünheide erzählte, wo sich Oppositionelle aus der ganzen DDR zu einem eigenen Zusammenschluss treffen wollten, einer neuen oppositionellen Gruppe, die weit über die bisherigen Gruppen hinausragen sollte. Wie manch Kundiger unter Ihnen unschwer errät, handelte es sich bei diesem Grünheider Treffen um die Gründung des Neuen Forums. Leider lud er mich nicht ein. Warum, weiß ich nicht. Ich hätte sofort zugesagt.

So komme ich zu dem dritten Namen, den ich hier nennen will. Auch er kam aus einem protestantischen Pfarrhaus, war im Gegensatz zu mir aber selbst Pfarrer geworden. Er hatte die Zeit an der kircheneigenen Ausbildungsstätte in Berlin, dem Sprachenkonvikt, zu umfangreichen philosophischen Studien benutzt und dabei, wie er es selbst beschreibt, den Schlüssel für die Überwindung der SED-Diktatur gefunden. Martin Gutzeit ist der geistige Urheber der sozialdemokratischen Partei in der DDR, gemeinsam mit seinem Freund Markus Meckel hat er die SDP aus der Taufe gehoben. Keine der anderen oppositionellen Gruppierungen hat sich so mit den demokratischen Verhältnissen nach westlichem Vorbild, also faktisch der Verwestlichung der DDR identifiziert wie die SDP: Sie hatte für mich eine entscheidende Bedeutung für die Demokratisierung der DDR. Das will ich nicht weiter ausführen. Es reicht, wenn Sie wissen, welche Bedeutung ich dieser Partei für die Entwicklung der friedlichen Revolution, die Verhinderung des dritten Weges und damit auch für das Zustandekommen der deutschen Einheit zumesse.

Um einige Anmerkungen komme ich aber nicht herum. Denn noch gab es keine friedliche Revolution, als ich den Gründungsaufruf der Sozialdemokraten in die Hand bekam. Das Ding lag auf dem Schreibtisch meines Vaters. Öffentlich vorgetragen worden war der Aufruf einige Tage vorher in unserer Golgatha-Kirche in einem Seminar zum Thema Menschenrechte, das dort anlässlich des 200. Jahrestages der Verkündung der Menschenrechte am 26. August 1989 durchgeführt wurde. Ich hätte dabei sein können auf diesem Menschenrechtsseminar, ich hätte es sogar mit vorbereiten können. Doch für mich wurde dieses reizvolle Angebot von einer zeitgleich anvisierten Reise nach West-Berlin getoppt. Ursprünglich hatte ich sogar vor, auf dieser Reise im Westen zu bleiben und meine Familie nachzuholen, was ich wegen des Einspruchs meiner Frau nicht tat. So fuhr ich wieder zurück nach Ost-Berlin, aber der letzte Rest an Illusion oder Hoffnung auf Veränderungen innerhalb des Systems der SED-Herrschaft war von mir gewichen.

Ich war damals hundertprozentig anti-DDR. Zugleich war ich desillusioniert wegen der in meinen Augen unzulänglichen oppositionellen Konzepte. Ich wollte keine Identifikation mit der DDR, wie Bärbel Bohley, ich wollte keinen verbesserten Sozialismus, ich wollte keine Menschenrechte in kommunistischer Interpretation (so Manfred Stolpe), ich wollte Zukunft für meine Kinder. Und so viel Spaß und Freude mir die oppositionelle Tätigkeit, der ich inzwischen nahezu jeden freien Abend widmete, machte, sah ich hier niemanden mit einem tragfähigen Konzept für eine Zukunft in der DDR, mit dem ich zufrieden gewesen wäre. Ich war damals nicht im Westen geblieben, weil meine Frau mich gebeten hatte, noch ein Jahr mit diesem Schritt zu warten, um in der DDR mein Fernstudium zum Ingenieur für Informationsverarbeitung abzuschließen. Schließlich sei auch Westdeutschland ein Land, in dem formale Qualifikationsabschlüsse häufig wichtiger seien als das Können selbst. Dieses Argument hatte was.

Es war eher Zufall, dass ich den Gründungsaufruf für die SDP fand. Als ich ihn las, fuhr mir ein Schauer über den Rücken. Ich weiß noch wie heute, dass ich plötzlich das Gefühl hatte, das erste Mal in meinem Leben ein tragfähiges und durchführbares Konzept für politische Veränderungen in der DDR in der Hand zu halten, das sich fast komplett mit meinen Wünschen und Hoffnungen deckte, Hoffnungen, die ich mich nicht auszusprechen getraut hatte und die ganz tief versteckt irgendwo im letzten Hinterstübchen meines Herzens vor sich hin dämmerten. Parlamentarische Demokratie, sozialer Rechtsstaat mit ökologischer Ausrichtung, Gewährleistung der Menschenrechte, soziale Marktwirtschaft, freie Wahlen, ja sogar einen Hinweis auf die Wiederherstellung der alten Länder fand ich in diesem Papier; die Entmachtung der SED nicht als Selbstzweck, sondern als Voraussetzung für die Revitalisierung der Gesellschaft, was das eigentliche Ziel der Autoren war. Es ging Schlag auf Schlag, jedes Mal wurde ein Tabu berührt. Hier ging jemand aufs Ganze. Hier stellte jemand die Machtfrage in der DDR, forderte die SED in einer Weise heraus, wie ich es noch nie erlebt hatte. In diesem Moment, als ich dieses Papier las, wurde ich zum Sozialdemokraten, und ich bin es bis heute geblieben. Die Autoren sprachen davon, die alten sozialdemokratischen Traditionen wieder neu beleben zu wollen, die nach der Zwangsvereinigung von der SED bewusst besetzt gehalten und so an ihrer Entfaltung gehindert worden waren. Ihnen ging es um eine Demokratie mit westlichem Gesicht, eine Sache, die für die Westeuropäer selbstverständlich war und die nun nach dem Willen der Sozialdemokraten auch die DDR haben sollte.

Der Opposition in der DDR wird immer wieder unterstellt, sich für einen dritten Weg erwärmt zu haben. Für die Gründer der Sozialdemokratischen Partei trifft dies nicht zu. Wer einmal den Gründungsaufruf gelesen hat, wird dafür keine Hinweise finden. Die Opposition in der DDR war viel heterogener, als man das heute wahrhaben will. Die Klammer Bürgerrechtler verdeckt die Unterschiede innerhalb des oppositionellen Spektrums eher. In diesem Begriff steckt keine Erkenntnis, sondern ein Verschleierungstatbestand. So kommt es, dass der Opposition insgesamt bis heute unterstellt wird, für einen dritten Weg eingetreten zu sein, ohne dabei zu berücksichtigen, dass diejenigen in der Opposition, die das taten, nach anfänglichen Erfolgen spätestens bei der ersten freien Volkskammerwahl weit unter fünf Prozent abgeschlagen waren. Doch diese Art von Vorurteilen hält sich hartnäckig, obwohl sie historisch nicht belegbar sind, es sei denn, man werfe, wie bisher, die gesamte Opposition in der DDR in einen Topf. Doch das ist unhistorisch, und man möge mir verzeihen, dass ich hier einmal die Gelegenheit nutze, das so auszusprechen.

Hinzu kommt: Wir hätten doch in der DDR bei einem dritten Weg überhaupt keine Chance auf Entmachtung der SED gehabt. Die SED hätte sich ins Fäustchen gelacht und uns in der Tasche gehabt. Dieser Traum, den einige Oppositionelle tatsächlich träumten, war unrealistisch und wäre von der Wahlbevölkerung niemals geteilt worden. Denn das war die nächste Achillesferse eines gewissen Teils des oppositionellen Spektrums in der DDR. Ihre politischen Vorstellungen waren geradezu verstiegen, intellektuell abgehoben und leicht ideologisch verklärt. Die Menschen vertrauten ihnen, soweit es um die Organisation der Demonstrationen ging, die Aufklärung des Ministeriums für Staatssicherheit (MfS), die Organisation von Mahnwachen, von Runden Tischen, die Organisation von Streiks und Ähnlichem. Ihren politischen Zukunftsvorstellungen folgten sie nicht.

Die ostdeutsche Bevölkerung träumte von der deutschen Einheit, so wie ich von der parlamentarischen Demokratie geträumt hatte. Man tut immer so, als sei dieser Wunsch in der Versenkung verschwunden gewesen. Meine Wahrnehmung war das nicht. Seit die Sowjetische Besatzungszone (SBZ) existiert hatte, wollten diejenigen, die es sich aussuchen konnten, lieber in eine der drei westlichen als in die östliche. Besonders ist das bei allen Vertriebenen zu erkennen, denen sich die Möglichkeit bot zu wählen. Unter den zwei Millionen, die in den ersten Jahren entscheiden konnten, waren nicht wenige Vertriebene. Ihre Einschätzung teilten die übrigen, angestammten Ostdeutschen, damals ja wohl eher Mitteldeutschen. Doch sie hatten ihre Wurzeln hier, ihren Grund und Boden, ihre Betriebe, ihre Arbeit, ihre Familien, Gemeinden und ihre Friedhöfe. Sie mussten abwägen, sie hatten Kosten, wenn sie gingen, das hatten die Vertriebenen nicht.

Die Einschätzung des größten Teils der Ostdeutschen, dass es die Deutschen im Westen besser hätten, begleitete die Herrschaft der SED von Anfang an. Niemand machte sich Illusionen über den Stalinismus in der DDR. Ohnehin waren die Bindungskräfte der sozialistischen Diktatur negativer Natur. Der Anpassungsdruck war ungeheuer groß. Er zielte auf das Verhalten der Menschen, auf ihr Denken, und genau hier erfolgten die Anpassungen, mit deren Folgen wir es bis heute zu tun haben. Doch immer wieder brach der Wunsch hervor, frei zu sein und beispielsweise lieber in der Bundesrepublik zu leben, sogar bei Leuten, die die SED fest an ihrer Seite wähnte: Funktionäre, Sportler, Lehrer, Betriebsdirektoren. Niemals vergaßen die Ostdeutschen, dass Westdeutschland ihnen zu jeder Zeit Zuflucht bieten würde. Die Möglichkeit, im Westen mit einem bundesrepublikanischen Pass ausgestattet zu werden, ohne Vorbedingungen, war gewissermaßen immaterieller Besitzstand der DDR-Bürger.

Es war der Kalte Krieg, es war die sowjetische Besatzung, es waren der Eiserne Vorhang und die Berliner Mauer, die die deutsche Einheit verhinderten. Erstaunlich, wie sich im Westen die Vorstellung breitmachen konnte, dass sich in der DDR eine eigene Identität für diesen Staat entwickelt hätte. Wann immer die Mauer gefallen wäre, die DDR wäre verwelkt wie eine abgeschnittene Brennnessel. Wer die Verehrung erlebt hat, die hier westdeutschen Politikern entgegengebracht wurde, wie Willy Brandt in Erfurt oder Johannes Rau zufällig an einer Tankstelle irgendwo in der DDR-Provinz – und anderen erging es ähnlich –, der brauchte sich keine Illusionen über größere Sympathie für den eigenen sozialistischen als den westlichen deutschen Staat zu machen.

Doch diese Stimmung allein entschied noch nicht über die Zukunft in der DDR – auch nicht 1989. Sie ist der Hintergrund für das schnelle Zustandekommen der deutschen Einheit 1990. Mir selbst war diese Stimmung zwar bekannt und auch nicht unsympathisch, aber in mir selbst spürte ich sie kaum. Vorrangig spürte ich die große Herausforderung, den Menschen ihr Selbstbestimmungsrecht wiederzugeben, ohne das politische Verbesserungen in der DDR nicht zu machen gewesen wären. Und das bedeutete, dass man die SED von den Schalthebeln der Macht trennen musste. Im Oktober 1989 schickten sich die Menschen an, genau das zu tun. Herrliche Tage waren das!

Zugleich war ich über das erste Rufen nach deutscher Einheit, auch über den tollen Spruch von Willy Brandt am 10. November 1989 – Jetzt wächst zusammen, was zusammengehört! – doch etwas erschrocken. Denn wenn die Menschen schnell unter ein westdeutsches Dach schlüpften, wer betrieb dann die Revolution weiter, wer trennte die SED von ihren Funktionen, wer organisierte die Wahlen, wer sprach Recht, wer bildete die Kinder aus, und wer behielt die Betriebe? Ganz abgesehen von den sowjetischen Truppen im Land, zwischen 300 000 und 400 000 Soldaten, gewaltigen Atomwaffenarsenalen auf beiden Seiten, europäischen Nachbarn, die schlechte Erfahrungen mit Deutschland gemacht hatten. Wer hier einfach dachte, die deutsche Einheit sei die Lösung aller Probleme, musste mindestens naiv sein.

Und das zeigt das Wirken der Opposition in der DDR in einem anderen Licht. Verantwortungslos gehandelt hat sie nicht. Herstellen von Öffentlichkeit, Thematisieren der gesellschaftlichen Zustände in Umwelt, Wirtschaft, Bildung und Justiz, das Aufrechterhalten des Anspruchs auf politische Mitbestimmung, die Thematisierung der Menschenrechte waren wichtige und unverzichtbare Taten. Sicherlich mag ein Teil dieser Opposition von einem besseren Sozialismus geträumt haben. Spätestens seit 1987, als Erich Honecker die Bundesrepublik besuchte, wo ihm der rote Teppich ausgerollt wurde, kann man ihr das eigentlich nicht mehr vorhalten, ohne einseitig zu sein. Ohne diese Opposition hätte es keine Montagsdemonstration in Leipzig gegeben, oder die Demos in Berlin und Plauen. »Die« Opposition war der Organisator des Volksaufstandes gegen die Herrschaft der SED. Ich fühle mich bis heute diesen ehemaligen DDR-Oppositionellen innerlich mehr verbunden als vielen Mitgliedern der eigenen Partei, erst recht den ganzen »alten Blockflöten« von CDU, Bauernpartei (DBD) und Liberaldemokraten (LDPD) zusammen. Sie bewiesen Mut und Courage. Ohne diese ist keine Demokratie, erst recht kein gesellschaftlicher Fortschritt zu haben. Wer sich nicht an Grenzen reibt, wird sich nicht von ihnen emanzipieren.

Man tut der Komplexität des 1989 beginnenden gesellschaftlichen Wandels unrecht, wenn man versucht, ihn auf den Prozess zur deutschen Einheit zu reduzieren. Die deutsche Einheit brauchte Voraussetzungen. Die wichtigste war die Schaffung einer demokratisch legitimierten und handlungsfähigen parlamentarischen Versammlung und einer handlungsfähigen demokratischen Regierung. Deutsche Einheit ohne Demokratie in Ostdeutschland konnte und wollte ich mir im November 1989 nicht vorstellen. Also mussten freie Wahlen durchgeführt werden. Also brauchten wir demokratische Parteien. Also musste der Übergang von der SED-Diktatur zu diesen freien Wahlen organisiert werden. Und dann bedeutete unsere Revolution auch: Austausch der politischen Eliten, Aufbau von demokratischen Institutionen, Demokratisierung bestehen bleibender Institutionen sowie Schaffung einer sozial-marktwirtschaftlichen Rechtsordnung. Für vieles war die deutsche Einheit eine große Hilfe. Doch manche ihrer Begleitumstände avancierten auch zu einer großen Belastung der Demokratie in Ostdeutschland.

Da ist zuerst die Instrumentalisierung der Ost-CDU für den Machterhalt der West-CDU, insbesondere ihres Kanzlers. Das hätte ich Helmut Kohl nicht zugetraut. Er bewies uns sein politisches Geschick mit einem machiavellistischen Zaubertrick der besonders perfiden Art. Er besiegte damit die SPD nicht nur in Ostdeutschland und sicherte sich seine Kanzlerschaft weitere acht Jahre, sondern er setzte einen eigenen dicken Farbklecks auf die im Keimen begriffene Nostalgie. Außerdem beflügelte er in unseren Reihen die Befürworter einer Koalition mit der PDS, der ehemaligen SED, allen voran Oskar Lafontaine – auch ein großer Machiavellist, wiewohl nicht so erfolgreich wie Kohl. Wenn ich damals über etwas wütend war, dann über diesen politischen Zynismus westlicher Demokraten.

Als nächste große Belastung der jungen Demokratie sollte sich die Deindustrialisierung der ehemaligen DDR erweisen. Das war ein Schock vor allem für die Arbeiter, die in der Mehrheit CDU gewählt hatten. Die meisten von ihnen hatten sich der Illusion hingegeben, jetzt endlich einen gerechten Lohn für ihre harte Arbeit zu erhalten. Stattdessen hielten sie bald ihre Entlassungspapiere in der Hand. Bis 1993 reduzierte sich die Belegschaft der ehemaligen DDR-Industriebetriebe auf etwa zehn Prozent, wenn sie nicht gänzlich von der Bildfläche verschwanden. Und ganz gleich, was die Gründe dafür waren, die Enttäuschung stand den Menschen ins Gesicht geschrieben. Viele Regionen haben sich bis heute nicht davon erholt. Die DDR-Wirtschaft zahlte damals nicht nur einen hohen letzten Preis für die Planwirtschaft der DDR, sondern sie wurde auch zum Opfer einer harten Wirtschaftspolitik gemäß der Konzeptionen der »Chicago Boys« um Milton Friedman und Friedrich von Hayek, die damals im Zenit ihres Einflusses und für eine Säuberung der Wirtschaftspolitik von allen sozialen Elementen standen. Ihre Ideologie der Deregulierung und des Abbaus staatlicher Subventionen traf nicht nur Ostdeutschland schwer, sondern bewirkte außerdem auch einen Finanzkollaps in Russland, hohe Arbeitslosigkeit in Polen, später in Tschechien, gar nicht zu reden von den Ländern Lateinamerikas, an der Spitze die Pinochet-Diktatur in Chile. Zuletzt führte sie zum Ausbruch der Bankenkrise in den USA, und sie wurde auch bei uns zu einem Ereignis, für das noch unsere Kindeskinder werden zahlen müssen.

Kurz, die Demokratie brachte für die Ostdeutschen eben auch Frustrationen und Stress. Die Moderne zeigte ihre zerstörerischen Seiten. Die Ostdeutschen hatten auf ein Wirtschaftswunder gehofft. Blühende Landschaften waren ihnen versprochen worden. Ich will das Bild nicht weiter bemühen. Die PDS hat von dieser Entwicklung am meisten profitiert. Sie konnte sich dauerhaft etablieren. Mein Traum, diese Partei endgültig loszuwerden, löste sich in nichts auf.

Man könnte jetzt die Ursachen der in Ostdeutschland deutlich unterentwickelten demokratischen Strukturen und Kulturen auf diese wirtschaftlichen und sozialen Folgen reduzieren. Doch so einfach ist die Sache nicht. In Ostdeutschland wirken Prägungen nach, die sich die Menschen angeeignet haben, um die DDR zu überstehen, deren Aufarbeitung andauert und schmerzhaft ist. Ich möchte sie als ihre Opfer- und Verdrängungsidentität bezeichnen. DDR-Bürger pflegten ihren Staat für alles Unbill verantwortlich zu machen, das ihnen im Alltagsleben widerfuhr. Diese Haltung war mir nicht unsympathisch, aber sie war doch etwas einseitig. Denn die Menschen nahmen sich dabei nicht als handlungsfähige Subjekte, sondern als rein Betroffene, als Opfer wahr. Sie dachten über ihren eigenen Gestaltungsspielraum gar nicht nach. Er existierte für sie nicht. Sie existierten im Privaten, in ihrer Rückzugsnische von Datsche und Auto. Die politische Enthaltsamkeit heute hat für mich viel mit dieser alten Opferidentität zu tun. Und die Anpassungen ihres Verhaltens, das die Menschen in der DDR an dieses System glaubten vornehmen zu müssen, geschahen bewusst. Es war ein aktives, selbstverantwortetes Nachgeben auf diesen Anpassungsdruck der SED, das bis heute verdrängt wird. Die Folge ist ein gespaltenes Verhältnis zur Politik. Diese Prägungen waren schon bei der Volkskammerwahl 1990 zu spüren.

Noch mal: So sympathisch mir die Westorientierung der DDR-Bürger immer war, sie hatte auch eine autoritätsfixierte Komponente. Die Wahl Helmut Kohls sprach nicht nur für den Wunsch nach westdeutschen Verhältnissen und westlichem Geld, sondern auch für einen Mangel an Selbstbewusstsein, das Unterschlüpfen unter überlieferte staatliche Autorität. Das war nicht einfach nur konservativ, das war der Wunsch nach einer Vaterfigur, die es doch bitte richten möge. Und wäre Helmut Schmidt damals noch Kanzler gewesen, die Ostdeutschen hätten ihn genauso gewählt, wie sie Kohl wählten. Demokratie ist ein bisschen mehr. Demokratie hat auch etwas mit aufrechtem Gang und Selbstachtung zu tun.

Und trotzdem: Ich bin heute ausgesprochen froh über die deutsche Einheit. Nicht auszudenken, was die Alternative gewesen wäre. Wir Ostdeutsche haben im vereinigten Deutschland viel Anerkennung und Solidarität erfahren, und unser Deutschland heute erfährt viel Anerkennung in der Welt. Die Zeit der innerdeutschen Nabelschau ist Gott sei Dank vorbei. Ich habe nicht das Gefühl, die innere Einheit sei misslungen. Wir Deutsche gemeinsam haben die Nachkriegszeit abgeschlossen und Frieden gemacht mit uns selbst. Wir sind heute eine gleichberechtigte europäische Nation von erheblichem Gewicht, auch wenn unsere Kanzlerin gelegentlich Gefahr läuft, dieses Gewicht mit Dominanz zu verwechseln. Stolz macht es mich dennoch.

Das gilt nicht für den Zustand der Demokratie selbst, insbesondere in Ostdeutschland. Zwar haben die Ostdeutschen 1989 die Kommunisten zum Teufel gejagt, aber sie haben sich damit die Demokratie noch nicht angeeignet. Hier regiert eine vornehme, altmodische Zurückhaltung gegenüber parteilichem Engagement, flankiert von einer kleinen, gestressten und überarbeiteten Schar von Parteipolitikern auf allen Ebenen, die nur selten den Eindruck machen, sie stünden auf der Höhe unserer Zeit. Gestatten Sie mir, ein kleines sarkastisches Zerrbild davon zu zeichnen. In Sachsen regiert mit Stanislaw Tillich ein ehemaliger Nomenklaturkader der SED als CDU-Ministerpräsident, der gelegentlich von sich reden macht, indem er die Alternative für Deutschland (AfD) mit der Nationaldemokratischen Partei Deutschlands (NPD) nahezu gleichsetzt. Das mag man als Schreckschuss an die eigene Partei noch durchgehen lassen, ein Ansatzpunkt politischer Analyse ist das nicht. So lassen sich keine Konzepte gegen den nationalistischen Rückgriff in wilhelminische Zeiten entwickeln.

In Thüringen regiert momentan noch eine Große Koalition unter einer CDU-Ministerpräsidentin, die das Glück hatte, 1989, als andere schon auf den Barrikaden standen, einen Brief unterzeichnet zu haben, der sie zu einer Reformerin stempelte. Politische Impulse kommen aus diesem Land nicht, zumindest hört man nichts davon. Ihr Juniorpartner SPD glänzt mit Schweigen. Abgesehen von einer Affäre um zu viel gezahlte Dienstbezüge würde man gar nicht mitkriegen, dass die SPD hier auch regiert. Niemand weiß, ob die SPD das nächste Mal wieder regiert, wahrscheinlich wird sie von der Partei Die Linke überrundet, an deren Spitze mit Bodo Ramelow immerhin ein bundesweit bekannter Politiker steht. Einer von jenen Wessis, die der ehemaligen SED halfen, sich in den Westen Deutschlands auszudehnen.

In Sachsen-Anhalt steht mit Reiner Haseloff eine graue Maus an der Spitze der Regierung, auch er mit einem sozialdemokratischen Partner, der ausgebrannt zu sein scheint. Hören tut man nichts aus diesem Land. In Mecklenburg-Vorpommern regiert mit Erwin Sellering ein ehemaliger Wessi, der sich seine Wahlerfolge damit organisiert, dass er den Unrechtscharakter der verblichenen DDR in Abrede stellt. Brandenburg hatte kürzlich einen Regierungswechsel. Kein Wunder, dass niemand den dortigen Ministerpräsidenten kennt, ich kenne ihn immerhin, aber ich bin politisch gesehen ja auch ein Brandenburger. Das Einzige, was man von Dietmar Woidke hörte, ist sein Streit mit Klaus Wowereit wegen der Verlängerung des Nachtflugverbotes eines noch gar nicht in Betrieb gegangenen Superflughafens, von dem wahrscheinlich auch in fünf Jahren noch keine Flugzeuge starten werden. Und Wowereit selbst hat seinen Zenit hinter sich. Immerhin geht in Berlin die Post ab, Berlin ist sexy, und Berlin ist modern. Aber es hat auch großes Glück gehabt. Die Hauptstadt ist wieder in Berlin. Das war keineswegs selbstverständlich, die Lobbyisten sind inzwischen auch alle gekommen, sie bringen gutes Geld mit, und die Kreativwirtschaft boomt. Das gefällt nicht jedem; Gentrifizierung lautet das sozialkritische Stichwort, doch hier pulsiert das pralle Leben. Das gilt wahrlich nicht für alle ostdeutschen Landstriche.

So kann man die ostdeutsche Demokratie erzählen. Die Fakten stimmen alle. Doch der Ton ist pessimistisch. Jede Entwicklung hängt mit Emanzipation zusammen. Politische Entwicklungen, gar Aufbrüche gehen immer einher mit dem Aufbrechen überlieferter gesellschaftlicher und mentaler Strukturen. Wer in Ostdeutschland mehr Demokratie und mehr Demokraten will, der muss an diese überlieferten Strukturen ran. Da bietet sich vieles an.

Die ostdeutschen Betriebe sind häufig Filialen westdeutscher Konzerne. Wer neue Betriebe haben will, muss ostdeutsche »Start-ups« fördern. Das ist eine Sache von Werten, von Selbstvertrauen, von Können und Courage. Selbständigkeit ist zu fördern – innere. Das kann man nicht mit Fördermitteln machen. Freiheit, der Genuss der Freiheit, ist zu vermitteln. Hier geht es nicht in erster Linie darum, Geld zu verdienen. Querdenken muss gefördert werden, das Gegen-den-Strom-Schwimmen muss gelernt werden. Scheitern ist keine Niederlage, sondern der Beginn eines Neuanfangs. So etwas kann man vorleben, darüber kann politisch kommuniziert werden. Das Unternehmertum muss runter vom Elfenbeinturm des Besonderen, des Elitären und Autoritären. Es kann von fast jedem mit Herz und Verstand, mit Lust und Phantasie gemeistert werden. Neben viel Arbeit bringt es Glücksmomente, die einem Spaß am Leben machen.

So ist das mit der Politik. Sie ist kein Feld der Qual, sondern der menschlichen Intelligenz, der Kreativität und des Pragmatismus – in dieser Reihenfolge. Politik in der Demokratie ist zuerst Interessenvertretung. Die kann nur leisten, wer sich ganz bewusst der Partikularität von Einzelinteressen annimmt. Kompromisse sind notwendig, aber erst ganz zum Schluss, wenn die Ernte der politischen Kampagne eingefahren wird. Die Themen liegen auf der Straße. Doch die einzelnen Akteure müssen sich ihrer annehmen. Wer auf den jeweiligen Ministerpräsidenten, Minister oder Bürgermeister wartet, hat schon verloren. Dass er allein ist, zumindest anfangs, gehört zur Natur der Sache.

Der Staat ist ein Dienstleister, keine Autoritätsfigur. Wir brauchen auch keine Beamten mehr. Sie alle sollten sich als gleichberechtigte Bürger in verantwortlicher Position fühlen, wie alle anderen. Der Staat muss nicht geschützt werden, er darf kritisiert werden, in allen Punkten und zu jeder Zeit. Provokationen fördern das öffentliche Gespräch. Erst dieses macht die unterschiedlichen Positionen deutlich, erlaubt ihr Wahrnehmen, vermittelt die Vielschichtigkeit erfahrener Probleme. Außerdem: Wer nichts fordert, kriegt nichts. Unsere Demokratie wird durch diese Auseinandersetzungen gestärkt und nicht geschwächt.

Es geht bei der Politik für Ostdeutschland nicht ums Geld, davon ist genug vorhanden. Auch der demografische Wandel wird Ostdeutschland nicht strangulieren. Wenn die Fachkräfte fehlen, holen wir sie uns, aus Afrika oder Syrien oder gar aus Russland? Was ist daran unsozial? Das Toleranzedikt des großen Kurfürsten von Brandenburg holte die Hugenotten ins Land, und mit ihnen kam wirtschaftlicher Aufschwung. Frankreich ist nicht daran gestorben. Dass die DDR-Bürger ihr Land verließen, hat der DDR nicht geschadet, sondern der Diktatur, vor der sie flohen. Noch immer verlassen viele Ostdeutsche Ostdeutschland. Na und? Was ist schlimm daran? Neues erleben und Erfahrungen sammeln, das fördert den Horizont. Wir laden andere ein, zu uns zu kommen, bieten ihnen Entfaltungsmöglichkeiten, die sich woanders nicht finden lassen. Bevölkerungsaustausch hat es immer gegeben. Doch alle Kinder lernen Sächsisch, wenn sie in Sachsen aufwachsen. In der Uckermark leben heute schon die Hälfte Neubürger. Die Brandenburger Bevölkerung besteht zu 50 Prozent aus Zugereisten, ohne dass die Bevölkerungszahl insgesamt gesunken wäre. Den Brandenburger von vor 25 Jahren gibt es heute gar nicht mehr. Gibt es noch den Sachsen, den Anhaltiner per se?

Die Politik muss Aufbruch wagen und mit gutem Beispiel voranschreiten. Tabus brechen, Neuland betreten, den Menschen zeigen, dass Leben Spaß macht, dass Politik intelligibel und eine Lösung machbar ist. Dazu gehört auch, das Schweigen über unsere Vergangenheit zu brechen. Die Regionen lernen sich kennen, wenn sie anfangen, ihre Geschichte zu befragen. In Ostdeutschland liegt vieles brach: die nationalsozialistische Geschichte, die sozialistische DDR-Geschichte, früher noch die Adels- und die Unternehmergeschichte, weil diese aus Klassenkampfgründen ausgemerzt werden mussten. Allein die Zwangskollektivierung trieb unzählige jahrhundertealte Familien außer Landes, deren Häuser zum Teil noch stehen, zum Teil im Verfallen begriffen sind oder weggerissen wurden. Jede neu entdeckte alte Geschichte rückt einem den eigenen Ort, die eigene Region wieder einen Schritt näher, lässt einen die Menschen, die hier wohnen, besser verstehen. Heimat entsteht nicht durch die NPD, sondern durch die Wiederaneignung ihrer verdrängten, verschütteten Geschichte. Da sind die Lehrer, die »Zersetzungsopfer« wurden. Da sind Internierungslager, in denen der Urgroßvater einsaß. Da sind Flüsse, die

die DDR begradigte und zu Kloaken werden ließ. Da sind Tagebaue, für die Dörfer weggebaggert wurden. Da sind Künstler, die heute in Amerika große Erfolge feiern. Da sind Unternehmer, deren florierende Unternehmen enteignet, deren Reste wiederum von der Treuhand verscherbelt wurden. Überall sind Narben, die von geschlagenen Wunden erzählen, über die niemand redet, weil alle glauben, die Schmerzen nicht ertragen zu können. Was ist mit den Vertriebenen, von denen mehr als eine Million in Ostdeutschland blieben? Die wenigsten von ihnen haben das erzählen können, was ihnen passierte.

Es leben noch so viele, denen Unrecht widerfuhr. Es ist so leicht, sie zum Erzählen einzuladen, in der Schule, der Hochschule, den Ämtern, den Volkshochschulen. Und überdies ist diese Unrechtsthematik auch ein hochpolitisches Thema. Jetzt soll zum Beispiel die Opferpension von 250 auf 300 Euro monatlich aufgebessert werden. Das hört sich erst mal gut an. Doch über die Erweiterung des Kreises der Anspruchsberechtigten redet niemand. Was ist mit den Zersetzungsopfern, den internierten Frauen in den ehemaligen Ostgebieten, den Opfern von Zwangsaussiedlungen? Was ist mit den posttraumatisierten unter den politischen Häftlingen, deren gesundheitliche Haftfolgeschäden nicht anerkannt werden? Über die Aufarbeitung der Qualen der Kinder und Jugendlichen, die in den Jugendwerkhöfen der DDR drangsaliert wurden, haben wir gerade erst begonnen zu reden. Das Geld für sie ist viel zu knapp.

Nostalgie hat sich in Ostdeutschland breitgemacht. Dagegen lässt sich was machen, zum Beispiel durch ein Mahnmal für die Opfer des Kommunismus in Deutschland. Das gibt es nämlich bei uns noch nicht, in allen anderen osteuropäischen Hauptstädten aber sehr wohl. Warum ist das so? Es bedarf keiner großen Anstrengung, so etwas auch bei uns einzurichten. Einen Ort, wo die Betroffenen trauern und wo die Nachgeborenen gedenken können. Die Kulturpolitiker im Bundestag denken über die Zukunft der Bundesbehörde für die Stasi-Unterlagen der ehemaligen DDR nach. Zukunft heißt hier Abwicklung. Es gibt allen Ernstes Bemühungen, die ehemalige Gauck-Behörde in das Bundesarchiv zu überführen. Ja, wie geschichtsvergessen ist das denn! Schon vergessen, dass es die DDR-Bürger waren, die 1989 die Offenlegung der Stasi-Archive erzwangen? Schon vergessen, dass sich die Volkskammer mit einem Kraftakt gegen die Einverleibung ins Bundesarchiv und für das Offenhalten der Stasi-Akten gegen die Bundesregierung durchgesetzt hat? Nein, diese Stasi-Unterlagen-Behörde ist zu einer lebendigen Gedenkstätte der ostdeutschen Revolution geworden. Wer diese Behörde ins Bundesarchiv eingliedern will, entweiht diese Gedenkstätte. Dagegen müssen wir uns wehren. Der Bundesbeauftragte muss selbständig bleiben.

Gibt es ein Denkmal für die Opfer der Bodenreform und der Zwangskollektivierung? Allein die Zwangskollektivierung, die in Ostdeutschland den sozialen Stand der Bauern nahezu ausmerzte, trieb fast eine Million Menschen in den Westen. Die Trauer darüber hat sich nicht erledigt. Sie lässt sich nicht länger verdrängen. Wir müssen darüber reden, was unsere Dörfer entleert hat. Und wir müssen darüber reden, wie wir sie wieder lebenswerter machen können.

Was bleibt von 1989? Unter anderem der Kampf um Menschenrechte. Da geht es nicht nur um Putin und die Ukraine. Da geht es auch um Solidarität mit Edward Snowden, der uns allen einen Dienst erwiesen hat, indem er den permanenten Rechtsbruch der Geheimdienste benannt und aufgedeckt hat. Ich bedaure, dass die Bundesregierung sich nicht dazu durchringen konnte, diesem Mann ein Bleiberecht in der Bundesrepublik anzubieten, weil das – angeblich – die bundesdeutsche Interessenlage verbiete.

Menschenrechte sind unteilbar. Wer, wie die USA, sich legitimiert sieht, Feinde des eigenen Imperiums mit Drohnen aus der Luft unter Inkaufnahme großer Kollateralschäden ohne Gerichtsverfahren, ohne Anwalt einfach zu vernichten, der schadet dem Gedanken der Unteilbarkeit der Menschenrechte. Und er schadet damit der demokratischen Idee. Wenn wir dem Kampf gegen den internationalen Terrorismus die eigenen Werte opfern, bleibt uns am Ende nicht mehr viel mehr als unsere wirtschaftliche Stärke. Mit ihr allein werden wir uns in der Welt von morgen jedoch nicht behaupten können. Wir reden nur selten darüber, dass die Idee der Menschenrechte in Europa geboren wurde und dass sie geeignet ist, das Zusammenleben der Menschheit in Freiheit und Solidarität zu organisieren, und zwar überall auf der Welt. Und dazu können wir beitragen, indem wir den Werten Menschenrechte, Freiheit und Demokratie treu bleiben und sie leben.

Thomas Krüger

»Ich war kein Opfer«

Im Jahre 1991 lud die Friedrich-Ebert-Stiftung zu einem Wochenende ein, bei dem es darum ging, dass sich Menschen unterschiedlicher Generationen aus Ost und West ihre Biografien erzählten. Dieses inzwischen erprobte Format, bei dem sich mehr als 3000 Menschen begegnet sind, durchlief damals seine Pilotphase. Mir wurden die 1980er Jahre zugeteilt, und mein Gegenüber war die Ende der 1970er Jahre als Bundesvorsitzende des Sozialistischen Hochschulbundes aus der SPD ausgeschlossene Mechtild Jansen, die von ihren schwierigen Auseinandersetzungen mit der SPD und linken Gruppierungen auch im Hochschulkontext in dieser Zeit in Westdeutschland berichtete: nicht besonders unterhaltsam, eher mitleiderregend. Ich habe meinen Part daraufhin mit folgendem Satz eröffnet: »Ich war kein Opfer.«

Nicht jeder Bürgerrechtler war permanent Verfolgter, sondern hat – wie viele andere in der DDR – phantasievolle und zuweilen kreative Überlebenstechniken entwickelt. Ich erlebte zwar während meiner Berufsausbildung zum Plast- und Elastfacharbeiter in Fürstenwalde meine erste Verhaftung im Umfeld des Prozesses gegen Robert Havemann am Kreisgericht – es wurde wegen Devisenvergehen gegen ihn prozessiert –, aber schon während dieser Zeit und erst recht in den 1980er Jahren organisierte ich, so weit wie möglich, ein vergleichsweise facettenreiches Leben. Nach meinem Wehrdienst begann ich 1981ein Theologiestudium, arbeitete als Friedhofsgärtner und konnte dafür eine Dienstwohnung beziehen, und ich zog mir einen lukrativen Nebenjob als Vertreter der Staatlichen Versicherung an Land, der mir erlaubte, am Kulturleben Ost-Berlins, Leipzigs und Dresdens teilzunehmen.

Natürlich war das Leben in der DDR alles andere als ein Zuckerschlecken. Ideologische Bevormundung und die Gängelei im Alltag waren omnipräsent. Aber sich davon vollkommen dominieren lassen? Nein. Das war kein Überlebenskonzept. Viele Menschen versuchten deshalb auf sehr verschiedene Weise, in der DDR »ein richtiges Leben im falschen« zu führen, eine Möglichkeit, die Theodor W. Adorno für die nationalsozialistische Diktatur nicht gelten lassen wollte. Neben der Verweigerungs- und der Mitmachhaltung gab es jedenfalls in den diversen Lebensentwürfen nicht unwesentliche Spielräume.

Mich haben Astrid Lindgrens »Pippi Langstrumpf« und ihr Motto »Ich mach mir die Welt, so wie sie mir gefällt«, die ich aus dem Westfernsehen kannte, nachhaltig geprägt. Anders ausgedrückt: Wie schafft man es, aus einer wenig komfortablen Ausgangssituation das Beste zu machen und dabei auch noch etwas Spaß zu haben? Damit ist nicht etwa gemeint, dem »Ernst des Lebens« nicht in die Augen zu schauen. Im Gegenteil: Es ging um die Ausfüllung des Spielraums, den die Parteien und die Massenorganisationen nicht – oder noch nicht – domestiziert hatten. Und da war in meinem Fall von den »ersten DDR-offenen Meisterschaften im Rikscha-Rennen« über das Theaterperformance-Kollektiv »Schwerer Brüter III« bis zum Straßentheaterprojekt »Hirnschrot« oder der Punkband »Schlimme Limo« eine Menge Betrieb in der »Welt, so wie sie mir gefällt«.

»Mein« Herbst 1989 begann im Frühjahr des Jahres, aus heutiger Sicht natürlich noch viel früher. Aber es stellte sich, fast unmerklich, ein neues, durch verschiedene Ereignisse beflügeltes Gefühl des »So kann es nun wirklich nicht mehr weitergehen« ein. Die Ausreisewelle der Vorjahre spitzte sich weiter zu. Die Wirtschaft lag sichtbar am Boden, und der Zynismus der Bleibenden nahm bedenklich zu. Damals war ich vor allem in der subkulturellen Szene unterwegs, rezitierte die dadaistische *Ursonate* von Kurt Schwitters, las aus der im jungfräulichen Alter von 16 geschriebenen Autobiografie von Kim Jong-il vor, inszenierte Heiner Müllers *Wolokolamsker Chaussee V* und gründete ein Männerquartett mit, was damit begann, Pionierlieder aus den 1950er und 1960er Jahren vierstimmig zu singen und Lyrik aus der Frühphase des Sozialistischen Realismus chorisch vorzutragen. Es ging neben sehr ernst gemeinten Bezügen auf den DDR-Alltag vor allem darum, diesen mit viel Spiel und Spaß zu dekonstruieren.

Aus dieser Haltung heraus ist meine Affinität zu der Idee zu erklären, bei der Kommunalwahl am 7. Mai 1989 mit vielen sehr unterschiedlich motivierten Zeitgenossen die Auszählung der Stimmen zu »überwachen«. In gleich drei Ost-Berliner Bezirken gab es Initiativen, diese Idee zu verfolgen: Die Studenten der Kunsthochschule Weißensee kümmerten sich um den gleichnamigen Bezirk, die Samaritergemeinde mit Pfarrer Rainer Eppelmann »observierte« die Wahllokale in Friedrichshain, und die »Kirche von unten« erklärte sich für den Prenzlauer Berg zuständig. Jeweils zwei Augenzeugen nahmen ihr im Wahlgesetz der DDR verankertes Recht wahr, an der Stimmenauszählung in ihrem Wahllokal teilzunehmen. Sie trugen das Teilergebnis in die Räume der Elisabethkirche an der Invalidenstraße, wo die »Kirche von unten« residierte. Es gelang, die Ergebnisse in Friedrichshain und Weißensee komplett abzubilden. Allein die Punks der »Kirche von unten« schafften im Prenzlauer Berg nur etwa zwei Drittel der Ergebnisse zusammen. Das lag hauptsächlich daran, dass etliche Wahlhelfer nach der Auszählung in der nächsten Kneipe hängen blieben. Während des Abends, der über die Westmedien längst ein öffentliches Ereignis geworden war, trudelten sogar Telegramme aus Köthen, Aschersleben und anderen DDR-Ortschaften ein, die ihre jeweiligen Ergebnisse durchgaben. Diese öffentlich verlesenen Telegramme wurden gefeiert wie im Fußballstadion.

Höhepunkt des Abends war die Verlesung des Ergebnisses durch den Vorsitzenden der Wahlkommission Egon Krenz, der 98,85 Prozent Zustimmung für den Wahlvorschlag der Nationalen Front verkündete. Unsere drei Wahlbezirke lagen zwischen 84 und 91 Prozent Zustimmung. Das wäre unter normalen Umständen ein klarer Sieg für die SED und die Kandidaten der Nationalen Front gewesen. Aber so war die erwiesene Wahlfälschung eine klare Niederlage. Der Abend in der Elisabethkirche endete in einem rauschenden Fest, er war in der Folge ein weiterer Sargnagel für das angeschlagene Regime.

Nur einen Monat später, am 4. Juni, folgten zwei Ereignisse, die den politischen Erwartungshorizont aufspannten. An diesem Tag fanden in Polen Parlamentswahlen statt, die ersten halbwegs freien Wahlen seit dem Zweiten Weltkrieg. Am Runden Tisch hatte sich die Opposition 35 Prozent der Parlamentssitze erstritten und freie Wahlen zum Senat durchgesetzt. Am selben Tag kulminierten die Proteste auf dem Tiananmen-Platz in Peking, in deren Folge nach Schätzungen des Roten Kreuzes 2700 Menschen ihr Leben verloren. Unter uns kursierten die Ereignisse als »polnische« und »chinesische« Lösung. Nachdem Egon Krenz seine Sympathie für die Volksrepublik China erklärt hatte, stand auch für die DDR nichts Gutes zu befürchten. Kurz darauf begannen wir damit, die Politik des ungarischen Ministerpräsidenten Miklós Németh wahrzunehmen. Ohne jeden einzelnen, aus heutiger Sicht fast waghalsigen Schritt zu kennen, war klar: Hier setzt sich ein weiteres Land aus dem Ostblock ab. Die Sowjetunion Gorbatschows war durch Glasnost und Perestroika nicht nur in Bewegung geraten, sondern sehr stark innenpolitisch ausgerichtet. Und kurze Zeit darauf redete Erhard Eppler bei der Feierstunde zum 17. Juni im Deutschen Bundestag. Er stellte die DDR in Frage: »Wir sehen ja ein, dass sich die SED auf dünnem Eis bewegt. Aber hier handelt es sich nicht nur um dünnes, sondern um tauendes Eis, um das schmelzende Eis des Kalten Krieges. Und wer sich da nicht bewegt, aus Furcht, er könne einbrechen, dürfte dem kalten Wasser nicht entkommen.« Mein Herbst 89 begann im Frühling, und es begann eine Zeit, in der an Tagen ganze Jahre vergingen.

Mein Vikariat neigte sich dem Ende zu. Es waren Prüfungen zu bestehen. Für die Examensarbeit habe ich zum ersten Mal einen PC benutzt, nämlich den Amiga-Rechner der Berliner Umweltbibliothek. Mental war ich schon im Sommer, seit Jahren meine Reisezeit. Anfang Juli 1989 profitierte ich erneut von den Reiseerleichterungen, die es seit Mitte der 1980er Jahre erlaubten, enge Familienangehörige zu besonderen Anlässen zu besuchen. Meine Großmutter im schleswig-holsteinischen Eutin war ein solcher Anlass. Sie wurde 79, und ich erhielt eine Besuchsgenehmigung. Mit dieser ging ich direkt ins dortige Rathaus. Ich bekam mein Begrüßungsgeld, das meine Verwandten großzügig aufstockten. Inzwischen hatte ich über einen alten Freund eine Mitfahrgelegenheit von Köln nach Barcelona klargemacht und besuchte eine Woche lang Madrid und Barcelona. Mich interessierte Europa, mit den biederen westdeutschen Städten konnte ich damals wenig anfangen. Auf dem Rückweg über West-Berlin nahmen mich Freunde in das Schöneberger »Café M« mit, und sie kündigten eine Überraschung an: Einer meiner besten Freunde hatte nach mehr als siebenjähriger Wartezeit aus der DDR ausreisen können. Neben der Freude für ihn kam auch Schmerz auf: wieder einer weniger, noch dazu ein mir besonders wichtiger Mensch.

Kaum zurück im Ostteil der Stadt hieß es Sachen packen für eine weitere Reise: »Unerkannt durch Freundesland«. Schon 1982 und dann immer wieder, zuletzt im August 1989 mit meiner damaligen Lebensgefährtin, nutzte ich eine Lücke in den Reisebestimmungen der DDR: nicht in Richtung Westen sollte es gehen, sondern tief in den Osten. Umstritten ist die Herkunft dieser Regelung, die einige auf den »Prager Frühling«, andere auf ökonomische Gründe innerhalb des sozialistischen Wirtschaftsraums zurückführen. Jedenfalls konnte man seine Reise nach Bulgarien oder Rumänien mit einer dreitägigen Transitdurchreise durch die UdSSR antreten. Kompliziert war es, diese Transiterlaubnis zu bekommen, weil sie nur gegen Vorlage einer gültigen Fahrkarte, am Schalter umgekehrt die Fahrkarte nur gegen ein gültiges Transitvisum zu haben war. Der Teufelskreis musste durchbrochen werden. Eine Bekannte, die ich beim montäglichen Free Jazz im Haus der Jungen Talente traf, arbeitete im Haus des Reisens und machte das Bahnticket klar. So konnte ich das Visum beantragen und bekam es auch. Die Aufgabe bestand nun darin, während der drei Tage aus dem Zug, der an nur drei Stationen hielt, zu gelangen und die Reise »unerkannt«, also ab Kiew illegal über Rostow und Naltschik, der Hauptstadt der russischen Teilrepublik Kabardino-Balkarien, im Nordkaukasus fortzusetzen. Im August 1989 ging es in den Zentralkaukasus. Unser Freund Boris besorgte uns eine Hütte in der Nähe des Mestia-Passes, und von diesem Basislager aus unternahmen wir verschiedene Touren. Über Moskau, wo wir politisch aktive Bekannte trafen, ging es dann zurück nach Berlin. »Unerkannt durch Freundesland« (UdF) war eine kleine subversive Bewegung, welche die Reisefreiheit in Richtung Osten ausprobierte. Es erforderte Courage und viel Kreativität und Improvisation, um den Herausforderungen gewachsen zu sein. Besonders waghalsige »UdFler« arbeiteten sich zum Baikalsee oder bis nach Wladiwostok vor. Gerüchten zufolge gab es sogar Leute, die mit ihrem Sozialversicherungsausweis die mongolische und die chinesische Grenze passierten.

Mein Reisesommer endete mit einem weiteren Westausflug. Meine Cousine bekam ein Kind – ein wichtiger Grund. Sie lebte aber nicht mehr in West-Berlin, wohin die Reise offiziell ging, sondern in Bremen. Ich bekam dennoch von den in Unwissenheit gelassenen Behörden eine Genehmigung, für vier Tage nach West-Berlin zu reisen, wo mich Roland Jahn sofort abfing, um ein Interview für das TV-Magazin *Monitor* zu drehen. Ich sollte für eine der neu gegründeten Parteien und Bewegungen reden, hatte aber wegen des ausgedehnten Sommerurlaubs bei noch keiner unterschrieben. Nach Abwägung und Überredung durch Roland Jahn und Rüdiger Rosenthal stellte ich meine anfängliche Sympathie für die »Böhlener Plattform« zurück. Ich sprach im Namen des Neuen Forums, bei dem ich erst in der Woche darauf meine Unterschrift ablieferte. Der Sommer endete, wie er angefangen hatte: mit Tagen, in denen Jahre vergingen.

Die Organisations- und Aufbauarbeit begann. Für das Neue Forum Berlin-Lichtenberg wurde unsere Wohnung in der Karlshorster Cäsarstraße schnell zur Anlaufstation. Das Neue Forum war die Massenbewegung, die einen mentalen Schalter bei vielen Menschen umlegte: Statt über die Ausreise nachzudenken, wagten sich viele aus der Deckung und begannen, nach und nach die Straße zu erobern – nicht alle, aber viele und im Laufe der Zeit immer mehr. Mit der Organisationsform des Neuen Forums und ihren politischen Ansprüchen war ich jedoch relativ schnell unzufrieden. Ich begann über eine für mich weitergehende Festlegung nachzudenken. Zwar war mir das sehr kirchennahe Milieu der Gründergeneration der Sozialdemokratischen Partei (SDP) nicht durchgängig sympathisch, aber Anspruch und Ausrichtung der neuen Partei motivierten mich mitzumachen.

Im September gab es informelle Gespräche, und Anfang Oktober 1989 ging es dann sehr schnell. Der Studentenpfarrer Konrad Elmer kam uns in Karlshorst besuchen, erklärte uns, wo die Partei gegründet werden sollte, und erläuterte uns die Spielregel, in der Nacht vor dem 7. Oktober in einer anderen Wohnung zu übernachten, um nicht mit der Stasi im Schlepptau anzureisen. Wir verabredeten uns morgens am S-Bahnhof Pankow-Heinersdorf, um gemeinsam nach Schwante zu fahren. Alle hielten sich an die Abmachung, außer Konrad Elmer, der als Schriftführer der Gründungsveranstaltung ausgesucht worden war. Logischerweise kam er mit zwei Ladas im Schlepptau an, die »geschwindigkeitstechnisch« Elmers Trabi überlegen waren. Wir überlegten, wie wir aus dem Dilemma herauskämen, und entschieden uns, einen Pfarrer in Oranienburg zu besuchen, dem auch prompt eine überzeugende Lösung einfiel: Er bestellte seine Gemeindekirchenratsälteste mit ihrem Trabi an die andere Seite einer Fußgängerbrücke, so dass drei von vier aus unserem Auto nach Schwante gelangten. Mir gelang das erst auf Umwegen und viel später. Ich kam aber rechtzeitig zur Programmdiskussion über die Frauenquote, die dann absurderweise auf Wunsch der wenigen Frauen zurückgestellt wurde. Ich kandidierte nicht für den Vorstand – auch zukünftig sollten Wahlen nicht durchgängig zu meinen Erfolgserlebnissen gehören –, sondern übernahm zunächst Emissärstätigkeiten. Ich lieferte zum Beispiel noch am selben Abend den Brief an Willy Brandt mit dem Aufnahmegesuch der SDP in die Sozialistische Internationale bei einem Mitarbeiter der Ständigen Vertretung der Bundesrepublik in Ost-Berlin ab und informierte von einer Telefonzelle in der Nähe der am selben Abend eingekesselten Gethsemanekirche aus verschiedene Vertreter der Westpresse.

Inzwischen hatte ich ein Praktikum beim Kunstdienst der Evangelischen Kirche in der Berliner Auguststraße angetreten – so verfügte ich über ein Telefon. Telefone waren unbezahlbar in diesen Tagen. Zwar war es nach wie vor eine Geduldsaufgabe, nach West-Berlin zu telefonieren. Das konnte dauern … Aber es wurde immer wichtiger, die Verbündeten in der eigenen Stadthälfte zu erreichen. Ein paar Monate zuvor, als die Uhren noch langsamer gingen, als Tage noch Tage waren, hatte man es sich leisten können, jemanden auf gut Glück zu besuchen. Wenn der- oder diejenige unterwegs war, hat man seine Nachricht eben auf den Notizzetteln an der Wohnungstür hinterlassen. Der Ärger hielt sich in Grenzen, man verpasste ja nicht wirklich etwas in diesem wahrscheinlich langweiligsten Land der Welt. Aber im langen Herbst des Jahres 1989 nahm die Zeit Fahrt auf, und das Überbrücken von Distanzen wurde immer wichtiger.

Anfang November schloss ich mein Vikariat mit dem Zweiten Theologischen Examen in Eisenach ab, danach fuhr ich sofort zurück nach Berlin. Einen Tag später, am 4. November, fand die große Demonstration auf dem Alexanderplatz statt. Die pure Menschenmenge und die damit verbundene Kraft waren überwältigend. Am Tag darauf konstituierte sich in der Sophienkirche die Berliner SDP; etwa 250 Menschen kamen und traten bei. Aus der Mitte der Versammlung wurde ein Vorstand gewählt. In einer Stichwahl um den zwölften Vorstandsposten – wie gesagt: Wahlen gewinnen war nie meine Stärke – hatte ich die Nase knapp vorn. Der Vorstand übertrug mir die Aufgabe des Geschäftsführers. Mein Diensttelefon leistete mir dabei weiterhin gute Dienste. Bei der Konstituierung der Ost-Berliner Bezirksverbände war die Vorstandsauswahl nicht selten vom Zugang zu einem privaten Telefon beeinflusst. Angesichts der funktionierenden Infrastruktur der SED und der Blockparteien hatten wir, wie auch die anderen neu gegründeten Bewegungen und Parteien, einen strukturellen Nachteil, der organisatorisch auf Dauer nicht ohne Auswirkungen bleiben sollte.

Der Herbst 1989 kulminierte am 9. November. Wie immer es dazu kam – dieser Tag veränderte alles. Für die Aktiven der ersten Stunde war das eine große Herausforderung. Viele stritten zunächst für eine demokratische DDR und nicht sofort für die deutsche Einheit. Die Herausforderung wurde für manche zur Überforderung. Auch für mich begann ein Prozess der Neupositionierung, der sich länger hinzog, als mir heute lieb ist. Schon am Abend des 9. November hatte ich mich schmollend in die Wohnung verzogen und erst am nächsten Abend in die Party eingestimmt.

Bei der Umbenennung der SDP in SPD am 14. Januar 1990 in der Kongresshalle am Alexanderplatz hielt ich eine Rede für die Umbenennungsskeptiker. Dabei argumentierte ich, dass auch viele sozialdemokratische Parteien in den anderen Ostblockländern SDP hießen und man deren Solidarität nicht leichtfertig aufs Spiel setzen solle. Auf die tumultartigen Proteste der Delegierten reagierte ich mit der Frage: »Wollt ihr heute schon zu Kofferträgern der westdeutschen Sozialdemokratie werden?« und wurde – wahrscheinlich zu Recht – ausgebuht. In der SPD-Fraktion der demokratisch gewählten Volkskammer gehörte ich zu den wenigen eine breite Koalition ablehnenden Abgeordneten, da mir eine starke Opposition in der Situation evidenter erschien. Die Zeit begann sich fast wieder zu strecken, ich verlor zeitweise die Orientierung in den täglichen Politiken der Veränderungen.

Ein Jahr nach den Wahlfälschungen wurden die Ost-Berliner am 6. Mai 1990 erneut, diesmal in freier und geheimer Wahl, an die Wahlurnen gerufen. Als inzwischen stellvertretender Vorsitzender hatte ich den Wahlkampf zu organisieren. Die SPD wurde stärkste Partei im Ostteil Berlins, und nach vielem Hin und Her wurde mir das Amt des Ersten Stellvertreters des Oberbürgermeisters, zugleich Stadtrat für Inneres, übertragen. Diese Aufgabe veränderte meinen politischen Blick auf die Veränderungsprozesse. In der gestaltenden Aufgabe konnte ich mir den skeptischen Blick nicht mehr leisten, es ging um pragmatische Entscheidungen auf der Basis parteipolitischer Wertvorstellungen, um das Zusammenwachsen einer geteilten Stadt, um das Überwinden der ideologischen Mauern, um ein besseres Leben für die heranwachsende Generation. Die Zeit nahm Fahrt auf, und wieder schienen an manchen Tagen ganze Jahre zu vergehen.

Besonders berührend war das Wiedersehen mit Boris aus dem Kaukasus und seiner Freundin Katja. Nachdem Boris vom Fall der Berliner Mauer gehört hatte, machte er sich im nahenden Winter im fernen Kaukasus auf den Weg, und er zog mit seiner polnischen Freundin durch die untergehende Sowjetunion, überschritt »unerkannt« die Grenze nach Polen und die von Polen zur DDR. Bei der Suche nach meiner Wohnung wurden die beiden schließlich wegen Passvergehens und illegaler Einreise von Pankower Volkspolizisten verhaftet und eingesperrt. Eines Abends, Tage später, riefen die leicht verängstigten Volkspolizisten im Roten Rathaus an, meinem Dienstsitz, und erkundigten sich, ob mir die beiden bekannt seien. Die Ost-Berliner Polizei unterstand mir damals noch nicht, aber die Übertragung der Polizeihoheit stand kurz bevor. Ich bejahte und verlangte die Überstellung der beiden ins Rote Rathaus. Danach holten wir Schnitzel und Rotkäppchen-Sekt aus der Rathauskantine. Eine Stunde später waren die beiden von den Handschellen befreit, die Volkspolizisten abgerückt und die Befreiungsparty im Gange. Die beiden wurden noch in der Nacht von zwei mir ausgeliehenen Beamten der West-Berliner Innenverwaltung nach West-Berlin gebracht und flogen ein paar Tage später in die USA, wo sie noch heute in einer größeren Stadt in Kalifornien leben und arbeiten.

Die Zeit in der Berliner Politik begann mit meinem langen Herbst 1989. Und 25 Jahre später – die Tage sind wieder so lang wie Tage, und mein 15. Jahr als Präsident der Bundeszentrale für politische Bildung beginnt – schaue ich staunend auf die Veränderungen und verdeutliche mir die Herausforderungen für meine Institution. Ich hätte mir damals nie vorstellen, höchstens darauf hoffen können, dass Berlin einmal so pulsieren, so international und kulturell so attraktiv werden würde. Das Einzige indes, was, mit dem Mauerfall beginnend, sofort unterging, war West-Berlin. Noch heute zeugt der »Phantomschmerz« vieler West-Berliner und Westdeutscher davon. Diesen gilt es ernst zu nehmen; bisher sind dessen Nachwirkungen kaum im Bewusstsein, geschweige denn erforscht. Das heißt im Umkehrschluss, dass viel mehr von der DDR in die deutsche Einheit übergegangen ist als von der alternativen Insel der West-Berliner Freiheiten. Nicht nur das

Ampelmännchen und der Rechtsabbiegepfeil, sondern auch Ulf Kirsten, Michael Ballack und Toni Kroos, überhaupt der Sport und seine Infrastruktur, die zahlreichen Kulturstätten und vieles andere mehr prägen die heutige Bundesrepublik. Das Land ist protestantischer, bunter, vielfältiger geworden. Ausufernde bürokratische Techniken wie die Kosten- und Leistungsrechnung und das Controlling gehen mehr auf die kybernetischen und planwirtschaftlichen Erfindungen und die Optimierungsneurosen der DDR zurück als auf die alte Bundesrepublik. Es findet sich sehr viel mehr DDR in unserem Alltag, als wir uns das zugestehen und als uns bewusst ist – nicht immer zum Guten.

Mehr West-Berlin täte uns vielleicht ganz gut: mehr Gelassenheit, Entspanntheit, Entschleunigung. Doch auch West-Berlin war so etwas wie eine tolerierte Lüge (Mythos Luftbrücke, verlängerte Werkbank, mit Steuermitteln des Westens subventioniert). Es überrascht, dass gerade dieses alte West-Berlin mit der wiedergewonnenen Einheit so vollständig und offenbar rückstandslos vom Erdboden verschwunden ist. Verloren sind die Ästhetik, die Alternativität, die Allianz zwischen Morbidität und Freiheit. West-Berlin war eine Nische im Kalten Krieg, in der Blumen blühten, die woanders keine echten Überlebenschancen hatten. Mittelmäßige Künstler partizipierten an dem Hype ebenso wie steuerliche Sondertatbestände, die West-Berliner als »Durchhaltepersonen« inszenierten, die aber in Wirklichkeit längst auf der bequemen und weltabgewandten Hollywoodschaukel Platz genommen hatten.

Was bleibt von der DDR? Von meinem Geburtsland, dem ich an den Tagen, in denen Jahre vergingen, den Rücken zugekehrt habe? Einige heutige Debatten über die DDR kommen mir sehr rückwärtsgewandt vor, geradezu »retro«, und sie betrachten die DDR zumeist mit dem Blick des Schmetterlings- oder Briefmarkensammlers als »abgeschlossenes Sammelgebiet«. Dabei gilt es in der politischen Bildung doch, den Blick auf das Heute zu richten, um die Heutigen zu ermächtigen: Was hat sich 1990 verändert? Woran knüpfen wir an? Worin unterscheidet sich das vereinte Deutschland von der alten Bundesrepublik? Ein immer tieferes Sezieren der DDR quasi »von oben« verstellt und verengt den Blick.

Gewiss: Die DDR war eine ideologische Parteidiktatur, und ihr fehlte die demokratische Legitimität von Anfang an. Diese Tatsache muss – auch in der politischen Bildung – nicht immer wieder aufs Neue »bewiesen« werden. Nach wie vor gibt es Scheindebatten, in denen der Streit um die Hinterlassenschaften der DDR in der tagespolitischen Auseinandersetzung seine Wirkung entfaltet: Die Forderung nach genauerem Hinsehen, nach Analysen des Alltags in der Diktatur wird häufig als »Weichzeichnen« verpönt und denunziert; die gebetsmühlenhafte Wiederholung des eingangs erwähnten Satzes von Adorno, dass es in der grauen Diktatur überhaupt »kein richtiges Leben im falschen« habe geben können, wird als heldenhaftes Widerständlertum verklärt. Hat mal jemand versucht, nachzuzählen, wie viele wirklich widerständige Menschen es damals gab? Ich wäre schon froh, wenn wir da substanziell vierstellig werden würden. Ob ich bei einer solchen Zählung dabei wäre? Vielleicht war ich doch eher Aktionist als Aktivist, Angehöriger einer Generation, der mit den Narrativen des Kalten Krieges keine Identifikation mehr gelang. Wenn meine Westverwandten zu Besuch kamen, über Politik sprachen und dabei die Segnungen des Westens gegen den kommunistischen Niedergang des Ostens stellten, habe ich lange gegen meine Überzeugung die DDR verteidigt. Vielleicht war das geteilte Deutschland das, was Christa Wolf in ihrem Buch *Kein Ort. Nirgends* beschrieb, in dem sich die Protagonisten Heinrich von Kleist und Karoline von Günderrode in diesem Leben nicht zurechtfinden können.

Bis heute kommen in den Darstellungen von Museen und Gedenkstätten über zwei Drittel der DDR-Bevölkerung nicht vor. Tatsache ist auch, dass in den 1980er Jahren in der DDR eine Generation heranwuchs, die sich keineswegs mehr dem Ursprungsmythos des »besseren Deutschlands« verschrieben hatte; sie war längst ausgestiegen bzw. gar nicht erst eingestiegen und suchte nach der Freiheit in der Unfreiheit.

Die DDR ist längst verwest, versprüht aber immer noch ihr Leichengift: in den Stasi-Debatten, bei vorschnellen Urteilen über »gelebte Leben«. Es gibt »Ewiggestrige«, aber auch junge Nostalgiker, die gewissermaßen retrotaktisch lieb gewonnene Ideologeme mit Blick auf die untergegangene DDR reproduzieren: »Errungenschaften«, Sozialpolitik, Friedenspolitik, Kinderkrippen. Das ist einerseits und wohl vor allem ein biografisches Phänomen der heute 50- bis 65-Jährigen, drückt aber andererseits auch ein transgenerationelles Unbehagen an der Turboglobalisierung nicht nur des Finanzsektors aus. Zu nennen wären in diesem Kontext ferner die medialen Banalisierer, in deren Erzählungen die DDR gern zur »lustigsten Baracke des Sozialismus« gerät.

Die doppelte Diktaturerfahrung Deutschlands im blutigen 20. Jahrhundert ist und bleibt in Europa einzigartig. Entsprechend bemüht sich die politische Bildung im 25. Jahr der deutschen Einheit – fern jeder Gleichsetzung – um eine gemeinsame Erinnerung, um eine bei allen Unterschieden gleichermaßen gewichtete Aufarbeitung beider Diktaturen und ihrer Ursachen. Verführung und Repression sind die zentralen Kennzeichen beider Diktaturen, die in der Forschung wie in der politischen Bildung beleuchtet und miteinander verzahnt werden müssen.

Bloße Mahnungen mit Verweis auf die Vergangenheit reichen immer weniger aus, um extremistische Einstellungen, Rassismus und Fremdenfeindlichkeit oder antidemokratische Ideen abzuwehren. Politische Bildung muss daher mehr denn je Begründungszusammenhänge plausibel machen und den Beweis antreten, dass Demokratie, Freiheit, Recht und Gerechtigkeit Errungenschaften sind, die das Leben jedes Einzelnen betreffen – ganz gleich, wann und wo er geboren wurde. Dazu gehört auch, unterschiedliche Geschichtsbilder zu thematisieren, Deutungshoheiten kritisch zu hinterfragen, Gemeinsamkeiten und Unterschiede festzumachen und die zu ziehenden Schlussfolgerungen zu vergleichen. (Historisch-)Politische Bildung muss daran mitwirken, dass beide Teile der deutschen Geschichte differenziert aufgearbeitet, aufeinander bezogen, in den Konsens der

Zivilgesellschaft integriert und nicht vergessen werden. Und auch die Geschichten von Migrantinnen und Migranten sind als Teil der Erinnerungskultur in Deutschland zu verstehen. Die Begründung politischer Bildung in Deutschland kann also nicht davon abhängig gemacht werden, wie »überwunden« die Erfahrungen zweier Diktaturen zu sein scheinen. Dies führt zudem zu der irrigen Vorstellung, politische Bildung könne immer dann, wenn es zu krisenhaften Erscheinungen kommt, mit schnellen Maßnahmen Abhilfe schaffen.

Auffällig ist zudem: Die Geschichte der DDR wird im westlichen Landesteil bis heute nicht als Teil der eigenen, der deutschen Geschichte rezipiert. Zugleich gibt es in manchen – meist ehedem eher systemnahen – Kreisen in Ostdeutschland viele, die das verbrecherische NS-Regime bis heute nicht als Teil der eigenen deutschen Vorgeschichte akzeptieren wollen oder können. Historikerinnen und Historiker feilen weiter an einer gesamtdeutschen »Erzählung«, die noch immer nicht Mainstream ist, vielleicht auch gar nicht werden kann. Ein gemeinsames, gesamtdeutsches Geschichtsbild wird Brüche nicht verkleistern, sondern ost- und westdeutsche Teilgeschichten aufeinander beziehen und miteinander ins Gespräch bringen. Es wird die Bedingungen der westeuropäischen Prosperität (Kalter Krieg, europäische Integration, Weltoffenheit, NATO) ebenso ins Bild setzen wie die Umstände der mittelosteuropäischen Stagnation (Kalter Krieg, Ostintegration, Abschottung, Militarisierung).

Die Geschichte der DDR ist meiner Überzeugung nach nur in einer Gesamtschau zu verstehen – als Teil der Geschichte der Zweistaatlichkeit in Deutschland, als Teil einer integrierten deutschen Nachkriegsgeschichte, und zwar in einer europäischen Perspektive. Eine gesamtdeutsche Nachkriegsgeschichte, die dem permanenten Diskurs unterworfen ist und aufklärend auf die beiden sehr unterschiedlichen Diktaturen in Deutschland im europäischen Kontext des 20. Jahrhunderts blickt, kann nachhaltig zur demokratischen Zivilgesellschaft beitragen und Empathie für die Demokratie wecken.

Politische Bildung ist zukunftsorientiert – sie ist so tatsächlich »der Zukunft zugewandt«. Dabei gehören Erinnerungspolitiken immer auf den Prüfstand: Wie wird heute erinnert? Wer Vergangenes rekapituliert, erzählt vor allem auch über Gegenwärtiges. Wer heute die Kommunisten der untergegangenen DDR kämpferisch und mit Schaum vor dem Mund schmäht, meint nicht selten auch das heutige linke Spektrum des Parlaments. Wer den DDR-Alltag verklärt, verniedlicht, ja banalisiert, möchte sich heute keine unangenehmen Fragen gefallen lassen. Kritische Erinnerung und die Pluralisierung der Narrative müssten Ziele einer politischen Bildung sein, die ihren Namen verdient. Denn wer weiß schon, wann wieder an Tagen ganze Jahre vergehen.

Roland Jahn

»Anpassen oder widersprechen? Mitmachen oder verweigern?«

Letztes Jahr stand es als Überschrift über einem Artikel in der *Sächsischen Zeitung*: »Die Revolution von 1989 war ein Aufstand der Sachsen«. Der Text beschreibt damit jene Zeit im Oktober 1989, als die Bürger sich – von Plauen über Dresden bis Leipzig – an drei aufeinanderfolgenden Tagen gegen die SED auflehnten und auf die Straße gingen. Sie erkämpften sich das Recht auf Meinungs- und Demonstrationsfreiheit und erreichten dies gewaltlos. Unbestreitbar: Es waren Sachsen, die mit ihrem furchtlosen Verhalten am 7., 8. und 9. Oktober vor 24 Jahren dem Rest der DDR Mut machten. Als die Bilder der Leipziger Montagsdemo, wo Zehntausende von Menschen auf die Straße gingen, dann am Tag danach im Westfernsehen zu sehen waren, war dies ein Signal für die gesamte Republik. Einen Monat später ging die Mauer auf. Der Rest ist Geschichte.

Geschichte. Das Wort steht für das, was war. Aber es ist zwangsläufig selektiv. Woran erinnern wir uns? Zunächst an das Positive. An das, was sich änderte, was die Bürgerinnen und Bürger frei gemacht hat. Wir erinnern uns an den Mut und die Courage der Bürgerinnen und Bürger von Sachsen, die endlich aufgestanden waren gegen Bevormundung: aufgestanden gegen Mauer und Stacheldraht, gegen einen Staat, der sie 40 Jahre lang gefangen hielt und ihnen ihre Menschenrechte verweigerte. Wir erinnern uns, weil es uns inspiriert, weil es uns Mut macht für heute und weil es immer wieder Respekt und Anerkennung verdient.

Aber was ist mit all dem anderen, das auch war? Wer in den 1980er Jahren zum Beispiel als Westdeutscher häufig in die DDR einreiste, für den schien die Grenzkontrolle eine rein sächsische Angelegenheit zu sein. So präsent waren Sachsen bei der Passkontrolle, dass es Witze darüber gab, die man sich auch im Westen erzählte. Erinnern wir uns auch an den sächsischen Grenzer, der diese irrwitzige Einrichtung einer Mauer zwischen beiden deutschen Staaten kontrollierte? Erinnern wir uns daran, dass die Sachsen überall im Staatsapparat der DDR eine Rolle spielten? Dass SED-Chef Walter Ulbricht ein Sachse war? Und ist es wichtig, sich daran ebenfalls zu erinnern?

Und was machen wir mit all unseren Erinnerungen an den Alltag in der DDR? In Form scheinbar unwichtiger Rituale wurde den Menschen im Alltag immer wieder das Bekenntnis zu den Herrschenden und deren Ideologie abgezwungen. Schnell konnte man in der DDR zum »Mitmacher« im System werden, konnte man den Mächtigen damit das Gefühl geben, es sei in Ordnung, diejenigen einzusperren, die Menschenrechte einforderten.

Fast ein Vierteljahrhundert später ist die Erinnerung an die Zeit der DDR und auch an die Zeit der friedlichen Revolution schon nicht mehr so frisch. Immer mehr junge Menschen wissen nicht mehr, wie es sich anfühlt, hinter einer Mauer zu leben, oder sie wissen kaum noch, dass es diese Mauer gab. Es fällt ihnen schwer zu erklären, was der Unterschied zwischen Diktatur und Demokratie ist. Und das liegt auch an uns. Wir sind den nächsten Generationen in ganz Deutschland bis heute viele Antworten schuldig geblieben.

Den Blick zurück zu wagen, sich genau daran zu erinnern, was war, sich mit dem Geschehenen im Detail auseinanderzusetzen – dazu können wir auch die Erinnerung an den friedlichen Herbst 1989 nutzen. Der Revolution gingen 40 Jahre Diktatur voraus. Ich möchte daher heute über das Leben in der Diktatur sprechen, über den Alltag, auch über vieles, was ich konkret erlebt habe im Alltag in der DDR. Es war ein Leben zwischen Anpassung und Widerspruch. Nicht mitlaufen, wie gefordert, die vorgezeichneten Bahnen des Staates einfach verlassen, also selbstbestimmt leben – das war eben nicht so einfach in der DDR. Und meine Altersgruppe, die 1953 Geborenen, wir wollten in gewisser Weise sogar mitlaufen. Ich jedenfalls habe durchaus geträumt von einem Leben in Gerechtigkeit und habe sogar den Begriff »Sozialismus« dafür gewählt. Das war etwas, das ich – und auch manch anderer – ganz bewusst gemacht habe.

Wir dürfen nicht vergessen: Es war ein Leben hinter der Mauer, ein Leben in Unfreiheit, bei dem wir in unseren Vorstellungen von Gesellschaft nicht frei waren, in alle Richtungen zu denken. Wir waren nicht nur im Handeln, sondern auch im Denken eingeschränkt. Es war nicht einfach, einen Weg zu finden, auf dem man sich selbst treu blieb, ein stetes Wechselspiel zwischen Anpassung und Widerspruch – oft beides in einem. Eine Frage geht mir dabei nicht aus dem Kopf. Ich glaube, Antworten auf sie zu finden ist eine sehr wichtige Sache, auch für uns heute. Warum hat die Diktatur in der DDR so lange funktioniert? Und was hieß das für die Menschen, die hinter der Mauer im real existierenden Sozialismus gelebt haben? Warum haben so viele mitgemacht? Mitmachen oder verweigern? Anpassen oder widersprechen? Das sind Fragen, vor denen viele von uns, auch ich, jeden Tag neu standen.

Ich erinnere mich an den November 1976. Ich war Student der Wirtschaftswissenschaften an der Friedrich-Schiller-Universität Jena. Im Seminar »Wissenschaftlicher Kommunismus« übte ich Kritik an der Ausbürgerung des Liedermachers Wolf Biermann, die kurz zuvor erfolgt war. Jener Wolf Biermann, dessen kritische Texte dem Staat nicht passten. Als ich meine Meinung im Seminar ganz offen sagte, ahnte ich nicht, dass der Seminarleiter an der Uni ein inoffizieller Mitarbeiter der Staatssicherheit war. Er erstattete Bericht über das, was ich gesagt hatte. Die Folge: Gegen mich begann ein Kesseltreiben, betrieben von SED-Funktionären und Staatssicherheit. Die Universitätsleitung beschloss, mich aufgrund meiner Meinungsäußerung wegen »gröblicher Verletzung der Studiendisziplin« zu exmatrikulieren. Damit dieser Akt demokratisch legitimiert erschien, wurde eine Abstimmung in der Seminargruppe anberaumt. Zwei Abende vor der Abstimmung saß ich mit meinen Freunden aus dem Seminar in einer Kneipe. Wir tranken Bier und diskutierten. Sie klopften mir auf die Schulter und sagten: »Roland, das wird schon. Roland, wir stehen zu dir.« Am übernächsten Tag, keine 40 Stunden später, dann die Abstimmung. Das Ergebnis: 13 zu eins – gegen mich. Das Ende meines Studiums war besiegelt. Nach der Abstimmung kamen meine Kommilitonen einzeln zu mir. »Du musst verstehen, Roland, meine Frau bekommt gerade das zweite Kind. Ich kann nichts riskieren«, sagte einer. »Es tut mir leid, aber mein Vater ist in herausgehobener Position. Ich kann ihn doch nicht gefährden«, sagte ein anderer. Erklärungen. Ausflüchte. Entschuldigungen. Ich habe sie alle verstanden. Denn ich wusste Bescheid. Ich wusste, wie schwierig es war, einen Weg zu finden zwischen Anpassung und Widerspruch. Auch ich hatte mich ja jahrelang in vielen Situationen an die Vorgaben des SED-Staates angepasst.

Es ist wichtig, sich an die konkreten Geschichten zu erinnern. Und es ist erkenntnisreich, sich bewusst zu machen, welche Rolle das eigene Verhalten für andere im Gesamtsystem gespielt hat. Es scheint leicht und doch auch schwer, in diesem Prozess bei sich selbst anzufangen. Leicht, weil man schnellen Zugang hat zu den eigenen Erinnerungen. Schwer, weil man vielleicht doch auch unbequeme Erkenntnisse gewinnt, denen man sich nicht so gern stellt. Für mich jedenfalls ist es wichtig, mit Hilfe meiner Erinnerung meine Rolle zu erkennen, und für mich ist es auch wichtig, sie deutlich zu benennen: Auch ich war mal ein Rädchen, das sich drehte im Mechanismus der Diktatur.

Ich erinnere mich an meine Schulzeit. Die Lehrer begrüßten uns zum Unterricht mit der Losung: »Für Frieden und Sozialismus – Seid bereit!« – »Immer bereit«, antworteten wir im Chor der Thälmann-Pioniere und hoben unsere Hand zum Gruß über den Kopf. Was dieser Schwur bedeutete, darüber habe ich mir so richtig keine Gedanken gemacht. Ich erinnere mich, wie ich in der achten Klasse am 1. Mai 1968 im Blauhemd der staatlichen Jugendorganisation, der Freien Deutschen Jugend, im Block meiner Schule, der Adolf-Reichwein-Oberschule in Jena, an der Ehrentribüne vorbeimarschierte. Wir alberten herum, und mehr so aus Spaß grölten wir laut: »Ruft uns die Partei, wir sind dabei.« Ich machte mir keine Gedanken über das Für und Wider. Ich marschierte. Die SED-Funktionäre nahmen unser Bekenntnis dankbar entgegen. Ich war mit dabei, an diesem 1. Mai. Ich lief mit – ich war in dem Moment Mitläufer.

Natürlich kann ich jetzt auch die vielen Male aufzählen, bei denen ich Widerspruch anmeldete, in denen ich mich wehrte, weil ich mich ungerecht behandelt fühlte. Zum Beispiel kann ich mich an die Sache mit den langen Haare erinnern, die wir tragen wollten und derentwegen wir aus dem Unterricht geworfen wurden. Dagegen protestierte ich in Berlin beim Volksbildungsministerium. Danach durften wir in der Schule dann doch lange Haare tragen. Wir protestierten auch, weil wir bei den Klassenabenden nicht die Musik hören durften, die wir hören wollten, nämlich Westmusik, und erklärten, wir seien mit den Vorgaben, mehr Ost- als Westmusik aufzulegen, nicht einverstanden. Ich könnte auch erzählen über die westdeutsche Anarcho-Band Ton Steine Scherben, die wir im Schulfunk spielten, und über die Probleme, die wir dadurch bekamen. Ich könnte berichten, dass ich ablehnte, drei Jahre lang zur Armee zu gehen – eine Vorgabe, mit der die Zulassung zu einem Studium wesentlich einfacher lief.

All das stand immer wieder auch im Wechselspiel mit der Anpassung an das Geforderte. In meinem Zeugnis der achten Klasse etwa hieß es: »Er neigte dazu, in Opposition zu treten.« Mein Widerspruch war also bemerkt worden. Aber als ich mein Abiturzeugnis bekam (»Er hat keinen klaren sozialistischen Standpunkt«), ging ich damit zum Direktor und erklärte, das dürfe dort nicht stehen. Ich setzte durch, dass es hieß: »Er muss sich noch stärker um einen klaren sozialistischen Standpunkt bemühen.«

Was wollte ich damit erreichen? Natürlich, dass ich studieren durfte. Natürlich wollte ich meinen Weg gehen, wie er auch von meinen Eltern gewünscht war. Und so ging ich zur Armee, das Mindestmaß Grundwehrdienst von 18 Monaten ableisten. Mein Wehrdienst begann nach dem Abitur 1972. »Ich diene der Deutschen Demokratischen Republik«, schallte der Text des Fahneneides über den Kasernenplatz, auch aus meinem Munde. Die eineinhalb Jahre Wehrdienst leistete ich bei der Kasernierten Bereitschaftspolizei in Rudolstadt ab. Die Bereitschaftspolizei war eine besondere Waffengattung in der DDR, Teil des militärischen Apparats, zwar dem Ministerium des Innern (MdI) unterstellt, aber eng mit der Nationalen Volksarmee (NVA) verwoben. Ich machte das nicht freiwillig, der Grundwehrdienst war ja immerhin Pflicht, aber ich war dabei. Ich war dabei, bei den bewaffneten Truppen, die zur Abschreckung der eigenen Bevölkerung dienten, auch wenn ich mir dachte: Probst du hier nicht den Einsatz gegen dich selbst? Ich kam dennoch nicht auf den Gedanken, den Waffendienst zu verweigern. Ich wollte schließlich studieren, Wirtschaftswissenschaften. Und dafür, so war für mich klar, führte kein Weg an der Armeezeit vorbei.

Und schließlich begann ich im Herbst 1975 mein Studium an der Friedrich-Schiller-Universität Jena. Auch mein Freund Siegfried Reiprich war dort an der Sektion Philosophie eingeschrieben. Aber wegen seiner Kritik an der SED wurde er 1976 aus dem Studium geworfen. Ich solidarisierte mich mit ihm, ganz persönlich, aber einen öffentlichen Protest bekundete ich nicht. Denn ich hatte Angst, der Nächste zu sein, der Nächste, der aus dem Studium flog. Geholfen hat mir das öffentliche Schweigen nicht. Schon ein halbes Jahr später wurde ich, wie vorhin erwähnt, wegen meiner Kritik an der Ausbürgerung des Liedermachers Wolf Biermann ebenfalls vom Studium ausgeschlossen. Und selbst in dieser Auseinandersetzung um meinen Rauswurf versuchte ich, mich anzupassen, um meinen Kopf aus der Schlinge zu ziehen. Ich wollte den Rauswurf nicht akzeptieren und um mein Studium kämpfen. Der Parteisekretär der SED forderte eine Stellungnahme von mir zu meinem Verhalten. Sie sollte die Grundlage für die Entscheidung über den Rauswurf sein. In meinem dreiseitigen Papier wandte ich mich zwar nach wie vor gegen die Ausbürgerung Biermanns und forderte Meinungsfreiheit. Aber im Text wimmelt es nur so von Bekenntnissen zum Sozialismus. Das war die pure Anpassung trotz Widerspruch. Vielleicht war es auch immer noch eine Träumerei vom »Sozialismus mit menschlichem Antlitz«. Zwar betonte ich in diesem Text: »Es ist notwendig, daß jeder seine Meinung frei und ehrlich äußert. Dabei darf er in keiner Weise eingeschränkt werden.« Aber diesen zwei Sätzen stellte ich zwei andere voran: »Eine wichtige Quelle der Entwicklung des Sozialismus liegt im kritischen Meinungsstreit. Dabei muß das eigentliche Ziel, der Kommunismus, stets vor Augen sein.«

Es ist erkenntnisreich, sich die eigenen Texte von früher anzuschauen, das eigene Verhalten zu reflektieren. Es ist nicht ganz einfach zu ertragen, so klar die eigene Anpassung zu sehen. Wenn ich an meine Beschäftigung mit dem 17. Juni, dem Jahrestag des Volksaufstandes von 1953 in der DDR denke, dann sehe ich mit Schrecken, wie lange die DDR-Propaganda mit dem Schlagwort vom »faschistischen Putsch« bei mir nachgewirkt hat. Denn nach dem Volksaufstand 1953 waren es nur ganz wenige, die die Kraft und den Mut hatten, sich offen gegen die von den Herrschenden verbreitete Version dieses Ereignisses zu stellen und sich auf dieses Datum zu berufen. Zu sagen, dass hier die Menschen in der DDR sich gegen die Zumutungen der SED gewehrt hatten. Gerade gegen meinen Willen in den Westen ausgebürgert, war ich am 17. Juni 1983 Gast in der Bundestagsfraktion der Grünen in Bonn. Unter dem Beifall von Petra Kelly, Joschka Fischer und Otto Schily sprach ich davon, dass der 17. Juni 1953 in der DDR zwei Gesichter habe. Er sei schon ein demokratischer Volksaufstand, aber noch ein »faschistischer Putsch« gewesen.

Heute bedauere ich diese Worte vom »faschistischen Putsch« zutiefst, denn sie waren pure SED-Propaganda, die auch auf mich gewirkt hatte. So hart es klingen mag, wenn ich mir mein Leben in den einzelnen Etappen, wie ich sie gerade geschildert habe, genau anschaue, so muss ich eingestehen: Auch ich begünstigte zeitweise mit meinem Verhalten politische Verfolgung und Repression. Mein Mitmachen im System, mein Befolgen der Vorgaben, es signalisierte den Herrschenden Zustimmung. Auch ich habe diese Diktatur so zeitweise gestützt.

Mein Aufwachsen in der DDR war geprägt von den Stationen eines typischen DDR-Kindes, in den vorgeschriebenen Bahnen, könnte man sagen. Ich wollte dabei sein, nicht ausgegrenzt sein. Ich wollte ein glückliches Leben führen in Schule und Familie. Und so nahm ich bei meinem Weg auch Rücksicht auf die Menschen, die mir lieb waren im Leben. Zum Beispiel auf meinen Vater: Im volkseigenen Betrieb Carl Zeiss Jena hatte er als Ingenieur an der Entwicklung der Weltraumkamera mitgearbeitet, mit der Siegmund Jähn, der gefeierte DDR-Kosmonaut, ins All flog. Mein Vater machte mir öfter deutlich, dass er Schwierigkeiten im Betrieb bekommen würde, wenn ich in der Schule – oder später an der Universität – widerspräche. Er habe mit seiner Hände Arbeit, ohne SED-Mitgliedschaft, seine berufliche Existenz geschaffen. Das solle ich doch nicht gefährden für ein kleines Stück Meinungsfreiheit. Es gehe schließlich um das Glück der ganzen Familie. Und so hielt ich manches Mal den Mund, statt meine Meinung offen zu sagen.

Anpassen oder widersprechen: Das stand fast täglich zur Entscheidung an. Widersprechen, Nein sagen, das war eben nicht so einfach in der DDR. Man konnte nicht berechnen, was es für Folgen hatte, für einen selbst und vor allem für die Familie, für die Menschen, die einem etwas bedeuteten. Die Willkür derer, die die Macht hatten, das eigene Verhalten zu sanktionieren; die angedrohte Sippenverfolgung, wenn man sich nicht konform verhielt; und die handfeste Repression in Form von Verhaftung, aber auch durch den Schießbefehl an der Mauer, alles das schuf ein System der Angst: Dem konnte man sich nicht so einfach entziehen, selbst wenn man jung und leicht rebellisch war.

Es brauchte Anlässe, manchmal außergewöhnliche Ereignisse, um die Angst zu verlieren. Der Schriftsteller Jürgen Fuchs, der in Hohenschönhausen im Gefängnis saß, hat dies »das Ende einer Feigheit« genannt. Meine Feigheit hatte ein Ende, als mein Freund Matthias Domaschk aus Jena im April 1981 nach einem Verhör in der Stasi-Haft zu Tode kam. Er war gerade mal 23 Jahre alt. Der Tod von Matz, wie wir ihn nannten, war Einschüchterung und Ansporn zugleich. Mein Mittel gegen die Angst hieß jetzt: keine faulen Kompromisse mehr! Hilfreich dabei war, dass mein Vater in jenem Jahr Invalidenrentner wurde. Ich hatte nicht mehr das Gefühl, auf seine berufliche Stellung Rücksicht nehmen zu müssen.

Und so wurden meine Aktionen halt doch ein bisschen mutiger. Ich sagte meine Meinung nicht mehr nur in Diskussionen hinter verschlossenen Türen, sondern auch auf der Straße, mit öffentlichen Demonstrationen. Doch im September 1982 zog die Stasi mich daraufhin aus dem Verkehr und verhaftete mich. Der Anlass: ein kleines polnisches Papierfähnchen an meinem Fahrrad, mit dem Schriftzug der polnischen Gewerkschaft Solidarność. Das war für die Stasi »Missachtung staatlicher Symbole«. So hieß die »Straftat«, formuliert im Paragrafen 222 des Strafgesetzbuches der DDR. Ich hatte gedacht, eine Fahne, die die oft proklamierte Solidarität mit dem polnischen Volk als Botschaft hatte, sei doch ganz im Sinne der DDR und mein eigentlicher Protest gegen das Kriegsrecht in Polen könne so funktionieren. Doch es war naiv von mir gewesen zu glauben, die DDR und ihre Machthaber würden sich an die eigenen Gesetze halten. Sie interpretierten sie, wie sie wollten.

Nach Monaten in Einzelhaft war ich kurz vor dem Zusammenbruch. Die Stasi-Vernehmer drohten mir, dass ich meine dreijährige Tochter ein paar Jahre nicht sehen würde. Als sie mir dann Fotos von ihr vorlegten, rollten meine Tränen. Die Stasi-Vernehmer saßen daneben und amüsierten sich feixend. Die Angst vor der Sippenhaft wurde zur Realität – nicht nur mit Blick auf meine Tochter. Weil sein Sohn seine Meinung nicht verschwieg und deswegen ins Gefängnis gesperrt worden war, nahm man meinem Vater sein Lebenswerk. Fußball – das war sein Leben. Als Leiter der Nachwuchsabteilung hatte er mit Herz und Leidenschaft den Fußballclub Carl Zeiss Jena mit aufgebaut. Das war für ihn ein Ersatz für den zerstörten Traum vom Fußballer, zerstört, als er im Zweiten Weltkrieg ein Bein verlor. Einst für seine Verdienste zum Ehrenmitglied Nummer eins ernannt, wurde er mit Vollzug der Sippenhaft eiskalt aus dem Fußballclub geworfen.

Für meinen Willen, mir ein Stück Freiheit zu nehmen, mussten somit auch andere bezahlen. Als mir das bewusst wurde, fragte ich mich, ob mein Weg des offenen Widerspruchs der richtige sei, ob die Freiheit der Meinung das wert sei. Und selbst heute denke ich manchmal: Was hast du deinem Vater angetan? Vor seinem Tod haben wir uns darüber ausgesprochen. Er hat sich bei mir entschuldigt, dafür, dass er mich damals, bei der Biermann-Ausbürgerung, beschimpft hatte. Er hatte mir vorgehalten: »Für so 'n Scheiß-Liedermacher setzt du das Glück der ganzen Familie aufs Spiel.« Und ich gab bei unseren Gesprächen zu, dass ich vielleicht manchmal nicht an ihn gedacht hatte, an die Konsequenzen für ihn und unsere Familie, sondern dass mir der Einsatz für Meinungsfreiheit wichtiger gewesen war. Erst nachdem die DDR verschwunden war, konnten wir uns offen über unsere Zwänge austauschen und einander verstehen lernen.

Als ich damals im Gefängnis saß, nach der Verhaftung wegen des polnischen Fähnchens, hatte ich Glück. Öffentliche Proteste in Ost und West sorgten für meine vorzeitige Freilassung. Das gab mir neue Kraft. Ich weiß nicht, wie es ausgegangen wäre, wenn ich mein Strafmaß von 22 Monaten hinter Gittern hätte absitzen müssen. Ich weiß nicht, ob ich die Kraft gehabt hätte, weiter aus dem System der Angst auszubrechen. Aber damals, frisch aus dem Gefängnis entlassen, mit der Unterstützung aus dem Westen, fühlte ich mich stark genug, weiterzumachen. Zu widersprechen und meine Meinung auf die Straße zu tragen.

Das Entscheidende war: Ich war auch in der DDR nicht allein mit meinem Protest und meiner Meinung. Ich hatte Freunde in Jena. Auch wenn viele schon weggegangen, viele ausgereist waren, gab es immer wieder neue Leute, die sich zusammenfanden und ihre eigenen Ideen ausdrücken wollten. Mit der Losung »Schwerter zur Pflugscharen«, mit der wir dann im Mai 1983 als kleine Gruppe durch die Innenstadt von Jena zogen, machten wir das deutlich. »Alles verändert sich, wenn du es veränderst. Doch du kannst nicht gewinnen, solange du allein bist.« Diese Liedzeilen aus einem Song der Band Ton Steine Scherben drücken aus, was uns damals verband und stärkte. Wir waren wenige, aber wir waren trotzdem viele. 30, 40, das gab Kraft, dass man nicht allein dastand. Es war eine Demonstration für Frieden und Abrüstung, gegen die eigentlich niemand etwas haben konnte. Dennoch wurden wir von Stasi-Mitarbeitern auseinandergeprügelt, unsere Plakate wurden zerrissen. Unabhängige Gedanken in der Öffentlichkeit wurden nicht geduldet.

Kurze Zeit später, im Juni 1983, schlug die Stasi wieder zu. Dieses Mal sperrte man mich nicht ein, sondern aus. Unter einem Vorwand wurde ich auf das Wohnungsamt bestellt. Dort teilten mir die Genossen vom Rat der Stadt Jena mit, dass ich mit sofortiger Wirkung aus der Staatsbürgerschaft der DDR entlassen sei und des Landes verwiesen werde. Den Rest, den Abtransport, überließen sie der Polizei und den Männern von der Staatssicherheit: der Rat der Stadt, die Funktionsträger und die Mitläufer Hand in Hand mit den »Sicherheitsorganen«, wie das so schön hieß. In Hemd und Hose und mit Knebelketten gefesselt, wurde ich zum Grenzbahnhof Probstzella an der Grenze zu Bayern gebracht. Mir gingen in diesem Moment viele Gedanken durch den Kopf: Ich will doch gar nicht weg! Das können die nicht so einfach mit mir machen! Was ist mit meinen Eltern? Umringt von einer Horde Stasi-Mitarbeiter wollte ich wissen, warum diese Männer mich wie ein Stück Frachtgut in den Zug warfen, warum sie mich gegen meinen Willen aus der Heimat wegbrachten. Weg von meinen Freunden, weg von meiner Familie. Ich fragte den Polizisten, der mich bewachte: Was würden Sie dazu sagen, wenn das hier mit Ihrem Sohn gemacht würde? Eine Antwort bekam ich nicht, stattdessen zog er die Knebelketten noch fester an. Und ich konnte nur noch schreien. Diesen Moment habe ich nie vergessen. Zwei Menschen in einer extremen Situation. Und dann diese Reaktion. Ich wollte erkennen, wie dieser Mensch dachte, der mir das antat, und ob er noch fühlen konnte wie ein Vater, der seinen Sohn liebt. Mein Appell an seine Menschlichkeit aber verhärtete ihn nur. Er machte dicht und wollte sich in dem Moment der Verantwortung für sein Tun nicht stellen.

Nur keine Schwäche zeigen. Nicht daran denken, dass er jemandem Unrecht antat. Was ging in seinem Kopf vor? Warum hat er das getan? Warum hat er mitgemacht? Antworten auf die Fragen habe ich von dem Polizisten nie bekommen. Ich weiß nicht, wo er ist, ob er noch lebt, ob er sich an diesen Moment erinnert. Aber ich weiß, dass die Antworten auf diese Fragen für mich auch heute und hier von großer Bedeutung sind, denn es sind die grundsätzlichen Fragen: Mitmachen oder verweigern? Anpassen oder widersprechen? Wer entscheidet wie, wann und in welcher Situation? »Ist es verwerflich, dass mein Opa die DDR-Fahne vor seinem Haus aufgehängt hatte, nur weil er wollte, dass meine Mutter studieren durfte?« Das hat mich zum Beispiel vor kurzem eine Erfurter Schülerin gefragt. Ich war überrascht und beeindruckt. Mit ihren 16 Jahren hatte sie genau den Finger in die Wunde gelegt. War das verwerflich? Was sagen Sie? Was ist noch okay bei der Anpassung an die Verhältnisse? Wo ist Schluss? Wo geht man zu weit? Einfache Wahrheiten gibt es nicht. Und immer wieder stellen sich die gleichen oder ähnliche Fragen.

Anpassen oder widersprechen? Mitmachen oder verweigern? Wer verhält sich wie in welcher Situation? Was ist mit dem jungen Abiturienten, der eingezogen wurde zum Wehrdienst, befehligt zu den Grenztruppen an die Staatsgrenze West? Arzt wollte er später werden, wie sein Vater. Ich kenne viele solcher Leute aus meiner Schulklasse, aus meiner Schule, aus meinem Abiturjahrgang. Hätte er den Wehrdienst verweigern sollen? Verweigern und damit sein Medizinstudium verspielen, die Karriere seines Vaters gefährden? Es wird schon nicht so schlimm werden, die Zeit als Grenzsoldat – das war die Hoffnung. Und ist es gut gegangen, dann war das die Bestätigung für den gegangenen Weg. Glück gehabt!

Kein Flüchtling hatte sich den Grenzabschnitt ausgesucht, in dem der Abiturient Posten stand. Seine Bereitschaft zum Schießen, seine Bereitschaft zum Töten, sie wurde im Ernstfall nicht geprüft. Den Ernstfall erfuhren Hunderte anderer, den Ernstfall, dass ein Flüchtling und ein Grenzsoldat aufeinandertrafen. Der eine hat geschossen, der andere war am Ende tot. Reicht es zu hoffen, dass der Flüchtling einen anderen Weg geht? Reicht es zu hoffen, dass der Zufall an einem vorbeigeht? Jeder trägt die individuelle Verantwortung für sein Handeln, wie und an welcher Stelle er sich mit einem Unrechtssystem einlässt. Selbst wenn es die Norm ist, scheinbar Pflicht, und viele es tun.

Die Angst – das war der Kitt der Diktatur: das Mittel, das die Diktatur zusammenhielt. Die Angst, oft nur vor kleinen Nachteilen. Die Masse der Menschen passte sich den Regeln des herrschenden politischen Systems an. Sie wurden eben zu Mitläufern. Ergebenheitsadressen an die SED gehörten zum Alltag wie das Zähneputzen. In den Schulen, in den Universitäten, und in den Betrieben. »Das ist halt so«, war die gängige Formel. Diplomarbeiten, Doktorarbeiten und selbst Schulaufsätze wurden mit Zitaten des Staatsratsvorsitzenden Erich Honecker garniert. Man bildete sich ein, es sei nötig. Anpassen, obwohl man eigentlich dagegen war. Bei den Wahlen die Kandidaten der »Nationalen Front« auf einer Einheitsliste einfach abnicken, obwohl man sie gar nicht wählen wollte. Freie Wahlen waren das eben nicht. Aber protestieren wollte auch keiner. Hauptsache nicht auffallen. Das könnte Nachteile bringen.

Doch ich sage: Auch in der DDR konnte sich jeder Einzelne ein kleines Stück Freiheit nehmen, ohne einen zu hohen Preis zu zahlen. Denn es kostete in aller Regel nicht das Leben, wenn man sich verweigerte. Es kostete vielleicht das Wohlleben, und oft nicht mal das. Der einzige Kommilitone, der zu mir gehalten hatte bei der Abstimmung über meinen Rauswurf, konnte, ohne dass sein Nein ihm Probleme machte, weiterstudieren und seinen Abschluss machen. Die Frage nach dem eigenen Verhalten in der Diktatur ist eine Frage von Werten, von Anstand und Gewissen unter Bedingungen, die allerdings größte Herausforderungen gerade an Anstand und Gewissen stellen. Eine Bewertung des Verhaltens unter den Bedingungen der Diktatur darf man sich daher nicht zu leicht machen.

Aber diese Vergangenheit aufzuarbeiten heißt auch, in der Gegenwart mit dieser Vergangenheit umzugehen und nicht so zu tun, als ob nichts gewesen sei. Vergessen oder verdrängen befreit nicht von der Frage nach der eigenen Verantwortung, egal wie lange es her ist. Deshalb ist es wichtig, dass sich jeder selbst befragt. Jeder muss für sich bewerten, wann er Ja oder Nein gesagt, wann er sich angepasst oder widersprochen hat. Jeder kann selbst am besten bewerten, ob er auch anders hätte handeln können. Wo ist der Polizist, der die Knebelkette anzog? Wo sind die Studenten, die meine Exmatrikulation besiegelten? Wo sind die Sportfunktionäre, die meinem Vater das Lebenswerk zerstörten? Ich vermisse das Bekenntnis zur Biografie. Bei den Funktionären, aber auch bei den Mitläufern. Ich vermisse das Bekenntnis zur Verantwortung und das Hinterfragen des eigenen Handelns.

Es geht nicht um Abrechnung oder Vergeltung, sondern um Aufklärung. Es geht darum zu begreifen, wie Diktatur funktioniert hat. Es geht darum zu begreifen, warum es so lange dauerte, bis die Menschen die Angst verloren. Und deshalb ist es auch wichtig, sich an den sächsischen Grenzer zu erinnern, an den Sachsen Ulbricht und an all die vielen eigenen Erlebnisse im Alltag der DDR. Wie habe ich es erlebt, welche Entscheidungen habe ich getroffen, wann habe ich unter welchen Bedingungen mich angepasst und wann widersprochen? Das zu beantworten, fällt nicht immer leicht, es kann schmerzlich sein, aber auch befreiend.

Es ist zumindest ehrlicher als eine Beschönigung der Verhältnisse in der DDR, die ich oft erlebe, oder das Verdrängen des Geschehenen. Der kritische Blick auf die eigene Biografie kann schließlich für jeden Einzelnen auch eine Chance sein. Ob privat, im Beruf oder auch in der Politik und der Wissenschaft: Eine selbstkritische Reflexion kann befreien von der Last des damaligen Verhaltens. Wir sollten dazu ermutigen und ein Klima fördern, in dem das möglich ist. Denn die Auseinandersetzung mit dem Verhalten der Menschen in den Zwängen und Spielräumen einer Diktatur hält durchaus Lehren für heute bereit. Wie unter dem Brennglas können wir den Wert von Freiheit besser erkennen, wenn wir die Unterdrückung der Menschenrechte und was sie mit Menschen anstellt, genau beschreiben. Es kann ein Kompass sein für das Gestalten von Demokratie.

Gerade weil wir heute in Freiheit und Selbstbestimmung leben können, ist es hilfreich, sich in der Erinnerung zu vergegenwärtigen, wie kostbar diese Güter sind. Der Blick zurück in die Vergangenheit, der Blick zurück etwa auf den 17. Juni 1953 und seine Folgen, der Blick auf das Leben in der Diktatur, er kann uns helfen, den Wert von Freiheit und Selbstbestimmung besser zu schützen und zu schätzen. Vielleicht sollten wir alle auch lernen, besser zuzuhören und nicht zu schnell zu verurteilen. Eine offene Diskussion über die Handlungszwänge in der Diktatur hat es bis heute nicht ausreichend gegeben. Die Demokratie, die Herrschaft des Volkes, ist so lebendig wie das Volk selbst. Sie braucht freie, mündige Bürger. Gerade mit Blick auf die nächste Generation ist es wichtig, das Demokratiebewusstsein zu stärken. Gerade die Beschäftigung mit der Unfreiheit kann für junge Menschen hilfreich sein, den Herausforderungen unserer Zeit besser zu begegnen.

Ich bin häufiger an Gymnasien und spreche mit Schülern über die DDR und die Staatssicherheit. Über Freundschaft und Verrat und über den ständigen Konflikt zwischen anpassen oder widersprechen – das sind auch Themen ihres Alltags. Vom Alltag in der DDR, ja von der DDR ist den meisten fast nichts bekannt. Schüler, mit denen ich über das Leben beispielsweise im »Sperrgebiet« gesprochen habe, ahnen oft nicht, was das für die dort lebenden Menschen bedeutete. Dass sie entweder offiziell linientreu sein mussten oder sonst an dem Ort nicht geduldet und zwangsweise umgesiedelt wurden. Dass vor allem staatstragende Genossen der Grenztruppen und der Stasi das »Sperrgebiet«, direkt an der Grenze zum »Klassenfeind«, kontrollierten und überwachten. Dass die Freiheit an so einem Ort noch mal mehr eingeschränkt war. Sie entwickeln dann eine ganz neue Wertschätzung für ihr Leben heute, für Reisefreiheit und die Freiheit, sich so zu geben, wie man selber möchte.

Schnell sind wir in solchen Gesprächen auch bei aktuellen Themen, und die Schülerinnen und Schüler sprechen mit mir über die viel diskutierte NSA-Überwachung oder über möglichen Datenmissbrauch bei Facebook. Die Sammelwut einer Geheimpolizei in einer kommunistischen Diktatur legt für sie den Gedanken an Facebook nahe. Warum sammelt Facebook, und was bedeutet das? Die Schüler setzen das nicht gleich, aber sie formulieren ihre Ängste. Die Geheimpolizei, die Diktatur in der DDR, ist ein abschreckendes Beispiel. Es macht sie sensibel für die Gefahren, die in den großen Datenmengen liegen, die sie heute selbst mit produzieren. Und es macht sie bereit, genauer hinzuschauen, was mit ihren Daten geschieht, und sich im Zweifelsfalle gegen Datenmissbrauch zu wehren. Es ist gut, wenn wir unsere Gesellschaft einer Prüfung im Spiegel der Diktatur unterziehen. Es schärft die demokratischen Sinne.

Und lassen Sie mich an dieser Stelle auch eine Lanze brechen für die Akten aus dem Stasi-Unterlagen-Archiv. Die Akten der Staatssicherheit, der Geheimpolizei der DDR, sie sind eine wichtige Quelle, diese Zwänge in einer Diktatur zu beschreiben. Sie helfen auf dem Weg der Erkenntnis. Sie unterstützen die Aufklärung und machen es möglich, Verantwortliche zu benennen, Mechanismen zu erkennen. Transparenz und Aufklärung sind der beste Weg, einen gesellschaftlichen Diskurs zu führen über Vergangenheit, Gegenwart und Zukunft. Die Stasi-Akten zeugen davon, wie Menschen das Selbstbestimmungsrecht genommen, in das Leben der Menschen eingriffen, wie ihnen ein Teil ihrer Biografie gestohlen wurde. Hinter jeder Akte steckt ein menschliches Schicksal. Das Stasi-Archiv in Berlin und seinen regionalen Standorten mit einer schier unübersehbaren Menge an Akten ist auch ein Monument der Überwachung und Verfolgung von Menschen. Es ist aber auch ein Monument des Freiheitswillens von Menschen. Die Akten dokumentieren nämlich auch, wie sich Menschen gegen die Repression und Unterdrückung behaupteten. Wie sie zum Beispiel den angetragenen Verrat *nicht* begingen, wie sie sich für andere stark machten und ihren Anstand bewahrten. Nicht selten mussten sie dafür mit ihrer Freiheit bezahlen. Daran sollten wir uns immer erinnern. Mit der Stasi-Unterlagen-Behörde leistet sich unsere Demokratie eine einzigartige Institution zur Aufarbeitung der zweiten Diktatur auf deutschem Boden nach rechtsstaatlichen Prinzipien. Erkennen, wie es war, wie die SED-Diktatur funktioniert hat, das hilft, Demokratie zu gestalten.

Je besser wir Diktatur begreifen, umso besser können wir Demokratie gestalten. Anpassen oder widersprechen, das ist nämlich nicht nur eine Frage in der Diktatur. Jeder von uns muss sie im täglichen Leben beantworten. Wann widerspreche ich meinem Chef, und wann lasse ich es lieber sein? Lieber einen bequemen Weg gehen, oder sich selbst treu bleiben? Wie entscheiden Sie? Freiheit muss man sich nehmen, auch in der Demokratie. Auch in der Demokratie gibt es Mechanismen, die Anpassung fördern. In unserem Land gibt es Situationen, in denen der Widerspruch schwerfällt. Und auch in der Demokratie gibt es Duckmäuser.

Wenn ich in so manches Unternehmen, in manche Universitäten und in so manche Behörde schaue, geht es vielen Leuten darum, möglichst keinen Ärger im Alltag zu haben. Die Devise heißt: bloß nicht auffallen, bloß nicht zu weit aus dem Fenster lehnen, lieber keine Verantwortung übernehmen und immer nach oben absichern. Viele denken, es sei besser, sich unterzuordnen, dann hat man seine Ruhe. Und so wird lieber im stillen Kämmerlein gemeckert, als sich zum Teil einer Lösung zu machen. Probleme offener benennen, offener diskutieren, um sie zu lösen – das täte auch dieser Gesellschaft gut: im öffentlichen Leben, in der Wirtschaft und in der Politik. Mir wird auch in diesem Land zu wenig widersprochen.

Natürlich kann man nicht alles ewig diskutieren. Aber wenn ich in die Politik schaue, da staune ich bisweilen, was so alles einfach durchgewunken wird. Regieren, das heißt oft, die eigene Partei auf Linie zu bringen, statt Diskussionen zu fördern. Widerspruch wird oft plattgemacht. Dabei ist es gerade wichtig, dass Politiker mit ihrem Widerspruch die Debatten bereichern. Egal ob beim Thema Euro, Rente oder Mindestlohn. Das Wort Streit ist leider zum Negativbegriff geworden. Zu oft wird Streit als Schauspiel für die Medien begriffen, bei dem einer gewinnt und der andere verliert. Zu oft wird der, der widerspricht, als Störenfried empfunden. Dabei ist es doch gerade das Hinterfragen, der Streit um die beste Idee, die das Lebensblut der Demokratie bilden.

Auch wir Bürger und Wähler können uns fragen, ob wir nicht manchmal zu bequem sind und unsere Demokratie nicht genügend herausfordern. Sie lebt von unserem Engagement und unserer Wachsamkeit. Daran zu erinnern, dazu trägt die Beschäftigung mit der Vergangenheit bei. In diesem Sinne finde ich es ganz besonders hilfreich, dass die TU Chemnitz alle fünf Jahre ihre Ringvorlesung der Auseinandersetzung mit der SED-Diktatur in all ihren Schattierungen sowie ihrer Überwindung gewidmet hat. Die Auseinandersetzung mit der Geschichte lohnt sich. Freiheit und Selbstbestimmung sind keine Selbstverständlichkeit. Je besser wir Diktatur begreifen, umso besser können wir Demokratie gestalten.

Peter Brandt

»Asymmetrie des deutschen Einigungsprozesses«

Von 1970 an verstand sich die offizielle DDR nicht mehr als Teil der gesamtdeutschen Nation. Aus der Zwei-Staaten-Doktrin wurde die Zwei-Nationen-Doktrin der SED. Mich hat in den 1970er und 1980er Jahren die Zwei-Nationen-Theorie nie überzeugt, sofern die Herausbildung einer je separaten DDR- und BRD-Nation als ein im Wesentlichen bereits erfolgter oder jedenfalls objektiv determinierter Vorgang dargestellt wurde (»Nationen« verstanden als Bewusstseins- und Kommunikationsgemeinschaften auf der Grundlage in der Regel ähnlicher, aber nicht zwingend gleichartiger ethnisch-kultureller und/oder historisch-kultureller Gemeinsamkeiten bzw. vorgestellter Gemeinsamkeiten). Bei dem SED-Konzept von der eigenen »sozialistischen deutschen Nation«, die sich auf dem Territorium der DDR herausgebildet hätte, war der legitimatorische Zweck gerade angesichts des nationalen Legitimationsdefizits des Regimes zu offensichtlich, ebenso der improvisierte, defensiv motivierte Übergang zu dieser Position, als die im Herbst 1969 neu gebildete sozial-liberale Koalition in Bonn die Staatlichkeit der DDR anerkannte, zugleich aber, bewusst an die bisherige ostdeutsche Lesart anknüpfend, von »zwei Staaten in einer Nation« sprach, eine Aussage, die 1968 noch einmal in der zweiten Verfassung der DDR verankert worden war. In der dann abgelösten Ulbricht'schen Konzeption war die DDR eine Art deutschen sozialistischen Piemonts gewesen, als zunächst separater Staat zugleich eine Bastion der gesamtdeutschen »Krauses«, die ganz Deutschland dereinst im Kampf gegen die westdeutschen »Krupps« unter der Fahne der Arbeiterklasse einigen würden. Der mehrteilige Fernsehfilm *Krupp und Krause* hatte diese Geschichts- und Zukunftsdeutung nicht ungeschickt und populär-künstlerisch inszeniert.

Das Scheitern des separaten Nationsbildungsprojekts der SED bedeutet natürlich nicht, dass es in der DDR nicht starke Elemente gesellschaftlicher, gewissermaßen nationaler Verselbständigung gab, die die politische Umwälzung von 1989/90 teilweise überdauerten und bis heute fortwirken. Doch selbst in ihren guten Jahren musste die DDR, mehr als die verbündeten Staaten, damit leben, dass ihre Bewohner den eigenen Konsumstandard überwiegend nicht mit dem von Polen, Rumänien oder Russland, sondern mit Westdeutschland (wie sie es wahrnahmen) verglichen.

Zu den unterschiedlichen Prägungen der beiden deutschen Fragmente gehörten selbstverständlich die grundlegenden sozialen Strukturen und Prozesse: Der radikalen gesellschaftlichen Umgestaltung im Osten nach 1945 standen im Westen die Fortdauer der (nur partiell und kurzzeitig suspendierten) kapitalistischen Eigentumsverhältnisse und die weitgehende Wiederverwendung des Führungspersonals auf den verschiedenen Ebenen gegenüber. Schon seit den späten 1950er Jahren ging indessen der restaurativ eingestimmte »Wiederaufbau« in den rapiden sozialen Wandel über, der dann etwa seit den mittleren 1960er Jahren einen unübersehbaren und demoskopisch vielfältig objektivierten Wertewandel nach sich zog. Der wirtschaftlich-soziale wie der Wertewandel waren ein westliches, kein nur westdeutsches Phänomen, traten in der Bundesrepublik aber besonders kräftig, teilweise nachholend in Erscheinung.

Für die quasi nationalen Verselbständigungstendenzen der Alt-Bundesrepublik wurde bedeutsam, dass mit den traditionellen Werten auch das damit vielfach verbundene Nationale in Frage stand; die durchaus vorhandenen Varianten eines christlich-, liberal- oder sozialdemokratischen gesamtdeutschen Nationalbewusstseins knüpften in hohem Maß an die Mentalitäten und die politische Kultur des vorfaschistischen Deutschlands an. Auch sie (und nicht nur der konservative Nationalismus) wurden immer weniger als zukunftsgerichtete Angebote kollektiver Selbstvergewisserung empfunden, seitdem die Betonierung der deutschen Teilung und das nach der Kubakrise vom Herbst 1962 sich andeutende Arrangement der Supermächte auf der Basis des territorialen Status quo in Europa eine operative Wiedervereinigungspolitik im Verständnis der 1950er Jahre außerordentlich erschwerten, und sie fielen im Hinblick auf ihre Massenwirksamkeit schließlich weitgehend in sich zusammen.

Es gab aber auch und vor allem im Westen Tendenzen, die in die Richtung einer Ausweitung der Zweistaatlichkeit zur Binationalisierung deuteten. Doch diese Tendenzen wurden durch andere, gegenläufige oder bremsende Tendenzen konterkariert. So standen dem längerfristigen Rückgang der Anteilnahme am Schicksal des anderen Teils Deutschlands in der westdeutschen Bevölkerung die erneute Zunahme von Reise- und Besucherkontakten seit den frühen 1970er Jahren (ermöglicht durch die Vertragspolitik) sowie die Reaktivierung des unterschiedlich motivierten Interesses an der DDR in manchen für die Meinungsbildung nicht unwichtigen Kreisen gegenüber.

Vor allem galt es zu bedenken – und das war schon deutlich vor 1989 abzusehen –, dass die Meinungstrends nicht einfach als objektive Faktoren fortgeschrieben werden durften, sondern angesichts politischer Einflüsse revidiert werden konnten, wie es in den 1980er Jahren teilweise geschah. Es wurde, etwa vor und während der Stationierung neuer Atomraketen, sowohl durch den oppositionellen Protest als auch durch die regierungsamtliche Friedensdiskussion (»Verantwortungsgemeinschaft«), wieder deutlicher, wie eng die beiden deutschen Staaten aufeinander bezogen waren, sei es kooperativ, sei es konfrontativ, sei es in der für die gegebene Situation charakteristischen Kombination beider Aspekte.

Die SPD musste ihre Entspannungspolitik seit den späten 1970er Jahren in Auseinandersetzung mit den USA und gegen den weltpolitischen Trend entfalten. Daraus ergab sich eine gewisse Verschiebung des politischen Standorts im Ost-West-Konflikt: Während in der Konfrontation mit der Reagan-Regierung (ab 1982 aus der Opposition heraus) wieder stärker das Ziel der Blocküberwindung und auf dem Weg dahin eine Reform des westlichen Bündnisses ins Auge gefasst wurde, wurden nach Osten hauptsächlich die stabilisierenden Elemente der Entspannungspolitik hervorgehoben. Am deutlichsten wurde das bei den Stellungnahmen zur Solidarność und zum Kriegsrechtsregime in Polen zu Beginn der 1980er Jahre, ebenso bei den vorsichtigen Reaktionen auf innere Repressionsmaßnahmen in der UdSSR und in der DDR. Je mehr die bipolare Blockarchitektur in Europa im Verlauf der 1980er Jahren ins Wanken geriet, desto mehr war die SPD-Führung um eine friedliche, sozusagen geordnete Transformation der osteuropäischen Systeme besorgt. Schon seit Mitte der 1960er Jahre war die Sowjetunion von sozialdemokratischen Sicherheitspolitikern eher als Status-quo-Macht, als imperialer, aber nicht expansiver Staat eingeschätzt worden. Die Möglichkeit, mit ihr als einer territorial saturierten, zum kontrollierten Wandel fähigen Großmacht zu kooperieren, lag der Vision einer gesamteuropäischen Friedensordnung zugrunde.

Für die Erwartung – durch den Wechsel zu Michail Gorbatschow in der UdSSR zunächst scheinbar glänzend bestätigt –, eine erste Veränderung in der DDR werde aus der SED-Spitze selbst hervorgehen, sprach in der Tat vieles. Das Problem lag weniger in den engen Parteikontakten der SPD mit der SED als vielmehr in der mangelnden Sensibilität gegenüber den unabhängigen Umwelt-, Menschenrechts- und Friedensgruppen, die aufgrund eines regierungs- und institutionenfixierten Politikverständnisses (trotz der Erfahrung mit Polen) in ihrer Bedeutung unterschätzt wurden.

Dabei hatte es während der Debatte über die Stationierung neuer atomarer Mittelstreckenraketen zu Beginn der 1980er Jahre zeitweilig so ausgesehen, als würde es tatsächlich gelingen, die in der sozialdemokratischen Deutschlandpolitik seit jeher angelegte Verbindung von Friedensstreben und deutscher Frage zu erneuern. Im Unterschied zu den 1950er Jahren war jetzt nicht mehr der Wunsch nach der Vereinigung Deutschlands ein herausragendes Motiv für das Engagement gegen die Aufrüstung, sondern das Engagement in der Friedensbewegung ließ eine große Zahl Menschen erstmals wieder die prekäre geostrategische Lage Deutschlands in der Ost-West-Konfrontation und die lange tabuisierte Statusfrage (alliierte Stationierungs- und Vorbehaltsrechte) erkennen. Die teils beabsichtigte, teils indirekte Wechselwirkung mit den im Osten Deutschlands entstehenden unabhängigen Friedensgruppen, die Sicherheitsdebatte, die auch auf die DDR (bis in die Führung hinein) ausstrahlte, und die patriotischen Äußerungen mancher Integrationsfiguren der Friedensbewegung schufen im linken Spektrum für einige

Zeit ein – politisch allerdings diffuses – gesamtdeutsches Zusammengehörigkeitsgefühl.

Die im westlichen Ausland überempfindlich registrierten »nationalen« Untertöne der deutschen Friedensbewegung wurden von ihren anerkannten Sprechern jedoch nicht in eine alternative politische Konzeption übergeleitet, sondern allenfalls als Stimmung transportiert. Die SPD-Führung war vor allem bestrebt, die Partei ohne Reibungsverluste auf die Ablehnung der Stationierung umzupolen und die Friedensbewegung gleichzeitig in den Rahmen der herkömmlichen Entspannungspolitik zu integrieren. Nach einer Phase der Unsicherheit setzten sich in der neuen Partei der Grünen (wie zunehmend in der SPD) Positionen durch, deren Vertreter – sei es »realpolitisch«, sei es fundamentaloppositionell begründet – die Zweistaatlichkeit Deutschlands für unabänderlich hielten. Es gelang der CDU/CSU-FDP-Koalition nach der Herausforderung durch die Friedensbewegung auch deswegen erstaunlich schnell, die Interpretationsmacht in der Diskussion über die deutsche Frage zurückzugewinnen. Erst die Ereignisse des Herbstes 1989 ließen in der Führung und Mitgliedschaft der SPD die latent gesamtdeutsch orientierten Kräfte deutlicher hervortreten, und das war übrigens ein flügelübergreifender Vorgang.

Bei allen politischen Formationen (nicht unbedingt in der Gesellschaft) nahm das Interesse an Deutschlandpolitik – als Gestaltung des deutsch-deutschen Verhältnisses, nicht als operative Wiedervereinigungspolitik – während der 1980er Jahre eher wieder zu. Versuche, über den Status quo hinauszudenken, die sich nicht in den Mainstream einfügten, wurden links wie rechts im etablierten Spektrum meist als illusorisch und abenteuerlich abgetan, trotz der Herausforderung, die von Gorbatschows neuem Denken, der offenkundigen Systemkrise des »real existierenden Sozialismus« und insbesondere von den innergesellschaftlichen Problemen der DDR ausging. Obwohl sich die westdeutsche Linke (und die Partei der Grünen im Besonderen) mehrheitlich einig war, dass man sich das Recht auf Kritik an den Zuständen in der DDR nicht nehmen lassen dürfe, riefen die diversen Repressionswellen, zuletzt im Herbst/Winter 1987/88, und der faktische Abbruch des Dialogs mit der SPD seitens der SED ein Jahr danach eher Ratlosigkeit hervor.

Ich selbst war grundsätzlich immer für die deutsche Einheit bzw. für das Selbstbestimmungsrecht des deutschen Volkes mit der Möglichkeit, über die staatliche Vereinigung oder die Form einer Verbindung beider deutscher Staaten zu entscheiden. Anders als namentlich während der frühen 1980er Jahre in den Auseinandersetzungen von gegnerischer Seite behauptet, war meine Position jedoch nicht die einer Wiedervereinigungsbesessenheit, sondern mir ging es um die Wiedergewinnung der gesamtdeutschen Dimension im Denken und Handeln der deutschen Linken (im weitesten Sinne des Wortes), um den Zusammenhang von Sicherheitspolitik und Deutschlandpolitik sowie von sozialer und nationaler Frage im staatlich geteilten Deutschland. Mittelfristig seien sicherheits- und deutschlandpolitische Zwischenkonstruktionen anzustreben, die, neben ihrer friedensfördernden Wirkung, den Spielraum für progressiven Wandel in beiden Systemen erweitern sollten. Diese Überlegungen standen nicht im Gegensatz zur sozialdemokratischen Entspannungspolitik, insbesondere wo diese in den 1980er Jahren wieder stärker auf eine militärische Verdünnung entlang der Grenze zwischen den Paketsystemen zielte. Die von sozialdemokratischer Seite bisweilen dogmatisierte Vorstellung, den Status-quo-überwindenden, auch innergesellschaftlichen Veränderungsprozess in Deutschland und Europa durchgehend von oben kontrollieren zu müssen und zu können, schien mir allerdings weder realistisch noch eine geeignete Leitlinie demokratischer und sozialemanzipatorischer Politik.

Der inneren Ordnung der DDR stand ich stets kritisch gegenüber, wobei ich zugleich davon überzeugt war, dass eine durchgreifende interne Demokratisierung der DDR einerseits die Attraktivität des zweiten deutschen Staates nach innen wie gegenüber der Bundesrepublik erhöhen, andererseits die »deutsche Frage« umgehend aktualisieren würde – allerdings nicht unbedingt im Sinn der späteren Beitrittslösung. Um die Mitte der 1960er Jahre bei den West-Berliner »Falken« politisch sozialisiert – diese vertraten auf dem linken Flügel der SPD einen sowohl antikapitalistischen als auch antistalinistisch-antidiktatorischen Kurs – und dort schon früh in Verbindung gekommen mit trotzkistischen Zirkeln, war ich lange überzeugt, dass eine radikale politische Umgestaltung in der DDR wie in den anderen Warschauer-Pakt-Staaten starke schöpferische Kräfte freisetzen und es somit ermöglichen würde, das Volkseigentum zumindest an den großen Produktionsmitteln unter erheblicher Steigerung der Effektivität des Wirtschaftens beizubehalten oder besser: überhaupt zu realisieren.

Die Umwälzung des politischen Systems der DDR und die Entmachtung der Nomenklatura stellte ich mir vor als Zusammenwirken einer »Reformfraktion« der herrschenden Partei mit einer revolutionär-demokratischen Massenbewegung von unten, ähnlich der ungarischen Revolution vom Herbst 1956. Der Machtwechsel zu Gorbatschow in der Sowjetunion 1985 schien die Chancen für eine solche Perspektive – jetzt in friedlicher Variante – deutlich zu erhöhen. Unterschätzt habe ich dabei, dass die mit der Niederschlagung des Aufstands vom 17. Juni 1953 noch vergrößerte Distanz speziell der Masse der Arbeiter zur SED-Führung mit einer gewissen Entpolitisierung verbunden gewesen war, die die in den 1950er Jahren dort noch starken demokratisch-sozialistischen Traditionen weitgehend verschüttet hatte. Durch Kontrolle und partielle Zugeständnisse (selbst auf Kosten substanzieller wirtschaftlicher Ziele) gelang es der Staatsmacht in der Folgezeit, die Wiederholung einer direkten Konfrontation mit der vermeintlich herrschenden Klasse analog dem Frühsommer 1953 zu verhindern. In der hauptsächlich von unterschiedlichen Segmenten der Intelligenz und von Kirchenkreisen geprägten demokratischen Volkserhebung im Herbst und Winter 1989/90 spielten die Industriearbeiter keine eigenständige Rolle mehr. Sofern sie sich – vor allem seit dem Spätherbst 1989 – als Teil der Volksbewegung artikulierten, geschah das eher zugunsten einer schnellstmöglichen Angliederung der DDR an die Bundesrepublik, auch durch mehrheitliche Stimmabgabe für die CDU.

Etwa seit 1987 rechnete ich konkreter damit, dass die Verhältnisse in Europa und namentlich in Deutschland in Bewegung kommen, aus den »kleinen Schritten« größere werden würden. Dabei stand mir ein komplexer und komplizierter, gewissermaßen dialektischer Transformationsprozess vor Augen, der verschiedene Entwicklungswege eröffnen, also in hohem Maß durch die jeweils beteiligten politisch-sozialen Kräfte so oder so zu gestalten sein würde.

Natürlich hat es mich ungemein gefreut und berührt, in meiner Heimatstadt Berlin die Mauer sich öffnen und dann fallen zu sehen, ebenso die innerdeutschen Grenzanlagen. Zugleich war ich überrascht, dass dieser Schritt im Rahmen des Gesamtprozesses so frühzeitig erfolgte und unter welchen chaotischen Begleitumständen das geschah – für mich damals ein Beleg, dass die SED-Führung kein Konzept mehr besaß und ihr die Dinge aus den Händen glitten. Es war der Beginn der Auflösung des DDR-Staates, und das bedeutete eben auch, dass der Spielraum für den politischen Ansatz der ostdeutschen Oppositionsgruppen, jedenfalls der relativ früh gebildeten, kleiner wurde. Vergessen wir nicht: Etliche ihrer Protagonisten unterschrieben aus Überzeugung den auf die separate Existenz der DDR gerichteten Aufruf »Für unser Land«.

Meine größte Überraschung und – ehrlich gesagt – Enttäuschung war der Ausgang der Volkskammerwahl vom 18. März 1990. Die Nachfolgepartei der SED hatte ich mit ihrem recht ordentlichen Abschneiden ziemlich realistisch eingeschätzt, auch (zu meinem Bedauern) das fast gänzlich scheiternde Bündnis mehrerer Bürgerrechtsgruppen. Geradezu schockierend war für mich indessen das Stimmenverhältnis der CDU-geführten »Allianz für Deutschland« zur wiedergegründeten Sozialdemokratischen Partei. Dieser waren bis zu 53 Prozent der Stimmen prognostiziert worden, und es waren am Ende gerade 22 Prozent. Das war zwar nicht zuletzt eine situationsbedingte Entscheidung – die Wähler wollten alles vermeiden, was eine schnelle Vereinigung Deutschlands hätte komplizieren können –, aber eine feste Weichenstellung für die Verhandlungen der beiden Regierungen, auch wenn die Ost-SPD als Koalitionspartner dabei nicht völlig ohne Einfluss blieb.

Eine zweite, weniger dramatische Überraschung betrifft die Selbstverständlichkeit, mit der die – neben Berlin – fünf ostdeutschen Länder wiedergegründet wurden. Denn in der jetzt bestehenden Form hatte es sie ab 1945 nur sieben Jahre gegeben, und zwar mit rapide abnehmender Bedeutung. Nur Sachsen verfügte über eine lange eigenstaatliche Tradition. Thüringen war (in engeren Grenzen) erst in der frühen Weimarer Republik aus einer ganzen Zahl kleinerer Einheiten gebildet worden. Das doppelte Mecklenburg (Schwerin und Strelitz) und Vorpommern hatten niemals zusammengehört, ebenso wenig die anhaltinischen Territorien und die ehemals preußische Provinz Sachsen. Dass dann auch aus der früheren preußischen Kernprovinz Brandenburg ein eigenes Bundesland wurde, konnte nicht überraschen, doch hätte es nahegelegen, zumindest die Altmark hinzuzufügen.

Auch wenn die Identifikation der früheren DDR-Bürger mit ihren Regionen 1989/90 beträchtlich war – am stärksten in Sachsen –, dürfte darin nur einer der Gründe für die bruchlose Anknüpfung an die 1945 in der Sowjetischen Besatzungszone (SBZ) geschaffenen Länder zu suchen sein: Jede mehr als kosmetische Neuerung – sei es der Zusammenschluss von West- und Ostländern, etwa von Mecklenburg und Schleswig-Holstein oder von Nordhessen und Thüringen, sei es die Zusammenfassung des DDR-Territoriums einschließlich Berlins in zwei großen und potenziell leistungsstarken Ländern – hätte die grundlegende Neugliederung der Gebietskörperschaften auch in der Bundesrepublik-West fast automatisch auf die Tagesordnung gesetzt und Auseinandersetzungen hervorgerufen, die komplizierend und irritierend gewirkt hätten.

Eine dauerhafte Zweistaatlichkeit Deutschlands schien mir in dem knappen Jahr zwischen der Maueröffnung und dem Inkrafttreten des Einigungsvertrags wie schon zuvor weder realistisch noch wünschenswert – es sei denn, die Mehrheit der DDR-Bevölkerung würde sich eindeutig dafür aussprechen. Doch ging ich in den vier Monaten vor der Volkskammerwahl von einer Übergangsperiode aus, in der beide deutsche Staaten eine Konföderation bilden würden: mit den Zielen der Vorbereitung einer späteren Neuvereinigung, der Neuregelung der bündnis- und sicherheitspolitischen Architektur in Deutschland und Europa (die Aufgabe des einzigen übrig gebliebenen Trumpfes der Sowjetunion durch Gorbatschows Hinnahme der NATO-Mitgliedschaft Gesamtdeutschlands schien nicht nur mir unvorstellbar) sowie der Erarbeitung und Verabschiedung einer neuen gesamtdeutschen Verfassung durch eine frei gewählte Konstituante gemäß dem Artikel 146 des Grundgesetzes. Ein solcher Schritt, der das auf die Entstehungszeit zurückgehende Legitimationsdefizit des Grundgesetzes beseitigt hätte, wäre übrigens auch im Anschluss an den Beitritt der ostdeutschen Länder rechtlich möglich gewesen. Dass eine neue Verfassungsgebung (möglicherweise in Anlehnung an das Bonner Grundgesetz) auf der Basis eines Akts der Volkssouveränität unterblieb, steht für eine Auffassung der Einigung Deutschlands nicht als ein gemeinsames Projekt zweier Teilvölker, sondern als zwar bejahtes und unterstütztes, aber vom starken Part letztlich gewährtes Hinzutreten der Ostdeutschen zum westdeutschen Kernstaat. Große Teile der parlamentarischen Opposition im Bundestag, also der SPD und – mehr noch – der Grünen, sowie etliche frühere Gegner der Diktatur im Osten wurden demgegenüber als Nörgler und Bedenkenträger wahrgenommen, und es gelang ihnen nicht, ihre Einwände als Teil eines zur Regierung Kohl alternativen, aber konstruktiven und realistischen, eigenständigen Konzepts für ganz Deutschland plausibel zu machen. Die erste gesamtdeutsche Bundestagswahl im Dezember 1990 bestätigte die Vorentscheidung der Volkskammerwahl von März jenes Jahres.

Man muss die reservierte bis klar ablehnende Haltung großer Teile der vor dem November 1989 entstandenen Oppositionsgruppen in der DDR gegen die einfache Übernahme der inneren Ordnung der Bundesrepublik (und, mehr noch, ihrer Paktbindung nach außen) unterscheiden von einer weniger verbreiteten grundsätzlichen und bedingungslosen Ablehnung der deutschen Einheit, ungeachtet ihres gesellschaftspolitischen Inhalts, der Umstände und konkreten organisatorischen Formen der Vereinigung. Diese Unterscheidung ist übrigens auch für den Westen Deutschlands zu beachten. Diejenigen, die keinen »Anschluss« der DDR an die Bundesrepublik wollten, wurden vom Gang der Dinge überrollt. Sie operierten überdies politisch meist ungeschickt und unsicher – und das nicht zuletzt deswegen, weil sie sich scheuten, frühzeitig mit einem eigenen gesamtdeutschen Programm hervorzutreten.

Meine eigenen politischen Überzeugungen haben sich in den vergangenen Jahrzehnten nicht wesentlich geändert. Die Kapitalismuskritik, nicht nur im Hinblick auf die extremen Auswüchse, würde ich heute mindestens so stark betonen wie um 1990 – einschließlich der festen Überzeugung, dass die Marktgesellschaft (die man vom Markt als einem Steuerungsmechanismus unterscheiden sollte), das private Großeigentum an Produktionsmitteln und anderem Kapital, die gegebene soziale Hierarchisierung und Differenzierung nicht das letzte Wort der Geschichte bleiben werden. Zugleich scheint mir noch offensichtlicher als damals, dass der von den russischen Bolschewiki 1917 eingeschlagene Entwicklungspfad – bei aller Anerkennung auch objektiver Zwänge und Dilemmata – von Anfang an ein Irrweg war, der den sogenannten realen Sozialismus schnell weggeführt hat von den Zielen und Traditionen der klassischen sozialistischen europäischen Arbeiterbewegung; diese war mit der Geschichte und Praxis der Demokratie untrennbar verbunden.

Das bedeutet: Die DDR stellt sich mir heute nicht wesentlich erfreulicher dar als vor 1990, und doch ist mein Bild von ihr erheblich bunter (sofern das Wort »bunt« für die DDR passt) und widersprüchlicher, dabei dichter geworden. Neben vielfältiger Lektüre haben dazu viele persönliche Kontakte und Freundschaften beigetragen – aus einem breiten politischen und beruflichen Spektrum. Dabei gehörte ich schon lange vor 1989 zu denjenigen »Wessis«, sprich: West-Berlinern, die sich sehr für das konkrete Leben jenseits der Mauer interessierten, die Berufskollegen wie SED-Leute und namentlich Oppositionelle trafen, gelegentlich auch ganz »normale«, eher angepasste DDR-Bürger. Insofern hatte ich den nicht gerade freundlich gemeinten Rat befolgt, den in den späten 1960er Jahren so mancher aufgebrachte West-Berliner – verständlicherweise ganz auf den Ost-West-Konflikt fixiert – protestierenden jungen Leuten zugerufen hatte: »Geht doch rüber!«

Die durch die staatliche Vereinigung von 1990 vorgegebene Ostverlagerung Deutschlands bedeutet keineswegs die Rückkehr zum Deutschen Reich, auch nicht in seiner Weimarer Variante. Zum ersten Mal in der Geschichte der deutschen Nationalstaatlichkeit werden die äußeren Grenzen staatsoffiziell und ebenso ganz überwiegend von der Bevölkerung als identisch mit den Grenzen der deutschen Nation angesehen. Weder Österreich noch die früheren preußischen Ostprovinzen jenseits von Oder und Neiße und heutigen polnischen Westgebiete gelten mehr als Irredenta, ungeachtet der Beurteilung der Vertreibung der deutschen Bevölkerung unmittelbar nach 1945. Und ebenso ist weitgehend unumstritten, dass es sich bei der heutigen gesamtdeutschen Bundesrepublik um einen europäisch integrierten und international kooperierenden Nationalstaat handelt. Zudem lässt sich die Tatsache nicht bestreiten und verdient positive Würdigung, dass die Westdeutschen und seit 1990 die Deutschen insgesamt zum ersten Mal in einer recht stabilen parlamentarischen Demokratie leben, deren Verfassung und deren politisches System bei entsprechenden Mehrheitsverhältnissen reichlich Spielraum für unterschiedliche Gesellschaftsentwürfe bieten, wohlgemerkt: in einem Rahmen, der als Kernbestand einer freiheitlich-demokratischen Grundordnung definiert worden ist.

Nur beiläufig will ich an dieser Stelle anmerken, dass ich Tendenzen in der politischen Öffentlichkeit, diesen Spielraum in diese oder jene Richtung einzuschränken, für bedenklich halte, ebenso, wenn in der Bevölkerung stark verbreitete Meinungen im Parlament gar nicht oder unverhältnismäßig irrelevant zum Ausdruck kommen (womit nicht die spiegelbildliche Übersetzung dieser Anschauungen gemeint ist). Die wichtigsten die Demokratie gefährdenden Tendenzen sehe ich heutzutage erstens in der wie auch immer verursachten Verengung der politischen Teilnahme und Teilhabe, wobei die Formel von der Zwei-Drittel-Demokratie schon eine Verharmlosung darstellt. Es ist nachgewiesen, dass vor allem die unteren Schichten betroffen sind. Zweitens sind die Gestaltungsmöglichkeiten des Nationalstaats namentlich in der Wirtschafts-, Finanz- und Sozialpolitik im Zuge der Prozesse der Globalisierung und Europäisierung geringer geworden und damit auch die faktischen Entscheidungsbefugnisse der demokratisch legitimierten Instanzen. Ein neuer Vertiefungs- und Demokratisierungsschub der EU, verbunden mit der Abkehr von dem dominierenden wirtschaftsliberalen Kurs, könnte hier Abhilfe schaffen und das von Nordamerika wie von Ostasien durchaus abweichende europäische Zivilisations- und Demokratiemodell für eine Weiterentwicklung sichern. Das sind nur Andeutungen, die aber erkennen lassen, dass die Gefährdung der Demokratie aus meiner Sicht nicht in erster Linie mit Problemen der Vereinigung Deutschlands zu tun hat. Auch das europäische Einigungsprojekt, in dessen Verlauf die tradierten Nationalstaaten bzw. Nationen für absehbare Zeit weiter als Bausteine fungieren werden, wird der gesellschaftspolitischen Grundentscheidung nicht dauerhaft ausweichen können, sich entweder als Transmissionsriemen des globalisierten Marktkapitalismus oder als Gestaltungs- und Einhegungsmacht zu verstehen.

Die friedliche Revolution in der DDR 1989/90 reiht sich ein in die Geschichte deutscher und europäischer Freiheitsbewegungen und der deutschen Demokratie. Ein damals auf einer der großen Demonstrationen in Leipzig zu sehendes Plakat nahm in diesem Sinne Bezug auf die Revolutionen von 1789, 1848/49 und

1918/19. Ich sage nicht, dass die Volksbewegung der DDR-Deutschen wirkungslos blieb – sie war ein unverzichtbarer Teil des Gesamtgeschehens, mit dem Resultat der Einigung Deutschlands und der Neuordnung Europas. Dass die Aktivisten der ersten Stunde bald in den Hintergrund gedrängt wurden (auch wenn etliche von ihnen im Bündnis 90 bzw. in den etablierten Parteien politisch aktiv blieben), entspricht diversen anderen historischen Erfahrungen. So hatten zum Beispiel die Arbeiterräte, unter deren Fahne die Bolschewiki im Herbst 1917 in Russland die Macht übernommen hatte, schon bald nicht mehr viel zu melden. Auch von den ursprünglichen Protagonisten und radikaldemokratischen Impulsen der polnischen Solidarność 1980/81 blieb nicht viel übrig. Man darf diesen Gang der Dinge bedauern, muss ihn aber nüchtern konstatieren.

Im deutschen Fall kommt hinzu, dass die demokratische Umwälzung in einem Teil des Gesamtlandes stattfand, während der größere deutsche Staat völlig intakt und zu weiten Teilen fast unberührt blieb. Die egalitären und partizipatorischen Ansätze der revolutionären Bewegung des Herbstes 1989 und des Winters 1989/90 in der DDR folgten einer eigenen Logik radikaler Demokratisierung, die den späteren Beitritt zur Bundesrepublik nicht unbedingt nahelegte. Die Revolution wurde jedoch gewissermaßen überformt durch die schnelle Herstellung der staatlichen Einheit. Selbst wenn man unterstellt, dass ein anderes Vorgehen faktisch nicht machbar war, bedeutete es, dass die gerade erst begonnene Revolution sich nicht entfalten konnte, mit den entsprechenden internen Klärungs- und Selbstverständigungsvorgängen. Das souveräne Teilvolk der Ostdeutschen vermochte sich angesichts des rapiden Staatsverfalls unter diesen Umständen nicht so weit als eigener Akteur zu konstituieren, dass der Einigungsprozess gleichgewichtiger hätte gestaltet werden können.

Die Asymmetrie des deutschen Einigungsprozesses ist nicht zu leugnen. Obwohl überwiegend objektiv begründet und durch die politisch Handelnden nur verstärkt, ist dieses Faktum weiterhin kritisch zu analysieren. Es spiegelt sich bis heute in den Einstellungen der Ostdeutschen wider. Auch wenn kaum jemand die DDR wiedergründen möchte, fühlt sich eine große Zahl nach wie vor als Bundesbürger zweiter Klasse, wofür es ja auch harte materielle Anhaltspunkte gibt. So offenkundig alternativlos der gesamtdeutsche Rahmen inzwischen auch für solche politischen Kräfte ist, die der kapitalistischen Wirtschafts- und Gesellschaftsordnung kritisch gegenüberstehen, so abwegig ist die Vorstellung, eine innere Demokratisierung der DDR hätte sich unter welchen Bedingungen auch immer vollziehen können, ohne dass die nationale Frage, schon durch die Ausstrahlung des ostdeutschen Aufbruchs nach Westen, wieder auf die Tagesordnung gerückt wäre: sowohl im Hinblick auf die Identität des umgestalteten ostdeutschen Staates als auch im Hinblick auf die Neuregelung der Beziehungen zur Bundesrepublik in einer notwendigerweise neuen Qualität.

Damit soll gesagt werden: Die konkreten Umstände und Abläufe in den Jahren 1989 und 1990 entschieden darüber, in welchem Tempo und in welcher sozialen sowie staatsrechtlichen Verfassung die deutsche Frage gelöst wurde. Die innere Befreiung der DDR hätte aber in jedem denkbaren Fall Auswirkungen auf die gesamtdeutsche Szenerie gehabt (wie es bei immerhin vorstellbaren grundlegenden Veränderungen in der Bundesrepublik umgekehrt ebenso der Fall gewesen wäre). Das Nationale, das in politischer Hinsicht ja nie als solches, sondern in je besonderer und unterschiedlicher sozialer und ideeller Konnotation existiert, musste in der speziellen deutschen Situation der Jahrzehnte vor 1989 – polizeilich-militärisch aufrechterhaltene Absperrung und Mangel individueller sowie kollektiver Freiheitsrechte aufseiten der DDR, Teilung Deutschlands als Scharnier der Block- und Systemteilung Europas, Prägung beider Fragmente dadurch und deren, wenn auch ungleichmäßig starke, Bezogenheit aufeinander – durch die Erschütterung der inneren Ordnung eines der beiden Staaten, namentlich des weniger stabilen, unter strukturellem Legitimationsdefizit leidenden östlichen, fast zwangsläufig in irgendeiner Weise reaktiviert werden. Wenn das stimmt, ergibt es wenig Sinn, bei den Vorgängen von 1989/90 in Deutschland den Freiheits- gegen den Einheitsaspekt auszuspielen, unabhängig von möglicherweise berechtigter Kritik am Tempo, an der Form oder am Inhalt der Wieder- bzw. Neuvereinigung.

Gewiss kann man sich, ohne in bodenlose Spekulationen zu verfallen, vieles, selbst Entscheidendes, anders vorstellen (z.B. das Prinzip Rückgabe vor Entschädigung oder den Währungsumtausch im Verhältnis eins zu eins), doch bestanden mit der überstürzten Grenzöffnung vom 9. November 1989 – zumal angesichts des internationalen Umfelds – kaum noch Aussichten auf eine mittelfristige Stabilisierung der DDR als Voraussetzung einer späteren stärker gleichgewichtigen Vereinigung Deutschlands. Wenngleich das folgende Argument meist apologetisch benutzt wird: Die gewaltige Sogwirkung des westdeutschen Arbeits- und Konsummarkts und die dadurch bedingte Einengung von Handlungsmöglichkeiten mit Blick auf – auch marktwirtschaftlich – vernünftigere Lösungen lassen sich nicht wegdiskutieren.

Einerseits ist Ostdeutschland ab 1990 binnen weniger Jahre weitgehend deindustrialisiert worden – ob nun unvermeidlich, wie vor allem marktliberale Autoren meinen, oder nicht –, und die schleichende Entvölkerung und damit Verödung weiter Landstriche hält an. Während die Angehörigen der früheren funktionalen Elite, oftmals in anderen Berufen bzw. Tätigkeiten, ihren sozialen Status insgesamt offenbar einigermaßen halten konnten, fand auf der Ebene der politischen Machtelite und der Sicherheitsapparate ein ziemlich radikaler Austausch statt, wobei Spitzenpositionen – je höher, desto eher – vielfach mit Westdeutschen besetzt wurden.

Andererseits lässt sich die Schaffung einer hochmodernen Verkehrs- und Kommunikationsinfrastruktur ebenso wenig übersehen wie die beeindruckende Restaurierung und Erweiterung der städtischen bzw. dörflichen Bausubstanz. Zwar sind die Erwerbslosigkeit und der Anteil von relativer Armut Betroffener im Osten signifikant höher als im Westen Deutschlands. Auch hat sich die

Annäherung der Einkommensverhältnisse nicht geradlinig fortgesetzt, zeitweise im Gegenteil, und noch viel größer ist bekanntlich der Abstand beim Eigentum. Trotzdem ist für Ostdeutschland eine deutliche Verbesserung des durchschnittlichen Arbeitnehmerrealeinkommens, das im Westen lange Zeit stagnierte, nach 1990 offenkundig: Bei der durchschnittlichen Ausstattung der Haushalte mit langlebigen Gebrauchsgütern ist die Diskrepanz zu den westlichen Bundesländern inzwischen minimal. Die darüber hinaus eindrucksvollste Zahl – sie schließt weitere Faktoren wie Gesundheitsversorgung und Qualität der Ernährung ein: Binnen 20 Jahren hat sich die durchschnittliche Lebenserwartung, die am Ende der DDR bei Männern knapp unter 70 und bei Frauen knapp unter 76 Jahren lag, um zwei bzw. drei Jahre erhöht und damit dem westdeutschen Niveau angenähert, eine statistisch bemerkenswerte Anhebung.

Zur Wirtschaft: Im Hinblick auf das verarbeitende Gewerbe, die Industrie, fallen neben der immer noch bescheidenen, wenn auch inzwischen absolut und relativ gewachsenen Größe dieses Sektors mehrere ostdeutsche Besonderheiten auf: Sofern die Betriebe zu Unternehmen mit Sitz in Westdeutschland oder im Ausland gehören, und das sind die durchschnittlich größeren, handelt es sich – vereinfacht gesagt – meist um verlängerte Werkbänke des Westens. Die im Eigentum von Ostdeutschen befindlichen Betriebe sind durchschnittlich viel zu klein, um sich eigene Entwicklungs- und Forschungsabteilungen leisten zu können. Ob Zukunftscluster wie der 2003 aus mittlerweile 740 Firmen gebildete Zusammenschluss Chemie/Kunststoffe Mitteldeutschland Abhilfe zu schaffen vermögen, wird sich noch zeigen müssen. Zusammen mit vergleichsweise niedrigen Löhnen (bei überwiegend aufgeholter Arbeitsproduktivität) und schwachen Gewerkschaften ist etliches typisch für die Industrie in strukturschwachen Gebieten, deren Innovationskraft relativ gering ist und in denen es schwer ist, ausreichend Fachkräfte zu finden. Auf das verarbeitende Gewerbe ist deshalb ein so großes Gewicht zu legen, weil nur über dessen Stärkung Ostdeutschland in den Stand gesetzt würde, von den Transferzahlungen unabhängig zu werden und damit politisch an Gewicht zu gewinnen.

Es gibt im vereinigten Deutschland nach wie vor starke Elemente von Teilgesellschaften und eine duale Wirtschaftsstruktur, die auch nicht kurzfristig verschwinden werden. Nehmen wir die bundesdeutsche Gesellschaft jedoch als ganze in den Blick, dann erscheint manches in einem anderen Licht als bei einer Fixierung auf die innerdeutsche Ost-West-Problematik, nämlich als regional spezifische Ausprägung allgemeinerer Befunde. Das »Modell Deutschland« der alten Bundesrepublik, das seine Hochzeit in der Phase des langfristigen, kaum unterbrochenen Wirtschaftsbooms von den späten 1940er bis in die mittleren 1970er Jahre hatte und seitdem zunehmend unter Druck geriet, brachte einen niemals zuvor gekannten Anstieg des Einkommens- und Konsumniveaus, verzögert auch für die Arbeiterbevölkerung, mit sich. Das wirtschaftliche Wachstum ermöglichte soziale Absicherung auf einem qualitativ höheren Niveau als bislang. Exportorientierung, hoher Ausbildungs- sowie Qualifikationsstand und eine Art historischen Kompromisses zwischen Kapital und Arbeit bzw. zwischen liberal-konservativen und sozialdemokratischen Versionen der regulierten Marktwirtschaft waren charakteristische Kennzeichen des Nachkriegskapitalismus in Westdeutschland wie tendenziell im ganzen westlichen Teil der nördlichen Hemisphäre.

Ein solches Set von Institutionen und Traditionen kann nicht nach Bedarf umstandslos ausgewechselt werden. Deshalb unterscheiden sich die deutschen Verhältnisse immer noch beträchtlich von dem angloamerikanischen, liberalistischen Modell. Doch war, als die DDR der Bundesrepublik beitrat, die kapitalistische Welt bereits in eine neue Entwicklungsphase eingetreten, die – begriffsgeschichtlich nicht ganz sauber – meist als »Neoliberalismus« bezeichnet wird, gekennzeichnet durch den Durchbruch der Mikroelektronik, die beschleunigte Globalisierung, kombiniert mit Deregulierung und Privatisierung (und damit die reduzierte Steuerungsfähigkeit des Staates), die Hegemonie der Finanzmärkte über die Wirtschaft und eine von Land zu Land unterschiedlich stark ausgeprägte Umverteilung des Reichtums nach oben bzw. ganz oben. Die neue Struktur des Finanzmarktkapitalismus hat die auf nationaler Ebene bestehenden politisch-sozialen Arrangements vom Typ Wohlfahrtsstaat nicht einfach zerstört, sondern überlagert und in eine Defensivposition gebracht. In Deutschland drückt sich das nicht zuletzt in der Zunahme prekärer, nicht gesicherter und generell nicht standardisierter Arbeitsverhältnisse aus (neben einer weiterhin beträchtlichen Arbeitslosigkeit) sowie in einer deutlichen Polarisierung der Einkommens- und Vermögenssituation, wobei lediglich das oberste Zehntel mit inzwischen über 60 Prozent des Nettovermögens im ersten Jahrzehnt des 21. Jahrhunderts relativ wie absolut dazugewonnen hat. Im Osten wirkt die relativ egalitäre Sozial- und Verteilungsstruktur vor 1990 noch nach; die soziale Polarisierung hinkt gewissermaßen hinterher, doch mit der gleichen Entwicklungstendenz wie im Westen.

Nach über die Jahrzehnte erstaunlich konstanten Repräsentativbefragungen wollen rund drei Viertel der Deutschen den Sozialstaat verteidigt wissen. Sogar mehr als drei Viertel der Bundesbürger in Ost und West stimmten laut dem Institut für Demoskopie Allensbach 2008 der Aussage zu, die sozialen Unterschiede und Ungleichgewichte seien zu groß. Die internationale Finanzkrise von 2008/09 hat das Bedürfnis nach einer gewissen Reregulierung der Märkte verstärkt und die Rede von der »Alternativlosigkeit« simpler Anpassung an das vermeintlich naturgesetzliche Wirtschaftsgeschehen desavouiert. Einer der am meisten ins Auge fallenden innerdeutschen Unterschiede in der politischen Mentalität zeigt sich indessen im Demokratieverständnis: Während die Westdeutschen mehrheitlich vor allem die Freiheit betonen, hat für die Ostdeutschen der Gleichheitsaspekt ein besonders starkes Gewicht. Der Dreiklang der Französischen Revolution – Freiheit, Gleichheit, Brüderlichkeit – beschreibt jedoch ein innerlich zusammenhängendes Programm und ist nicht eine zufällige Aneinanderreihung schön klingender Schlagworte.

Damit ist indirekt auch derjenige Themenkomplex berührt, der in der Regel gemeint ist, wenn von »Integration« die Rede ist: die Massenzuwanderung, auch aus anderen Kulturkreisen, nach Deutschland (wie in vergleichbare Länder, die de facto zu Einwanderungsländern geworden sind). Es ist zunehmend weniger sinnvoll, die »innere Einheit« Deutschlands als Ost-West-Problem und die »Integration« als Problem der Migration und ihrer Folgeerscheinungen getrennt zu diskutieren. Wir sollten die »innere Einheit« also statt in einer Zweier- in einer Dreierkonstellation denken und so die Zuwanderer konzeptionell von vornherein einbeziehen. Damit ist die kulturelle und mentale Ebene ebenso angesprochen wie die wirtschaftlich-soziale: Was soll, was wird die nationale Substanz des staatlich vereinigten und ethnisch teilweise neu zusammengesetzten deutschen Volkes in weiteren 25 Jahren ausmachen?

Horst Teltschik

»Gorbatschows Antwort war: Diktat«

Themen wie internationale Beziehungen, Sowjetunion, DDR, Marxismus-Leninismus, Nationalsozialismus haben mich von der Schulzeit an interessiert – nicht ohne Grund. Ich bin noch im Sudetenland geboren. Mein Vater wurde bereits 1914 mit 18 Jahren Soldat, erlitt einen Bauchschuss und wurde von seinen deutschen Kameraden liegen gelassen, da sie ihn für tot hielten. Er wurde von sowjetischen Soldaten aufgenommen, ohne Narkose operiert und geriet in Gefangenschaft nach Sibirien. 1922 kehrte er aus dem Ersten Weltkrieg zurück. Der Hof, von dem er stammte, war wegen seines angenommenen Todes bereits übergeben worden. 1940 in den Zweiten Weltkrieg eingezogen, kehrte er erst 1946 zurück – allerdings nicht in seine Heimat, das Sudetenland, sondern nach Tegernsee in Westdeutschland, wo unsere Mutter mit uns Kindern schon angekommen war. Das heißt, ich habe einen Vater, der 14 Jahre seines Lebens im Krieg war, dabei zweimal in sowjetischer Gefangenschaft, der alles verloren hatte und als Flüchtling im Tegernseer Tal landete. Vor dem Hintergrund einer solchen Lebenserfahrung zieht man schnell den Schluss: »Nie wieder Krieg!«, »Nie wieder Nationalsozialismus!« – und sehr schnell war mir auch klar: »Nie wieder Kommunismus!«

Als ich dann ins Gymnasium kam, waren wir für die Einheimischen oder die »Hiesigen«, wie man sie nennt, immer Flüchtlinge. Es hieß durchaus: »Sie haben nix zu fressen und zu beißen, aber die Kinder schicken sie aufs Gymnasium.« Denn die »Hiesigen« gingen in der Regel nicht auf das Gymnasium, weil sie in die Handwerksbetriebe der Eltern einstiegen. Tegernsee hatte im Dritten Reich den Namen »Lago di Bonzo«, was man auch heute sagen kann, da dort viele vermögende Leute leben. Aber »Lago di Bonzo« hieß es damals, weil dort viele hochrangige Nationalsozialisten lebten, so dass man als Jugendlicher automatisch mit dieser Vergangenheit konfrontiert wurde. Ich war sehr aktiv in der Katholischen Jugend und führte damals einen erschreckenden Film in der Aula des Gymnasium vor: *Nacht und Nebel.* Dieser zeigt die Befreiung von deutschen Konzentrationslagern, und zwar so, wie es die Amerikaner und die Russen erlebten, als sie die Lager übernahmen: grauenhafte Bilder, mit dem Ergebnis, dass während der Vorführung viele einheimische Tegernseer unter Protest den Saal verließen.

Um die DDR haben wir uns damals auch schon gekümmert. So schrieb ich beispielweise einen »Besinnungsaufsatz« zu dem Thema: »Die Partei, die Partei, die hat immer recht«. Was heißt das eigentlich, was heißt so ein Anspruch? Wir haben damals in der Katholischen Jugend Brieffreundschaften mit Gleichaltrigen in der DDR aufgenommen, und diese Brieffreundschaften haben teilweise bis heute gehalten. Wir sind gemeinsam aufgewachsen, erwachsen geworden. Nur als ich im Bundeskanzleramt war, mussten wir schriftlich über Dritte verkehren, um nicht die Freunde in der DDR zu gefährden.

Nach dem Abitur musste ich zur Bundeswehr. Das war für mich prägend, weil wir damals einen Höhepunkt des Kalten Krieges erlebten. Wir hatten 1961 die Berlinkrise mit dem Bau der Mauer, und wir hatten 1962 die Kubakrise. Ich war damals bei einem Panzerbataillon in der Nähe von Kassel. Wir erhielten nicht nur Ausgangssperre, sondern wir munitionierten auch unsere Panzer voll auf, rüsteten sie »kampfmäßig« aus und suchten die sogenannten Unterziehräume auf, wo wir im Falle eines Angriffs unsere Panzer im Wald erst einmal verborgen hätten. Das prägt sich jungen Menschen sehr ein, schrammten wir doch 1961/62 hautnah an einem dritten Weltkrieg vorbei. Wer deshalb heute von der Wiederkehr des Kalten Krieges im Zusammenhang mit der Ukraine spricht, sollte sich an solche Ereignisse des Kalten Krieges hier in Deutschland erinnern.

Dann kam ich als Student nach Berlin – die Mauer war gerade gebaut. Ich erlebte 1963 John F. Kennedy – den Triumph seiner Rede vor dem Schöneberger Rathaus –, aber ich hörte im gleichen Jahr auch von seiner Ermordung. Und ich erlebte, wie Berliner Studenten über den Kurfürstendamm marschierten, um gemeinsam ihre Trauer über die Ermordung Kennedys zum Ausdruck zu bringen. Dieser Aufenthalt in Berlin als Student gab mir erstmals die Möglichkeit, mich mit meinen Brieffreunden aus der DDR zu treffen, indem diese nach Ost-Berlin kamen. Wer die Schikanen auf der Friedrichstraße, bei der Rückkehr im »Tränenpalast«, erlebt hat, bekommt eine gewisse Empfindung über dieses diktatorische System der DDR. Und dieses Empfinden kann ich nur mit einem Wort zum Ausdruck bringen: Verachtung. Denn diese Willkür, die wir an den Grenzübergängen erlebten, was wir von unseren Freunden, die nicht Mitglied der Partei und der FDJ waren, erfuhren, das bedrückte uns. Ich erinnere mich an eine Szene, die ich nie vergessen habe, und wenn ich gefragt wurde, wie ich den Charakter der DDR empfinde, schilderte ich das immer an diesem Beispiel. In den 1960er Jahren war Westfernsehen in der DDR verboten. Mein Freund hatte eine vierjährige Tochter, und wir unterhielten uns über eine Nachrichtensendung im westdeutschen Fernsehen in Anwesenheit seiner Tochter. Plötzlich sagte ihr Vater: »Über was wir hier gesprochen haben, davon darfst du nichts im Kindergarten erzählen.« Darauf antwortete dieses vierjährige Mädchen: »Aber Papa, ich weiß doch, was ich im Kindergarten sagen darf und was nicht.« Mit vier Jahren hat man ein Kind mit zwei Wahrheiten erzogen. Was charakterisiert ein Unrechtssystem mehr als ein solches Beispiel? Ich habe das nie vergessen.

Ich studierte in Berlin bei Richard Löwenthal, und ich besuchte bei ihm ein Seminar, das mir später im Beruf und in der Politik sehr geholfen hat. Das Thema des Seminars lautete »Faktoren der Beharrung und der Auflösung im bipolaren System«. Wir untersuchten damals, in den 1960er Jahren, ob es Faktoren gibt, die das bipolare Weltsystem – der jeweiligen Weltmächte und Allianzen – auflösen oder vertiefen könnten. Mein Interesse galt den Faktoren innerhalb des Warschauer Paktes, die den Pakt erodieren könnten, und es galt der Frage, was diesen Pakt zusammenhielt. Dies war während meiner Zeit im Kanzleramt Teil unserer Politik – die Überlegung, wie wir zu den Staaten des Warschauer Paktes Beziehungen aufbauen können, die sich anders entwickeln als die Beziehungen zur Sowjetunion und andere Auswirkungen haben als die Befehlsgewalt aus Moskau gegenüber diesen Staaten. Als ich schließlich in den 1970er Jahren in die Politik ging, erlebten wir einen Höhepunkt der Entspannungspolitik, der auch für die aktuelle Entwicklung höchst interessant ist. Im Dezember 1967 war eine strategische Entscheidung der NATO gefallen, die im Zusammenhang mit dem Harmel-Bericht, einem Bericht des belgischen Außenministers Pierre Harmel im Auftrag der NATO, eine strategische Umkehr der NATO gegenüber der Sowjetunion und des Warschauer Paktes zur Folge hatte. Zentrale Politik des Westens bis zu diesem Zeitpunkt war es, die Sowjetunion politisch zu isolieren, Sanktionen durchzusetzen und eine internationale Anerkennung der DDR zu verhindern. In der Bilanz war das eine aggressive Politik gegenüber dem Osten. Der Harmel-Bericht sagte nun, dass es zukünftig darum gehe, auf der Grundlage unserer eigenen Sicherheit, welche nach wie vor Priorität genoss, eine Politik der Zusammenarbeit, des Dialogs und der Entspannung zu entwickeln. Die gesamte Allianz übernahm gewissermaßen eine neue Strategie.

Ein Dreivierteljahr später, im August 1968, erfolgte die Niederschlagung des »Prager Frühlings«, womit diese Strategie an sich obsolet geworden war. Dennoch griff im Frühjahr 1969 Außenminister Willy Brandt einen Vorschlag der Sowjetregierung aus dem Jahr 1954 zu einer Konferenz für Sicherheit in Europa auf – später die Konferenz für Sicherheit und Zusammenarbeit in Europa (KSZE). Dieses Beispiel ist im Zusammenhang mit der Ukraine sehr aktuell. Im August 1968 hatten sowjetische Panzer in Prag die Aufstände der Reformer blutig niedergewalzt. Man hätte daher damals sagen können: Wiederaufnahme der Sanktionen, keine politischen Beziehungen und Isolierung der Sowjetunion. Dies sind genau jene Forderungen, die auch heute im Zusammenhang mit der Ukraine geäußert werden. Die Reaktion des Westens, vor allem der Bundesregierung mit Willy Brandt als Außenminister, war allerdings gegenteilig: Lasst uns doch eine neue Strategie, eine gesamteuropäische Konferenz für Sicherheit beginnen. – Daraus wurde die KSZE, die 1975 zur Schlussakte von Helsinki, dem zentralen Dokument der Entspannungspolitik, führte. 1970/72 gab es die bilateralen Ostverträge Willy Brandts mit Moskau, Prag und Warschau sowie der DDR. Trotz der Prager Militärintervention der Sowjetunion begannen wir keine neue Kalte-Kriegs-Politik, sondern taten genau das Gegenteil. Willy Brandt fuhr 1970 nach Moskau, um den Vertrag mit Moskau zu unterzeichnen. Er traf sich mit Leonid Breschnew auf der Krim, in seiner Privatresidenz, und fuhr mit ihm Schiffchen, wovon es berühmte Bilder gibt: Willy Brandt mit Leonid Breschnew auf einem Boot vor der Krim. Man stelle sich vor, Bundeskanzlerin Angela Merkel würde sich heute mit Wladimir Putin auf der Krim treffen und Schiffchen fahren. Ich möchte mit diesen Parallelen deutlich machen, dass man auf ähnliche Konstellationen sehr verschieden reagieren kann.

Als Helmut Kohl Parteivorsitzender und Oppositionsführer im Bundestag war, später dann Bundeskanzler, erlebte ich Gespräche mit, die er mit Leonid Breschnew, mit Juri Andropow, mit Andrej Gromyko, mit Konstantin Tschernenko und letztlich mit Michail Gorbatschow führte. In allen diesen Gesprächen sprach er das Thema deutsche Einheit an. Er brachte immer das gleiche Bild und sagte: »Wie würden Sie denn handeln, wenn mitten durch Moskau eine Mauer stünde und die Menschen trennen würde und das Land trennen würde?« Kein einziger Generalsekretär der sowjetischen kommunistischen Partei sagte in diesen Gesprächen zu Helmut Kohl: »Herr Kohl, vergessen Sie das. Das hat die Geschichte erledigt.« Die Antwort der Sowjets war immer: »Das ist kein Thema jetzt. Was die Geschichte einmal sagen wird, wer weiß es?« Wir hatten nie das Gefühl und den Eindruck, dass die sowjetischen Führer das Thema deutsche Einheit dauerhaft für erledigt hielten. Und man agiert anders, wenn man so eine Reaktion erlebt hat, als wenn die sowjetischen Politiker uns gesagt hätten: »Herr Bundeskanzler, vergessen Sie es«, oder: »Herr Kohl, das hat die Geschichte endgültig erledigt.«

Dabei war unsere Verhandlungssituation mit der Sowjetunion alles andere als einfach. Generalsekretär Breschnew war 1981 schwer krank, er vermochte auf Fragen von Helmut Kohl nur zu antworten, wenn Gromyko ihm einen Zettel mit der Antwort zuschob. Wir erlebten Generalsekretär Andropow im Juli 1983 in Moskau, da konnte er nicht einmal mehr gehen. Wir betraten sein Arbeitszimmer, er stand neben seinem Stuhl, und wir mussten um den Tisch herumgehen, um ihn zu begrüßen, dann setzte er sich – nicht mehr bewegungsfähig, aber bei klarem Verstand. Und dieser Mann, der todkrank war und ein Dreivierteljahr später starb, drohte 1982/83 den Amerikanern und den Europäern mit einem dritten Weltkrieg. Wir fuhren schließlich zur Beerdigung von Andropow. Im Anschluss an solche Beerdigungen konnten wir immer den neuen Generalsekretär sehen – dies war der eigentliche Grund für unsere Teilnahme. Und wir haben Tschernenko erlebt, und er war so krank, dass man ihn einmal im Fernsehen, gestützt von zwei Personen, vorführte, um den sowjetischen Bürgern zu zeigen: Unser Generalsekretär lebt noch! Wir fuhren auch zu dessen Beerdigung und trafen am nächsten Tag Gorbatschow: nach drei todkranken Generalsekretären erstmals wieder ein gesunder Kandidat. Das Problem war, dass die Vorgänger mit Krieg gedroht hatten. Und es ist ein ausgemachtes Problem, wenn man todkranke Partner hat, die mit Krieg drohen. Wie weit sind sie berechenbar? Wie weit kann man auf ihre Aussagen bauen?

1982/83, nachdem Helmut Kohl Bundeskanzler geworden war, erlebten wir wieder einen Höhepunkt des Kalten Krieges. 1975 war der Höhepunkt der Entspannungspolitik mit der Helsinki-Konferenz und dem berühmten Dokument von Helsinki, auf das sich Dissidenten in den Warschauer-Pakt-Staaten immer beriefen. Trotzdem begann Breschnew ein neues Wettrüsten. Mit dem Bau und der Stationierung der sogenannten SS-20, nuklearer Mittelstreckenraketen, die nicht gegen die Amerikaner gerichtet waren, sondern gegen uns, gegen Westeuropa, vor allem gegen Deutschland, Holland, England, Italien. Diese Länder sagten als Antwort: »Wenn ihr die Raketen nicht abbaut, dann stellen wir amerikanische dagegen.« Ich hatte 2009 einmal die Gelegenheit, mit dem ehemaligen KPdSU-Politbüro-Mitglied Wadim A. Medwedew in Wien zu diskutieren. In diesem Zusammenhang fragte ich ihn, wie ausgerechnet nach dem Höhepunkt der Entspannungspolitik, deren Hauptmotor der bundesdeutsche Außenminister und Bundeskanzler Willy Brandt war, eine solche Entscheidung fallen konnte, ausgerechnet gegen uns ein neues Wettrüsten zu beginnen – nicht gegen die Amerikaner, sondern gegenüber den Westeuropäern. Daraufhin antwortete Medwedew: »Herr Teltschik, es gibt in der Politik gute Dokumente, und es gibt nationale Interessen. Ein gutes Dokument war Helsinki. Das nationale Interesse war: Wenn wir Mittelstreckenraketen stationieren, sind wir dominant, stärker als der Westen.«

Helmut Kohl erging es im Juli 1983 in Moskau ähnlich. Wir hatten ein Gespräch mit dem sowjetischen Verteidigungsminister Dmitri Ustinow, unter anderem über die SS-20, links und rechts neben ihm saßen zwei schwer behangene Marschälle. Hans-Dietrich Genscher fragte über den Tisch: »Wie viele haben Sie denn von diesen SS-20?« Da ging ein Grinsen über das Gesicht von Ustinow – und er sagte nur ein Wort: »больше« – »mehr«. Da merkte man die gesamte Genugtuung: Wir haben etwas, was ihr nicht habt, und ihr habt Angst davor. Und wir sagen euch auch nicht, wie viel wir haben. – Dies als Beispiel, um zu schildern, wie solche Gespräche abliefen, und das trotz der erklärten Entspannungspolitik.

Nachdem Helmut Kohl in dieser Situation Bundeskanzler geworden war, verfuhren wir nach einer simplen Strategie. Wir sagten: Deutsche Außenpolitik beruht auf zwei Säulen. Die eine Säule sind die engen Beziehungen mit den USA und die Atlantische Allianz. Die andere Säule sind die europäische Integration und die Freundschaft mit Frankreich. Diese beiden Säulen müssen so stabil wie möglich sein. Auf der Grundlage stabiler Säulen wollten wir eine aktive Ostpolitik betreiben. Denn wenn diese Säulen stabil sind, dann haben wir das volle Vertrauen unserer westlichen Partner und können ohne Misstrauen eine aktive Ostpolitik betreiben. Helmut Kohl schrieb daher als Erstes einen Brief an Andropow, in dem er äußerte: Lasst uns unsere Beziehungen neu entwickeln. Wir sind eine neue Regierung, lasst uns neue Wege gehen. – Und er lud alle Generalsekretäre der Warschauer-Pakt-Staaten nach Bonn ein. Mit dem Scheitern der Genfer Verhandlungen über die Abrüstung der sowjetischen SS-20-Raketen und damit auch über die Nichtaufstellung der amerikanischen Mittelstreckenraketen sagten auf Druck der Sowjetunion alle Generalsekretäre ihre Einladungen nach Bonn ab – bis auf einen, den wir aber am wenigsten wollten, Nicolae Ceauşescu. Er hatte den Mut zu kommen. Honecker sagte auch ab, obwohl Helmut Kohl versuchte hatte, ihn mit einzubeziehen. Unsere Überlegung war: Wenn die beiden »Elefanten« Moskau und Washington nicht mehr miteinander reden – und es gab zu diesem Zeitpunkt keine Gesprächsebene und keine Gipfeldiplomatie mehr –, können auch die »Mäuse«, also die kleinen west- und osteuropäischen Staaten, nicht miteinander reden. Wie bringen wir die beiden Großen wieder an einen Tisch? Um das zu erreichen, reiste Helmut Kohl, nachdem Ronald Reagan im November 1984 wiedergewählt worden war, nach Washington, um mit ihm ein gemeinsames Kommuniqué zu unterzeichnen. Wir brachten Reagan dann dazu, die Gipfeldiplomatie mit der Sowjetunion wieder aufzunehmen und Abrüstungsverhandlungen zu beginnen. Glücklicherweise kam im Frühjahr 1985 Gorbatschow ins Amt, womit erneut die große Gipfeldiplomatie zwischen West und Ost begann.

In den 1980er Jahren wollten wir allerdings, was die Warschauer-Pakt-Staaten betraf, mit jedem einzelnen Staat die Beziehungen intensivieren und jeden Reformansatz unterstützen. Ich führte beispielsweise von 1984 an geheime Verhandlungen und Gespräche mit Ungarn. 1984, auf dem neuen Höhepunkt des Kalten Krieges, kam ein neuer ungarischer Botschafter nach Bonn zum Antrittsbesuch und sagte: »Herr Teltschik, wir müssen in Ungarn die Wirtschaft reformieren, wir müssen die Politik reformieren. Wir sind am Ende. Wir brauchen nur die Unterstützung der Bundesrepublik Deutschland, dann sind wir bereit, diesen Weg zu gehen.« Ich war misstrauisch, wusste man doch bei einem offiziellen Vertreter eines Warschauer-Pakt-Staates nicht, ob er sich nur einschmeicheln wollte oder ob er die Wahrheit sagte. Er lud mich dann nach Budapest zu Kadergesprächen ein. Bei der Gelegenheit lernte ich zwei junge Leute im Zentralkomitee der kommunistischen Partei Ungarns kennen. Der eine war der Vorsitzende der Wirtschaftskommission, Miklós Németh, der spätere Ministerpräsident, und der andere war der Vorsitzende der Kommission für internationale Beziehungen, Gyula Horn, der spätere Außenminister. Die beiden sagten mir schon 1984: »Mit János Kádár können wir die Probleme Ungarns nicht lösen. Wir müssen ihn ablösen, aber wir brauchen die Unterstützung der Bundesrepublik. Wir haben einen Nachfolgekandidaten, Károly Grósz.« Sie bekamen die Zusage, dass wir sie unterstützten, wenn sie Probleme hätten. Grósz wurde neuer ungarischer Ministerpräsident. Ich war sein erster westlicher Besucher in Budapest, gemeinsam mit dem Chef der Deutschen Bank, Alfred Herrhausen, und wir verhandelten einen Kredit über eine Milliarde DM mit Grósz. Nur kurze Zeit später, nach etwa anderthalb Jahren, kamen Horn und Németh wieder zu uns und sagten: »Wir kommen mit Grósz nicht weiter, wir müssen das Ruder selber übernehmen.« Die beiden fingen dann an, Ungarn zu reformieren. 1989 öffneten sie in vier Etappen die Grenze, was in der DDR sehr wohl zur Kenntnis genommen wurde.

Das Gleiche geschah mit Polen, nur etwas später. Solidarność war der Prozess, der 1980 in Gang gekommen war. Unser Interesse war es, Solidarność als Reformkraft zu unterstützen. Der Bundeskanzler hatte mit dem letzten kommunistischen Ministerpräsidenten Mieczysław Rakowski verabredet, dass zwei persönliche Reformbeauftragte die Verhandlungen führten, um die Beziehungen zwischen Polen und der Bundesrepublik Deutschland auf eine neue Grundlage zu stellen. Ich hatte auf der deutschen Seite die Verantwortung für diese Verhandlungen, und ich erlebte 1989 hautnah die Transformation in Polen mit. Ich sprach ebenso mit Todor Schiwkow, der auch einen Kredit wollte, aber nicht bereit zu Reformen war, weswegen er den Kredit nicht bekam. Ich sprach mit Ladislav Adamec in Prag. Wir führten alle diese Gespräche mit dem Ziel: Wenn ihr Reformen einleitet, dann könnt ihr mit unserer Unterstützung rechnen.

Warum haben wir das gemacht? Unsere Strategie war: Wenn wir die Reformpolitiker unterstützen, dann erhöhen wir den Druck auf die DDR. Entweder beginnt die DDR ebenfalls mit Reformen, dann wird sie das nicht überleben. Und wenn die DDR nicht mit Reformen beginnt und sich isoliert, dann wird sie das auch nicht überleben. Eine solche Strategie konnte man nicht öffentlich erklären, die musste man machen. Wir intensivierten folglich parallel die Verhandlungen und Gespräche mit der DDR-Führung, weil wir zwei zentrale Interessen hatten. Wir wollten die Entfremdung zwischen Ostdeutschen und Westdeutschen nach Möglichkeit überwinden und mehr menschliche Erleichterungen erreichen. Wir waren selbst zu Krediten an die DDR bereit, um solche Ziele zu erreichen. Aber entscheidend war die andere Strategie. Als Gorbatschow im Juni 1989 nach Bonn kam und dabei auch Städte wie Düsseldorf oder Stuttgart besichtigte, war das für ihn ein Schlüsselereignis. Es war im Grunde sein erster ausführlicher Besuch in der Bundesrepublik, und er war davon tief beeindruckt. Er besuchte Fabriken, er führte politische Gespräche und später, wenn wir uns trafen, sagte er immer ein deutsches Wort als erstes. Er sagte: »Horst, Ordnung!« Er war nämlich tief beeindruckt, wie sauber alles bei uns war, dass die Infrastruktur funktionierte, dass wir Autobahnen hatten, die funktionierten. Dass man in einem Werk von Daimler-Benz in Stuttgart sprichwörtlich »vom Boden essen konnte«, weil die Fabrik so sauber war. Das fand er sensationell. Damit nehme ich die Antwort auf die entscheidende Frage vorweg: Warum hat er der Einheit am Ende zugestimmt? Ich glaube, ein entscheidendes Motiv für ihn war die folgende Überlegung: Wenn dieses industriell starke Deutschland sein zukünftiger Partner ist, dann kann er die Sowjetunion erfolgreich reformieren – mit Hilfe Deutschlands. Zudem unterzeichneten wir damals ein Dokument, das die westdeutsche Öffentlichkeit nicht wahrgenommen hat. Es war das erste deutsch-sowjetische Dokument, in dem stand, dass das Selbstbestimmungsrecht der Völker für alle gilt. Selbstbestimmungsrecht lief für uns in Westdeutschland auf die deutsche Einheit in Freiheit hinaus.

Das Dokument hat damals in Deutschland kaum einer wahrgenommen, mit Ausnahme des sowjetischen Botschafters. Helmut Kohl sprach im September 1989 auf dem CDU-Parteitag in Bremen von zwei Visionen – von der Vision der deutschen Einheit unter Bezug auf dieses Dokument und von der Vision der europäischen Integration. Am nächsten Tag besuchte mich der sowjetische Botschafter Juli Kwizinski im Büro und sagte: »Herr Teltschik, so nicht.« Er war dagegen, dass der Bundeskanzler sich auf dieses Dokument bezog, um über das Selbstbestimmungsrecht der Deutschen zu sprechen. Ich sagte ihm: »Herr Botschafter, jeder in Moskau weiß, was wir unter Selbstbestimmungsrecht verstehen.« Er war der Einzige, der es in Deutschland wahrgenommen hat.

Damals war unsere Strategie gegenüber der DDR noch eine zweite. Priorität genoss die Freiheit der Ostdeutschen, nicht die Einheit. Das haben wir auch nicht so deutlich geäußert, weil es ja sehr schnell zu Missverständnissen führen konnte – nach dem Motto: Die wollen keine Einheit. Wir waren aber überzeugt: Wenn die Ostdeutschen die Freiheit bekommen, dann wollen sie auch die Einheit. Darüber bestanden bei uns nie Zweifel. Faszinierend für mich war, dass im Sommer 1989 in Deutschland keiner über die deutsche Einheit diskutierte. Übrigens auch nicht in der DDR, in der es zunächst zu einer riesigen Fluchtbewegung kam, erst in unsere Ständige Vertretung in Ost-Berlin, dann nach Polen, nach Prag und nach Ungarn. Die erste Reaktion der DDR-Bürger war also Flucht. Erst im Oktober 1989 begannen die Demonstrationen. Polen war seit Sommer 1989 faktisch schon demokratisch; Ungarn hatte bereits im Mai 1989 begonnen, die Grenze abzubauen. Erstaunlicherweise gab es darauf in beiden Teilen von Deutschland wenige Reaktionen. Im Rückblick ist das faszinierend. Die ehemaligen DDR-Bürger müssen selbst die Frage beantworten, warum das so war.

Und dann kam plötzlich – für alle überraschend – die Maueröffnung. An dem Tag waren wir in Warschau angekommen, weil wir eine gemeinsame Erklärung unterschreiben wollten, die ich im Auftrag des Bundeskanzlers mit den polnischen Partnern ausgehandelt hatte, und zwar mit dem Ziel, die deutsch-polnischen Beziehungen auf eine neue Grundlage zu stellen. Hätten wir gewusst, dass sich an diesem Abend die Grenze öffnet, dann wären wir nicht gereist – wir wussten es nicht. Gegen 17 Uhr hatten wir ein Gespräch mit Lech Wałęsa, dem damaligen Chef der Solidarność. Er sagte: »Herr Bundeskanzler, was jetzt abläuft, in Moskau, in Polen, in Ungarn, aber auch in der DDR mit der Fluchtbewegung, das ist der Beginn der deutschen Wiedervereinigung.« Helmut Kohl hörte das mit Wohlwollen, wollte es aber nicht recht glauben. Wir konnten zu dem Zeitpunkt schließlich nicht ahnen, wie schnell dann alles gehen würde. Der Prozess kam danach zügig in Gang, und es verging weniger als ein Jahr, dass Deutschland wiedervereinigt war.

Ich bin oft gefragt worden: Warum dieses Tempo? Eduard Schewardnadse sagte noch im Mai 1990 öffentlich, das gehe alles viel zu schnell. Und er kam mit dem sehr gefährlichen Vorschlag, den inneren Einigungsprozess und den äußeren voneinander zu trennen. Das heißt, wir hätten die Wiedervereinigung Deutschlands vollzogen, aber wir hätten nicht die volle Souveränität gehabt, wir hätten noch nicht die Entscheidung über die NATO-Mitgliedschaft gehabt, nicht die Entscheidung über den Abzug der sowjetischen Truppen. Helmut Kohl wies das sofort zurück. Das Tempo der deutschen Einheit bestimmte nur eine Seite: die Menschen in Ostdeutschland. Ich habe manchmal gesagt, wir sind hinter den Ereignissen ein Stück hinterhergehechelt und hatten vor allem das Ziel, das Ganze unter Kontrolle zu halten. Die größte Sorge von Michail Gorbatschow, George Bush, François Mitterrand und Margaret Thatcher nach der Öffnung der Mauer 1989 war, dass Chaos ausbricht. Wenn ein Grenzbeamter der DDR, ein Volkspolizist bis hin zu einem sowjetischen Soldaten zu schießen angefangen hätte, nicht weil er den Befehl hatte, sondern aus Angst oder Unsicherheit, dann hätte das unübersehbare Konsequenzen gehabt. Als in Leipzig 70 000 Menschen demonstrierten, lag die Staatsmacht schießbereit in den Büschen. Ein Leipziger Freund erzählte mir, wie ein Oberstleutnant zu seiner Mannschaft sagte, als die Demonstranten ankamen: »Hier wird nicht geschossen! Mein Sohn ist dabei.«

Helmut Kohl stand nach der Öffnung der Mauer vor der Frage: Was machen wir jetzt? Wohin geht der ganze Prozess? Wir wussten, die DDR war politisch, wirtschaftlich und finanziell bankrott. Ich sagte das vor der Reise Helmut Kohls in die Sowjetunion im Februar 1990 auch den deutschen Medien, da diese wissen wollten, was Kohl Gorbatschow sagen würde. Ein Journalist fragte mich, wie ich zu der Überzeugung gelange, dass die DDR bankrott sei. Ich antwortete, dafür gebe es Anzeichen. Hans Modrow erklärte beim großen Wirtschaftsgipfel in Davos öffentlich, er könne entscheiden, was er wolle, es führe keiner mehr durch. Wer eine solche öffentliche Aussage macht, der ist politisch bankrott. Wirtschaftlich war die DDR sowieso bankrott und finanziell auch. Was wir mit der Zehn-Punkte-Rede von Helmut Kohl versuchten, war, eine Strategie zu entwickeln, wie wir die deutsche Einheit erreichen wollten. Wenn man die Zehn-Punkte-Rede liest, ist dort kein Zeitplan enthalten. Wir wussten schließlich nicht, wie das alles umsetzbar sein würde. Intern dachten wir damals, wir würden zehn bis 15 Jahre brauchen, um Deutschland zu vereinen. Am Ende war es weniger als ein Jahr. Wer sich die zehn Punkte ansieht, erkennt schnell, dass wir Punkte aufnahmen, die nicht unsere Ideen waren – so zum Beispiel die Idee von Modrow zu einer Vertragsgemeinschaft. Wir wussten zwar nicht, was das war, aber ich sagte: Wir greifen das auf, dann können sie nicht dagegen sein. Schließlich war es ihr eigener Vorschlag. Irgendwas würde uns schon dazu einfallen. So versuchten wir, eine Strategie zu entwickeln. Gorbatschows Antwort war: Diktat. Er war dagegen.

Im Januar 1990 hatten wir eine sehr brisante Situation, von der wir erst später erfuhren, was da eigentlich los war. Wir warteten dringend auf einen Gesprächstermin zwischen Kohl und Gorbatschow in Moskau. Plötzlich bekamen wir über die Medien die Nachricht, Gorbatschow habe alle Termine mit ausländischen Gesprächspartnern abgesagt. Wir wussten nicht, warum. Später, als Schewardnadse aus dem Außenministerium ausgeschieden war, besuchte ich ihn im Rahmen eines Moskauaufenthalts. Er war außerordentlich freundlich und sagte:

»Herr Teltschik, Sie sind der Erste aus dem Westen, der mich besucht, seitdem ich nicht mehr im Amt bin.« Ich begann ihn auszufragen: »Was war denn im Januar 1990 los?« Er antwortete: »Herr Teltschik, wir haben damals in der sowjetischen Führung darüber diskutiert, ob wir noch militärisch in der DDR intervenieren sollen.« Das war im Januar 1990! Man stelle sich vor, 350 000 sowjetische Soldaten hätten die Grenzen wieder dichtgemacht, und viele von der NVA und den Betriebskampfgruppen hätten daran mitgewirkt. Das wäre möglich gewesen, aber wie hätten die Menschen in der DDR reagiert? Ein blutiger Bürgerkrieg wäre höchstwahrscheinlich die Folge gewesen.

Seit dem Fall der Mauer trieb uns die Sorge um, ob Michail Gorbatschow die Entwicklung politisch überlebt oder nicht. Schließlich ging es nicht nur um den Fall der Mauer, sondern auch um seine – in der Sowjetunion umstrittene – Politik von Glasnost und Perestroika. Deswegen dachten wir in unserem Entscheidungsprozess stets darüber nach, was wir tun können, um Gorbatschow politisch zu stützen – deswegen der Vorschlag des bilateralen Vertrages, deshalb der Kredit über fünf Milliarden DM, deshalb drei Milliarden DM für den Abzug der sowjetischen Truppen und so weiter. Wenige Tage nach dem XXVIII. Parteitag der Kommunistischen Partei der Sowjetunion (KPdSU) trafen Kohl und Gorbatschow im Juli 1990 im Kaukasus zusammen. Bei diesem Treffen wurde deutlich, wie erleichtert Gorbatschow und Schewardnadse waren, den Parteitag überstanden zu haben. Und bevor Gorbatschow 1990 in die USA ging, war Helmut Kohl mit einem einzigen Ziel bei George Bush, nämlich um ihm zu raten, er solle Gorbatschow als Gleichberechtigten behandeln, nicht als Verlierer, sondern auf gleicher Augenhöhe. Gorbatschow hat mir später immer wieder gesagt: »Wenn ich nicht das Vertrauen in Kohl und Bush gehabt hätte, wäre vieles anders gelaufen.« Es war für uns eine permanente Sorge, er würde umschwenken oder gestürzt (wie beim Putschversuch 1991).

Das Ganze ging bekanntlich erfolgreich zu Ende. Was haben wir erreicht? Deutschland ist geeint, es hat die volle Souveränität zurückbekommen. 80 Millionen Bürger bilden heute das größte und wirtschaftlich stärkste Land im Herzen Europas. Auch Europa hat sich verändert und ist heute vereint. Der Kalte Krieg ist beendet, die Sowjetunion hat sich aufgelöst, ebenso der Warschauer Pakt. 500 000 Angehörige der sowjetischen Truppen sind friedlich aus Ostdeutschland abgezogen, auch aus Ungarn und der Tschechoslowakei. Wir haben drei Milliarden DM gezahlt, damit diese Truppen Unterkünfte haben, wenn sie zurückkehren. Die Welt hat sich verändert, das bipolare System der beiden Weltmächte löste sich auf. Es war George Bush, der 1991 sagte: Wir brauchen eine neue Weltordnung. Die haben wir bekommen, für zehn Jahre war es eine unipolare Weltordnung – mit den USA als einziger Weltmacht.

Als Wladimir Putin, kurz nachdem er Präsident geworden war, seine erste Reise nach Delhi und seine zweite Reise nach Peking unternahm und in beiden Hauptstädten Kommuniqués unterschrieb, tauchte in diesem Zusammenhang zum ersten Mal der Begriff der multipolaren Weltordnung auf. Putin sagte: Es geht nicht, dass nur eine Weltmacht bestimmt. – Die Chinesen und die Inder haben ihn dabei von Anfang an unterstützt. Helmut Kohl sagte am Tag nach der Einheit im Bundestag: »Deutschland hat zum ersten Mal in seiner Geschichte keine Feinde mehr.« Und er ergänzte: »Das geeinte Deutschland muss mehr internationale Verantwortung übernehmen.« Das war freilich nicht militärisch gemeint, sondern intellektuell, als politische Führung in Europa.

Völker vergessen Geschichte nicht, das gilt bis heute. Im Mai 1990 war ich bei Gorbatschow zu einem geheimen Gespräch. Es ging unter anderem um den Kredit über fünf Milliarden DM. Während des Gesprächs sagte er: »Herr Teltschik, warum brauchen Sie denn zukünftig noch die NATO? Wir werden doch demnächst Freunde und Partner sein.« Ich sagte damals, was aus meiner Sicht bis heute gilt: »Herr Präsident, das mag ja sein, dass wir wegen der Sowjetunion keine NATO mehr brauchen, aber denken Sie daran, wer unsere Nachbarn sind. Luxemburg, die Niederlande, Dänemark, Polen – diese Länder können mit einem geeinten, größeren Deutschland im Herzen Europas leichter zusammenleben, wenn wir im gleichen Bündnis sind.« Das gilt bis heute. Ein frei schwebendes, ungebundenes Deutschland wäre nach wie vor ein Albtraum für viele unserer Nachbarn, ebenso wie ein frei schwebendes Russland, zweitstärkste Nuklearmacht der Welt, ein Albtraum bleibt. Helmut Kohls Strategie nach der Wiedervereinigung war es, einerseits die europäische Integration voranzutreiben und andererseits Russland einzubinden. 1990 unterzeichneten wir 22 Verträge und Abkommen mit der Sowjetunion. Nicht nur, um die deutsche Einheit zu ermöglichen, sondern auch um Russland (damals noch die Sowjetunion) so stark wie möglich einzubinden. Ein frei schwebendes, autoritäres Russland mit seiner imperialistischen Vergangenheit, wie wir es gerade wieder erlebt haben, ist und bleibt für uns ein Problem. Helmut Kohl tat gegenüber Boris Jelzin alles, um ihm zu verdeutlichen: Wir müssen zusammenarbeiten. Sie gingen oft gemeinsam in die Sauna, da war ich zum Glück nicht mehr dabei. Als Gerhard Schröder Bundeskanzler wurde, machte er sich über diese Saunabesuche lustig – er ging später zweimal mit Putin in die Kirche und steckte Kerzen an. Ich habe immer gefragt: Was ist glaubwürdiger? Aber es war richtig zu sagen: Wir brauchen diese persönliche Zusammenarbeit und Freundschaft zwischen Russland und Deutschland.

Wenn wir Deutschen uns nicht um Russland kümmern, so meine Erfahrung, dann kümmert sich in Europa letztlich niemand darum. Als ich 1989/90 sagte, wir müssen den Warschauer-Pakt-Staaten bei der Transformation helfen, sagten mir die französischen Kollegen im Élysée: »Horst, der Osten ist eure Spielwiese, unsere ist im Süden.« England hat kein Interesse an Russland, und Amerika findet Russland nicht mehr interessant. Barack Obama sagte, Russland sei eine Regionalmacht. Joe Biden verkündete ausgerechnet in Litauen öffentlich, Russland sei ein schwaches Land. Beide haben recht, aber so etwas äußert man nicht öffentlich. Putin misst sich nur an einer Nation, nämlich an der Weltmacht USA, an niemandem sonst, nicht an Deutschland, nicht an Frankreich, nicht an England. Dass Russland zu den Großmächten gehört, das ist sicher richtig, auch wenn es nicht mehr die globale Dominanz wie zu Zeiten der Sowjetunion hat. Dahin aber will Putin zurück.

Wir hatten im November 1990 mit allen 35 Staats- und Regierungschefs der KSZE-Staaten ein Treffen in Paris. Sie unterzeichneten damals eine Charta für ein neues Europa – die »Charta von Paris für ein neues Europa«. Die Idee dieser Charta war eine gesamteuropäische Friedens- und Sicherheitsordnung von Vancouver bis Wladiwostok. Das berühmte gemeinsame Haus Gorbatschows, eine gemeinsame Friedens- und Sicherheitsordnung, innerhalb derer jedes Mitglied gleiche Sicherheit gewinnt. Wir entwickelten eine Reihe von Maßstäben, in welche Richtung das gehen sollte, und wir versuchten, erste organisatorische, institutionelle Maßnahmen festzulegen, wie die jährliche Außenminister-Konferenz oder ein Konfliktverhütungs-Zentrum – die heutige OSZE. Gorbatschow stand nach der Unterzeichnung auf und fragte: »Was ist jetzt unsere Aufgabe? Wir müssen von der Diktatur zur Demokratie und von der Kommandowirtschaft zur Marktwirtschaft wechseln.« Ich fühlte mich damals erinnert an die berühmten Worte von Martin Luther King – »I have a dream«. Welch eine Vision, eine gesamteuropäische Friedens- und Sicherheitsordnung, die Nordamerika und ganz Europa mit einbezieht. Ich behaupte, zum ersten Mal in der Geschichte dieses Kontinents wurde uns diese Chance eröffnet. Heute, 25 Jahre danach, frage ich mich: Warum haben wir nichts daraus gemacht?

Wir haben in der Folge Maßnahmen ergriffen und beispielsweise Russland ein Stück in die NATO hineingenommen – zuerst mit »Partnership for Peace«, einer Initiative von Bill Clinton. Clinton sagte mir einmal, er habe mit Jelzin darüber gesprochen, dass Russland eines Tages auch Mitglied der NATO sein könnte, ihm das auch schriftlich, in Form eines Briefes, bestätigt. In seinen Memoiren schrieb er leider nur einen Satz darüber. Aber die Idee war da. Selbst der jetzige polnische Außenminister Radosław Sikorski nannte in einem Interview mit einer deutschen Tageszeitung vor zwei Jahren die Möglichkeit, Russland könne Mitglied der NATO werden. Denn eines müssen wir ernst nehmen: Russlands Sicherheitsbedürfnis ist maßlos übersteigert. Russland hat vor allem das Gefühl, dass die NATO immer näher kommt – es gab 1990 übrigens kein Versprechen, die NATO würde nicht erweitert.

Wir gründeten dann den NATO-Russland-Rat, das heißt, Russland ist mit einem Fuß in der NATO. Als der Georgienkrieg begann, beriefen wir diesen Rat nicht ein. Als die Konflikte in der Ukraine begannen, beriefen wir auch erst vor kurzem den NATO-Russland-Rat ein. Bevor Putin bei mir auf der Sicherheitskonferenz in München war, hatte die Bundeskanzlerin in ihrer Rede gesagt: »Wir müssen die Beziehungen zwischen Russland und der NATO weiterentwickeln.« Sie hat es allerdings nie konkretisiert. Bisher haben alle von der strategischen Partnerschaft mit Russland gesprochen, die Bundesregierung, die EU, selbst die USA und die NATO. Aber wo ist die Substanz geblieben? Putin sagte mir einmal, als die drei baltischen Staaten, ehemalige Sowjetrepubliken, Mitglied der NATO wurden, habe er das innenpolitisch nur akzeptieren können, weil er im gleichen Jahr eine Art Kompensation bekommen habe – den NATO-Russland-Rat. Deshalb die Frage: Warum haben wir nicht ständig überlegt: Was bieten wir Russland an? Oder: Wie binden wir Russland ein, wenn wir die anderen »reinholen«? Das Gleiche gilt für die Europäische Union, die ein Partnerschaftsabkommen abschloss, das seit sieben Jahren ausgelaufen ist. Seitdem fehlt der Folgevertrag. Wenn die Russen ein Sicherheitstrauma haben, dann muss die Politik überlegen, wie man ihnen entgegenkommen kann. Zumal in der Politik die Perzeption oft wichtiger ist als die Realität. Wir schaden uns nicht, und ihnen helfen wir – so haben wir zumindest 1990 gedacht.

Es war Romano Prodi, der italienische EU-Kommissionspräsident und Vorgänger von José Manuel Barroso, der Putin den Vorschlag vortrug, eine gesamteuropäische Freihandelszone von Lissabon bis Wladiwostok zu bilden. Putin sagte, das sei in seinem Interesse. Ich fragte ihn, warum nichts geschehe. Immerhin hatte er damals mit Schröder als Bundeskanzler einen guten Freund in Berlin. Daraufhin zuckte er nur mit den Schultern. Niemand hat die Idee Prodis aufgegriffen, auch die Kommission selbst nicht. Zum Teil dominierte das Argument, Russland müsse erst einmal der Welthandelsorganisation beitreten, was es 2013 tat. 2014 sollte Russland ursprünglich der OECD beitreten – dies wurde allerdings verschoben. Gleichzeitig verhandelt die EU-Kommission fünf Jahre lang mit der Ukraine über einen Assoziierungsvertrag und begreift nicht, wie sensibel das für Russland ist. Putin war im Januar 2014 zum EU-Russland-Gipfel in Brüssel und erinnerte an den Vorschlag von Prodi. Wenn die EU im Januar 2014 gesagt hätte: Jawohl, das können wir jetzt anfangen, lasst uns Verhandlungen beginnen über eine gesamteuropäische Freihandelszone, vielleicht wäre dann nicht die Krise in der Ukraine entstanden. Damit will ich sagen, es liegen viele Ideen auf dem Tisch: Russland – NATO, Russland – Europäische Union, bis hin zu Modernisierungspartnerschaften mit Russland. Jedoch sind alle diese Ideen in den letzten zwanzig Jahren ohne Substanz geblieben. Wir haben aus den Chancen zu wenig gemacht. Aber auch Putin hat mit seiner gegenwärtigen Politik viel Vertrauen, das im Westen aufgebaut wurde und sich entwickelt hat, grundlegend zerstört. Es wird auf beiden Seiten schwierig sein, dieses Vertrauen wiederherzustellen.

Die Frage, an alle, lautet: Wie gehen wir zukünftig mit Russland um? Vor wenigen Wochen habe ich das Lomonossow-Haus im sächsischen Freiberg mit eröffnet. Eine tolle Einrichtung, weitgehend von Russen finanziert, wo russische Wissenschaftler und russische Studenten mit deutschen Wissenschaftlern und deutschen Studenten zusammen leben, wohnen und arbeiten werden. Freiberg hat die älteste noch bestehende Bergakademie der Welt und unterhält enge Beziehungen zur Bergakademie in St. Petersburg. Und es besteht die Idee, eine deutsch-russische Rohstoff-Universität zu gründen. Natürlich kostet das Geld, aber die Russen würden sich beteiligen – eine großartige Idee. Der Rektor der russischen Akademie in St. Petersburg schlug vor: Wenn wir das alles machen, solle man ihm ein Grundstück oder ein Haus in Dresden geben, das er erwerben wolle, und wir gründen ein deutsch-russisches Kulturinstitut. Ich habe dem sächsischen Ministerpräsidenten die Perspektiven für Sachsen aufgezeigt. Sachsen könnte ein Leuchtturm für deutsch-russische Zusammenarbeit werden. Gerade auf solchen Ebenen müssen wir zusammenarbeiten. Wir dürfen nicht einfach alles, was wir erreicht haben, vergessen und schlechtmachen. Wir müssen gerade von unten die Beziehungen aufbauen. Wir brauchen Russland als Partner und hoffentlich irgendwann einmal als Freund, wenn wir dauerhaft Frieden in Europa haben wollen.

25 Jahre nach dem Fall der Mauer müssen wir die Chancen nutzen, die sich uns damals eröffnet haben. Dazu sind wir alle aufgefordert. Warum scheuen wir uns vor Visionen? Die israelische Ministerpräsidentin Golda Meir sagte einmal: »Wer keinen Traum hat, ist kein Realist.« Wo stünden wir heute, wenn es nach dem Zweiten Weltkrieg nicht Politiker wie Winston Churchill, Konrad Adenauer, Robert Schuman und Alcide De Gasperi gegeben hätte, die die Vision der Vereinigung Europas in Angriff nahmen? Im September 1989 sprach Helmut Kohl von der Vision der deutschen Einheit, und keiner hörte hin, aber er ergriff den »Mantel der Geschichte« und ließ ihn nicht mehr los. Im November 1990 verabredeten, wie erwähnt, 35 Staats- und Regierungschefs eine gesamteuropäische Friedens- und Sicherheitsordnung, die seither vernachlässigt wird. Heute verhandeln wir über eine transatlantische Freihandelszone, die die wirtschaftlich erfolgreichsten Demokratien und Marktwirtschaften der Welt mit fast 900 Millionen Menschen noch enger verflechten soll. Doch die Ablehnung von »Chlorhühnchen« scheint wichtiger zu sein. Warum sind wir so mutlos geworden? 1989/90 gab es viele Risiken, doch ein Mann wie Helmut Kohl traute es sich erfolgreich zu, Probleme anzupacken und den Weg der deutschen Einheit zu gehen. Heute sind einer Umfrage zufolge 80 Prozent der Deutschen mit ihren Leben zufrieden, und die Deutschen sind das beliebteste Volk weltweit. Die Antwort darauf kann nicht heißen, dass wir uns mit Genugtuung zurücklehnen, sondern dass wir dort, wo es uns möglich ist, weiterhin dazu beitragen, Probleme zu lösen, Konflikte zu verhindern oder zu überwinden und mit anderen zusammen Verantwortung zu übernehmen für Menschen, die in Not sind. Und davon gibt es immer noch zu viele.

Gerd Poppe

»Wir hatten einen enormen Lernprozess zu absolvieren«

Ich soll in diesem Vortrag eine »subjektive Perspektive« einnehmen, um wichtige Ereignisse von 1989/90 sowohl aus damaligem Erleben als auch mit 25 Jahren Abstand zu beschreiben und zu kommentieren. Ich soll mich zum Einigungsprozess äußern und die heutige deutsche Politik und Gesellschaft mit der damaligen vergleichen. Die Darstellung derart komplexer Vorgänge aus der Sicht des Zeitzeugen und zugleich politischen Akteurs wird gleichwohl nur bruchstückhaft möglich sein.

Beginnen möchte ich mit einigen bis etwa ins Jahr 1980 zurückreichenden autobiografischen Notizen: Geboren wurde ich 1941. Meine Eltern waren keine Nationalsozialisten, wohl eher Mitläufer. Später waren sie auch keine SED-Anhänger, aber sie sprachen darüber nicht außerhalb der Wohnung. Meine Schulzeit in Rostock begann 1947 und wurde von Stalin bis zu seinem Tod 1953 beherrscht. Sein Bild hing in jedem Klassenzimmer, war auf jedem Schulheft, und in jedem Aufsatz musste er erwähnt werden. Als er am 5. März starb, konnte ich nicht verstehen, dass manche Leute weinten. Vom 17. Juni 1953 habe ich nicht viel mitbekommen, obwohl es auch in Rostock Streiks und kleine Demonstrationen gab. Aber 1956, als die sowjetischen Truppen die ungarische Revolution zerschlugen, saß ich dauernd am Radio und hoffte vergeblich auf den Erfolg von Imre Nagy und seinen Mitstreitern. Nach dem Abitur 1958 musste ich ein praktisches Jahr als Hilfsschlosser absolvieren, ab 1959 studierte ich Physik. Während der Ferien hielt ich mich oft in West-Berlin auf, erlebte Konzerte, sah viele Filme, kaufte billige Taschenbücher. So wurde der Bau der Mauer auch für mich zum einschneidenden Ereignis, und spätestens von da an war meine Einstellung zur DDR eine äußerst kritische. Ich beendete das Studium, arbeitete elf Jahre als Physiker und erlebte die Mängel des Wirtschafts- und Wissenschaftssystems hautnah. Noch hoffte ich auf Reformen, insbesondere während des »Prager Frühlings« 1968. Auch die Ereignisse in Paris und West-Berlin im selben Jahr blieben nicht ohne Einfluss.

Nach der Niederschlagung des »Prager Frühlings« unterschrieb ich gemeinsam mit Freunden eine Solidaritätserklärung für die Prager Reformer in der Ost-Berliner tschechoslowakischen Botschaft. Dieser Zeitpunkt fällt mir meistens ein, wenn ich nach dem Beginn meines bewussten oppositionellen Handelns gefragt werde. Es dauerte jedoch noch etwa zehn weitere Jahre, bis ich endgültig begriff, dass die Hoffnung auf Reformen vergeblich war. Seit 1970 lebe ich in Berlin, lernte kritische Intellektuelle und Schriftsteller wie Robert Havemann und Wolf Biermann kennen. Den Wehrdienst mit der Waffe verweigerte ich, wurde aber 1975 für ein halbes Jahr zu den Bausoldaten eingezogen.

Nach der Verhaftung von Freunden und nach meinem Protest gegen die Ausbürgerung Biermanns 1976 war meine wissenschaftliche Karriere beendet, und ich schlug mich mit verschiedenen Jobs durch. In kleinen konspirativen Zirkeln diskutierten wir in den 1970er Jahren die politische Lage und schmiedeten vermeintlich revolutionäre Pläne, die ins Leere gingen, weil alles, was wir sagten und schrieben, nur Leute erreichte, die ohnehin eine ähnliche Meinung wie wir hatten. Zwischen 1970 und 1979 konnte ich einige Male nach Polen, Ungarn und in die ČSSR reisen, ich traf dort auch Dissidenten. Für sie hatte sich der »reale« Sozialismus schon deutlich früher erledigt. Diese Gespräche waren sehr lehrreich, und ich erfuhr einiges über die »Gegenkultur« oder »Gegenöffentlichkeit« in diesen Ländern.

Was dort möglich war, wollten meine Freunde und ich auch in der DDR erreichen. Deshalb verließen wir die konspirativen Grüppchen, versuchten öffentlich zu agieren, unterschrieben unsere Texte ab Ende der 1970er Jahre mit eigenem Namen, fanden neue Mitstreiter. Die Konflikte mit der Staatssicherheit verschärften sich, unsere Aktivitäten wurden als staatsfeindlich bezeichnet. Dabei waren sie – aus heutiger Sicht – oft nicht einmal ausgesprochen politisch. Aber in der kommunistischen Diktatur wurde jede Handlung, die nicht ausdrücklich angeordnet war, mit Misstrauen beobachtet, und so wurden um 1980 bereits literarische Lesungen in unserer Wohnung oder die Einrichtung eines unabhängigen Kinderladens als Beweise für unser »feindlich-negatives« Verhalten in den Stasi-Akten angeführt.

Ich habe diese Ausschnitte aus meiner Biografie skizziert, um anzudeuten, wie man in der DDR Schritt für Schritt zum oppositionellen Akteur werden konnte: Zweifel an den von den Herrschenden verkündeten »ewigen Wahrheiten«, Ablehnung devoten Verhaltens, Kennenlernen von Gleichgesinnten, Wiedererlangung des Selbstwertgefühls, Verzicht auf die kleinen für Anpassungsleistungen verteilten Vergünstigungen, Inkaufnahme von Repression – es war »das Ende einer Feigheit«, wie eine Veröffentlichung über den vor 15 Jahren verstorbenen Schriftsteller Jürgen Fuchs überschrieben ist, der zutreffend sagte: »Das Wichtigste war das Verlieren der Angst.«

Um die Rolle der oppositionellen Akteure im Herbst 1989 zu verstehen, empfiehlt es sich, einen Blick auf deren Vorgeschichte seit den späten 1970er Jahren zu werfen. Damals entstanden zunächst in kirchlichen Räumen agierende unabhängige Friedensgruppen, die sich mit der zunehmenden Militarisierung des alltäglichen Lebens auseinandersetzten. Nach dem NATO-Doppelbeschluss vom

Dezember 1979, der eine Antwort auf den Ausbau des sowjetischen Raketensystems war, wurde die drohende Aufstellung von Atomraketen auf beiden Seiten des Eisernen Vorhangs zum Hauptthema der Friedensbewegung. Die unabhängigen Gruppen in der DDR lehnten Produktion und Aufstellung atomarer Waffen in beiden militärischen Blöcken gleichermaßen ab. Damit stellten sie sich gegen die SED-Führung, die sowjetische Raketen als Friedenswaffen pries. Unterstützung erhielten sie von dem Teil der internationalen Friedensbewegung, der den END-Appell (European Nuclear Disarmament) von 1980 unterstützte. Dazu gehörte auch eine Minderheit der westdeutschen Friedensbewegung, während deren Mainstream sich nur gegen amerikanische Waffen wandte. Ein wichtiger Satz des END-Appells lautete: »Wir müssen damit anfangen, so zu handeln, als ob ein vereintes, neutrales und friedliches Europa bereits existiere. Wir müssen lernen, nicht gegenüber dem ›Osten‹ oder dem ›Westen‹, sondern untereinander loyal zu sein, und wir müssen uns über die von den Nationalstaaten verhängten Verbote und Beschränkungen hinwegsetzen.«

Die damalige Debatte war geprägt von Vorschlägen, atomwaffenfreie, entmilitarisierte oder neutrale Zonen einzurichten, um schließlich die großen militärischen Blöcke aufzulösen. Diese Vorstellungen waren so verständlich wie zugleich illusionär und haben sich letztlich erst mit dem Ende des sowjetischen Systems erledigt. Die Forderungen der unabhängigen Gruppen in der DDR beschränkten sich indes nie auf militärische Fragen. Für sie war »Frieden« nicht nur Abwesenheit von Krieg oder eine Frage von Abrüstung, sondern eng verbunden mit der inneren Lage eines Landes. Sie argumentierten ähnlich wie Dissidenten in den östlichen Nachbarstaaten. So hatte die tschechoslowakische Charta 77 erklärt, dass ein Staat in seinen nach außen abgegebenen Friedenserklärungen nicht glaubwürdig sei, wenn er im Landesinnern die Rechte seiner Bürger missachte. Von 1983 an nahmen die blockübergreifenden Kontakte stark zu, vor allem durch Besucher, die mit einem Tagesvisum nach Ost-Berlin kamen. Im gleichen Jahr begann zudem die intensive Zusammenarbeit mit Mitgliedern der Grünen, wobei ich besonders den Kreis um Petra Kelly nennen möchte. Auch Kontakte mit in der DDR akkreditierten Westjournalisten waren hilfreich. Die Entwicklung und Stärkung der DDR-Opposition bis zum Jahr 1989 ist ohne all diese Unterstützer kaum vorstellbar.

Mit dem Vollzug der Raketenaufstellung verlor die Friedensbewegung an Bedeutung. Die Gruppen in der DDR konzentrierten sich nun stärker auf Menschenrechts- und Umweltthemen. Ende 1985 wurde die Initiative Frieden und Menschenrechte (IFM) gegründet. Schon die Namensgebung verweist auf die veränderte Schwerpunktsetzung. Die Gruppe orientierte sich stark an der Charta 77. Erklärungen der IFM waren geprägt von Forderungen nach Demokratie und Freiheitsrechten. Damit ging einher, dass Aktionsformen von Oppositionellen der östlichen Nachbarländer übernommen wurden: in Westmedien veröffentlichte Erklärungen, Aktionen für den Umweltschutz, Veranstaltungen in Wohnungen oder kirchlichen Räumen, Solidarisierung mit politischen Häftlingen. Auch gemeinsame Erklärungen wurden abgegeben, zum Beispiel 1986 von ungarischen, polnischen, tschechoslowakischen und DDR-Oppositionellen zum 30. Jahrestag des ungarischen Volksaufstands. Insbesondere ist seit Mitte der 1980er Jahre der politische Samisdat zu nennen. Mit Wachsmatrizenverfahren hergestellte Zeitschriften erreichten nun Auflagen von 1000 und mehr Exemplaren und wurden DDR-weit verbreitet. Dies erleichterte die Kommunikation zwischen den Gruppen, deren seit 1987 verstärkte Vernetzung von besonderer Bedeutung für die friedliche Revolution war.

An dieser Stelle sollte etwas zur Verwendung des Begriffs »DDR-Opposition« gesagt werden. Sie war zahlenmäßig klein, bestand in den 1980er Jahren vermutlich aus weniger als 1000 Personen, umfasste ein Spektrum von Mitte bis links, von bürgerlich oder christlich bis in Einzelfällen sektiererisch. Einig war sie sich nur selten, am ehesten im Protest gegen die Repression. Deshalb sind Formulierungen, wie sie bei manchen Historikern, Journalisten und Politikern nachzulesen sind, nach dem Muster »die Opposition in der DDR war für dieses oder gegen jenes« mit allergrößter Skepsis zu betrachten. Gleichwohl haben die Oppositionellen in der friedlichen Revolution eine Vorreiterrolle eingenommen. Dazu mussten sie sich weitgehend von sozialistischen Reformvorstellungen lösen, die Öffentlichkeit wenigstens teilweise erreichen, sich in Gruppen zusammenschließen, diese DDR-weit vernetzen und zugleich grenzüberschreitende Kontakte entwickeln. Genau das geschah in den zehn Jahren von 1979 bis 1989.

In der Demokratie verstehen wir unter Opposition etwas völlig anderes: nämlich die nach demokratischen Wahlen entstandene parlamentarische Minderheit. Für Begriffe wie Widerstand, Dissidenz oder Opposition in Diktaturen gibt es seit Jahren eine enorme Anzahl unterschiedlicher Definitionen (auch Eckhard Jesse hat sich damit befasst). Ich beschränke mich auf einen eigenen, auf die Opposition in der DDR und Ostmitteleuropa bezogenen Versuch aus dem Jahre 1999: »Opposition [...] bestand in dem öffentlich bekundeten, politisch begründeten und mit der Mobilisierung Gleichgesinnter verbundenen Versuch, sich der totalitären Macht zu widersetzen.«

Die Behauptung, die Opposition 1989 sei gegen die deutsche Einheit gewesen, ist unzutreffend. Nur Teile der Opposition, unter anderem einige Initiatoren des Neuen Forums, setzten sich Ende 1989 für den Fortbestand der DDR ein, was sich spätestens mit dem Wahlergebnis vom März 1990 als Illusion erwies. Die IFM hatte – wie auch polnische, tschechoslowakische und ungarische Dissidenten – die Aufhebung des politischen Status quo von Jalta und Nachfolgekonferenzen als Ziel erklärt, sich somit für die Beendigung der Teilung Europas eingesetzt. Die Lösung der deutschen Frage haben wir uns nur in diesem europäischen Rahmen vorstellen können, aber wir haben sie keineswegs ausgeschlossen.

Meine Hoffnungen richteten sich nicht auf eine schnelle Einheit, wie sie dann im Oktober 1990 möglich wurde. Sie lag vor dem Herbst 1989 außerhalb meiner

Vorstellungskraft und, wie ich behaupten möchte, auch der der meisten Deutschen. Das Thema war für mich aber nie erledigt – im Gegensatz zu manchen SPD-Politikern und Grünen, die sich in der zweiten Hälfte der 1980er für eine volle staatsrechtliche Anerkennung der DDR aussprachen. Solchem Vorgehen habe ich widersprochen, da es eine Niederlage der Demokratie gegen die Diktatur bedeutet hätte und zugleich zur Schwächung alternativer und oppositioneller Aktivitäten in der DDR beigetragen hätte. Es gibt nicht die gleiche Augenhöhe von Demokraten und Diktatoren, auch nicht die Möglichkeit eines »dritten Weges« zwischen Demokratie und Diktatur. Die Debatte über den sogenannten »dritten Weg« wurde in den 1980er Jahren – anders als bei bundesdeutschen Linken – höchstens von einigen linken Splittergruppen in der DDR geführt. Für meine Freunde und mich hatte sie sich längst erledigt, da wir nicht mehr auf eine weitreichende Reform des kommunistischen Systems hofften.

Deutschlandpolitische Ideen waren für uns in den 1980er Jahren nicht vorrangig, aber sie verschwanden auch nicht aus der Diskussion. So fand sich zum Beispiel im offenen Brief vom September 1981 von Robert Havemann an Leonid Breschnew – neben der Forderung nach einem Friedensvertrag und dem Abzug der Besatzungsmächte – der bemerkenswerte Satz: »Wie wir Deutsche unsere nationale Frage dann lösen werden, muß man uns schon selbst überlassen, und niemand sollte sich davor mehr fürchten als vor dem Atomkrieg.« Nachdem Havemann diesen Brief zunächst nur von westdeutschen Intellektuellen mitunterzeichnen lassen wollte, konnte ich ihn davon überzeugen, dass auch DDR-Oppositionelle unterzeichnen sollten, und so kam es zu einer ersten gemeinsamen Unterschriftenliste zu diesem brisanten Thema. Kurz darauf entstand der von Robert Havemann und Rainer Eppelmann verfasste »Berliner Appell«, der ähnliche Formulierungen enthielt. Noch in der ersten Hälfte der 1980er wurde in Ost-Berlin ein deutschlandpolitischer Arbeitskreis gebildet, an welchem Gäste aus West-Berlin teilnahmen (u.a. Altbischof Kurt Scharf sowie Herbert Ammon, der gemeinsam mit Peter Brandt, der nicht einreisen durfte, das Buch *Die Linke und die nationale Frage* veröffentlicht hatte).

Von besonderer Bedeutung war der »Prager Aufruf« der Charta 77 aus dem Jahre 1985. Darin war mit aller Klarheit formuliert, die Lösung der deutschen Frage sei der Schlüssel zur europäischen Einheit. Wir antworteten zurückhaltend mit der Formel der Einbettung der deutschen Frage in die Lösung der europäischen: zum einen, weil die Vorstellungskraft nicht so weit reichte, zum anderen, weil wir uns wegen der deutschen Schuld scheuten, die Lösung unserer Probleme vorrangig vor denen der östlichen Nachbarn zu behandeln. Gleichwohl gingen für uns in der Folgezeit viele Impulse vom Diskurs der Ostmitteleuropäer aus, insbesondere von der sogenannten »Mitteleuropadebatte«. Ein »Traum von Europa«, der »Weg zurück nach Europa«, wurde beschworen, und dieser Traum ging schließlich in Erfüllung. Was die Reihenfolge der Ereignisse betraf, hatten unsere Freunde in der Tschechoslowakei, in Polen und Ungarn recht behalten.

Während der friedlichen Revolution im Oktober 1989 schien die deutsche Einheit in weiter Ferne zu liegen. Erst mit dem Mauerfall rückte sie unabweisbar in den Vordergrund. Auf den dauerhaften Fortbestand einer reformierten DDR zu hoffen, somit auf die parallele Existenz zweier demokratischer deutscher Staaten, erschien so sinnlos wie politisch naiv. Allerdings rechnete auch nach dem 9. November 1989 niemand mit der Dynamik der kommenden Ereignisse, so dass das Ziel, zunächst die demokratische Entwicklung voranzutreiben und die ersten freien Wahlen abzuhalten, um dann schließlich – und nun wirklich auf Augenhöhe – die deutsche Einheit in freier Selbstbestimmung des deutschen Volkes zu erreichen, logisch war. Erst die Freiheit, dann die Einheit, so lautete die Devise. Bei dieser Reihenfolge ist es geblieben, allerdings ging alles viel schneller als erwartet, wobei der Einigungsprozess manchen Wünschen nicht Rechnung trug.

Noch drei Wochen nach dem Mauerfall rechnete Bundeskanzler Helmut Kohl bei der Vorstellung seines Zehn-Punkte-Programms mit einem mehrjährigen Verfahren: zunächst eine Vertragsgemeinschaft und sogar »konföderative Strukturen«. Und noch bei seinem Amtsantritt im April 1990 als gewählter Ministerpräsident der DDR hoffte Lothar de Maizière auf eine gemeinsame deutsche Olympiamannschaft im Jahre 1992. Schon diese Beispiele zeigen, dass die Zeitdauer bis zur Einheit damals allen Beteiligten unklar war.

Manchmal klingt es heute so, dass all die klugen Leute schon immer alles gewusst haben, nur die Leute aus den Bürgerbewegungen nicht, denn die hätten ja die Einheit nicht gewollt, sondern nur eine verbesserte DDR. Diese Legende wird dann und wann aufgewärmt, während wir laufend mit bislang unbekannten Widerstandskämpfern aus den Reihen der ehemaligen Blockparteien versorgt werden.

Was war 1989 besonders wichtig? Was hat mich bewegt oder auch überrascht? Zunächst sind die Kommunalwahlen vom 7. Mai 1989 zu nennen. Natürlich war klar, dass Wahlergebnisse in der DDR immer gefälscht wurden. Diesmal gelang es aber in vielen Wahllokalen zahlreicher Orte in der DDR, die Fälschungen nachzuweisen, was zu erheblicher Empörung führte, zumal Politbüromitglied Egon Krenz einmal mehr die übliche 99-prozentige Zustimmung verkündete. In Berlin riefen dann die Initiatoren der Auszählungen dazu auf, sich am 7. jeden Monats auf dem Alexanderplatz zu treffen – als Protest gegen die Fälschungen. Von Mal zu Mal wuchs die Teilnehmerzahl. Höhepunkt war der 7. Oktober 1989. Die Demonstranten zogen zum Palast der Republik, wo Erich Honecker mit Michail Gorbatschow den 40. Jahrestag der DDR begehen wollte, und riefen: »Gorbi, Gorbi!« Schließlich wurde die Menge in Richtung Prenzlauer Berg abgedrängt: Dort gingen Staatssicherheit und Polizei mit äußerster Brutalität gegen die Demonstranten vor.

Dieses gewaltsame Vorgehen betrachteten wir mit großer Sorge, denn zwei Tage darauf wurde die bis dahin größte Leipziger Montagsdemonstration erwartet. Wie würde die Staatsmacht reagieren? Würde es im schlimmsten Fall zu einer sogenannten »chinesischen Lösung« kommen? Das vom chinesischen Militär gegen demonstrierende Studenten verübte Massaker auf dem Tiananmen-Platz in Peking am 4. Juni war für mich das schlimmste Ereignis des Jahres 1989. Viele Menschen kamen ums Leben, noch mehr kamen ins Gefängnis, etliche für mehr als zehn Jahre. Die Sorge im Oktober in Leipzig war durchaus berechtigt, denn Krenz hatte die chinesische Führung wegen ihres gewaltsamen Vorgehens sogar beglückwünscht.

Am 7. Oktober kamen in Berlin ein paar Tausend Demonstranten zusammen. Auch an das erste Treffen am 7. Juni 1989 erinnere ich mich genau. Es gab einen kleinen Demonstrationszug von etwa 200 Menschen, und irgendwann trafen sich alle in der Berliner Sophienkirche. Der Stadtjugendpfarrer versuchte, die erregten, meist jüngeren Leute zu beschwichtigen und zum Bleiben in der Kirche zu bewegen, aber viele von ihnen verließen die Kirche, um auf der Straße zu demonstrieren. Erwartungsgemäß wurden sie festgenommen und auf Lastwagen abtransportiert. Dieser Vorgang zeigte die Bedeutung wie die Begrenztheit des kirchlichen Raums. Die evangelische Kirche gab vielen Gruppen die Möglichkeit, sich in ihren Räumen zu versammeln, sie versuchte zugleich, Konfrontationen mit dem Staatsapparat zu vermeiden. Erst als der kirchliche Schutzraum verlassen und der Versuch gemacht wurde, die Straße zu erobern – woran viele Pfarrer und Gemeindemitglieder beteiligt waren –, konnte eine Volksbewegung entstehen. Dabei müssen wir uns allerdings darüber im Klaren sein, dass nur ein kleiner Teil des Volkes an der friedlichen Revolution teilnahm, die große Mehrheit blieb zu Hause. Ilko-Sascha Kowalczuk schrieb in seinem Buch *Endspiel,* dass im Oktober 1989 330 Demonstrationen und Kundgebungen in 171 Städten stattfanden, in über 100 Städten erstmals nach dem 18. Oktober. Im November nahm die Zahl der Demonstrationen noch deutlich zu. Entscheidend für den weiteren Verlauf der friedlichen Revolution wurde die beeindruckende Leipziger Demonstration am 9. Oktober. Die Staatsmacht schreckte davor zurück, sie nach chinesischem Muster mit militärischer Gewalt zu beenden. Danach war klar, dass sich vieles ändern würde.

Ein Höhepunkt des Jahres war für mich der 9. November, an dem nach den Berichten der Westmedien über die Pressekonferenz des Politbüromitglieds Günter Schabowski die Mauer durch den nicht aufzuhaltenden Ansturm der Berliner auf die Grenzübergänge zum Einsturz gebracht wurde. Natürlich war ich dabei, 28 Jahre hatte ich jenen Teil der Welt nicht mehr gesehen, und selbst in die östlichen Nachbarländer durfte ich seit zehn Jahren nicht mehr reisen. In der Nacht habe ich versucht, Freunde in West-Berlin zu treffen, aber fast alle waren zur gleichen Zeit in Ost-Berlin. Viele Details dieses Tages könnte ich heute noch exakt wiedergeben.

Nächster Höhepunkt des Jahres war die Eröffnung der Verhandlungen am Zentralen Runden Tisch am 7. Dezember 1989. Die Kontaktgruppe der Opposition hatte SED und Blockparteien aufgefordert, sich an den Runden Tisch zu begeben, für uns war dabei der polnische Runde Tisch das Vorbild. Die Besetzung war paritätisch: Die Hälfte der Teilnehmer waren Vertreter der Bürgerbewegungen und der neuen Parteien, die andere Hälfte Vertreter der Altparteien. Wichtigstes Ziel: der Übergang zur Demokratie mit den ersten freien und demokratischen Wahlen. Dazu musste ein neues Wahlgesetz verabschiedet werden, ebenso ein Parteiengesetz. Auch eine neue Verfassung sollte entworfen werden, denn die DDR-Verfassung war ausschließlich im Sinne der Machterhaltung der SED formuliert. Eine Rolle spielten auch das Thema Stasi-Akten und die Ablehnung einer von der Regierung Modrow gewünschten Nachfolgeeinrichtung des Ministeriums für Staatssicherheit. Die Regierung tat sich zunächst schwer mit dem Runden Tisch, bis Hans Modrow schließlich der ultimativen Aufforderung nachkam, dort zu erscheinen. Seitdem wurde es immerhin erreicht, dass keine Entscheidungen getroffen wurden, die den Beschlüssen des Runden Tisches zuwiderliefen. Der Zentrale Runde Tisch übernahm zunehmend legislative Funktionen. Die alte Volkskammer wurde von uns kaum beachtet, denn schließlich war sie nicht auf demokratische Weise zustande gekommen. Auch wir als Teilnehmer des Runden Tisches waren nur von unseren jeweiligen Gruppierungen entsandt worden, deshalb musste seine Tätigkeit zum Zeitpunkt der freien Wahlen beendet werden.

Ein mich bewegendes Ereignis im Jahre 1989 möchte ich noch erwähnen. Gemeinsam mit meiner damaligen Ehefrau Ulrike und mit Unterstützung durch Petra Kelly hatte ich den Dalai Lama zu einem Besuch nach Ost-Berlin eingeladen, durchaus in dem Bewusstsein, dass die friedliche Revolution in der DDR nicht nur eine Bedeutung für Deutschland hatte, sondern europaweit und sogar weltweit folgenreich sein würde. Der Dalai Lama sagte zu, wir empfingen ihn am Grenzübergang Checkpoint Charlie. Er legte Blumen an einem Gedenkstein für die jüdischen Opfer des NS-Regimes nieder, und anschließend fand eine Veranstaltung mit Seiner Heiligkeit im Saal der Herrnhuter Brüdergemeinde statt, wobei er in dem Vortrag seine Sorge um die von der chinesischen Regierung unterdrückten Tibeter wie seine Freude über die friedliche Revolution und den Fall der Mauer zum Ausdruck brachte. Das geschah am 6. Dezember 1989, einen Tag vor der ersten Sitzung des Zentralen Runden Tisches im selben Saal. Hier erschloss sich auf eine symbolische Weise der Zusammenhang von global einzufordernden politischen und sozialen Rechten und den uns damals vorrangig bewegenden nationalen Ereignissen.

Ich habe die Entwicklung und die Positionen der Opposition vergleichsweise ausführlich behandelt, was nicht heißt, dass sie die wichtigste Rolle für die Erlangung von Freiheit und Einheit gespielt hätte. Aber es hätten sich wohl kaum Tausende unzufriedene Menschen den Demonstrationen des Herbstes 1989 angeschlossen ohne die kleinen Gruppen, die den Anfang gemacht hatten und deswegen schikaniert, verprügelt oder auch verhaftet wurden. Insgesamt ist die für uns glückliche Entwicklung von 1989/90 auf eine Reihe fast gleichzeitig wirkender Einflüsse und Ereignisse zurückzuführen – zuerst: auf die Entwicklung in Polen, wo die Solidarność die kommunistische Partei von Februar bis April 1989 an den Runden Tisch zwang, was zu teilweise freien Parlamentswahlen und bald darauf zur Bildung der Regierung Tadeusz Mazowiecki führte. Von großer Bedeutung waren weiterhin die Reformversuche Gorbatschows in der Sowjetunion, die in Ost und West mit Interesse und neuer Hoffnung verfolgt wurden, während das SED-Politbüro unter Honecker eine störrische Haltung einnahm. Bekannt geworden ist der schon 1987 von Politbüromitglied Kurt Hager (»Tapeten-Kutte«) geäußerte Satz: »Würden Sie, nebenbei gesagt, wenn Ihr Nachbar seine Wohnung neu tapeziert, sich verpflichtet fühlen, Ihre Wohnung ebenfalls neu zu tapezieren?«

Die schroffe Ablehnung, die sogar dazu führte, dass sowjetische Zeitschriften wie der *Sputnik* aus dem Handel genommen wurden, verstärkte die Unzufriedenheit vieler Menschen in der DDR, die wegen fehlender Reisefreiheit und der wirtschaftlichen Misere ohnehin stark zugenommen hatte. Auf den sprunghaften Anstieg von Ausreiseanträgen hatte Honecker im Januar 1989 keine andere Antwort als die: Die Mauer werde noch 50 oder 100 Jahre stehen. Anfang Oktober äußerte er bezogen auf die Ausgereisten gar: »Wir weinen ihnen keine Träne nach.« Von Woche zu Woche gingen daher mehr Menschen auf die Straßen und Plätze, ermutigt auch durch die Bilder des Westfernsehens vom 9. Oktober in Leipzig. Und von Woche zu Woche verließen mehr Menschen das Land. Wir haben die Bilder vor Augen von der Durchtrennung des ungarisch-österreichischen Grenzzaunes und von der bundesdeutschen Botschaft in Prag, in der Tausende DDR-Flüchtlinge Zuflucht gesucht hatten. Obwohl die von den Bürgerbewegungen initiierten Demonstrationen und die Ausreisebewegung unterschiedliche Ziele hatten, haben doch beide in die gleiche Richtung gewirkt und zum Ende der Diktatur beigetragen.

Der Versuch, 25 Jahre zurückliegende Ereignisse aus dem damaligen Blickwinkel zu beschreiben, kann nur unvollkommen gelingen. Denn manches nach heutiger Interpretation eher Unpassende wird womöglich ausgeblendet, und manche damals kaum beachteten Ereignisse wurden inzwischen genauer untersucht. Der Wahrheitsgehalt von Zeitzeugenäußerungen muss kritisch überprüft werden. Auch die Akten geben nicht unbedingt die Wahrheit wieder – vor allem die in der Diktatur zustande gekommenen, die fast durchweg ideologisch geprägt und in vorauseilendem Gehorsam gegenüber der jeweils übergeordneten Stelle entstanden waren. So sind die Stasi-Akten meist korrekt, wenn es um konkrete Daten und Fakten geht. Ich kann dort zum Beispiel zuverlässig nachlesen, welche Personen zur Feier meines 40. Geburtstages kamen. Sobald es um die politischen Hintergründe geht, wird es schon deswegen fragwürdig, weil von höchster Stelle angeordnet worden war, dass es im »Arbeiter-und-Bauern-Staat« keine Opposition zu geben habe, sondern allenfalls bösartige oder verleitete Erfüllungsgehilfen des Klassenfeindes, also des – angeblichen – westlichen Auftraggebers.

In Protokollen und Interviews des Jahres 1990 habe ich eigene Sätze gefunden, die mich heute irritieren. So benutzte ich beispielsweise zwei- oder dreimal den Begriff »DDR-Identität«, den ich unmöglich finde, weil es so etwas nie gab und der Begriff eigentlich erst nach der deutschen Einheit von Nostalgikern erfunden wurde. Worum ging es mir damals wirklich? Es war die Zeit des Volkskammerwahlkampfes im März 1990, und ich wollte damit diejenigen Parteien attackieren (speziell CDU, SPD und FDP), die ihre Hauptredner aus der Bundesrepublik einfliegen ließen, was die Chancen unseres Wahlbündnisses minimierte, da wir solche hochkarätigen Verbündeten nicht hatten. Ich sage das nur, um dem heutigen Aktenleser zu empfehlen, sich möglichst den Subtext zu erschließen. Erst recht gilt dies für Texte der Opposition aus den Zeiten, in denen offene Kritik sehr gefährlich war.

Wenn ich heute auf das Jahr 1990 zurückblicke, stelle ich zunächst fest: Wir hatten einen enormen Lernprozess zu absolvieren. Es ging darum, nach dem jahrzehntelangen Leben in der Diktatur demokratische Verfahren und Regeln zu praktizieren, was wir im Schnelldurchgang in wenigen Monaten erreichen mussten. Begonnen hatte ich damit schon am Runden Tisch, richtig lernte ich es erst im Bundestag. Die Plenarsitzungen in der Volkskammer verliefen manchmal chaotisch, oft wurde man von Abstimmungsergebnissen überrascht, oder Anträge kamen auf die Tagesordnung, von denen noch kurz zuvor niemand etwas geahnt hatte. Da fast alles im Plenum diskutiert wurde, waren die meisten Ausschüsse deutlich unwichtiger als im Bundestag. Dennoch war das ein höchst ernst zu nehmendes Parlament.

Dass viele Wünsche der Bürgerbewegungen unerfüllt blieben, hatte vor allem mit dem Wahlergebnis zu tun. Unsere Chancen hatten sich auch dadurch verschlechtert, dass der ursprüngliche, für den Mai 1990 vorgesehene Wahltermin auf Betreiben von SPD und SED/PDS auf den 18. März vorverlegt worden war, was bekanntlich der SPD nicht half. Denn die von der Blockpartei CDU dominierte »Allianz für Deutschland« gewann mit deutlichem Abstand die Wahlen am 18. März, wobei Helmut Kohls Versprechen einer baldigen Währungsunion eine entscheidende Rolle gespielt haben dürfte.

Diese war damals und ist immer noch umstritten, hat sie doch zu nachhaltigen finanziellen Belastungen des wiedervereinigten Deutschlands geführt. Nicht zu vernachlässigen war die hohe Wirtschaftskriminalität. Die geschickte Verteilung von Geldern dürfte auch der SED/PDS sehr geholfen haben, war doch selbst der Eins-zu-zwei-Umtausch bei Guthaben über 4000 Mark äußerst lukrativ. Vor allem waren die DDR-Betriebe mit ihrer geringen Produktivität nicht mehr konkurrenzfähig, und die DDR-Produkte verschwanden schlagartig aus dem Handel. Nahezu vollständig brach der Handel mit Osteuropa zusammen, der für die DDR eine große Rolle gespielt hatte. Die Folge: Firmenschließungen, Arbeitslosigkeit und die Probleme der Treuhandgesellschaft, die maroden Firmen loszuwerden.

Ein politisches Ziel von Kohls Versprechen war zwar die Krisenbewältigung, insbesondere sollte die anhaltende Ost-West-Wanderung gebremst werden. Hier wurde aber einmal mehr die eklatante Fehleinschätzung der Leistungsfähigkeit der DDR-Wirtschaft durch die Bundesregierung deutlich. Wegen der fehlenden

Arbeits- und Ausbildungsplätze verließen jüngere und leistungsfähige Menschen weiterhin scharenweise die ostdeutschen Städte, in diesen war ein erheblicher Bevölkerungsrückgang zu verzeichnen. Die Ostdeutschen hatten nun zwar die schnelle D-Mark erhalten, überwiegend aber eher in Form von Sozialleistungen als von Gehältern; die Abwanderung setzte sich fort. Erst seit 2012 ist die Ost-West-Wanderung fast ausgeglichen. Gleichzeitig findet eine bemerkenswerte Reindustrialisierung in einigen ostdeutschen Ländern statt, wenngleich Wirtschaftskraft und Produktivität immer noch geringer als in den alten Bundesländern sind.

Es gab weitere gravierende Fehler im Jahr 1990. So wirkte zum Beispiel die letzte DDR-Regierung maßgeblich daran mit, dass drei bundesdeutschen Großkonzernen die Stromversorgung der DDR nahezu vollständig übereignet wurde. Das war ein glatter Rechtsbruch, denn nach dem Kommunalverfassungsgesetz gehörte die Energieversorgung zu den Aufgaben der kommunalen Selbstverwaltung. Die Gemeinden, Landkreise und Städte wurden weder beteiligt noch überhaupt gefragt. Die damalige heftige Debatte können Sie in den Volkskammerprotokollen nachlesen. Es dauerte lange, solche Fehlentwicklungen wenigstens teilweise zu korrigieren.

Besonders intensiv wurde 1990 die Verfassungsdebatte geführt. Der Zentrale Runde Tisch hatte in seiner ersten Sitzung die Bildung der Arbeitsgruppe »Neue Verfassung« beschlossen, die ich in der Folgezeit moderierte. Am Entwurf für eine neue DDR-Verfassung wurde intensiv gearbeitet, aber wegen der Vorverlegung des Wahltermins ließ er sich nicht fertigstellen. Die Arbeitsgruppe erhielt in der letzten Sitzung des Zentralen Runden Tisches am 12. März 1990 den Auftrag, den Entwurf fertigzustellen und ihn dann der frei gewählten Volkskammer zu übergeben. Das geschah, unsere Fraktion verband damit parlamentarische Anträge, doch die Volkskammermehrheit ließ nicht einmal die Überweisung in die Ausschüsse zu – eine krasse Fehlentscheidung eines demokratischen Parlaments. So befanden wir uns ein halbes Jahr lang in einem verfassungslosen Zustand. Sogenannte Verfassungsgrundsätze wurden verabschiedet, die letztlich nichts anderes besagten, als dass alles, was aus der formal noch gültigen DDR-Verfassung nicht zum aktuellen Stand der Einheitsverhandlungen passte, als obsolet zu betrachten war. Kurz darauf, im Juni 1990, kam es zu einer viel beachteten gesamtdeutschen Verfassungsinitiative, der Gründung des »Kuratoriums für einen demokratisch verfassten Bund deutscher Länder«. Nun ging es um eine neue deutsche Verfassung, denn das Grundgesetz war ausdrücklich als Übergangslösung in Kraft gesetzt worden. Auch der vom Kuratorium 1991 vorgelegte Entwurf fand nicht die Unterstützung der parlamentarischen Mehrheit.

Bündnis 90 (in der Volkskammer und dann im Bundestag) setzte sich sowohl während des Einigungsprozesses als auch nach dem 3. Oktober 1990 dafür ein, dem Artikel 146 des Grundgesetzes zu folgen – das Grundgesetz verliere dann seine Gültigkeit, wenn »eine Verfassung in Kraft tritt, die von dem deutschen Volke in freier Entscheidung beschlossen worden ist«. Demgegenüber setzte sich

Helmut Kohl mit seinem Vorschlag durch, den Weg nach Artikel 23 zu gehen, der ursprünglich für das Saarland bestimmt war und den Beitritt eines Landes zur Bundesrepublik ermöglichte. Da die ostdeutschen Bundesländer noch nicht wiedererrichtet waren, bezog man den Artikel auf die DDR insgesamt, und formal wurde mit ihrem Verschwinden durch den Beitritt festgelegt, dass am Tag der Einheit die fünf ostdeutschen Bundesländer wie Phönix aus der Asche wiederentstanden seien, auch wenn sie zu diesem Zeitpunkt weder Landesverfassungen noch irgendwelche arbeitsfähigen Strukturen aufweisen konnten. Das mochte alles sehr trickreich sein, hat mich aber nie überzeugt. Die Regierung argumentierte damit, dass die Wähler sie ja mit großer Mehrheit an die Macht gebracht hätten und der Weg nach Artikel 23 schon im Vorfeld der Volkskammerwahlen mehrfach vorgeschlagen und somit durch die Wahl auch über diesen Weg entschieden worden sei.

Weshalb kritisiere ich diesen Weg? Weil ich davon überzeugt bin, dass es für eine so bedeutsame Entscheidung angemessen gewesen wäre, das Volk in seiner Gesamtheit zu beteiligen. Für den mentalen Zustand des Volkes wäre es gut gewesen, auf eine breite Zustimmung verweisen zu können, die es mit überwältigender Mehrheit gegeben hätte. Die freie Entscheidung in einem Volksentscheid getroffen zu haben, hätte wohl vielen Ostdeutschen das Unbehagen genommen, immer als die Hinzugekommenen angesehen zu werden. Die Verfassungsentwürfe waren übrigens in weiten Teilen mit dem Grundgesetz kompatibel. Deutlich verstärkt waren allerdings das Kapitel über die Menschenrechte sowie die Artikel, welche die Mitwirkungsrechte der Bürgerinnen und Bürger im Vorfeld politischer Entscheidungen betrafen. Schließlich war ein mehrstufiges Verfahren zur Ermöglichung von Volksentscheiden enthalten.

Problematisch war, dass wegen der gerafften Zeitabläufe manchmal nur geringe Korrekturmöglichkeiten der Volkskammer möglich waren. Die Fleißarbeit westdeutscher Beamter, die uns meist nur leicht modifizierte Versionen bundesdeutscher Rechtsvorschriften vorlegten, die in der Kürze der Zeit kaum gelesen werden konnten, ist durchaus zu würdigen – diese Menschen trifft die geringste Schuld an Fehlern und Versäumnissen. Die ansonsten bei der Gestaltung des Einigungsvertrages übergangenen Bürgerbewegungen konnten wenigstens einen Erfolg verbuchen: Gegen die ursprüngliche Absicht der Bundesregierung wurde eine Passage eingefügt, wonach der Bundestag den Auftrag erhielt, eine angemessene Lösung für den Umgang mit den Stasi-Akten zu finden, was 1991 bekanntlich geschah.

Zu den Höhepunkten der Volkskammerbeschlüsse 1990 zählen für mich die Resolution, in der die Juden in aller Welt und das Volk Israels um Verzeihung für die feindselige DDR-Politik gegenüber Israel gebeten wurden. Eine weitere Entschuldigung richtete sich an Tschechen und Slowaken wegen der DDR-Beteiligung an der Niederschlagung des »Prager Frühlings«. Politisch besonders wichtig war das Bekenntnis zur Beibehaltung der deutsch-polnischen Grenze als Voraussetzung für die deutsche Einheit. Dies wollte Bundeskanzler Kohl hinauszögern, er musste dann einlenken und dies als Haltung der Bundesregierung bekräftigen. Bemerkenswert war die vorletzte Volkskammersitzung, als die Namen mehrerer durch inoffizielle Mitarbeit für die Staatssicherheit belasteter Abgeordneter genannt wurden, was eine höchst emotional geführte Debatte zur Folge hatte.

Trotz einiger kritischer Bemerkungen möchte ich betonen, dass ich die Einheit als einen Glücksfall der deutschen Geschichte betrachte. Die wichtigsten Ziele der Bürgerbewegungen wurden erreicht, selbst wenn sie selbst schnell an Bedeutung verloren. Politische Entscheidungen werden in Deutschland auf demokratische Weise getroffen, Rechtsstaatlichkeit und elementare Bürger- und Menschenrechte sind gesichert.

Die DDR ist wie das kommunistische Imperium zu Recht verschwunden, und ich will nichts davon bewahren: außer – um denen zu antworten, die gebetsmühlenartig wiederholen, dass »nicht alles schlecht war« – die Erinnerung an viele gelebte Jahre mit Familie, Lebenspartnern, Kindern, Freunden, Kollegen, Mitstreitern. Selbstverständlich war das eine wertvolle Zeit unseres Lebens, die wir ebenso wenig dem Politbüro der SED zu verdanken haben wie den sowjetischen Führern von Stalin bis Breschnew und den anderen Greisen.

Viele Ostdeutsche hofften 1989/90, sich beruflich weiterentwickeln oder sich politisch engagieren oder künstlerische Freiheiten nutzen zu können – in jeder Hinsicht die engen Grenzen zu überwinden, die ihnen nicht nur in räumlicher Hinsicht durch den »vormundschaftlichen Staat« (Rolf Henrich) gesetzt waren. Die Aufbruchsstimmung war enorm, doch leider konnte sie vielfach nicht aufrechterhalten werden. Manche haben sich Illusionen über das neue Gemeinwesen gemacht, sie waren nicht vorbereitet auf die Schwierigkeit, sich durchzusetzen, nicht daran gewöhnt, sich unablässig selbst anzupreisen. Viele hätten es verdient, stärker beachtet zu werden – ich verweise als Beispiel auf Ungerechtigkeiten bei der Besetzung vakanter Stellen an Universitäten und Hochschulen. Einige haben vielleicht wirklich von einer Art Schlaraffenland geträumt und sind dann auf etwas unsanfte Weise geweckt worden. Aber der großen Mehrheit der Ostdeutschen geht es heute deutlich besser als zu DDR-Zeiten, was den Lebensstandard und die Nutzung ihrer neuen Freiheiten betrifft.

Ich gehörte zu den Glücklichen, da ich mit 48 Jahren noch einmal neu beginnen konnte. Seit 1990 politisch tätig, vermochte ich auch die Erfahrungen aus der Oppositionszeit einzubringen. Ich bin mit der Entwicklung Deutschlands aus persönlicher Sicht im Reinen – und in der Tat kann ich das Wort »Deutschland« problemlos aussprechen, und das nicht nur in Zeiten einer Fußball-Weltmeisterschaft. Regelmäßig wundere ich mich, wenn manche Leute es immer noch nicht über die Lippen bekommen und stattdessen wie zu guten altlinken Zeiten das fünfsilbige »Bundesrepublik« oder sogar die SED-Abkürzung »BRD« verwenden. Weitgehend im Reinen zu sein bedeutet nun allerdings nicht, unkritisch zu werden. Hier nur ein einziges aktuelles Beispiel: Es sollte wirklich nicht das Ziel Deutschlands sein, Weltmeister bei Rüstungsexporten in potenzielle Krisenregionen zu werden – an dieser skandalösen Entwicklung haben leider alle Bundesregierungen der letzten 24 Jahre einen Anteil.

Die »innere Einheit« ist ein gehöriges Stück vorangekommen, aber Unverständnis oder Unkenntnis der jeweils anderen Seite sind noch nicht überwunden. Die Ossi-Wessi-Häme ist zum Glück zurückgegangen, die Nostalgie-Shows sind nicht mehr ganz so plump. Larmoyanz – übrigens nicht nur im Osten anzutreffen – weicht mehr und mehr berechtigter Sorge oder einem kritischen Blick, der im Unterschied zur Diktatur in einem demokratischen Gemeinwesen durchaus erwünscht ist. Es wird noch dauern, bis die viel beschworene gleiche Augenhöhe erreicht ist. »Schön, dass ihr hinzugekommen seid«, sagte der westgrüne Parteisprecher zu uns Bündnis-90-Leuten 1993 nach der Fusion beider Parteien. Auch für viele andere Westdeutsche waren die Ostdeutschen nur die Hinzugekommenen. Veränderungen sind nicht sehr beliebt; alles soll möglichst so bleiben, wie man es kennt.

2009 konnte ich noch einmal mit Václav Havel sprechen, dem Dichter, Dissidenten und großen Europäer. Wir stellten fest, dass es manch ähnliche Erfahrungen in unseren Transformationsgesellschaften gibt. Bezogen auf Leute, denen es schwerfällt, sich unter den neuen – nationalen wie europäischen – Bedingungen zurechtzufinden, sagte er, dass Nostalgie und Geringschätzung der Demokratie in Tschechien nach der anfänglichen Euphorie zugenommen hätten, und voraussichtlich würde es zwei Generationen dauern, bis das vorüber sei. Das wird wahrscheinlich auch bei uns so sein. Die heute Studierenden werden sich mehrheitlich nicht mehr über die Ost- oder Westherkunft definieren, bei ihren Kindern wird das vielleicht gänzlich verschwinden. Aber dazu müssen wir selbst beitragen.

Vor allem müssen wir dafür sorgen, dass Menschenrechte, Demokratie und Rechtsstaatlichkeit hoch geschätzt, bewahrt und notfalls angemessen gegen Extremisten jeglicher Couleur verteidigt werden. Das erfordert auch in der Demokratie Zivilcourage und mitunter sogar Mut. Schließlich wird es darauf ankommen, der jungen Generation die deutsche Geschichte des 20. Jahrhunderts vertraut zu machen. Umfragen belegen eine erschreckende Unkenntnis. Viele Schulbücher sind oberflächlich. Immerhin werden Unterrichtsmaterialien der Bundesstiftung zur Aufarbeitung der SED-Diktatur und weiterer Institutionen inzwischen stärker wahrgenommen als vor einigen Jahren.

Manche bundesdeutsche Politiker der frühen 1990er Jahre waren wohl der Meinung, dass sich für die Ostdeutschen alles, für die Westdeutschen fast nichts ändern würde. Das war – auch damals schon erkennbar – illusionär. Mit der Einheit war die Nachkriegsordnung von Jalta und Potsdam passé, und zwar mit Billigung der ehemaligen Alliierten. Zugleich verschwanden das kommunistische System und die damit verbundenen Konfrontationen der Blöcke. Nur die USA verblieben als Großmacht. Mit der deutschen Einheit erhielten die ostmitteleuropäischen Staaten die von ihnen erhoffte Chance der Rückkehr nach Europa. Europa als ein neues Machtzentrum wurde denkbar (Deutschland mittendrin), politisch einflussreich und wirtschaftlich potent. Diese Rolle gilt es auszufüllen, ohne zugleich neue Überheblichkeit zu entwickeln oder alte Ressentiments wiederentstehen zu lassen. Gegenwärtig gelingt das den Deutschen in Europa gut. Aber schon das zuweilen sehr kleinkariert anmutende Gerangel um Posten nach der Europawahl 2014 zeigt, dass die Probleme nicht erledigt sind. Dabei hätten wir 2014 neben 25 Jahren friedliche Revolution auch zehn Jahre EU-Erweiterung um zehn neue ostmitteleuropäische Staaten zu feiern.

Die Bewahrung und Entwicklung der Demokratie wie des Rechtsstaats in Deutschland ist längst keine rein nationale Angelegenheit mehr. Sie ist von Bedeutung für die weitere Entwicklung der Europäischen Union, die nun wirklich nicht in erster Linie durch bürokratische Vorschriften Brüsseler Beamter geprägt ist, sondern stärker als jeder einzelne Nationalstaat auf Friedenssicherung und Schutz der natürlichen Umwelt hinwirken könnte, sofern die Europäer es endlich schaffen, mit einer Stimme zu sprechen. Dies gilt im Besonderen für die Durchsetzung der elementaren Menschenrechte weltweit. Wir werden keinen Frieden bewahren können, solange in der Mehrzahl der Staaten Menschenrechte auf gravierende Weise verletzt werden. Das ist die Lehre aus der deutschen Geschichte des 20. Jahrhunderts. Appeasement gegenüber Kriegsverbrechern und menschenverachtenden Potentaten kann ebenso wenig akzeptiert werden wie Untätigkeit im Falle terroristischer Exzesse. Verbrechen gegen die Menschlichkeit müssen bekämpft werden – im äußersten Fall gewaltsam, womit der einzelne Nationalstaat überfordert ist. Auch dies spricht für eine starke Europäische Union, die unterschiedliche Kulturen und Traditionen bewahrt, jedoch für nationalen Egoismus wenig Platz lässt. Dies ist für mich momentan die größte Herausforderung, und hier schließt sich der Kreis zu den ostmitteleuropäischen Freiheitsbewegungen der Jahre 1989/90, ohne die wir an diesen Punkt gemeinsamen europäischen Nachdenkens nicht einmal gekommen wären.

Rainer Eckert

»Trotzdem bleiben Probleme«

Im Sommer 1989 kam die Tante meiner Frau, Lucie, auf unser Mietgrundstück am Ost-Berliner Müggelsee zum Baden. Tante Lucie war eine ältere gepflegte Dame, überzeugte Kommunistin und hatte wegen ihres Widerstandes im nationalsozialistischen Deutschland im Zuchthaus gesessen. Nachdem sie ihre Runde im See geschwommen war, kam es zu einem kurzen Gespräch. Im Kern ging es darum, dass Lucie meinte, es herrsche in der DDR wieder eine Atmosphäre wie vor dem 17. Juni 1953 und bald gäbe es einen Aufstand. Anders als beim Volksaufstand von 1953 würden dieses Mal die Kommunisten an den Laternenpfählen aufgehängt.

Dieses Gespräch verblüffte mich vollkommen. Zwar litt ich wie viele andere unter dem politischen System der SED-Diktatur, doch schien mir die Situation vor allem durch Lethargie und schleichenden Verfall gekennzeichnet. Ich dachte – und das trifft für viele Ostdeutsche zu –, dass es so nicht weitergehen könne und ein grundsätzlicher Wandel notwendig sei. Zugleich war ich resigniert, da die Diktatur so fest gefügt war, dass sie, wie die deutsche Teilung, unüberwindbar erschien. Reformen konnten eintreten, grundlegende Wandlungen dagegen nicht.

Ich wuchs in einem Elternhaus auf, das mein Vater, ein hoher Gewerkschaftsfunktionär und überzeugter Kommunist, wenig, meine protestantisch und eher sozialdemokratisch denkende Mutter dagegen stark prägte. Meine Mutter hasste die »Russen«, und wir wohnten in einem Häuserblock, der Mitte der 1930er Jahre für Offiziere und Unteroffiziere der Wehrmacht gebaut worden war. In der Kindheit waren die »Feinde« unserer Clique die Kinder der in die frei werdenden Wohnungen einziehenden Volkspolizisten, mit denen wir uns oft prügelten. Allerdings änderte sich das Kräfteverhältnis bis 1961 radikal, gingen doch immer mehr der ehemaligen Wehrmachtsangehörigen in den Westen. Da mein Vater starb, als ich fünf Jahre alt war, war sein Einfluss auf mich gering oder dann nur in der Erinnerung vorhanden. Schrecklich war dagegen, als meine Mutter eines Tages erzählte, sie sei 1945 mehrfach von sowjetischen Soldaten vergewaltigt worden. Nach einer willkürlichen Verhaftung konnte sie aus einem Arbeitskommando fliehen. Dies war ein Grund, aus dem sich meine grundlegende Ablehnung der SED-Diktatur, jedoch nicht eines, wie ich hoffte, demokratischen Sozialismus, ableitete.

Von großer Bedeutung war auch, dass meine über alles geliebten Großeltern – der Großvater war Kellner, die Großmutter Hausfrau, die als Toilettenfrau die Familie über Krisen und Arbeitslosigkeit hinwegrettete – in Moabit, also in West-Berlin, lebten. Wöchentliche oder zumindest zweiwöchentliche Besuche dort waren selbstverständlich. Unsere kleine Familie zerriss der Bau der Berliner Mauer am 13. August 1961, den ich als Elfjähriger in Ost-Berlin miterlebte. Meine schwer kranke Großmutter sah ich erst gut zwei Jahre später nach dem ersten Passierscheinabkommen wieder. Mein Großvater starb, ohne dass sein sehnlichster Wunsch, seinen einzigen Enkel noch einmal zu sehen, erfüllt worden wäre. An diesem Punkt begann ich die DDR und ihre kommunistische Führung zu hassen.

Bis zum Fall der Berliner Mauer habe ich West-Berlin nicht mehr betreten, meine Großmutter durfte uns allerdings einmal in Potsdam besuchen, versorgte uns bis zu ihrem Tod mit einem wöchentlichen »Westpaket«, und meine Mutter konnte nach jahrelangen Bemühungen einige Male ihre Mutter in West-Berlin treffen. So saß sie im Krankenhaus am Sterbebett meiner Großmutter und schrieb mir nach Potsdam Briefe über das Leiden, das sie ertrug. Kopien dieser Briefe fand ich nach der friedlichen Revolution in den Akten der SED-Geheimpolizei, der Staatssicherheit, wieder. Das Grab meiner Großeltern und das Haus, in dem sie eine Einzimmerwohnung im Hinterhaus mit Außentoilette bewohnt hatten, konnte ich erst im November 1989 sehen.

Wichtig für meine politische Einstellung war auch die Mitgliedschaft in der Jungen Gemeinde. Wir waren von einem protestantischen Verantwortungsethos geprägt. Die deutsche Teilung war für uns die Strafe für Auschwitz, die wir akzeptierten. Die stalinistische Diktatur lehnten wir ab, und wir fühlten uns als die »richtigen Linken«. Aus dieser Haltung heraus gewannen wir unsere Kraft, unterwarfen uns partiell jedoch den Zwängen der Diktatur. So übten wir uns in »Zwiesprech«, verbargen unsere wahre Meinung in der Schule, waren unwillige Mitglieder der kommunistischen Freien Deutschen Jugend (FDJ), und wir nahmen an der staatlichen Jugendweihe statt, um uns danach konfirmieren zu lassen. Diese Tarnung war jedoch nicht komplett, und so musste ich in der Erweiterten Oberschule (EOS) schon früh die Erfahrung politischer Denunziation durch Klassenkameraden machen. Ich wurde bei der Einteilung der Mitschüler in »Schrittmacher«, »Mitmacher« und »Bremser« in die Gruppe der »Bremser«, und zwar als deren Anführer, eingeordnet und sollte zusammen mit anderen in der elften Klasse wegen eines Treffens mit jungen Christen aus der Bundesrepublik der Schule verwiesen werden. Auch hier waren wir denunziert worden, und uns rettete nur die Prominenz der Eltern einiger Mitschüler – vom Lyriker Peter Huchel bis hin zum Ägyptologen Fritz Hintze, meinem Großonkel – vor der Relegation.

Wenn ich heute auf die DDR zurückblicke, so erscheint mir wesentlich, wie es Wolfgang Engler in seinem Buch über die Ostdeutschen ausführte, dass sie durch eine allumfassende Nivellierung sämtlicher Lebensformen geprägt war. Sie war eine »arbeiterliche« Gesellschaft, in der sich nicht nur für Industriearbeiter, sondern für alle Beschäftigungsgruppen das gesamte Berufsleben mit der Arbeit verband. Die Arbeiterschaft dominierte sozial und kulturell, und sie zeichnete Selbstbewusstsein aus. Die Funktionäre der Staatspartei, der Blockparteien und der gesellschaftlichen Organisationen waren privilegiert, allerdings war diese Privilegierung eher gering und schäbig. Viele Funktionäre mussten auch Nachteile wie den Ausschluss vom privaten Reiseverkehr in den Westen in Kauf nehmen, und darin liegt einer der Gründe dafür, dass die Diktatur 1989 kaum Unterstützung bei ihren Trägergruppen fand. Wenn man die Geschichte der DDR nach Generationen gliedert, so gehöre ich nach der »Flakhelfer-Generation« und nach der »FDJ-Generation« zur dritten politischen Generation. Für unsere Sozialisation war das Jahr 1968 entscheidend. Das bedeutete auch die Studentenbewegung, die gegen die USA und gegen die eigene Elterngeneration gerichteten Proteste im Westen, in erster Linie war es jedoch das Engagement für die Idee eines demokratischen Sozialismus, für den »Prager Frühling«. Entscheidend war Prag, nicht Paris oder West-Berlin.

Der Traum von der Reformierbarkeit des Kommunismus als Gesamtsystem war am 21. August 1968 vorbei, als Warschauer-Pakt-Truppen in die Tschechoslowakei einmarschierten. Das begriffen die Oppositionellen in Ostmitteleuropa sehr schnell, in der DDR jedoch flammten bis zum revolutionären Herbst 1989 immer wieder Reformhoffnungen auf. Dabei ist zu unterscheiden zwischen den Etablierten, die innerhalb der SED mit dem Ziel der Systemrationalität und der Effizienz reformieren wollten, und den idealistischen Außenseitern, die mehrheitlich im Pfarrhaus oder in Familien mit protestantischer Bindung herangewachsen und durch moralischen Idealismus gekennzeichnet waren. Bei ihnen stand die Zivilcourage beim Einfordern von Bürger- und Menschenrechten im Zentrum. 1989 versank die erste Gruppe in der Bedeutungslosigkeit, die zweite Gruppe fand zu einem zeitweiligen Bündnis mit den Menschen auf den Straßen und ermöglichte so eine Revolution.

Ich selbst zähle mich zumindest in den Jahren nach 1968 zur zweiten Gruppe. Im Frühjahr 1968 hatte ich, kurz vor dem Abitur stehend, offen gegen die neue »sozialistische« Verfassung in der DDR gestimmt, und vor dem 21. August war ich nach Prag und Brünn gereist, um dort mit oppositionellen Studenten zu diskutieren. Ich war begeistert vom Enthusiasmus der Tschechen und Slowaken für einen freiheitlichen Sozialismus. Den Einmarsch der Truppen des Warschauer Pakts erlebte ich in einem Zug zwischen Budapest und Ost-Berlin und schließlich in Prag selbst. Der Zusammenbruch unserer Illusionen und Träume war schrecklich und verstärkte die Ablehnung der kommunistischen Diktaturen. In Potsdam zurück, nahm ich an einer stummen Protestdemonstration gegen die Aggression teil, was die Staatssicherheit zwar registrierte, aber ohne Folgen für mich blieb. Zugleich gab ich meinen Studienplatz als Geschichtslehrer an der Humboldt-Universität zurück, da ich in einer DDR-Schule keine Lügen über geschichtliche Abläufe und Tatsachen verbreiten wollte. So stand ich das erste Mal vor der Arbeitslosigkeit.

Durch einen Zufall bekam ich jedoch eine Anstellung im Potsdamer Staatsarchiv, und dieses delegierte mich dann zu einem Studium der Geschichte und Archivwissenschaft an der Berliner Humboldt-Universität. Mein Studium dort war durch ständige Auseinandersetzungen und Denunziationen von Kommilitonen gekennzeichnet. Schließlich wurde ich im vierten Studienjahr, also im siebten Semester, wegen meiner oppositionellen Haltung aus der FDJ ausgeschlossen und von der Alma Mater verwiesen sowie für unbestimmte Zeit zur »Bewährung« in die Produktion verbannt. Dies war verbunden mit einem Aufenthaltsverbot für Ost-Berlin und einem Hinweis an die Nationale Volksarmee, dass ich als Rekrut zur Verfügung stehen würde. Es folgten Monate einer für die DDR ganz ungewöhnlichen erfolglosen Arbeitssuche – vom Briefträger bis zum Parkwächter. Schließlich blieb ein Erpressungsversuch der Staatssicherheit zur Kollaboration als Spitzel nicht aus. Die Alternative, die die Offiziere der Geheimpolizei mir offenbarten, war klar: entweder drei Jahre Zuchthaus wegen Spionage oder bei einer Zusammenarbeit schnelle Wiedereingliederung in das akademische Leben, eine Karriere bis zum Professor und zum »West-Reisekader«. Als ich trotzdem ablehnte und dies auch schriftlich niederlegte, folgte allerdings nicht, wie ich erwartete, meine Verhaftung, sondern ich konnte gehen. Vorher erfuhr ich jedoch, dass ich in meinem ganzen Leben beruflich erfolglos bleiben und am Rande der Gesellschaft dahinvegetieren würde. Kurze Zeit später erfolgte durch Vermittlung eines inoffiziellen Mitarbeiters des Ministeriums für Staatssicherheit (MfS) meine Eingliederung in die »sozialistische Produktion«, und ich fegte morgens um sechs in der Potsdamer Werkstatt des VEB Wasserstraßenbau Berlin mit einem Reisigbesen den Hof.

Was ich damals nicht wusste und erst nach der friedlichen Revolution durch Einsicht in die MfS-Akten erfuhr: Dieses hatte im Rahmen eines »Operativen Vorganges« (OV) gegen mich und meine Freunde wegen »staatsfeindlicher Gruppenbildung« und »staatsfeindlicher Hetze« jahrelang ermittelt. Der Haft entgingen wir dadurch, dass in unserer Gruppe ein Neffe eines Mitglieds des Politbüros des Zentralkomitees der SED mitarbeitete, deshalb entschied Staatssicherheitsminister Erich Mielke: »keine Verhaftungen im OV Demagoge«. Die »Bewährung in der Produktion« dauerte für mich drei Jahre, dann konnte ich als Fernstudent mein Studium abschließen. Durch Vermittlung einer heute bekannten Bürgerrechtlerin fand ich eine Anstellung am Zentralinstitut für Geschichte der Akademie der Wissenschaften. Ich war hier 14 Jahre lang mit wissenschaftlichen Hilfsarbeiten beschäftigt. Meinen wissenschaftlichen Interessen konnte ich nur in den Abendstunden, am Wochenende oder im Urlaub nachgehen. Es waren für mich Jahre der Resignation und Mutlosigkeit; mein Hass auf die Diktatur wurde nicht geringer, aber ich hatte nicht mehr die Kraft zum aktiven Widerstand und lehnte Angebote ab, in oppositionellen Gruppen mitzuarbeiten. So blieben der Schmuggel verbotener »Westliteratur« in die DDR (über Ungarn oder Polen) und die Beratung von Freunden, die aus der DDR flüchten wollten.

Das änderte sich für mich erst, als nach dem Beginn des Zerfalls des Kommunismus durch die Gewerkschaft Solidarność zu Beginn der 1980er Jahre in Polen Michail Gorbatschow als Führer des Weltkommunismus versuchte, ein reformkommunistisches Projekt in Kraft setzte, um so den Kommunismus zu retten, und dabei wider Willen zu einem Sargnagel des eigenen Systems wurde. Jetzt begann ich, »Perestroika-Literatur« zu besorgen und sie auf meiner Arbeitsstelle, dem jetzigen Institut für deutsche Geschichte, zu verteilen – ich pflanzte aus Protest gegen die ökologische Katastrophe Bäume und Sträucher und organisierte mit anderen die Friedensdekade in unserer protestantischen Gemeinde. Meine Familie teilte diese Haltung, und das führte unter anderem dazu, dass sich unsere Kinder in der Schule zu ihrer Teilnahme an der Christenlehre bekannten und Fragen stellten, warum die Lehrer denn lügen würden. Das wurde mir von der Klassenlehrerin empört mitgeteilt, blieb aber ohne weitere Folgen.

Wenn ich heute an die Jahre 1988 und 1989 zurückdenke, dann erscheinen mir die Fälschung der Kommunalwahlen am 7. Mai 1989 und deren Nachweis durch Bürgerrechtler als das entscheidende Ereignis. Ich selbst beobachtete die Auszählung der Stimmzettel, zu der ich meine beiden Kinder mitgenommen hatte, in einem Wahllokal in einer privilegierten Wohngegend in Berlin-Friedrichshagen. Uns gegenüber standen vielleicht 30 Genossen der Wohnparteiorganisation der SED, in deren Gesichtern sich das pure Entsetzen spiegelte, als schließlich elf Prozent Nein-Stimmen und drei Prozent ungültige Stimmen ausgezählt worden waren. Als am Abend Egon Krenz das amtliche Endergebnis mit den üblichen 99 Prozent Ja-Stimmen verkündete, war mir klar, dass er log. Prägend war für mich, dass, als ich am nächsten Tag im Institut über die Wahlfälschung sprach, selbst überzeugte SED-Genossen dies so sahen.

Die Revolution von 1989/90 lässt sich nicht monokausal erklären. Es gab wirtschaftliche Gründe, vieles war nur noch als Mangelware oder als »Bückware« erhältlich, die DDR war der größte Umweltsünder Europas, und entgegen der offiziellen Ideologie war die »Arbeiterklasse« nicht die führende Kraft im Staat. Gleichzeitig war die Arbeitswelt zwar ein gesellschaftlicher Reibungspunkt, aber kein Feld der Opposition und auch nicht der friedlichen Revolution. Die Konflikte blieben, wie Ilko-Sascha Kowalczuk treffend ausführte, in den Betrieben, gleichzeitig war es jedoch Ende der 1980er Jahre fast egal, wofür sich jemand interessierte, die Krise war für fast alle greif- und spürbar. Die Staatspartei hatte ihr Projekt »DDR« stets als Zukunftsvision verstanden, jetzt erfasste die Krise einen Staat und eine Gesellschaft fast komplett. Schließlich gingen im Sommer 1989 jene Männer und Frauen mit Wortmeldungen in die Öffentlichkeit, die sich bereits jahrelang in konspirativen Zirkeln getroffen hatten. Kaum jemand dachte an Revolution, die meisten hatten Reformen im Sinn, deren Umsetzung erst zeigen würde, was mit Staat und Gesellschaft wirklich geschehen würde. Einige Oppositionelle dachten in zivilgesellschaftlichen Perspektiven, und die Frage nach der Zwangsläufigkeit der deutschen Teilung wurde ebenfalls aufgegriffen.

Meine Haltung zur Frage der Reformfähigkeit einer eigenständigen DDR war die, dass ich das Menetekel an der Wand des Realsozialismus erst sehr spät erkannte. Lange ging ich davon aus, dass die Sowjetunion ihre deutsche Kriegsbeute nie wieder hergeben würde und dass im besten Fall eine Reform in der DDR zu erreichen sei. Eine mögliche Vereinigung Deutschlands war außerhalb meines Gesichtsfeldes. Diese Sicht wurde brüchig, als ich am Abend des 9. Oktober 1989 in der ARD-Tagesschau erfuhr, dass in Leipzig mehr als 70000 Menschen für Reformen und damit gegen die Diktatoren demonstriert hatten, ohne dass diese gewaltsam eingegriffen hätten. In dieser Nacht war es mir klar: Damit war die totalitäre Herrschaft am Ende. Etwas Neues würde kommen, ohne dass sich damit für mich klare Vorstellungen verbunden hätten.

Politisch war dies eine Phase der Suche nach einer politischen Heimat, des Besuchs ungezählter Veranstaltungen und der Teilnahme an Demonstrationen – an meiner ersten Demonstration nahm ich im Oktober im mecklenburgischen Parchim teil; ich war aber im Herbst 1989 nicht ein Mal in Leipzig –, der Beginn der Bemühungen um die innere Reform des Instituts für Geschichte der Akademie der Wissenschaften und von Neugründungen – von einer Ost-Berliner Geschichtswerkstatt bis hin zum von Armin Mitter und Stefan Wolle initiierten Unabhängigen Historikerverband. Es war auch eine Zeit der Illusionen. So dachte ich kurzzeitig, die Historiker-Gesellschaft der DDR oder das Geschichtsinstitut wären zu reformieren. Hier lagen die Reformkräfte bei – geschätzt – etwa fünf Prozent, der Rest waren mehr oder weniger linientreue Genossen und Anhänger der SED, darunter eine erhebliche Anzahl von Befürwortern der Gorbatschow'schen Perestroika bzw. von Glasnost. Zwar wurde ich in diesem Institut 1990 stellvertretender Direktor, doch war ich nicht viel mehr als ein Aushängeschild, hinter dem sich die alten Kader verbargen. Eine Reform wäre hier nicht möglich gewesen, und so war schließlich die Auflösung des Instituts zwangsläufig und richtig. In meiner Direktionszeit konnte ich wenig erreichen, aber immerhin die Aktenvernichtung stoppen und die Anbiederung von SED-Kadern an bundesdeutsche Historiker konterkarieren. Das führte dann zu dem Versuch einiger kommunistischer Hardliner, darunter inoffizielle Mitarbeiter der Staatssicherheit, mich als Direktor zu stürzen. Das scheiterte allerdings angesichts der realen Machtverhältnisse und der Tatsache, dass mir ein Protokoll einer SED-Parteiversammlung vom Herbst 1989 zugespielt worden war, in dem die Anwendung von Waffengewalt im Falle einer Situation wie am 17. Juni 1953 gefordert wurde. Bis heute ist die Geschichte dieser Vorgänge nicht geschrieben.

Der Herbst 1989 und auch noch das Jahr 1990 waren für mich, wie für viele Ostdeutsche, eine Zeit des Aufbruchs, des Schöpfens von Hoffnung und der Suche nach Orientierung. Alles änderte sich jedoch, als die SED am 9. November unter dem Druck der Menschen auf den Straßen – und nicht, wie immer wieder behauptet, durch den Versprecher eines Politbüromitglieds – die Berliner Mauer öffnen musste. Ich erfuhr davon erst am Morgen des 10. November und heulte wie ein Schlosshund. Dann packte ich etwas Proviant ein, borgte mir 10 DM, besorgte einen Ausreisestempel auf der Volkspolizeidienststelle und machte mich auf den Weg nach West-Berlin.

Das verlockende Konsumangebot im Westteil Berlins ließ mich relativ kalt, interessanter war, meine ostdeutschen Landsleute zu beobachten, die sich überwiegend in einer Art Rauschzustand befanden. Schlagartig wurde mir klar, dass jetzt die Zeit möglicher Reformen in der DDR vorbei war und die deutsche Einheit zu einer realen Option wurde. Meine 100 DM Begrüßungsgeld gab ich für eine Gesamtausgabe der »Berichte des Oberkommandos der Wehrmacht« aus, die ich für meine Habilitationsschrift benötigte. Ich traf im Buchladen einen durchaus regimekritischen ostdeutschen Kollegen, der vom Joghurtangebot in den Supermärkten schwärmte, lief den gesamten Kurfürstendamm zu Fuß ab und suchte dann nach 28 Jahren das Wohnhaus meiner Großeltern auf, in dem jetzt nur Türken wohnten. Abends war ich der wohl einzige ostdeutsche Besucher in der Ausstellung der Gedenkstätte Deutscher Widerstand.

Nach Ost-Berlin zurückgekehrt, registrierte ich das Erstaunen meiner Familie, mich überhaupt wiederzusehen, bekam Ärger wegen meines Egoismus, das »ganze schöne Westgeld« allein für Bücher ausgegeben zu haben, und traf auf Unglauben, als ich das Ende der DDR voraussagte. Mit dem Mauerfall wandte sich schließlich die Mehrheit der Ostdeutschen der politischen Führung der Bundesrepublik, dem bundesdeutschen politischen System und vor allem dem dortigen Konsum zu. Ob, wie Wolfgang Engler meint, soziale Garantien und berechtigte Eigentumsinteressen der Ostdeutschen im Vereinigungsvertrag nur unzureichend berücksichtigt wurden, ist weiter zu diskutieren. Richtig ist in jedem Fall, dass die Mehrheit der Deutschen und vor allem der Ostdeutschen eine schnelle deutsche Einheit wünschte. Die Ernüchterung auf beiden Seiten sollte erst später einsetzen.

Für mich persönlich brachte die friedliche Revolution jedenfalls neben der deutschen Einheit Freiheit und Demokratie und die Möglichkeit, mich beruflich zu verwirklichen und mich politisch zu engagieren. Konkret bedeutete das, dass ich im Januar 1990, als es kurzzeitig so schien, dass die Kräfte der Diktatur noch einmal die Oberhand gewinnen könnten, der ostdeutschen Sozialdemokratischen Partei beitrat, die ich wohl mit Recht als die konsequenteste antikommunistische Kraft empfand.

Bei der Beantwortung der Frage, was von dem 1989/90 Gewünschten eingetreten ist und was nicht, ist zuerst ein Blick darauf zu werfen, wo die Ostdeutschen politisch *vor* der friedlichen Revolution standen. Hier sind keine »harten Daten« zu ermitteln. Realistisch scheint mir jedoch zu sein, dass 20 Prozent das System aktiv unterstützten und eine große Mehrheit es stillschweigend ertrug. Weit mehr als drei Millionen Menschen hatten aus unterschiedlichen Gründen die Sowjetische Besatzungszone und die DDR verlassen. Die Anzahl der Widerständler war dagegen gering und betrug 1988/89 etwa 5000 aktive Menschen. Über diesen Personenkreis ist die Meinung weit verbreitet, die Mehrheit der Opposition habe sich in der SED-Diktatur ausschließlich für Reformen des DDR-Sozialismus eingesetzt. Dies lässt sich bei einer genaueren Prüfung jedoch nicht aufrechterhalten. Stattdessen ging es um Forderungen, die auf ein demokratisches Gesellschaftsmodell zielten. Die wichtigsten möchte ich anführen:

- Freiheit, Recht und Menschenrechte sowie Anerkennung der Würde des Menschen als Voraussetzung der Entfaltung der Persönlichkeit aller und die Schaffung sozialer Voraussetzungen für die Ausübung von Freiheit;
- Durchsetzung von Demokratie, Selbstbestimmung und freien Wahlen;
- keine Erringung von Macht, sondern deren Kontrolle und Entideologisierung des Staates;
- aufklärerische und zivilgesellschaftliche Politik;
- Pluralismus und Gewaltenteilung;
- Garantie einer freien Öffentlichkeit;
- Mündigkeit der Bürger mit selbstbestimmter Politikgestaltung;
- herrschaftsfreie Kommunikation und Basisdemokratie;
- Rechtsstaatlichkeit mit Verfassungs- bzw. Verwaltungsgerichtsbarkeit;
- Gewaltfreiheit;
- soziale Gerechtigkeit und gesellschaftliche Solidarität.

Als Grundlage für die Ermittlung dieser Forderungen dienten die Demonstrationsforderungen in ihrer zeitlichen Entwicklung (ab dem 4. September bis Oktober 1989, vor allem in Leipzig), der DDR-Verfassungsentwurf des Zentralen Runden Tisches sowie die Programme der neu entstandenen Parteien und politischen Gruppen. Ein Vergleich mit dem Grundgesetz würde eine weitgehende Übereinstimmung ergeben.

Trotzdem waren 1989/90 die Strukturen des zu Erreichenden vorerst unklar. Die eigentliche Frage war, ob eine parlamentarische Demokratie auf der Basis der sozialen Marktwirtschaft die artikulierten Forderungen garantieren könnte. Im weiteren Verlauf der Entwicklung wurde jedoch schnell klar, dass das alles zwangsläufig eine Transzendierung des realsozialistischen Systems bedeutete, da die angestrebten Reformen mit einer totalitären Herrschaftsausübung nicht zu verbinden waren. Dem steht nicht entgegen, dass die Bürgerrechtsbewegung in der DDR bewusst auf die Entwicklung eines alternativen Gesamtkonzepts verzichtete und stattdessen auf die Zielpunkte Bürger- bzw. Menschenrechte und Pluralismus setzte. Tragfähige Visionen alternativer Wirtschafts-, Gesellschafts- oder Verfassungsordnungen entstanden nicht. Gleichzeitig war eine Eins-zu-eins-Kopie der Bundesrepublik nicht intendiert.

Heute ist zu fragen, was von den Hoffnungen der Jahre 1989/90 erreicht und was weitergeführt wurde und was unabgegolten blieb. Die Kernforderungen der friedlichen Revolution sind realisiert worden. Dazu gehören Freiheit und Menschenrechte sowie die Anerkennung der Würde des Menschen als Voraussetzung für die Entfaltung der Persönlichkeiten aller. Demokratische Grundrechte und freie Wahlen, die staatliche Einheit der Deutschen, die Reisefreiheit, die Auseinandersetzung mit der Vergangenheit, die Ersetzung der Plan- durch die Marktwirtschaft und das Entstehen einer gesamtdeutschen politischen Identität sind durchgesetzt. Der Staat ist entideologisiert, Gewaltenteilung, Rechtsstaat und Verwaltungsgerichtsbarkeit sind garantiert. Die Bundesrepublik ist im Vergleich zur DDR entmilitarisiert und der Umweltschutz geradezu revolutioniert.

Andere Vorstellung der ostdeutschen Bürgerrechtler – die nicht unwesentlich aus Erfahrungen mit der Diktatur herrührten (wie das Recht auf Arbeit und auf die Stellung einer Ersatzwohnung bei Wohnungsverlust) – konnten nicht realisiert werden. Das gilt auch für die Vorstellungen von einer »herrschaftsfreien Kommunikation«, von »Basisdemokratie«, das Ausscheiden Deutschlands aus allen Militärblöcken, das Recht auf Volksbegehren bzw. Entscheide auf Bundesebene sowie das Recht auf Schutz aller persönlichen Daten.

Aus heutiger Sicht sind zwar viele Forderungen der friedlichen Revolution erfüllt und umgesetzt, jedoch haben wir keine neue, sondern eine erweiterte Bundesrepublik. Trotzdem bleiben die Ostdeutschen, vor allem die Bürgerrechtler und die Bürger auf der Straße, die »Sieger der Geschichte«. Dies ist so, obwohl merkwürdigerweise im Allgemeinen der Westen als Sieger angesehen wird und sich auch selbst so sieht. Grundsätzlich leben die meisten Ostdeutschen heute erheblich besser als vor 25 Jahren, und dies nicht nur im materiellen Sinn. Trotzdem wird immer wieder Unzufriedenheit artikuliert – es gilt, nach deren Gründen zu fahnden:

Mit Christoph Dieckmann vermag ich erstens einen Grund dafür darin zu erkennen, dass die Festlegung von Normen und akzeptablen Biografien im Osten fast ausschließlich durch den Westen erfolgte. Das führte zu dem Gefühl der Degradierung des Wissens und Fühlens der Ostdeutschen durch das Westurteil, vielen erscheint es so, dass eine ostdeutsche Prägung minderwertig sei, da ein Werk der Diktatur. Dies heißt auch, der Westen akzeptiert den Osten nicht als gleichwertigen Teil der deutschen Geschichte.

Gültig erscheint mir zweitens auch Jana Simons Bild von den beiden deutschen Zwillingen, die nicht gleich existenziell betroffen sind. Dabei ist der Zwilling Ost mit seiner Existenzbewältigung voll ausgelastet und wird das Gefühl nicht los, dass alles, was geschieht, sich auf seinem Rücken abspielt. In dieser Sicht waren die Ostdeutschen lange Zeit die »hässlichen Deutschen«, die bewertet, seziert, belächelt oder bestaunt wurden. Hier bleibt allerdings zu fragen, ob dies heute noch so wie vor 15 oder 20 Jahren gilt. Oder ist eine neue Generation mit neuem Selbstbewusstsein herangewachsen: eine »3. Generation Ost« bzw. eine »Generation der 1960er«?

Bei der weiteren Suche nach den Gründen für die erwähnte Unzufriedenheit ist schnell vieles auszumachen: Geringere Einkommen und Vermögen im Osten und höhere Arbeitslosigkeit sind wohl zuerst zu nennen. Es gibt aber auch tiefere Gründe: Aus meiner Sicht gehört dazu zuerst das Prinzip »Rückgabe vor Entschädigung«, das eine zumindest partielle Enteignung des Ostens nach sich zog. Wohnungen, Häuser und Wochenendgrundstücke mussten aufgegeben werden, in einigen Gebieten wurde mehr als ein Fünftel der Bevölkerung ausgetauscht. Wer heute in Berlin durch den Bezirk Prenzlauer Berg geht, treffe in der Regel, wie Wolfgang Thierse meint, auf Schwaben und nicht mehr auf ostdeutsche Bürgerrechtler.

Bedauerlich finde ich auch, dass nach 1989/90 kein Versuch unternommen wurde, gesamtdeutsche Reformen auf den Weg zu bringen. Ob dies möglich gewesen wäre, muss allerdings offenbleiben. Als Beispiele seien die Regelung des Abtreibungsparagrafen oder eine umfassende Versorgung mit Plätzen in Kindertagesstätten für alle Familien genannt, die diesen Weg gehen wollen. Persönlich bedrückt mich besonders, dass der Osten keinen Stolz auf »seine Revolution« entwickelte oder ihn schnell wieder aufgab. Hier sind viele Fragen zu stellen und – soweit möglich – zu beantworten. Ich möchte nur eine nennen: Waren es wirklich die Ostdeutschen, die eine friedliche Revolution vollbrachten, oder war es eben doch nur eine verschwindend kleine Minderheit freiheitlicher, reformorientierter, zivilgesellschaftlich organisierter und mutiger Bürger?

Es ist das ostdeutsche Gegenbild, das meint, dass Ostdeutsche direkter sagen, was sie denken, dass sie unkomplizierter kommunizieren, dass sie dies ehrlicher und weniger verschachtelt tun würden. So meint etwa David Wagner, dass die Ostdeutschen einen Wendigkeitsvorsprung hätten und weniger Ballast mit sich trügen, da sie schon einmal alles abgeworfen hätten. Solche Thesen sind zwar nicht generell abzulehnen, erscheinen mir aber einer gründlichen Diskussion zu bedürfen.

Auf jeden Fall war die Situation in Ostdeutschland ab 1990 von einem tiefgreifenden Umbruch gekennzeichnet. Rainer Land und Andreas Willisch führten aus, dass es tiefe soziale und ökonomische Veränderungen im Osten gab. So sind fast alle Elemente der Volkswirtschaft, Betriebe, Infrastruktur, öffentliche Dienstleistungen und Verwaltungen modernisiert worden; die institutionellen Bedingungen entsprechen weitgehend den westdeutschen. Selbst einige der verbliebenen oder neu aufgebauten Betriebe haben den Anschluss an die Weltmärkte erreicht. Und auch die von Bundeskanzler Helmut Kohl versprochenen »blühenden Landschaften« sind zu erkennen. Dazu gehören sanierte Innenstädte und eine gut ausgebaute Infrastruktur. Allerdings gab und gibt es teilweise noch immense Wanderungsverluste, geschlossene Unternehmen, Förderruinen, verlassene Wohnquartiere, Arbeitslosigkeit, eine geringe Geburtenrate und untergehende Dörfer. Die gewaltigen Transferleistungen von West nach Ost förderten eine Gewinnermentalität des nicht immer zurückhaltenden Westens, dem oft ein naiver Osten gegenüberstand. Insgesamt war jedoch trotz vieler Opfer, Einbußen und Rückschläge die Übertragung der Grundordnung der Bundesrepublik auf die DDR eine Erfolgsgeschichte. Bei einer Bilanz erscheint mir – wie auch Ilko-Sascha Kowalczuk – das weitgehende Verschwinden des Arbeiters in Ostdeutschland besonders gravierend. Gleichzeitig entstand in vielen Bereichen des öffentlichen Lebens eine Struktur neu eingestellten Leitungspersonals, das über Erfahrungen aus der Alt-Bundesrepublik verfügte und ohne den SED-Makel war – wie Gunnar Hinck in seinem Buch *Eliten in Ostdeutschland* ausführte. Protestantisch geprägte Revolutionäre von 1989/90 gehörten kaum noch zu den Funktionseliten. Das hat mit ihrer Altersstruktur zu tun, aber auch damit, dass sich viele desillusioniert von der Kluft zwischen ihren politischen Idealen und den politischen Realitäten zurückgezogen haben. Bis heute findet man in den Leitungsetagen überwiegend ehemalige Westdeutsche, einige SED-Nachwuchskader und nur wenige Seiteneinsteiger.

Insgesamt wurde der Kommunismus erfolgreich und dauernd delegitimiert – das gilt für Wissenschaft und Publizistik, für Gedenkstätten, Museen, Ausstellungen sowie für die Literatur und die bildende Kunst. Trotzdem bleiben Probleme. So ist immer wieder die Auffassung zu hören, alte Kader und Strukturen würden etwa unsere Sicht auf die Geschichte der DDR beherrschen. Dabei werden dann immer die »alten« Geschichtslehrer genannt und öffentliche Auftritte ehemaliger Mitarbeiter der Staatssicherheit thematisiert. Dazu kommt, dass Menschen, die unter den Bedingungen der Bundesrepublik erfolglos sind, dies im Wirken »alter Kader«, der »Genossen«, begründet sehen. Ich glaube dagegen vielmehr, dass historische Erfahrungen interfamiliär weitergegeben werden, wobei die Eltern- und die Großelterngeneration der heute entmachteten SED-Kader eine entscheidende Rolle spielen.

Grundsätzlich ist dabei auch, dass sich viele Ostdeutschen, wie Wolfgang Engler und Jana Simon ausführten, durch die Auseinandersetzungen selbst mit Schuld beladen fühlen, um einen Rest von Selbstachtung ringen, während die Westdeutschen auf ihrer Meinung beharren, ihr bisheriges Leben einfach fortsetzen zu können. Die Ostdeutschen möchten als Deutsche erster Klasse wahrgenommen und nicht abgewiesen werden. Immer stärker wird heute in der internen Kommunikation darüber gesprochen, dass es in der DDR persönlicher und geselliger war – und dabei ist zu fragen, ob das Ostalgie oder normale Abwehr ist. Diese Argumentation gibt es bei denen, die eine Ausschluss- und Abstiegserfahrung hinter sich haben, ebenso bei beruflich Erfolgreichen und Wohlhabenden. Niemand will die DDR wiederhaben, »Ostdeutschland« vermittelt jedoch starke Zusammengehörigkeits- und Identitätsgefühle (dies zweifelt aber eine unlängst erschienene Bertelsmann-Studie an) – hier wird teilweise nicht zwischen dem politischen System, gesellschaftlichen Verhältnissen und mitmenschlichen Umgangsformen unterschieden. Bis heute hat sich im Osten bedauerlicherweise keine selbsttragende Zivilgesellschaft etabliert. Das wird nur gelingen, wenn Parteien und Verbände, Organisationen der Unternehmer, Gewerkschaften, Gremien der Wissenschaft sowie Medien – bis hin zu den Talkshows – nicht als westdeutsch empfunden werden.

Und auch die Auseinandersetzung mit der Vergangenheit darf nicht als westdeutsches Projekt, sondern sie muss als Notwendigkeit zur Klärung des Selbstverständnisses begriffen werden. Dazu sind verschiedene Dinge nötig. So muss die in der öffentlichen Diskussion dominante Konzentration auf die Staatssicherheit ein

Ende haben. Stattdessen muss es um allgemeine Gesellschafts- und Herrschaftsstrukturen, tatsächliche Funktionsmechanismen der Diktatur gehen. Ein weiterer Punkt ist, dass Ostdeutsche auf gesamtdeutsche Führungspositionen gehören. Das scheint selbstverständlich zu sein, ist es jedoch noch lange nicht. So sind ostdeutsche Stimmen in den großen Debatten der Bundesrepublik kaum zu vernehmen. Wenn sich dies nicht ändert, wird es im Osten keinen Ausbruch aus dem Gehäuse nörgelnder Passivität hin zu aktivem Engagement und selbstbewusster Gestaltung der eigenen Lebensverhältnisse geben. Weiterhin ist für die künftige Gestaltung der Demokratie ausschlaggebend, dass diejenigen in die Erinnerung gehoben werden, die gegen die Diktatur aktiv Widerstand leisteten. Und die Beschäftigung mit der Vergangenheit ist mit dem Entwurf von Visionen für die Zukunft zu verbinden. Ein wichtiger Bezugspunkt dabei ist Europa.

Bezogen auf die Jahre 1989/90 hat Daniela Dahn mit ihrer Meinung recht: »Die DDR ging unter, als sie gerade anfing, Spaß zu machen.« Das ist ein kluges Wort – es geht hier um das letzte Jahr der DDR, darum, dass Millionen Menschen (oder zumindest Hunderttausende) endlich ihr Schicksal in die eigenen Hände nahmen, dass sie demonstrierten, auf Versammlungen sprachen, Resolutionen verfassten, sich neuen politischen Gruppen anschlossen, Plakate herstellten und auf die Straßen trugen, Häuser besetzten, Parteien, Verbände und Vereine gründeten. Sie setzten die alten Chefs ab und ersetzten deren Macht durch Runde Tische. So viel Hoffnung, Selbstbewusstsein und Engagement war nie. Es gab neue Zeitungen, Solidaritätsveranstaltungen, unabhängige Untersuchungskommissionen, neue Filme, neue Gesetze und Projekte. Dies war eine höchst intensive, aber auch glückliche Zeit. Dann triumphierte mit der allgemein herbeigewünschten Wiedervereinigung die demokratische Normalität. Das war folgerichtig und ein Glück für die gesamte Nation, es blieb jedoch bei den Aktiven des Herbstes 1989 die Sehnsucht nach dem Außergewöhnlichen.

Im Weiteren soll mich die Frage beschäftigen, ob es 24 Jahre nach der Wiedervereinigung ostdeutsche Sonderinteressen gibt. Ich gehe davon aus, dass es zwischen den Bundesländern im Osten und denen im Westen, Süden oder vielleicht auch Norden noch über einen längeren Zeitraum nicht nur gemeinsame Interessenlagen geben wird. Das hat mit unterschiedlichen Realeinkommen, der Arbeitslosenquote, mit Wanderungsbewegungen, mit Vermögensverteilung und Perspektiven zu tun. Entscheidend sind jedoch über Generationen hinweg weitergegebene Erfahrungen und Mentalitäten. Insgesamt ist dies bei einer Bevölkerung von über 82 Millionen Menschen weder ein Problem noch verwunderlich. Vielmehr scheint mir in der Vielfalt eine Stärke zu liegen, jedenfalls solange es in Deutschland nicht wie in anderen europäischen Staaten Tendenzen zur Abspaltung von Landesteilen gibt. Entscheidend sind dagegen die Zustimmung der Bürger zur gemeinsamen verfassungsmäßigen Ordnung und der nachhaltige Wille zur Einheit.

Trotzdem haben wir es heute mit Problemen zu tun, die in der Zeit der deutschen Spaltung wurzeln. Weit verbreitet ist der Eindruck, dass der politische

Druck in der kommunistischen Diktatur und die permanente organisierte Bespitzelung zwar nach friedlicher Revolution und Wiedervereinigung ein Ende gefunden hätten, dass aber neue Zwänge entstanden seien. Dabei denke ich nicht an die Propaganda etwa in Teilen der Partei Die Linke, sondern an alltägliche Arbeitserfahrungen, die auf Verdrängung der Schwächeren, Unterordnung, Disziplinierung und Drohung mit sozialem Abstieg beruhen. Auf eine einfache Formel gebracht: Je größer die Gefahr von Arbeitslosigkeit ist, umso größer fällt der Druck zu sozialer Anpassung aus, zum Duckmäusertum, der auf die Arbeitenden wirkt. Viele passen sich an, weil sie befürchten, sonst in ihren Arbeitszusammenhängen »Ärger zu bekommen« (Daniela Dahn), anderen ist ihr Zustand nicht einmal bewusst, sie halten ihn für schlichtweg normal: Arbeit sei keine sinnvolle Beschäftigung, sondern ein Job, in dem man um die Gunst des Vorgesetzten buhlen müsse. Allerdings bietet unser demokratischer Staat Mittel und Wege, vom Betriebsrat bis zum Arbeitsrecht, sich erfolgreich dagegen zu wehren. Der vollwertige Bürger, der Citoyen, ist möglich. Doch erfordert dies Engagement und Mut. Wir brauchen weniger eine Steigerung unserer Freiheitsrechte als vielmehr Menschen, die sich ihrer bedienen. Das grundlegende Ziel in der Bundesrepublik muss dabei Stärkung einer Freiheit sein, die sozial abgesichert ist. Weiterhin ist von ausschlaggebender Bedeutung eine Chancengleichheit für alle Menschen, die nicht auf ihrem materiellen Besitz, sondern auf gleichen Aufstiegs- und Bildungsmöglichkeiten beruht.

Eine weitere Notwendigkeit ist die Entwicklung einer ostdeutschen Führungsschicht, die selbstverständlich nicht nur, aber auch aus Ostdeutschen besteht, die selbstbewusst auftreten und eigene Diskurse in die gesamtdeutsche Diskussion einbringen (Gunnar Hinck). Diese sollten Bezüge zu den Problemen der gesamten Bundesrepublik besitzen; der Blick des »Außenseiters« wäre ebenso von Bedeutung. Dass wir hier große Defizite haben, darf nicht dadurch kaschiert werden, dass Bundeskanzlerin und Bundespräsident Ostdeutsche sind. Eine weitere Angelegenheit ist es, dass wir einen öffentlichen Diskurs und den Wettbewerb zwischen unterschiedlichen Positionen brauchen, wobei es auch um die Ausübung von Einfluss und Macht gehen muss.

Dabei sollten wir an die Hoffnungen und Ziele der friedlichen Revolution – Demokratie, Freiheit, Einheit und Gerechtigkeit – ganz bewusst anknüpfen. Das gilt nicht bloß für den Osten Deutschlands, sondern für unser ganzes Land. Notwendig ist die Neubelebung eines ostdeutschen Stolzes und Freiheitsbewusstseins, das auf den Traditionen des antikommunistischen Widerstandes und einer erfolgreichen Revolution beruht. Die West- und Süddeutschen müssen endlich begreifen, dass es sich nicht um ostdeutsche Regional-, sondern um deutsche Nationalgeschichte handelt. Darüber hinaus ist an gesamtdeutschen gesellschaftlichen Diskursen zu arbeiten. Es geht heute nicht mehr um Revolution, sondern um Engagement, Widerstehen und gesellschaftliches Mittun im Alltag, um Reformen und um den Kampf für sie. Dabei muss uns allen ständig gegenwärtig sein: Wir besitzen die Freiheit, wir müssen sie nach innen wie nach außen verteidigen, und dies vereint uns mit den anderen Europäern in der Europäischen Union.

Die heutige europäische Idee beruht auf einem geistigen und geschichtlichen Fundament – wie in dem bislang unveröffentlichten Thesenpapier einer Leipziger Bürgergruppe »Tag der friedlichen Revolution – Leipzig, 9. Oktober 1989« ausgeführt wird. Strittig ist, welche Erinnerungsorte dazugehören. Unstrittig positive Bezugspunkte einer europäischen Geschichtskultur bilden die griechische Philosophie und das römische Staatsdenken, Judentum und Christentum sowie die emanzipierte Kraft von Humanismus und Aufklärung. In dieser Tradition von langer Dauer entstanden auf äußerst konfliktvolle Weise jene geistigen Elemente, die den Kern der politischen Identität Europas ausmachen: Rechtsstaatlichkeit, Würde des Einzelnen, kritisches Denken und aktive Partizipation am Gemeinwesen.

Negativ verbindet die Europäer, dass sie über Jahrhunderte zerstörerische Kriege gegeneinander und in der Welt führten, im Zeitalter des Kolonialismus Völker und Kontinente unterwarfen, ausbeuteten und sogar Völker vernichteten. Vor allem das 20. Jahrhundert war ein Zeitraum enthemmter Gewaltanwendung und totalitärer Ideologien. Diese Gewaltgeschichte fand ihren Tiefpunkt im Zivilisationsbruch des Holocaust und dem Massensterben im sowjetischen GULag. Das Ende der nationalsozialistischen Herrschaft konnte erst durch einen weltweiten Krieg erreicht werden. Der sowjetische Kommunismus ließ sich durch die Revolutionen der Jahre 1989/90 überwinden.

Heute kennzeichnet eine Vielzahl nationaler Erzählungen das europäische Geschichtsbewusstsein. Zudem verfestigt sich eine Differenz in der historischen Selbstwahrnehmung zwischen Ost- und Westeuropa. Dieses »Doppelgedächtnis« Europas stellt eine wirkliche Herausforderung dar. Bei aller Vielfalt der nationalen Geschichten sollte am Ziel eines facettenreichen gemeinsamen europäischen Gedächtnisses festgehalten werden. Der Weg dorthin ist lang und schwierig. Daher sind die Erinnerung und die Erzählung von Geschichte über nationale Grenzen hinweg eine zentrale Aufgabe. Unsere europäische Zukunft bedarf der Erinnerung der teils sehr unterschiedlichen Herkünfte.

Die friedlichen Revolutionen von 1989/90 sind eine zentrale Geschichtserfahrung ganz Europas. Sie sollten zum Bestandteil eines gesamteuropäischen Bewusstseins werden. Mit dem glücklichen Ausgang der Revolutionen bleibt der Demokratie die Aufgabe, eine unvollkommene Welt zu verbessern. Der Weg ständiger Veränderungen muss das Ziel einer gerechten Gesellschaft in einer globalen Welt verfolgen. Und immer wieder ist es wichtig zu betonen, dass freiheitliche Gesellschaften kein Fundamentalprotest kennzeichnet, sondern das ständige Ringen um Gerechtigkeit und Würde.

Wolfgang Berghofer

»Wer die Geschichte nicht versteht, kann die Zukunft nicht gestalten«

Zu Beginn sollen einige kurze Bemerkungen zu mir und meiner Motivation stehen, mich 25 Jahre nach der friedlichen Revolution in der DDR öffentlich zu äußern. (1) Ich habe die Deutsche Demokratische Republik als 1943 Geborener von ihrer Entstehung 1949 bis zu ihrem Untergang im Jahre 1990 miterlebt und als Mitglied der Sozialistischen Einheitspartei Deutschland (SED) über 25 Jahre in unterschiedlichen Positionen (zuletzt als Oberbürgermeister von Dresden) mitgetragen, mitgestaltet und mit ihren Fehlentwicklungen, ihren Menschenrechtsverletzungen, ihren Lügen und Verfälschungen mit zu verantworten. (2) Mich treiben die Sorge und das Misstrauen um, dass historische Wahrheiten und die Erkenntnisse aus dem Untergang des Sozialismus wieder nur einseitig für politische Interessen genutzt, geschönt oder fehlinterpretiert werden. (3) Es ist die Einsicht, dass unsere Welt nach dem Untergang des real existierenden Sozialismus nicht sicherer, nicht friedfertiger geworden ist und dass die entscheidenden Ursachen, die zu Gewaltpolitik führen können, wie Armut, Arbeitslosigkeit, soziale Ungerechtigkeit und Kälte, Unwissen, politische Resignation, Gleichgültigkeit und Verdrängungsbereitschaft – Letztes betone ich –, keineswegs beseitigt sind. (4) Es ist die Erkenntnis: Wer die Geschichte nicht versteht, kann die Zukunft nicht gestalten. Freiheit und Demokratie müssen auch heute ständig verteidigt werden. Wenn es sein muss, auch gegen den Staat. (5) Es ist die Tatsache, dass in der öffentlichen Darstellung ein falsches Bild der Verantwortlichkeiten in der DDR entstanden ist. (6) Meine Erfahrungen belegen, dass das Interesse, mehr über die SED-Diktatur und ihre Verfehlungen zu erfahren, nach wie vor außerordentlich groß ist.

Wie war die DDR wirklich? Wie haben wir in ihr gelebt? Ich zitiere meinen gleichaltrigen Freund Rainer Eppelmann, der in der DDR als Bürgerrechtler auf der anderen Seite der Barrikade stand und im Nachwort zu meinem Buch *Keine Figur im Schachspiel* schrieb: »Diese Fragen sind voll emotionaler Wucht, eine eindeutige Antwort fällt schwer. Viele Ostdeutsche denken heute aus der immer unschärfer werdenden Binnensicht an vermeintlich positive Aspekte ihres Lebens. Für andere steht dagegen die Erinnerung an die Mauer, politische Verfolgung und das Wirken der Staatssicherheit im Vordergrund. Gibt es sie überhaupt, die eine

Wahrheit über 40 Jahre SED-Staat? Oder existieren nicht durchaus unterschiedliche Wahrheiten, resultierend aus verschiedenen Lebenswirklichkeiten? Das Leben in der DDR war schließlich selten eindeutig schwarz oder weiß, zumeist war es – in mehrfacher Hinsicht – grau: geprägt von vielfältigen Verhaltensweisen zwischen Hoffnung und Ernüchterung, Zustimmung und Widerspruch, Beteiligung und Rückzug, Anpassung und Arrangement. Deshalb ist es so wichtig, dass wir uns gegenseitig unsere Geschichten erzählen und uns dabei aufmerksam zuhören. So gewinnen wir ein vielschichtiges, von persönlichen Erfahrungen geprägtes Bild von dem Staat, in dem wir einst gelebt haben.«

Die Zeit, die mich besonders prägte, waren meine Dresdner Jahre. Als Sachse geboren, ist mein Lebensfaden tief eingewoben in das Dresdner Tuch. Dresden ist eine Weltanschauung – diese Erkenntnis ist nicht von mir, aber ich habe sie aufgesogen in fünf Amtsjahren von 1986 bis 1990. Ich habe zwar nur noch Ahnungen vom »Kriegsrest Elbflorenz«, also mehr Barack(en) als Barock angetroffen. Trotzdem haben mich Geschichte, Dichtung, Realität und Wahrheit dieser Stadt zutiefst gefesselt und geprägt. Ich habe mich bemüht, der Stadt zu dienen. Ich wollte ein guter Bürgermeister sein und sollte ein guter Genosse sein. Als Oberbürgermeister sah ich den Verfall und den wirtschaftlichen Niedergang, und als Genosse sollte ich alles schönreden. Diesen Spagat konnte ich nicht meistern. In der Realität dieser sozialistischen Großstadt musste ich erkennen: Der Sozialismus hat komplett versagt. Die schöne Illusion Freiheit, Gleichheit, Brüderlichkeit funktionierte nicht in der »Diktatur des Proletariats«. In Dresden musste ich erkennen, dass die Stadt schneller einfiel, als das Bauprogramm der SED den Wiederaufbau versprach. Hier musste ich begreifen: Wenn Fassaden und Dächer der Häuser verfallen, dann verfällt auch die Identität ihrer Bewohner. Hier sah ich den Widerspruch, die Lüge zwischen Propaganda und Realität, und insofern verdanke ich es im hohen Maße der Begegnung mit Dresden und seinem unerschütterlichen Selbstwertgefühl, dass ich im Jahre 1989 während der friedlichen Revolution unter dem Druck der Demonstranten auf der Straße meinen Beitrag leisten wollte, um Gewalt und Blutvergießen zu verhindern. Als Verwalter der Mangelwirtschaft habe ich hier Ende der 1980er Jahre des 20. Jahrhunderts meine marxistischen, sozialistischen Illusionen begraben und begriffen, dass eine moderne Form des Zusammenlebens der Menschen ohne Freiheit und Demokratie nicht funktioniert.

Ich habe die siebzig überschritten und damit jenen Lebensabschnitt erreicht, in dem man gelassen auf Vergangenheit und Gegenwart blickt. Die Erregung lässt nach. Was nicht bedeutet, dass man von Vorgängen unberührt bleibt, die man für falsch, ungerecht oder gar gefährlich hält. Deren Zahl scheint zuzunehmen. Oder vielleicht empfinden wir es auch nur so, weil die Nachrichtendichte ständig wächst. Kein Sack Reis fällt unbemerkt in China um, und wenn weit hinter der Türkei die Völker aufeinander einschlagen, erreichen die Bilder in Sekundenschnelle nahezu jeden Winkel auf der Erde. So entsteht bei manchem der Eindruck, die Welt versinke unrettbar im Chaos. Aber Eindruck und Wirklichkeit müssen nicht unbedingt übereinstimmen. Die Bilder, die wir uns machen, werden vom eigenen Wissen, von eigenen Erfahrungen bestimmt.

Zu meinen Grundkenntnissen gehört der dialektische Materialismus. Helmut Kohl kannte diesen vermutlich nicht, wohl aber seinen Kern, den er in den simplen wie zutreffenden Satz kleidete: Alles hängt mit allem zusammen! Viele Politiker, Journalisten, Historiker, Wissenschaftler und andere Menschen, die nicht dialektisch denken, zeigen sich nach meiner Beobachtung nur bedingt fähig, die Welt und die Gesellschaft in Zusammenhängen zu begreifen. Sie selektieren, befreien Einzelerscheinungen von ihrem Kontext und nehmen nur einige Momente, das einzelne Ereignis, den einzelnen Vorgang wahr und glauben, er stehe fürs Ganze. Wenn man einen Baum sieht, kennt man den ganzen Wald. So einfach ist es aber nicht. So wird denn die Erinnerung an den Herbst 1989, den »Mauerfall« und das Ende der DDR vor einem Vierteljahrhundert, von vielen aufgelöst in tausende mehr oder minder berührende Begebenheiten und Banalitäten, ohne jedoch das Wesen dieses einzigartigen historischen Prozesses zu erkennen, dessen Akteure oder Zeugen wir waren.

Der Versuch von Teilen der Menschheit, ab dem Jahr 1917 aus dem Kapitalismus vielerorts auszubrechen, erwies sich als Marsch in eine Sackgasse. Herbert Wehner nannte schon 1969 den Grund: »Kommunist zu werden, um im Sinne der Bergpredigt die gesellschaftlichen Verhältnisse des menschlichen Zusammenlebens ändern zu helfen, war deshalb ein Irrtum, weil man bei genauem Nachdenken hätte begreifen müssen, daß die menschlichen und politischen Mittel, die der Kommunismus vorsieht und deren er sich bedient, die erstrebten Ziele unerreichbar macht.« Die SED behauptete stets, im Besitz einer wissenschaftlichen Weltanschauung zu sein und schloss daraus selbstbewusst: Der Marxismus-Leninismus ist unbesiegbar, weil er wahr ist. Der Besitz dieser »absoluten Wahrheit« hinderte uns aber nicht daran, beispielsweise die ökonomischen Gesetze, die Marx oder Lenin beschrieben hatten, permanent zu vergewaltigen. Ein Hauptfaktor des Scheiterns der DDR war das System der sozialistischen Leitung und Planung. Laut Lenin sei die »Arbeitsproduktivität in letzter Instanz das Allerwichtigste, das Ausschlaggebende für den Sieg der neuen Gesellschaftsordnung«, und Marx stellte fest: »Gemäß dem historischen Materialismus können dann, wenn die Produktionsverhältnisse zu Fesseln der Entwicklung der Produktivkräfte werden, Revolutionen entstehen, die zu einer neuen gesellschaftlichen Produktionsweise mit gegebenenfalls neuen Produktionsverhältnissen überleiten.«

Die Führung der SED hätte auf der Grundlage dieser Erkenntnisse der von ihr gern in Anspruch genommenen Vordenker den Misserfolg der gesellschaftlichen Alternative bereits in den 1960er Jahren, spätestens jedoch in den 1980er Jahren erkennen können. Denn die dem engsten SED-Führungszirkel vorliegenden wirtschaftlichen Zahlen waren nicht misszuverstehen. Nach Einschätzung der Staatlichen Plankommission lag die Arbeitsproduktivität als zusammenfassender Indikator der wirtschaftlichen Leistungskraft um 40 Prozent hinter dem Westen zurück. Das veranlasste den Vorsitzenden der Staatlichen Plankommission Gerhard Schürer im Jahr 1989 zu der Aussage, dass eine Sanierung der DDR-Wirtschaft eine Reduktion des Lebensstandards der Bevölkerung um wenigstens ein Drittel bei gleichzeitiger Einführung marktwirtschaftlicher Elemente in die Wirtschaftsordnung erfordern würde: ein Statement, das einer Bankrotterklärung der SED-Wirtschaftspolitik seit Beginn der 1970er Jahre gleichkam, festgehalten in der Vorlage an das Politbüro des Zentralkomitees der SED vom 30. Oktober 1989: »Analyse der ökonomischen Lage der DDR mit Schlußfolgerungen«. Das war sozusagen die Sterbeurkunde der sozialistischen Planwirtschaft. Mit dieser Vorlage leistete die Staatliche Plankommission den Offenbarungseid. Die Inlandsverschuldung war von 12 Milliarden 1970 auf 43 Milliarden 1980 und 130 Milliarden Mark der DDR 1989 angewachsen, die Auslandsverschuldung von 2 Milliarden Valutamark im Jahr 1970 auf 20 Milliarden Valutamark 1989. Aus dieser Analyse war klar erkennbar: Die DDR war nach außen zahlungsunfähig und nach innen unregierbar geworden. Sie stand vor dem Staatsbankrott.

Wir sollten allerdings auch nicht vergessen, dass das Modell der sozialistischen Planwirtschaft in den Anfangsjahren der Bundesrepublik auch vielen Mitgliedern der Sozialdemokratischen Partei oder Gewerkschaftern als eine mögliche und erfolgversprechende Alternative zur Marktwirtschaft erschien. Es klang plausibel und sinnvoll, eine effektive Auslastung der Produktionsmittel zu gewährleisten und Ressourcenverschwendung zu verhindern. Aber selbst 50 000 Mitarbeiter in den Plankommissionen aller Ebenen waren nicht in der Lage, die Selbstregulierungskräfte des Marktes zu ersetzen. Im September 1989 wurde in der mikroelektronischen Industrie der DDR der erste eigene Ein-Megabit-Mikroelektronikchip vorgestellt. Stolz wurde verkündet, dass die DDR neben den USA, Japan und der Sowjetunion zu den wenigen Industriestaaten der Welt gehöre, die dazu in der Lage seien. Der Aufwand, um dahin zu gelangen, war gewaltig. Neben illegalem Technologietransfer, Industriespionage und Milliardeninvestitionen zulasten anderer Volkswirtschaftsbereiche wurde dieser Scheinerfolg erkauft. Die ökonomische Wahrheit lautete: Der in Kleinstmengen hergestellte Speicherchip kostete 536 Mark und wurde für 16 Mark verkauft, das heißt, über 500 Mark staatliche Zuschüsse für jeden dieser Schaltkreise, die am Kurfürstendamm in West-Berlin bereits für 8 DM zu kaufen waren. Ganz abgesehen davon, dass die bundesdeutsche Mikroelektronikindustrie den 16-Megabit-Speicherchip bereits im Versandhandel anbot.

Wer die DDR erlebt hat, der weiß, dass es in den Städten anders roch als heute. Dafür sorgten jährliche Emissionen von 5,2 Millionen Tonnen Schwefeldioxid, 0,7 Millionen Tonnen Stickoxid, 2,2 Millionen Tonnen Staub, 0,35 Millionen Tonnen Kohlenwasserstoffe, vor allem FCKW. Diese Liste ließe sich für die Wasserverschmutzung, die Trinkwasservergiftung, die Müllentsorgung, die Entsorgung von Kraftwerksasche und Gülle endlos fortsetzen. Der Raubbau an Ressourcen und die Zerstörung der Natur wurden billigend in Kauf genommen. Dem stand ein schnell wachsender Verschleißgrad der Ausrüstungen in der Industrie, im Bauwesen, im Verkehrswesen sowie in der Land-, Forst- und Nahrungsgüterwirtschaft gegenüber. Die Folgen dieser volkswirtschaftlichen Entwicklungen ließen auch die kommunistische Vision von der Herausbildung eines »Neuen Menschen«, einer sozialistischen Persönlichkeit, wie Seifenblasen platzen.

Nach 40 Jahren des sozialistischen Aufbaus in der DDR war für mich eine flächendeckende Änderung des Bewusstseins, dass sich die Arbeit zum ersten Lebensbedürfnis entwickelt hätte, nicht erkennbar. Vielmehr sah ich die Vergeudung von Volkseigentum, Schlamperei und Nachlässigkeit in allen Bereichen der Gesellschaft. Das fehlende Eigentum führte zu fehlender Verantwortung, und grassierender Mangel produzierte neuen Mangel. Es fehlte an Anreizen, Motivationen und sich selbst regulierenden Leistungssystemen. Der Volksmund brachte es auf den Punkt mit der Losung: Ab Freitag um eins macht jeder seins. – Verschärfend kam das reale Leben in der DDR hinzu: die wachsende Sehnsucht nach Freiheit, der Wunsch nach echter Demokratie, das Streben der Bürger nach westlichem Wohlstand.

Wie wurde diesen Erwartungen begegnet? Mit beratungsresistenten Parteileitungen auf allen Ebenen, Bevormundung des Einzelnen und einem komplexen Netz von Lügen über die tatsächliche Lage – politisch, wirtschaftlich, kulturell. Diese Tatsachen besiegelten das Ende unserer Illusionen von Freiheit, Gleichheit, Brüderlichkeit und führten zum Zusammenbruch des real existierenden Sozialismus auf deutschem Boden. Revolutionen beginnen im Kopf. Die Betonköpfe im Politbüro konnten oder wollten nicht begreifen oder wahrhaben, dass ein Volk hinter Mauern nicht glücklich wird, wie sie es gern gehabt hätten, sondern – psychisch höchst belastet – zu gegebener Zeit aufmüpfig werden würde.

Folgende These möchte ich etwas ausführlicher behandeln: Die Feststellung von Francis Bacon »Wissen ist Macht«, später von Wilhelm Liebknecht mehrfach wie folgt benutzt: »Wissen ist Macht, Macht ist Wissen«, war eines der entscheidenden Leitmotive der SED-Politik und programmierte von vornherein Konflikte. Einerseits sollten die Führungskräfte in allen Bereichen der Gesellschaft mit größtmöglicher Sachkompetenz ausgestattet werden, andererseits systemkonform im kommunistischen Geiste erzogen werden, bereit, jeden Auftrag von Partei- und Staatsführung bedingungslos zu erfüllen. »Wissen ist Macht«, an diese Prämisse sozialistischer Machtpolitik hat sich die Führung der SED immer und ohne Ausnahme gehalten – deshalb wurde jedem Mitglied der SED auch nur so viel machtpolitisches Wissen überlassen, wie zur Erfüllung seiner Aufgabe unumgänglich war. Die Frage, wer innerhalb der SED über welches Herrschaftswissen verfügte, ist für die Herausarbeitung eines differenzierten Geschichtsbildes von enormer Bedeutung. Jedes Pauschalurteil ist dabei die Wurzel neuen Übels.

Wie sah der Zugang zu konkretem Herrschaftswissen an der Parteibasis aus? Aus wohlerwogenem Machterhaltungskalkül (wer zu viel weiß, stellt zu viele Fragen und bildet sich eigene Meinungen) war es einem normalen SED-Mitglied (selbst im Staatsapparat) nicht gestattet, westliche Presseorgane zu beziehen, westliche Rundfunk- und Fernsehsendungen zu hören oder westliche Druckerzeugnisse zu erwerben. Persönliche Kontakte mit Bürgern der BRD bedurften der Genehmigung durch die Parteileitung und schlossen die Pflicht zu Informationen an dieselben ein. Der Zugang zu kritischen gesellschaftlichen Publikationen im Wissenschaftsbereich war nur einem erlesenen Personenkreis möglich. Interne gesellschaftskritische Analysen und problembehaftete Parteiinformationen waren mit entsprechenden Geheimhaltungsnomenklaturen versehen und wurden nach dem Lesen vernichtet oder an die Absender zurückgegeben.

Die SED hatte 1989 über zwei Millionen Mitglieder, der größte Teil davon waren Arbeiter und Angestellte, darunter eine große Anzahl junger Menschen. Nach meiner Analyse waren rund 1,8 Millionen Mitglieder der SED vom Zugang zum Herrschaftswissen ihrer Partei grundsätzlich ausgeschlossen. Sie wurden regelmäßig im monatlichen Parteilehrjahr mit Grundsätzen der marxistisch-leninistischen Theorie vertraut gemacht und mit ideologischen Positionen auf die politische Arbeit mit den Bürgern vorbereitet. Sie bezogen ihr Wissen über aktuelle gesellschaftliche Vorgänge aus dem *Neuen Deutschland* und aus der örtlichen Parteipresse, aus den regelmäßigen Parteiversammlungen sowie aus schriftlichen – oft nichtssagenden – Parteiinformationen oder heimlich aus den Westmedien und durch die Fähigkeit, »zwischen« den Zeilen der DDR-Presse zu lesen. Meine persönlichen Erfahrungen belegen das. An der Basis, zum Beispiel in den Rathäusern, war tatsächliches Wissen um machtpolitische Zusammenhänge, wirtschaftliche Realitäten und außenpolitische Entwicklungen kaum vorhanden. Das erklärt auch zum Teil die Hilflosigkeit der Mitglieder der SED gegenüber den schockierenden Wahrheiten zu den Hinterlassenschaften der eigenen Partei in den Tagen der friedlichen Revolution. Das Verschweigen der Wahrheit selbst gegenüber der Mehrheit der SED-Mitglieder war eine wichtige Form der Machterhaltung.

Was wusste die mittlere Verantwortungsebene der SED? Sie wusste spätestens mit Beginn der Perestroika, dass die Partei- und Staatsführung trotz Berufung auf eine wissenschaftliche Weltanschauung unablässig die Geschichte fälschen ließ. Sie wusste, dass trotz Berufung auf sozialistische Demokratie jede Wahl gefälscht wurde, war sie doch im Partei-, Staats-, Sicherheits- und Justizapparat aktiv daran beteiligt. Sie wusste, dass der real existierende Sozialismus und sein Planwirtschaftssystem, dargestellt als das effektivste und humanste Wirtschaftssystem der Menschheitsgeschichte, einen noch nie da gewesenen Niedergang der Wirtschaft mit allen sozialen, ökologischen und sonstigen Folgen zu verantworten hatte. Sie wusste, dass sich die SED als Erbin allen menschlichen Fortschritts verstand und an der Grenze auf Bürger ihres Landes schießen ließ. Für diesen Personenkreis, dem auch ich angehörte, war Parteidisziplin wichtiger als Verfassungstreue.

Was wusste man in den entscheidenden Machtstrukturen der SED, im Politbüro und den Sekretariaten des Zentralkomitees und der Bezirksleitungen? Auf dieser Ebene war das gesamte Herrschaftswissen konzentriert. Allerdings muss man auch hier differenzieren. Den Gesamtüberblick über die Wirtschafts- und Finanzsituation des Landes beispielsweise hatte nur das zuständige Politbüromitglied Günter Mittag, nicht aber der Wirtschafts-, nicht der Finanzminister. Auf dieser Ebene entwickelte sich vor allem in den 1980er Jahren ein besonderes Phänomen. Einerseits wollten die oberen Machtebenen ausnahmslos über alles informiert werden. Ein riesiger Informationsapparat (Ministerium für Staatssicherheit, gesellschaftswissenschaftliche Institute, Informationsstrukturen innerhalb der SED, der Wirtschaft, des Staatsapparates, der Polizei, der Armee usw.) bereitete regelmäßig und immer perfekter das geforderte Informationsmaterial auf. Andererseits wollte keiner der obersten Entscheidungsträger tatsächlich mit der gesellschaftlichen Realität konfrontiert werden. Das Sekretariat des Zentralkomitees und das Politbüro wollten im Jahr 1988 von der gesellschaftlichen Realität offensichtlich nichts mehr wissen. Die Führung legte fest, wie die Wirklichkeit unter Hinweis auf die Erfordernisse des Klassenkampfes mit dem kapitalistischen Gegner auszusehen hatte. Hier hieß es, keine Schwäche zeigen, und deshalb wurde mit wenigen Ausnahmen alles geschönt, manipuliert und so aufbereitet, dass es der Vision vom Sozialismus entsprach.

Wenn das stimmt, was ich sage – und damit will ich den Bogen in die Gegenwart schlagen –, warum ist dann so wenig mit Zeitdokumenten belegbar? Der Kern der SED war dem Selbstverständnis gemäß, abgeleitet aus der eigenen Geschichte und den sogenannten revolutionären Traditionen folgend, immer auf eine mögliche konspirative Tätigkeit oder Illegalität vorbereitet. Diese Tatsache wurde nirgendwo in Instruktionen festgeschrieben, diese Tatsache wurde gelebt. Sie hatte zur Folge, dass alle machtpolitischen Entscheidungen, die möglicherweise nicht verfassungskonform waren oder in irgendeiner Weise mit den Gesetzen der DDR kollidierten oder die der politische Gegner bzw. das eigene Volk auf keinen Fall erfahren sollten, über ein nahezu perfekt organisiertes Instrukteursystem von oben nach unten mündlich übermittelt wurden. Das macht es Historikern so außerordentlich schwer, Belege und Beweise für entsprechende Vorgänge zu finden. Und diese Tatsache führte dazu, dass in der heutigen öffentlichen Wahrnehmung der Hauptschuldige am Untergang der DDR, an den Menschenrechtsverletzungen und sonstigen Verfehlungen, das Ministerium für Staatssicherheit (MfS) ist. Die tatsächliche Verantwortung aber lag bei der alles bestimmenden Partei. Zudem können auch heute kritische Zeitzeugen mit den juristischen Mitteln des Rechtsstaates mundtot gemacht werden, wenn ihre kritischen Aussagen nicht dokumentarisch belegbar sind. Ich weiß, wovon ich rede.

Dieses Phänomen der verdrehten öffentlichen Wahrnehmung der Hauptschuldigen am DDR-Unrecht treibt mich um. Bis heute kommt die SED und vor allem ihr hauptamtlicher Apparat, der alles und allein zu entscheiden hatte, nahezu ungeschoren davon. Es ist ihr offensichtlich im Herbst 1989 gelungen, dem MfS den Schwarzen Peter zuzuschieben. Dieser falsche Eindruck ist durch die einseitige Konzentration auf das Thema Staatssicherheit durch die zuständige Bundesbehörde verstärkt worden, die sich auf das ihrer Arbeit zugrunde liegende Gesetz beruft. Es ist an der Zeit, dass Historiker, Politologen und Soziologen mit ihrer wissenschaftlichen Arbeit die Sicht auf die DDR-Realität objektivieren, ideologische Instrumentalisierung durch politische Parteien beiseiteschieben und ein reales Bild der Diktatur des Proletariats zeichnen und dies Lehrenden, Studierenden und Lernenden sowie einer breiten Öffentlichkeit vermitteln. Die Bundesstiftung zur Aufarbeitung der SED-Diktatur hat einen wichtigen Beitrag zu diesem Thema geleistet, sie kann aber nicht die Arbeit der deutschen Wissenschaft übernehmen, zumal ihre materiellen und finanziellen Mittel begrenzt sind.

Die Deutsche Demokratische Republik war rückblickend aus meiner Sicht – aus der Sicht eines Beteiligten an der Machtausübung und Machterhaltung – staatgewordene Schizophrenie. Sie verstand sich als Staat der Arbeiter und Bauern, verwehrte diesen aber tatsächlich jede Mitsprache bei der Machtausübung. Einerseits sah jeder, der sehen wollte, einfallende Städte, zerstörte Umwelt, hochgradig verschlissene Produktionsanlagen, funktionsunfähige Infrastruktur, eine explodierende Staatsverschuldung, andererseits gab es in allen Bereichen eine unerträgliche Erfolgspropaganda, die letztlich zum 40. Jahrestag das Fass zum Überlaufen brachte. Das Beste an unserem Staat waren die Illusionen, die wir anfänglich besaßen, aber auch die wurden uns von einer Clique Machtegoisten genommen.

Mit Beginn der 1980er Jahre war eine interne Zuspitzung der Konflikte innerhalb der SED in allen Bereichen der Gesellschaft zu verzeichnen. Vor allem Verantwortungsträger der Wirtschaft, der Kultur, der Kommunalpolitik, der Wissenschaft, der Sicherheitsorgane sowie Parteifunktionäre auf allen Ebenen kamen immer mehr zu dem Schluss, dass es so nicht weitergehen konnte. Auf die Frage, was zu tun sei, fand allerdings niemand eine plausible und erfolgversprechende Antwort. Während die hauptamtlichen Kader der SED auf allen Ebenen – vom Zentralkomitee über die Bezirks- bis hin zu den Kreisleitungen und Grundorganisationen – mehrheitlich an einer Wunschinterpretation der DDR festhielten, reifte bei den Verantwortlichen in den Betrieben und Kommunen die Erkenntnis, dass die DDR schneller verfalle, als sie jemals wieder aufgebaut werden könne. Daraus entwickelte sich eine Einsicht, die bei vielen DDR-Führungskräften im Herbst 1989 zum Tragen kam: Dieser Staat ist nicht mehr verteidigungswürdig.

Als liebenswerte Utopie, das Paradies auf Erden verheißend, hatte die DDR 1949 das Licht der Welt erblickt. Als schmutzige, menschenverachtende Lüge verließ sie den Globus wieder. Millionen hatten sich für sie eingesetzt, sich abgerackert, für ihre Verbesserung gestritten, umsonst, nicht kostenlos. Verlorene Lebensjahre? Ja und nein. Auch in der DDR wurde gelebt, geliebt, gelacht und gefeiert. Das Land, nicht der Staat, war für viele Menschen Heimat. Die friedliche Revolution 1989 kam aus heutiger Sicht gerade noch rechtzeitig. Der Verfall der Städte, der Verfall der Infrastruktur konnten in letzter Sekunde aufgehalten werden. Bei einer Weiterexistenz der DDR wären Städte wie Dresden, Leipzig, Chemnitz, Bautzen und

Görlitz heute Ruinen ohne Waffeneinwirkung. Ein Paradies ist auch *mit* der deutschen Wiedervereinigung nicht entstanden, aber die Möglichkeiten, die Chancen, lebenswerte Bedingungen für sich und seine Familie zu schaffen, sind wesentlich größer; und das Gefühl, frei, keiner Partei, keiner Ideologie rechenschaftspflichtig zu sein, erscheint mir als wesentlicher Fortschritt. Allerdings gibt es eine Reihe von Erscheinungen und Entwicklungen, die mir im geeinten Deutschland schwer im Magen liegen. Einige will ich benennen.

(1) Warum hat die größer gewordene Bundesrepublik die meisten der erhaltenswerten Errungenschaften aus DDR-Zeiten so gedankenlos in den Orkus gestoßen? Wir hatten wirklich mehr zu bieten als das Ampelmännchen! Es hat mehr als 20 Jahre gedauert, dass sich diese Erkenntnis Schritt für Schritt auch in der bundesdeutschen Politik durchsetzte – sei es in Fragen der Organisation medizinischer Versorgung oder sei es bei der Schul- und Ausbildung im polytechnischen und naturwissenschaftlichen Bereich.

Monieren muss ich in diesem Zusammenhang den Umgang mit ostdeutschen Biografien. Ein Großteil der DDR-Intelligenz – und hier meine ich nicht die erste Garde von Partei und Staat, sondern die vielen gut ausgebildeten Fachleute an der Spitze von Kombinaten, Kommunen und Institutionen – wurde dauerhaft ausgegrenzt. Russlandspezialisten wollte niemand haben. So wurde eine Konkurrenz zu den etablierten Führungskräften der Bundesrepublik verhindert. Das war so gewollt. Doch damit hat die geeinte deutsche Republik fahrlässig auf die Nutzung intellektueller Ressourcen verzichtet.

(2) Größte Sorgen bereitet mir das Verhältnis zwischen Deutschland und Russland. Schaut man auf die Landkarte, dann ist unschwer zu erkennen, dass Russland näher an Deutschland liegt als andere unserer großen Partner. Genauso ist nicht zu übersehen, dass Russlands Reichtum an Rohstoffen die Armut der industriellen Entwicklung in Russland zur Folge hat. Von einer flächendeckenden modernen Industrialisierung ist Russland noch weit entfernt, weil die Einnahmen Rohstoffgeschäften das Funktionieren der Gesellschaft sichern. Russland braucht aber für die Zukunft europäisches Know-how, vor allem deutsche Technologien. Und Deutschland als rohstoffarmes Exportland braucht die russischen Rohstoffe und den russischen Markt. Diese gegenseitige Abhängigkeit, die im Moment vor allem bei der Energiesicherheit Deutschlands und der Sicherung der Staatseinnahmen Russlands zum Tragen kommt, muss auf andere Bereiche der Wirtschaft ausgedehnt werden. Sie sichert, bei Akzeptanz gegenseitiger Interessen, die Stabilität in Europa.

Ich halte von Sanktionen gegenüber Russland, egal ob politischer oder wirtschaftlicher Natur, überhaupt nichts. Sie beinhalten keine Lösung von Konflikten. Leidtragende sind die Menschen. Die wirtschaftlichen Fakten sprechen eindeutig für sich. 2013 tauschten Russland und Deutschland Waren im Wert von fast 77 Milliarden Euro aus, vor allem Maschinen, Automobile, Pharmazeutika, Lokomotiven und Waggons und hocheffiziente Kraftwerke. Über 6200 deutsche

Firmen sind heute in der Russischen Föderation ansässig – sie haben dort über 20 Milliarden Euro investiert. Deutsche Firmen sind Miteigner russischer Gasfelder; das russische Unternehmen Gazprom besitzt mittlerweile große Gasspeicher in Deutschland. Die Chemieindustrie, die deutsche Baustoffindustrie profitieren vom Engagement in Russland. Der deutsche Energiekonzern E.ON hat beispielsweise den modernsten Kraftwerkspark Europas in Russland aufgebaut, beschäftigt dort über 5000 russische Mitarbeiter und versorgt russische Minen und Unternehmen mit Strom und Wärme. Das alles könnte man mit Wirtschaftssanktionen zerstören und Russland schweren Schaden zufügen. Aber damit selbstverständlich auch uns selbst.

In unzähligen Talkshows und auf Foren melden sich heute Leute zu Wort, die weder die russische Geschichte noch die Kultur kennen, noch die Mentalitäten und Nationalitäten dieses Landes. Sie kommentieren vom Bordstein aus die Entwicklungen. Deutschland genießt nach wie vor höchste Anerkennung und Respekt unter der russischen Bevölkerung. Ein deutscher Ingenieur ist dort der Maßstab allen technischen Fortschritts. Auch Präsident Wladimir Putin, der zehn Jahre in Deutschland verbrachte, schätzt unser Volk, schätzt unsere Leistungsfähigkeit, schätzt unsere Kultur und wäre gern gleichberechtigter Partner. Europa kann kein Interesse an instabilen Verhältnissen in Russland haben. Die Auswirkungen und Konsequenzen wären für den gesamten Kontinent furchtbar. Insofern kann ich auch keinen Sinn darin erkennen, den Präsidenten der Russischen Föderation zu verteufeln, obwohl er aus der Sicht der Russen das Land so regiert, wie es russischer Mentalität entspricht und von der Mehrheit der Russen auch gebilligt wird. Vor Jahren antwortete mir mal ein Bauer im Moskauer Gebiet auf meine Frage, wie er sich denn die Zeit nach Jelzin vorstelle: »Wir Russen möchten wissen, wem wir zu gehorchen haben.«

Sicher ist das nicht das Credo der jungen Generation, und sicher ist das auch nicht die Zukunft. Aber um diese Mentalität zu verändern, braucht es Frieden und Ordnung im Land, vor allem braucht es Zeit. Insofern stimme ich Klaus von Dohnanyi zu, der berechtigt die rhetorische Frage stellte, wie Putin denn dieses Land anders regieren sollte, als er es zurzeit tut. Wer die lange Reihe russischer Potentaten durch die Jahrhunderte betrachtet, erkennt klar, dass Putin der bisher modernste, liberalste und moderateste russische Herrscher überhaupt ist. Er ist Partner der Wirtschaft, man kann ihn öffentlich kritisieren, er kennt den Westen und ist in vielen Bereichen westlich orientiert. Die Russen haben ihn mehrheitlich demokratisch gewählt. Er wird nicht ewig Präsident sein, und nicht alles wird ihm gelingen, aber zurzeit ist er der legitime Führer der Russischen Föderation.

Seit Russland unter Führung Putins die chaotischen Zustände der nachsowjetischen Zeit (der alkoholisierten Jelzin-Ära) überwunden hat und die Wirtschaft Schritt für Schritt Fuß fasste, haben sich deutsche Medien darauf fokussiert, die Erfolge der Russen zu kritisieren, geradezu schlechtzureden. Es erscheint so, als gönne man den Russen Fortschritt und Entwicklung nicht. Die öffentliche Meinung ist von dieser Berichterstattung ziemlich einseitig geprägt, und trotzdem gibt es eine große Zahl von Bundesbürgern, vor allem in den neuen Ländern, die eine andere Haltung gegenüber Russland erwarten. Deutschland sollte eine Mittlerrolle zwischen der Europäischen Union, den USA und Russland übernehmen. Langfristiges Ziel muss es sein, eine strategische Partnerschaft aufzubauen, die sowohl europäischen als auch russischen Interessen dient oder, wie man in Russland sagt: Nur was zu Ende gedacht wird, bringt ein Ergebnis. – Eine neue Ostpolitik der Europäischen Union, die sich befreit hat von den Rudimenten des Kalten Krieges, kann ich nicht erkennen. Der im letzten Jahrzehnt entwickelte Erweiterungsdrang folgt keiner erkennbaren Konzeption. Der Alles-oder-nichts-Kurs gegenüber der Ukraine, die ultimative Forderung an Kiew, sich entweder an Russland oder an die EU zu binden, hat den brüchigen Frieden in diesem Land zerstört und das Land zerrissen.

Das Prinzip »Wandel durch Annäherung« bleibt aus meiner Sicht die Formel für eine erfolgreiche (neue) Ostpolitik. Das geplante Freihandelsabkommen mit den Vereinigten Staaten von Amerika und der Europäischen Union wird zu neuen Verwerfungen führen, wenn nicht gleichzeitig die russische Idee einer Freihandelszone von Wladiwostok bis Lissabon schrittweise in die Realität umgesetzt wird. Die Anerkennung und Durchsetzung von Menschenrechten entwickelt sich nicht auf der Grundlage von Sanktionen und noch weniger auf der Basis schlechter Vorbilder. Für alles, was man heute der russischen Außen- und Innenpolitik anlastet, hat der Westen – allen voran die Vereinigten Staaten von Amerika – jahrzehntelang Präzedenzfälle geschaffen. Der Irakkrieg der USA basierte auf einer bewussten Täuschung der Weltöffentlichkeit. Die NSA pfeift auf Gesetze und Menschenrechte. Die CIA unterhält geheime Gefängnisse. Die Liste ließe sich beliebig fortsetzen.

(3) Das heißeste Eisen der Gegenwart ist aus meiner Sicht die Staatsverschuldung. Ende Juni 2014 betrug sie 2,3 Billionen Euro. Darin eingeschlossen sind alle öffentlichen Haushalte, Gebietskörperschaften und der Staat. Das ergibt eine Pro-Kopf-Verschuldung für alle Deutschen von 28 800 Euro mit einem Gesamtwachstum von 4400 Euro pro Sekunde. Dies ist aus meiner Sicht bedenklich, aber letztlich beherrschbar. Bei der Leistungskraft- und Innovationsfähigkeit der deutschen Wirtschaft ist das bei entsprechender Politik langfristig lösbar. Diese Schulden sind, wie wir wissen, nur die expliziten Schulden. Die tatsächliche Lage ist wesentlich prekärer, als wir im Allgemeinen annehmen. Der größte Teil der Staatsschulden, die nicht im Budget ausgewiesen werden, übersteigt die 2,3 Billionen Euro um ein Vielfaches. Dabei handelt es sich vor allem um rechtsverbindliche staatliche Zahlungsverpflichtungen, die sich aus Pensionszahlungen an Beamte und andere öffentliche Bedienstete, aus Verpflichtungen gegenüber den Renten-, Kranken- und Pflegeversicherungen und sonstigen Verpflichtungen ergeben. Diese impliziten Schulden belaufen sich auf ca. 5 Billionen Euro. Beide Schuldenblöcke ergeben addiert, gemessen am Bruttoinlandsprodukt, je nach Berechnungsgrundlage, bis

zu 300 Prozent Gesamtverschuldung – also das Dreifache des Bruttoinlandsprodukts. Dieses Problem spielt in der öffentlichen Meinungsbildung kaum eine Rolle und wird von der Politik verdrängt. Meine Generation kann diese Lasten in die Zukunft verschieben. Den kommenden Generationen wird das nicht mehr möglich sein. Dann ist die Rechnung zu bezahlen.

(4) Wir Deutschen sind ein alterndes Volk. Die demografische Entwicklung bereitet uns zunehmend wirtschaftliche, aber auch soziale Probleme. Die kontinuierlich steigende Lebenserwartung, kombiniert mit einer niedrigen Geburtenrate, hat ihre Wirkungen bereits entfaltet. Der Anteil von Senioren an der Bevölkerung wird in den nächsten 50 Jahren signifikant steigen, der Fachkräftemangel bei Hochqualifizierten bereits in den nächsten zehn Jahren auf mindestens acht Millionen. Das sind acht Millionen Arbeitnehmer, die bei der Finanzierung unserer Sozialsysteme fehlen werden. Das heißt, die Einnahmen für die umlagefinanzierte Rente sinken. Zugleich nehmen die Zahl der Rentenempfänger und die Dauer der Rentenbezüge drastisch und nachhaltig zu. Die Ausgaben steigen. So droht Altersarmut für etwa 25 Millionen Menschen, wenn nicht in nächster Zeit drastisch und mit neuen Lösungsansätzen gegengesteuert wird. Die Umstellung eines Rentensystems braucht Zeit, nach Meinung der Experten mindestens 15 Jahre. Hier muss mit Veränderungen sofort begonnen werden. Hinsichtlich einer Lösung dieser Frage bin ich deshalb pessimistisch, weil Politik in den zeitlichen Intervallen von Wahlperioden denkt. Gegenwärtig fehlt der notwendige gesellschaftliche Druck von unten, teilweise auch die Bereitschaft der Einzelnen, selbst vorzusorgen. Daher gilt: Wer nicht früh genug vorsorgt, ist im Alter arm dran.

(5) Sie alle kennen die 11. Feuerbachthese von Marx: Die Philosophen haben die Welt nur verschieden interpretiert, es kommt aber darauf an, sie zu verändern. – Ich schließe mich der zeitgemäßen Umkehrung der These an: Die Welt wurde verschiedentlich verändert, jetzt kommt es darauf an, sie wieder einmal zu interpretieren. Ich will damit sagen, unsere Gesellschaft braucht eine qualifizierte öffentliche Debatte über den Zustand und die Zukunft unseres Landes, über seine Rolle in Europa und in der Welt. Diese Debatte ist dringend geboten, weil nach meiner Ansicht die großen Fragen unserer Zeit unbeantwortet sind.

Rückblickend ist der Untergang des Sozialismus und des mit ihm verbundenen Staatensystems für die weitere Entwicklung der Menschheit von weitaus höherem historischen Gewicht als die Französische Revolution und ihre bis in die Gegenwart wahrnehmbaren Wirkungen. Die Qualität der Dimensionen werden erst die Generationen nach uns erkennen. Die Menschheit steht heute an der Schwelle zur tatsächlichen Menschwerdung. Entweder sie lernt, sich selbst zu beherrschen, oder sie wird sich selbst bzw. ihre Lebensgrundlagen vernichten.

Wo Panzer verschwinden, erscheint die Geschichte wieder und leider auch, wie man in der Ukraine sieht, neue Panzer. Wir erleben heute mit immer schnellerem Tempo, wie die modernen Kommunikationsträger Grenzen niederreißen, so wie im 19. Jahrhundert Dampfmaschinen und Eisenbahnen das mit den Zollgrenzen taten. Wir leben in einer Zeit globaler Wirtschaftskriege; die Konfrontation von globalen Konkurrenten wird härter, der Kampf um Rohstoffe und Energie, Wasser und Wissen nimmt ständig zu. Gewaltige Umbrüche der Arbeitswelt stehen bevor. Das Gewicht der globalen Wirtschaft wächst, Sprachbarrieren verschwinden, nationale Politik reagiert nur noch. Zum Agieren bleibt ihr keine Zeit, und handlungsfähige internationale Institutionen, die auf der Basis eines globalen Konsenses zum Umgang und zur Bewahrung der Schöpfung agieren, sind noch nicht in Sicht. Die Dritte Welt verliert die Geduld, sie möchte teilhaben am Wohlstand, gewaltige Flüchtlingsströme sind in Gang gekommen. Die Verknappung natürlicher Ressourcen schreitet schnell voran. Das verlangt teilen zu lernen als Basis für Stabilität (national und international).

Arbeit ist das beste soziale Netz, nur sie bietet die Chance für Selbstverwirklichung und soziale Sicherheit. Wie kann das in einer robotergetragenen Arbeitswelt gesichert werden? Mit Blick nach Osten erhebt sich die Frage: Brauchen wir eine neue Art der Vernetzung oder eine neue Mauer? Das einzige nicht begrenzte, unerschöpfliche, unbeschränkte Potenzial, das uns zur Verfügung steht, ist Kreativität. Kreativität setzt Bildung voraus, verlangt ein kreatives Umfeld, bedingt die Förderung kreativer Köpfe. Das ist aus meiner Sicht eine existenzielle Verpflichtung für Politik, Wirtschaft und Kultur. Aus dem Wettbewerb der kreativen Kräfte werden sich die Lösungen für die großen Probleme unserer Zeit ergeben. Kreativität bedarf der Freiheit. Wir erleben heute einen immer schneller werdenden Wertewandel. Das Tempo der Veränderung führt bei vielen zu Orientierungslosigkeit. Sie fühlen sich hochgradig überfordert, bei manchen führt es zu destruktiven Haltungen.

Wir brauchen Visionäre und Querdenker, die neue Visionen entwickeln. Wo keine Visionen vorhanden sind, werden Menschen geistig verkommen. Wir brauchen die Vermittlung von Orientierungen für die Welt von morgen. Wir wissen, der Mensch von heute stirbt in einer Welt, in die er nicht geboren wurde. Wir Menschen suchen nicht nur Arbeit, wir suchen auch Orientierungen. Manager mit Ideen, die nicht über den Tag hinausgehen, scheitern.

Die Verantwortung deutscher Demokraten war noch nie größer als heute. Das schließt den Willen und die Fähigkeit ein, eigene Interessen zurückzustellen. Die Geschichte ist auch jetzt nach vorn offen. Sie gibt kein Pardon, wenn die Handlungserfordernisse einer Zeit verschlafen oder verweigert werden. Wer zu spät kommt, den bestraft das Leben. Das ist wahr, und es gilt im Zeitalter globaler Gefährdungen der Menschheit ohne Einschränkung. Eingelöst werden kann diese Verantwortung allerdings nur ganz praktisch, durch jeden Einzelnen an seinem Platz, durch demokratische Wahlen als institutionelle Revolutionen, durch bürgerliches Engagement und durch exzellentes Wissen.

Selbstverständlich erwarte und akzeptiere ich, dass es zu meiner Sicht der Dinge andere Auffassungen bzw. Standpunkte gibt. Das ist das Wesen der Demokratie – und das ist ein Faktor der errungenen Freiheit. Das war innerhalb der SED und der öffentlichen Meinung in der DDR nicht so. Hier wurden unterschiedliche Haltungen und Meinungen zu den Vorgaben der Parteiführung mitunter wie Staatsverbrechen geahndet und sowohl das Statut der SED als auch die Verfassung der DDR mit Füßen getreten.

Eckhard Jesse / Thomas Schubert

Porträts der Akteure

Wer 14 Personen zu Vorträgen über die Voraussetzungen, den Verlauf und die Folgen der friedlichen Revolution wie der deutschen Einheit einlädt, und wer zudem diese 14 Personen dazu anhält, sie mögen 25 Jahre nach den epochalen Ereignissen die deutsche Demokratie beurteilen, muss für eine »bunte Mischung« sorgen, um ein ebenso breites wie interessantes Spektrum an Perspektiven einzufangen. Daher kamen nicht nur ostdeutsche Bürgerrechtler zu Wort, sondern auch Wissenschaftler, ferner Akteure aus unterschiedlichen weltanschaulichen Lagern: SED-Mitglieder ebenso wie demokratische Kräfte aus dem Westen. Damit die Vortragstexte von den Lesern angemessen eingeordnet werden können, ist eine kurze Charakterisierung der Referenten sinnvoll.

Die Porträts sind möglichst einheitlich gestaltet. Der erste Absatz liefert einen knappen Überblick zur Person, vor allem zu ihren Aktivitäten in den Schlüsseljahren 1989/90. Danach wird ihr Leben vor der friedlichen Revolution geschildert, ehe die Rolle des Porträtierten im Zuge der friedlichen Revolution und der deutschen Einheit zur Sprache kommt. Die Aktivitäten seit dem Jahr 1990 nehmen einen breiten Raum ein, nicht zuletzt im Hinblick auf Kontinuität und Wandel im Denken wie im Handeln der Akteure. Der letzte Absatz bilanziert, keineswegs bloß bezogen auf die Vorgänge 1989/90. Zuvor werden Publikationen des Referenten erwähnt, zumal zur friedlichen Revolution und zur deutschen Einheit. Spezifische Akzentuierungen liegen in der Natur der Sache: Bürgerrechtler, Politiker und Wissenschaftler weisen höchst unterschiedliche Vitae auf, bei mitunter mannigfachen Parallelen.

Zwar stehen stärker Fakten im Vordergrund, wohl aber durfte eine bewertende Einordnung der jeweiligen Perspektiven nicht fehlen. Es versteht sich: Die Porträts geben die Position der Herausgeber wieder, nicht unbedingt diejenige der Porträtierten. Der Leser soll ein möglichst realistisches Bild erhalten. Nicht nur deshalb verbieten sich Verherrlichung wie Verteufelung.

Karl Schwarzenberg

Karl Schwarzenberg, dessen Familie durch die politischen Brüche des 20. Jahrhunderts tief geprägt wurde, ist »Havelianer« und »1989er«, ein liberaler Europäer und Atlantiker, ein Antipopulist, der dennoch das offene Wort pflegt und die politische Kaste, wenn es ihm nötig erscheint, harsch kritisiert.[1] Er ist ein Verfechter von Menschenrechten und Freiheit, ein »Citoyen und Aristokrat«,[2] der das liberale und freigeistige Denken pflegt.

Karl Schwarzenberg wurde am 10. Dezember 1937 in Prag in ein altes böhmisches Adelsgeschlecht (ursprünglich aus Franken stammend) hineingeboren.[3] Von den Nationalsozialisten drangsaliert und nach 1945 von den tschechoslowakischen Kommunisten vollständig enteignet, emigrierte seine Familie 1948 nach Österreich. Schwarzenberg studierte in Wien und München Forst- und Rechtswissenschaft (ohne Abschluss). In seinen jungen Jahren gern im linken Wiener Künstler- und Intellektuellenmilieu verkehrend, war er eine Art »aristokratischer Exot«.[4] Noch keine 30 Jahre alt, verwaltete er ab 1965, nachdem er fünf Jahre zuvor von seinem Onkel Heinrich adoptiert und damit zum Erbprinzen des Hauses Schwarzenberg erkoren worden war, dessen Liegenschaften und Unternehmungen. Parallel engagierte er sich in der österreichischen Politik, konnte und wollte dort aber nie unmittelbar reüssieren. »Den Konservativen zu liberal, den Linken nicht zuletzt aufgrund seiner Herkunft suspekt, widersetzte er sich den gängigen parteipolitischen Zuordnungen – und zwar durchaus lustvoll.«[5]

Weitreichender war seine Arbeit als umtriebiger Präsident der Internationalen Helsinki-Föderation für Menschenrechte (IHF) mit Sitz in Wien von 1984 bis 1991. Hier stand er in engen Kontakten mit führenden osteuropäischen Dissidenten, darunter der spätere tschechische Staatspräsident Václav Havel, mit dem ihn bis zu dessen Tod im Jahr 2011 eine enge Freundschaft verband. Der Fürst unterhielt Verbindungen zu den Mitgliedern der Charta 77, reiste mehrfach unter erschwerten Bedingungen zu Treffen in die Tschechoslowakei. Darüber hinaus verwandelte er das Schloss Schwarzenberg bei Scheinfeld in Franken Mitte der 1980er Jahre in ein Dokumentationszentrum für tschechische Samisdat-Literatur und machte es

1 Vgl. Karl Schwarzenberg: Transparenz und Verantwortung in der Politik, Stuttgart 2011.
2 Joachim Riedl: Fürst Courage, in: Süddeutsche Zeitung vom 15. April 2007.
3 Die biografischen Kerndaten sind folgenden Quellen entnommen: https://www.munzinger.de (zuletzt abgerufen am 18.11.2014), sowie Barbara Tóth: Karl von Schwarzenberg. Die Biografie, Wien 2005.
4 Tóth: Karl von Schwarzenberg (wie Anm. 3), S. 83.
5 Ebd., S. 107.

damit zu einem »Synonym für Freiheit und Widerstand«.[6] Am 10. Mai 1989 nahm er für die IHF den Menschenrechtspreis des Europarates entgegen. Im Zuge der »Samtenen Revolution« kehrte Karl Schwarzenberg Ende November 1989 in seine böhmische Heimat zurück und wurde am 11. Juli 1990 von Staatspräsident Václav Havel zum Kanzler des Präsidialamtes berufen – diese Funktion hatte er bis zu Havels Rücktritt am 20. Juli 1992 inne.

In den 1990er Jahren agierte Schwarzenberg als politischer Berater und Kommentator, Unternehmer und Verleger (Wochenzeitschrift *Respekt*) und mischte sich regelmäßig in die tschechische Politik ein. 2004 kehrte er in die aktive Politik zurück. Zunächst als Mitglied des Senats mit außen- und sicherheitspolitischen Fragen befasst, wurde er 2007 auf Vorschlag der Grünen und gegen den erklärten Willen von Staatspräsident Václav Klaus zum tschechischen Außenminister gewählt. Nach einer kurzen Unterbrechung im Amt gelangte der vor allem bei jungen, urbanen Landsleuten beliebte Schwarzenberg 2010 mit der im Jahr zuvor gegründeten liberal-konservativen Partei TOP 09 ins Abgeordnetenhaus und erneut ins Außenamt (bis 2013). 2013 unterlag er nach einem harten Wahlkampf in der Stichwahl um das Präsidentenamt seinem Kontrahenten Miloš Zeman. Heute sitzt Karl Schwarzenberg dem Auswärtigen Ausschuss des Abgeordnetenhauses der Tschechischen Republik vor. Sein Eintreten für eine freiheitliche und transparente Demokratie mit weltoffenem Antlitz, für eine kluge wie verantwortliche europäische Integration, vor allem für die historische Aussöhnung zwischen Deutschen und Tschechen macht ihn zum – im eigenen Land nicht unumstrittenen – Vertreter einer modernen europäischen Politik.

Karl Johannes Fürst zu Schwarzenberg ist tschechischer und Schweizer Staatsbürger, der den Großteil seines Lebens in Österreich verbracht hat, ein weltgewandter Aristokrat mit ausgezeichneten internationalen Verbindungen, ein österreichischer wie böhmischer Patriot. Im Elternhaus von früher Kindheit an politisch sozialisiert sowie historisch sensibilisiert, engagierte er sich beizeiten gegen die kommunistischen Autokratien und für den tschechischen Widerstand. Seit 1990 gestaltet er in seiner böhmischen Heimat die Demokratie beherzt mit. Zum Umgang mit Diktaturen sagte er: »Das Wesentliche ist, nicht von vornherein zu sagen, mit denen redet man nicht. Man muss auf seinem Standpunkt beharren, aber gesprächsbereit sein.«[7] Dasselbe Vorgehen empfiehlt Schwarzenberg, Gegner Putins, heute den europäischen Staaten im Umgang mit der 2014 ausgebrochenen Ukraine-Krise.[8]

6 Ebd., S. 136.
7 Karl Schwarzenberg zitiert nach: Tóth: Karl von Schwarzenberg (wie Anm. 3), S. 153.
8 Vgl. Interview mit Karl Schwarzenberg, in: Cicero 4/2014, S. 60 – 62.

Richard Schröder

Richard Schröder zählt zu den Bürgerrechtlern, denen nicht nur die Beseitigung der SED-Diktatur ein Herzensanliegen war, sondern auch die Schaffung der deutschen Einheit. Der Gegner jeder Form des moralischen Rigorismus – so fällt sein Urteil über Gregor Gysi, Lothar de Maizière und Manfred Stolpe bei aller Skepsis weniger negativ aus als das vieler anderer Bürgerrechtler – stand bei der friedlichen Revolution anfangs nicht in der vordersten Reihe.

Geboren am 26. Dezember 1943 im sächsischen Frohburg, konnte der christlich erzogene Sohn eines Apothekers wegen der Weigerung, den Jungen Pionieren beizutreten, die Erweitere Oberschule nicht besuchen.[9] Sein Berufsziel Pastor stand früh fest. Der Vorschule für kirchlichen Dienst in Moritzburg folgte das Studium der Theologie und Philosophie am Katechetischen Oberseminar Naumburg und am Sprachenkonvikt Berlin (1962 bis 1968), wo Schröder vier Jahre als Assistent unterrichtete. Danach führte ihn sein Weg, ebenfalls für vier Jahre, auf eine Pfarrerstelle in Wiederstedt im Ostharz; von 1977 an hatte er eine Dozentenstelle für Philosophie an seinen beiden Studienorten. Martin Gutzeit und Markus Meckel, die treibenden Kräfte bei der Gründung einer sozialdemokratischen Partei in der DDR, gehörten mit ihm zu dem von Pfarrer Peter Hilsberg geleiteten Arbeitskreis »Theologie und Philosophie«. Schröders Promotion von 1977, erst 1990 staatlich anerkannt, wurde in einem Westverlag publiziert.[10]

Obwohl er sich in der DDR mit offener Kritik eher zurückhielt, geriet Richard Schröder dennoch in das Visier der Staatssicherheit, etwa durch den Protest gegen die Berichterstattung über das Selbstmord-Fanal des Pastors Oskar Brüsewitz 1976 und gegen die Ausbürgerung Wolf Biermanns.[11]

Erst im Dezember 1989 in die SDP eingetreten, wurde Schröder nach der Tätigkeit am Zentralen Runden Tisch und nach der ersten demokratischen Volkskammerwahl am 18. März 1990 deren erster Fraktionsvorsitzender. Vehement votierte er für eine Koalition mit der »Allianz für Deutschland« und den Liberalen. Als die SPD im August 1990 die Koalition verließ, gab Schröder das Amt des Fraktionsvorsitzenden auf. Im September 1990 scheiterte seine Kandidatur für den SPD-Vorstand. In der Folge überlagerte seine wissenschaftliche und publizistische

9 Die biografischen Kerndaten sind folgender Quelle entnommen: https://www.munzinger.de (abgerufen am 15.12.2014).

10 Richard Schröder: Johann Gerhards lutherische Christologie und die aristotelische Metaphysik, Tübingen 1983.

11 Vgl. Richard Schröder: Erinnerung an die DDR, in: Mut 49 (2014), H. 2, S. 78–95.

Tätigkeit die parteipolitische. 1993 gelangte Schröder nach seiner Habilitation an der Kirchlichen Hochschule Leipzig auf eine Professur für Philosophie und Systematische Theologie an der Humboldt-Universität zu Berlin (bis 2009). Hier fungierte er als Dekan (1993/94) und als Erster Vizepräsident (1998 bis 2000). Wichtiger als die Wissenschaft wurde für ihn ein reges publizistisches Engagement.

Sein wohl bekanntestes Buch, das mehrere Auflagen erlebt hat (*Die wichtigsten Irrtümer über die deutsche Einheit*),[12] richtet sich an einen größeren Leserkreis und widerstreitet vehement der These, die deutsche Einheit sei unter »Pleiten, Pech und Pannen«[13] zu rubrizieren, so bereits in *Einsprüche und Zusprüche*, einer Sammlung von Kommentaren.[14] *Denken im Zwielicht* legt Zeugnis von Schröders Positionen bis 1990 ab.[15] In seinen großen Artikeln für die *Frankfurter Allgemeine Zeitung* (Rubrik »Die Gegenwart«), die weder von Lagermentalität noch von Populismus geprägt sind, ist ihm die Bewahrung des Rechtsstaates ein besonderes Anliegen. So sprach er sich als Vorsitzender des Beirats beim Bundesbeauftragten für die Unterlagen des Staatssicherheitsdienstes der ehemaligen DDR gegen das Ansinnen von Roland Jahn aus, die Anfang der 1990er Jahre dort eingestellten ehemaligen Mitarbeiter der Staatssicherheit zu versetzen.

Die Zahl seiner Funktionen in Kommissionen und Gremien (u. a. 1990 bis 2001 Grundwertekommission der SPD, 1993 bis 2009 Richter am Landesverfassungsgericht Brandenburg, 1993 bis 2009 Präsident des Senats der Deutschen Nationalstiftung, 2001 bis 2007 Mitglied des Nationalen Ethikrates) ist ebenso Legion wie die der Auszeichnungen: unter anderen das Große Bundesverdienstkreuz (1992), der Luther-Preis »Das unerschrockene Wort« (1996), der Ludwig-Börne-Preis (1997), der Hermann Ehlers Preis (2004), der Gustav-Heinemann-Bürgerpreis (2009), der Ernst-Robert-Curtius-Preis für Essayistik (2009), der Literaturpreis der Stahlstiftung Eisenhüttenstadt (2014).

Mit Jens Reich und Friedrich Schorlemmer gehört Schröder, 1994 kurzfristig als Kandidat für das Amt des Bundespräsidenten im Gespräch, vorgeschlagen von Unionsseite, zu den führenden ostdeutschen Intellektuellen, die das intellektuelle Klima im vereinigten Deutschland nachhaltig beeinflussen. Schröder hat sich von seiner Partei etwas entfremdet, wobei das Etikett »Parteisoldat« auf ihn ohnehin niemals zutraf. Das abgegriffene Wort vom unerschrockenen »Querdenker« gilt für den rhetorisch Versierten, der nicht nur Urteilskraft, sondern auch Mutterwitz besitzt, in besonderer Weise.

12 Vgl. Richard Schröder: Die wichtigsten Irrtümer über die deutsche Einheit, Freiburg i. Br. 2007.
13 Ebd., S. 9, S. 31, S. 201, S. 203.
14 Vgl. Richard Schröder: Einsprüche und Zusprüche. Kommentare zum Zeitgeschehen, Stuttgart/Leipzig 2001.
15 Vgl. Richard Schröder: Denken im Zwielicht. Vorträge und Aufsätze aus der alten DDR, Tübingen 1990.

Wolfgang Welsch

Wie kaum ein anderer ist Wolfgang Welsch das Sinnbild einer widerständigen Haltung gegenüber der Deutschen Demokratischen Republik. Der Widerstand gegen die in seinen Augen »menschenverachtende und entwürdigende« SED-Diktatur, gegen den »in Gesetze gegossenen Staatsterrorismus der DDR« sowie gegen den Unrechtsstaat ohne demokratische Legitimation und voller Willkür prägte sein Leben.[16]

Geboren am 5. März 1944 in Berlin, arbeitete er nach Abitur und Schauspielschule in Ost-Berlin zunächst am Deutschen Theater. Früh äußerte er Systemkritik, klagte die Diktatur in Gedichten und Aufrufen an. Schließlich wurde er unter anderem wegen »Republikflucht« und »staatsgefährdender Hetze« mehrfach zu langen Haftstrafen verurteilt – erstmals 1964 im Alter von 20 Jahren. Er durchlief mit den Gefängnissen in Berlin, Brandenburg-Görden und Bautzen die berüchtigtsten Haftanstalten der DDR. Seine Schilderungen des Haftalltags sind bedrückend. Welsch war in dieser Zeit ein Objekt in einem rechtsfreien Raum. Willkürliche Gewalt, Folter, unterlassene Hilfeleistung bei Krankheit und Verletzung, Zwangsarbeit und Mangelernährung kennzeichneten seine fast sieben Jahre währende politische Haft. Die Bundesregierung kaufte Welsch im Jahr 1971 frei. Seine Ausreise erfolgte über die Untersuchungshaftanstalt der MfS-Bezirksverwaltung Karl-Marx-Stadt. Hier hatte er 1967 schon einmal vor der Entscheidung gestanden: Osten oder Westen – sich aber für den Verbleib und für den Widerstand auf dem »Kampfplatz« DDR entschieden. 1971 wählte er nach vier weiteren Jahren Haft die Freiheit.[17]

Im Jahr nach seinem Freikauf begann er in Gießen ein Studium der Soziologie, Philosophie und Politikwissenschaft, das er 1977 mit einer Dissertation über die »Arbeitsweise, Aufgabenstellung und Zielsetzung des Ministeriums für Staatssicherheit der DDR« beendete. Von seinem Studienort aus beschrieb er in Zeitungsartikeln das menschenverachtende Regime in der DDR, und er verfasste 1973 ein Memorandum gegen den Beitritt der DDR in die Vereinten Nationen. Vor allem aber organisierte Welsch Fluchthilfe für DDR-Bürger – zunächst sporadisch, später systematisch.

Über 200 Menschen, darunter zahlreiche Ärzte, schleusten er und seine Unterstützer in den 1970er und 1980er Jahren über Länder des Ostblocks, speziell Bulgarien und Ungarn, sowie über West-Berlin aus der DDR in die Bundesrepublik.

16 Für dieses Porträt wurde v. a. folgende Quelle herangezogen: Wolfgang Welsch: Ich war Staatsfeind Nr. 1. Als Fluchthelfer auf der Todesliste der Stasi, 4. Aufl., München 2006.

17 Vgl. ebd., S. 12–190.

Seine Methoden waren ausgeklügelt, sie reichten von Passwechseln auf Auslandsflügen bis hin zum Verstecken von Flüchtigen in einem Pferdetransporter. Der »Menschenschmuggler« Wolfgang Welsch, so der infame Jargon des Ministeriums für Staatssicherheit, wurde nun zum Gejagten des MfS (Zentraler Operativer Vorgang »Skorpion«), mit dem Ziel seiner Liquidierung.

Überwacht von zahlreichen inoffiziellen Mitarbeitern (IM), entging er zwischen 1979 und 1981 mehreren Mordversuchen durch die DDR-Geheimpolizei. So versuchten die Schergen des MfS, namentlich Peter Haack als IM »Alfons«, ihn und seine Familie während eines Israelurlaubs zu vergiften.[18] 1994 wurde Haack für den Mordversuch zu sechseinhalb Jahren Gefängnis verurteilt.

2001 erschien Welschs politische Autobiografie *Ich war Staatsfeind Nr. 1,* die 2004 unter dem Titel Der *Stich des Skorpion* für das deutsche Fernsehen verfilmt wurde. Für das Theater Trier schrieb er das Schauspiel *Ich war Staatsfeind Nr. 1* (Premiere 2010). Welsch, der nach 1990 einige Jahre in Mittelamerika lebte und heute als Publizist und freier Autor arbeitet, verfasste eine Reihe an Büchern und Aufsätzen, die nicht nur die Brutalität der SED-Diktatur zur Sprache bringen, sondern auch deren Verdrängen und Vergessen.[19]

Wolfgang Welsch ist ein Akteur und Zeitzeuge mit einer ebenso packenden wie erschütternden, von »persönlichen und seelischen Verletzungen« geprägten Geschichte von Diktatur und Demokratie in Deutschland. Der »Feind« der kommunistischen Diktatur wurde von dieser als »Staatsfeind« betrachtet und behandelt. Widerstand in der und gegen die DDR verstand er stets als etwas Fundamentales, als eine »totale Ablehnung« des Systems.[20] Sein Handeln war entsprechend kompromisslos, seine Sicht auf das Thema DDR-Opposition ist es ebenfalls: Eine Opposition, so Welsch, konnte es in der DDR nicht geben, zumal wenn diese nicht die »deutsche Frage« stellte und bloß eine Reform des Systems anstrebte – im Gegensatz zum Widerstand. »Diktatur lässt sich weder kritisieren noch reformieren. Deshalb gibt es nur Dissidenz und Widerstand, aber niemals Opposition.«[21]

18 Vgl. ebd., S. 192–447.

19 Siehe exemplarisch: Wolfgang Welsch: Widerstand und MfS im SED-Staat. Folgen und Konsequenzen, Schwerin 1999; ders.: Klage. Gedichte gegen die Diktatur, Schwerin 2000.

20 Vgl. Wolfgang Welsch: Die verklärte Diktatur. Der verdrängte Widerstand gegen den SED-Staat, Aachen 2009.

21 Wolfgang Welsch: DDR-Dissidenten: Opposition oder Widerstand?, unter: http://www.cicero.de/blog/goettinger-demokratie-forschung vom 30. August 2013 (zuletzt abgerufen am 7.12.2014).

Andreas H. Apelt

Andreas H. Apelt ist ein guter Organisator und Manager. In seiner Funktion als Verantwortlicher für den Bereich Presse- und Öffentlichkeitsarbeit beim im Revolutionsherbst 1989 gegründeten Demokratischen Aufbruch war er zeitweilig Chef von Angela Merkel, als sie sich in der ersten Dezemberwoche 1989 bereitfand, bei dieser Bürgerrechtsbewegung mitzuwirken.[22]

Am 12. Januar 1958 in Luckau geboren, einem Ort in der Niederlausitz, südöstlich von Berlin, absolvierte Apelt zunächst eine Lehre als Forstfacharbeiter.[23] Mit 20 Jahren zog es ihn in den Berliner Stadtbezirk Prenzlauer Berg, wo er sich in verschiedenen Berufen (u. a. als Maurer und Zimmermann) durchschlug. Dem Abitur auf dem zweiten Bildungsweg an einer Abendschule folgte nach etlichen Schwierigkeiten (z. B. Einzug des Personalausweises) 1983 ein Studium der Germanistik und Geschichte an der Humboldt-Universität zu Berlin, das der 30-Jährige mit dem Examen für das Lehramt abschloss. Da ihm eine Zulassung zum Forschungsstudium für eine Promotion aus politischen Gründen versagt blieb, musste Apelt unter anderem Tätigkeiten als Gärtner und als Hausmeister annehmen. In einem Artikel in der *Frankfurter Allgemeinen Zeitung* schilderte der publizistisch Umtriebige bereits im Oktober 1989 das unaufhaltsame Sterben der DDR.[24]

Andreas H. Apelt, der zunächst mit anderen eine kleine alternative Gruppierung mit dem Namen »Demokratische Union« ins Leben rufen wollte, war am 30. Oktober 1989 Gründungsmitglied des Demokratischen Aufbruchs und wurde im Januar 1990 dessen Berliner Landesvorsitzender. Diese Bürgerrechtsbewegung trat mit der Ost-CDU und der im Januar 1990 ins Leben gerufenen Deutschen Sozialen Union (DSU) bei der ersten freien Volkskammerwahl als »Allianz für Deutschland« an. Das Bündnis erreichte einen überwältigenden Wahlsieg, wobei der Demokratische Aufbruch nur 0,9 Prozent der Stimmen erzielen konnte. Apelt ging in die Politik und war von 1990 bis 2006 Mitglied des Berliner Abgeordnetenhauses, dort unter anderem als Fraktionssprecher für Bundes- und Europaangelegenheiten oder Kultur zuständig, zeitweilig als stellvertretender Fraktionsvorsitzender.

22 Vgl. Andreas H. Apelt: Angela Merkels demokratischer Aufbruch, in: Frankfurter Allgemeine Sonntagszeitung vom 1. Januar 2006.

23 Die biografischen Kerndaten basieren auf Angaben des Porträtierten.

24 Vgl. Andreas Apelt: Es ist ein stilles Sterben hier. Die Daheimgebliebenen – Ein Stimmungsbericht aus der DDR, in: Frankfurter Allgemeine Zeitung vom 21. Oktober 1989.

Im Januar 1990 avancierte Andreas H. Apelt zum Mitbegründer und noch im gleichen Jahr zum Vorstandsbevollmächtigten der Deutschen Gesellschaft, einer überparteilichen Nichtregierungsorganisation, die sich der Förderung politischer, sozialer und kultureller Beziehungen in Europa und der Überwindung der Folgen der deutschen Teilung verpflichtet sieht. Er versteht es, Politiker unterschiedlicher Couleur zusammenzubringen. Die Gesellschaft verleiht seit 2005 einen Preis an Persönlichkeiten, die sich nicht nur um die deutsche, sondern auch die europäische Einheit verdient gemacht haben (u. a. Angela Merkel, Wolfgang Schäuble, Wolfgang Thierse, Martin Walser, Imre Kertész, Richard von Weizsäcker, Jean-Claude Juncker). Sie engagiert sich unter der Ägide Andreas H. Apelts seit fast zehn Jahren für die Errichtung eines Freiheits- und Einheitsdenkmals.[25] 2007 beschloss der Deutsche Bundestag, ein solches zu errichten – ein Jahr später bekamen die Initiatoren dafür den Deutschen Nationalpreis verliehen. Die Grundsteinlegung soll nun 2016 auf der Berliner Schlossfreiheit erfolgen, das Denkmal »Bürger in Bewegung« 2017 fertiggestellt sein, also deutlich später als ursprünglich geplant.

Apelt ist auch wissenschaftlich, publizistisch und literarisch aktiv.[26] 2009 hat er an der Technischen Universität Chemnitz mit einer Studie über die Opposition in der DDR und die deutsche Frage 1989/90 promoviert,[27] in der die These im Vordergrund stand, ein großer Teil der Opposition habe die deutsche Einheit keineswegs abgelehnt. Für ihn traf das zu, für die meisten anderen nicht. Sein literarisches Engagement dauert seit fast drei Jahrzehnten an.[28] Deutsche Zeitgeschichte, speziell die Auseinandersetzung mit der SED-Diktatur, spielt dabei eine Hauptrolle.

Der Politiker, Publizist, Politikwissenschaftler und Politmanager gehört zu den Bürgerrechtlern, die vor dem Herbst 1989 aktiv waren, allerdings nicht als Hardliner. Apelt trotzte der diktatorischen DDR bereits in frühem Alter Spielräume ab, er ignorierte sie eher, als dass er sie bekämpfte. Nach heftiger Kritik an Angelika Merkels DDR-Vergangenheit verteidigte Apelt mit anderen Bürgerrechtlern, die heute in der CDU fungieren, die Bundeskanzlerin.[29]

25 Vgl. Andreas H. Apelt (Hg.): Der Weg zum Denkmal für Freiheit und Einheit, Schwalbach/Ts. 2009.

26 So ist er (Mit-)Herausgeber zahlreicher Publikationen, die u. a. aus Veranstaltungen der Deutschen Gesellschaft hervorgingen.

27 Vgl. Andreas H. Apelt: Die Opposition in der DDR und die deutsche Frage 1989/90, Berlin 2009.

28 Vgl. Andreas H. Apelt: Schneewalzer. Roman, Leipzig 1997; Schwarzer Herbst. Roman, Halle (Saale) 2010; Sieben Kraniche. Roman, Halle (Saale) 2011; Ende einer Reise. Roman, Halle (Saale) 2012; Pappelallee. Roman, Halle (Saale) 2014.

29 Vgl. Ralf Georg Reuth/Günther Lachmann: Das erste Leben der Angela M., München 2013; siehe die Reaktion von Andreas H. Apelt/Rainer Eppelmann/Hildigund und Ehrhart Neubert/Günter Nooke: »Angela Merkel war nie Reformkommunistin«, in: Die Welt vom 23. Mai 2013.

Dietmar Keller

Dietmar Keller, ehemaliger SED-Funktionär und DDR-Kulturpolitiker, geht seit Jahren mit der SED-Diktatur ins Gericht und hinterfragt seine Vergangenheit als »Träger des Systems«. Als Politiker wirkte er in der sozialistischen Diktatur wie in der parlamentarischen Demokratie, hier wie dort empfand er Entfremdung – gegenüber der Partei wie dem politischen System.

Am 17. März 1942 geboren, wuchs Dietmar Keller als Arbeiterkind in Chemnitz auf.[30] Nach dem Abitur und dem Dienst bei der Nationalen Volksarmee studierte er von 1962 bis 1966 an der Karl-Marx-Universität Leipzig Geschichte und Journalismus. 1969 mit einer Arbeit über »Die Herausbildung der sozialistischen Demokratie im Bereich der materiellen Produktion der volkseigenen Industrie von Mitte 1948 bis Mitte 1952« promoviert, habilitierte er sich sieben Jahre später mit einer Schrift über die Nachkriegsgeschichte der Leipziger Universität. Keller, der in jungen Jahren Sportjournalist werden wollte und während seines Studiums begeistert für die Sportredaktion der *Freien Presse* schrieb, machte nach einer kurzen wissenschaftlichen Anstellung an der Karl-Marx-Universität Karriere in der Staatspartei SED. Zunächst von 1970 bis 1977 Sekretär für Wissenschaft und Kultur der SED-Kreisleitung der Universität Leipzig, stieg er 1977 zum Sekretär für Wissenschaft, Volksbildung und Kultur der SED-Bezirksleitung Leipzig auf und wurde 1984 Stellvertreter des Ministers für Kultur in Berlin.

Nach einer kurzen Zeit als Staatssekretär im Kulturministerium berief ihn Hans Modrow im November 1989 in das Amt des Ministers für Kultur (bis März 1990). Keller, der als Funktionär schon vor 1989 einen undogmatischen, wiewohl idealistischen Kurs steuerte und einen offeneren Umgang mit Kunst- und Kulturschaffenden pflegte, liberalisierte nun als immanenter »Reformer« die DDR-Kulturpolitik. Gleichwohl stemmte er sich 1990 gegen die »Kommerzialisierung unseres Kunstlebens«[31] und die seiner Meinung nach drohende ökonomische Zensur.[32]

In der frei gewählten Volkskammer leitete er 1990 als PDS-Abgeordneter den Ausschuss für Kultur. Im Deutschen Bundestag arbeitete Keller bis 1994 unter anderem im Ausschuss für Wissenschaft und Bildung mit. Als Mitglied der ersten

30 Siehe die Autobiografie von Dietmar Keller: In den Mühlen der Ebene. Unzeitgemäße Erinnerungen, Berlin 2012.
31 Dietmar Keller in: Der endgültige Wettbewerbsbeitrag, in: die tageszeitung vom 21. Februar 1990.
32 Dietmar Keller: Minister auf Abruf. Möglichkeiten und Grenzen von 121 Tagen im Amt, Berlin 1990.

Enquete-Kommission des Deutschen Bundestages »Aufarbeitung von Geschichte und Folgen der SED-Diktatur in Deutschland« äußerte er Kritik an der SED und entschuldigte sich bei den Opfern der SED-Diktatur, gab aber 1994 im Rahmen des Abschlussberichts ein Sondervotum ab, das neben kritischen Tönen in einigen Teilen einer DDR-Apologetik gleichkam. Die Kommission widersprach vor allem folgender Feststellung: »Historisch wie völkerrechtlich, moralisch wie politisch waren beide deutsche Entwicklungswege und die aus ihnen hervorgegangenen Staaten legitim.«[33]

Nach seinem Ausscheiden aus dem Bundestag 1994 war Dietmar Keller persönlicher Mitarbeiter von Gregor Gysi. Von dieser Position aus wandte er sich gegen die radikalen Strömungen innerhalb der Partei. So äußerte er nach dem Münsteraner Parteitag im Jahr 2000, bei dem die orthodoxen Kräfte gegen den Reformkurs der Parteiführung geputscht hatten, in einem *Spiegel*-Interview offen Kritik. Der reformsozialistische »Gründungskonsens der Partei aus dem Jahr 1990« sei aufgekündigt worden, eine »unselige Allianz aus konservativem Apparat, ›Kommunistischer Plattform‹ und dogmatischer West-Linken« schwinge sich auf, das Ruder zu übernehmen, um nach alter Manier zu steuern. Zudem habe es in der PDS bislang »keine radikale Abrechnung mit dem Stalinismus gegeben«, unverändert mache sich die »Identität der Partei […] an Begriffen wie DDR oder Klassenkampf fest«.[34]

Nach heftiger interner Schelte an seinen Äußerungen (u. a. von Hans Modrow) bat er um Auflösung seines Arbeitsvertrages, ging in die Arbeitslosigkeit und verließ im Mai 2002 zusammen mit seiner Frau resigniert die PDS. Heute lebt der Autor und Herausgeber zahlreicher Bücher wieder in Chemnitz. Seit 2012 veranstaltet er in Lichtenwalde die Gesprächsrunde »Zu Gast im Schloss«.

Als einer der wenigen ehemals führenden SED-Mitglieder stellt sich Dietmar Keller geläutert wie kritisch der öffentlichen Diskussion. Im Herzen wie im Verstand ist er dabei unverändert ein Sozialist. Obgleich mit dem »Sozialismusversuch« der DDR gebrochen, sehnt er sich nach einem neuerlichen Vorstoß – unter demokratischem Vorzeichen. Keller ist, so Ilko-Sascha Kowalczuk, der »seltene Typus eines intelligenten Funktionärs«, der sich seiner früheren Verantwortung stellt, dabei jedoch – nicht frei von einer gewissen Eitelkeit und Selbstrechtfertigung – »seinen Wahrheiten treu« bleibt, das aber zuweilen überzeugend.[35]

33 Sondervotum des Abg. Dr. Dietmar Keller zu dem vorliegenden Bericht, in: Deutscher Bundestag (Hg.): Bericht der Enquete-Kommission »Aufarbeitung von Geschichte und Folgen der SED-Diktatur in Deutschland« (Drucksache 12/7820), S. 256.

34 »Die Machtfrage stellen«. Interview mit Dietmar Keller, in: Der Spiegel 16/2000, S. 24 f., hier S. 25.

35 Vgl. Ilko-Sascha Kowalczuk: Die Partei zweifelt nie, in: Der Tagesspiegel vom 23. April 2012.

Stefan Wolle

Stefan Wolle ist wohl derjenige Publizist, der das Alltagsleben in der DDR am umfassendsten und anschaulichsten eingefangen hat, ohne es zu verklären und zu dämonisieren. Auf diese Weise bekommt der Leser ein realistisches Bild von der SED-Diktatur vermittelt, auch wenn deren Strukturen nicht in den Vordergrund geraten.

Geboren am 22. Oktober 1950 in Halle (Saale) als Sohn eines parteitreuen Vaters, studierte Wolle nach dem Abitur an der Humboldt-Universität zu Berlin Geschichtswissenschaft.[36] Vorübergehend wegen Renitenz relegiert, musste er sich zunächst »in der Produktion bewähren«. Nach dem Examen 1976 folgte für den Parteilosen eine lange Zeit (bis 1989) als wissenschaftlicher Mitarbeiter an der Akademie der Wissenschaften der DDR. Die Promotion betraf »Wladimir den Heiligen«, ein ideologiefernes Thema.[37] Während der friedlichen Revolution avancierte Wolle zum Sachverständigen des Zentralen Runden Tisches für die Akten der Staatssicherheit, und in seiner Funktion als Mitarbeiter des Bürgerkomitees für die Auflösung des Ministeriums für Staatssicherheit erschien von ihm gemeinsam mit Armin Mitter im März eine erste Sammlung der Berichte der Staatssicherheit an die SED-Führung, die sich mit einer Auflage von 250 000 als »Verkaufsschlager« erwies.[38]

Wolles Tätigkeit beim Bundesbeauftragten für die Unterlagen des Staatssicherheitsdienstes der ehemaligen DDR dauerte lediglich wenige Monate. Im Februar 1991 entließ der Bundesbeauftragte ihn und Mitter wegen »Illoyalität«. Sie hatten den Bericht des Innenministers Wolfgang Schäuble kritisiert, weil dieser die Verstrickungen des früheren DDR-Ministerpräsidenten Lothar de Maizière (IM »Czerny«) nicht angemessen zur Sprache gebracht habe.[39] Joachim Gauck tat die Entlassung leid. In seinen Memoiren heißt es: »Ich konnte und wollte aber nicht anders handeln. Nach mehreren Jahren haben wir uns wieder einander angenähert. Ich habe sogar versucht, Stefan Wolle wieder zur Behörde zu bringen.«[40]

Während seiner Tätigkeit als wissenschaftlicher Assistent an der Humboldt-Universität zu Berlin (1991 bis 1996) und als Stipendiat der Deutschen Forschungsgemeinschaft (1996 bis 1998) blieb die Habilitationsschrift wegen reger publizistischer Aktivitäten auf der Strecke. Tätigkeiten bei der Stiftung zur Aufar-

36 Die biografischen Kerndaten basieren auf Angaben des Porträtierten.
37 Vgl. Stefan Wolle: Wladimir der Heilige. Rußlands erster christlicher Fürst, München 1993.
38 Vgl. Armin Mitter/Stefan Wolle (Hg.): »Ich liebe euch doch alle …«. Befehle und Lageberichte des MfS Januar–November 1989, Berlin 1990.
39 Vgl. den Artikel: Gauck feuert Kritiker, in: Der Spiegel 10/1991, S. 16.
40 Joachim Gauck: Winter im Sommer – Frühling im Herbst, München 2009, S. 268.

beitung der SED-Diktatur und beim Forschungsverbund SED-Staat schlossen sich an. Seit 2005 fungiert Wolle als wissenschaftlicher Leiter des DDR-Museums, das mit seiner interaktiven Technik dem Motto huldigt: »Geschichte zum Anfassen«. Die Alltagsgeschichte steht dabei im Vordergrund. Wolle, mit einer langjährigen SPD-Bürgermeisterin verheiratet, ist Mitglied der Historischen Kommission beim SPD-Parteivorstand.

Wolles wissenschaftliches und publizistisches Werk (oft in Koautorschaft) seit 1990 ist beeindruckend. Um nur drei Publikationen herauszugreifen: *Untergang auf Raten* schildert anhand von vier Fallstudien Zäsuren in der DDR-Geschichte, *Der Traum von der Revolte* die DDR im Jahre 1968 (mit Blick auf den »Prager Frühling« und die 68er im Westen), *Operation Fernsehen* die Aktivitäten der Staatssicherheit im Fernsehen und Hörfunk des Ostens wie des Westens.[41] Von Wolle stammt ferner eine Reihe populärwissenschaftlicher Begleitbücher zu Fernsehdokumentationen, zu den sowjetischen Truppen in der DDR wie zum Alltag im Arbeiter-und-Bauern-Staat.[42] An erster Stelle rangiert sein dreibändiges Werk über Alltag und Herrschaft in der DDR im Umfang von 1200 Seiten: erst über die Honecker-Zeit 1971 bis 1989, dann zur mittleren Phase 1961 bis 1971, schließlich zur Anfangszeit 1949 bis 1961.[43] Die Bände, von der Bundeszentrale für politische Bildung initiiert bzw. angekauft, wurden Bestseller: nicht zuletzt wegen ihrer lebendigen Sprache, die atmosphärisch dicht die Realität einfängt.

Wolles flüssig geschriebene Bücher legen beeindruckend Zeugnis von seiner Beobachtungsfähigkeit ab. Nicht nur der Leser aus dem Westen, auch der aus dem Osten lernt dank der quellengesättigten Erkenntnisse und der charakteristischen Episoden viel Neues, ohne sich belehrt oder gar bevormundet zu fühlen. Die wohl unvermeidliche Kehrseite: Die Analyse verbirgt sich oft hinter der Metapher, manchmal auch der Anekdote, im besten Fall sogar hinter dem Gleichnis. Warum die DDR zugrunde gegangen ist, erschließt sich aus Stefan Wolles Schriften mithin indirekt.

41 Vgl. Armin Mitter/Stefan Wolle: Untergang auf Raten. Unbekannte Kapitel der DDR-Geschichte, München 1993; Stefan Wolle: Der Traum von der Revolte. Die DDR 1968, Berlin 2008; Jochen Staadt/Tobias Voigt/Stefan Wolle: Operation Fernsehen. Die Stasi und die Medien in Ost und West, Göttingen 2008.

42 Vgl. Ilko-Sascha Kowalczuk/Stefan Wolle: Roter Stern über Deutschland. Sowjetische Truppen in der DDR, Berlin 2001; Hans-Hermann Hertle/Stefan Wolle: Damals in der DDR. Der Alltag im Arbeiter- und Bauernstaat, München 2004.

43 Vgl. Stefan Wolle: Die heile Welt der Diktatur. Alltag und Herrschaft in der DDR 1971–1989, Berlin 1998; Aufbruch nach Utopia. Alltag und Herrschaft in der DDR 1961–1971, Berlin 2011; Der große Plan. Alltag und Herrschaft in der DDR 1949–1961, Berlin 2013.

Stephan Hilsberg

Stephan Hilsberg ist einer derjenigen Bürgerrechtler, die erst 1988 zu den oppositionellen Kräften gefunden haben. Sein Engagement bei der Sozialdemokratie war konsequent. Ihm ging es um die Machtfrage im SED-Staat, und ebendiese Machtfrage stellten die ostdeutschen Sozialdemokraten. Eine Kooperation mit der SED kam für ihn nie in Frage, auch keine Kooperation mit einer ihrer Nachfolgeorganisationen.

Geboren am 17. Februar 1956 in Müncheberg (Mark Brandenburg) als Sohn eines Pfarrers (der SED-Gegner Peter Hilsberg stand später der Golgatha-Gemeinde Berlin vor) und einer Katechetin, wuchs er im Osten Berlins auf.[44] Der Zugang zur Erweiterten Oberschule blieb ihm wegen Nichtmitgliedschaft bei den Jungen Pionieren und der FDJ versagt. Nach einer Lehre zum Facharbeiter für Datenverarbeitung (1972 bis 1974) folgte der Wehrdienst. Die Tätigkeit als Programmierer an der Berliner Charité zog sich bis Ende der 1980er Jahre hin. Sein Fernstudium zum Ingenieur für Informationsverarbeitung (1985 bis 1995) dauerte nicht zuletzt wegen seines Engagements während und nach der friedlichen Revolution so lange.

Stets Gegner der SED-Diktatur, wollte Hilsberg 1988 nicht in Passivität verharren. Das Mitglied der Initiative Frieden und Menschenrechte nahm an der Auszählung der Stimmen zu den Kommunalwahlen am 7. Mai 1989 teil und erstattete Anzeige gegen Egon Krenz wegen Wahlbetrugs. Fünf Monate später, am 40. Jahrestag der Wiederkehr der DDR, wurde er nicht nur Gründungsmitglied der Sozialdemokratischen Partei in der DDR (SDP), sondern auch zugleich deren erster Sprecher. Das überraschte, zählte Hilsberg doch nicht zum engsten Zirkel. »Angesichts des erdrückenden Übergewichts von Pfarrern oder zumindest Theologen in der Versammlung sollte seine Wahl offenbar ein Signal der Säkularität sein.«[45] Gespräche mit führenden Sozialdemokraten in der Bundesrepublik Deutschland sorgten für deren stärkere Distanz zur SED. »Hilsberg verlangte eine gleichberechtigte Partnerschaft und betonte: ›Wir sind kein Ableger der SPD.‹«[46] Anfangs haderte der ostdeutsche Jungpolitiker, und nicht nur er, mit der Forderung nach der deutschen Einheit. »Mir lag die Demokratisierung vordringlich am Herzen. Ich hatte nichts gegen die deutsche Einheit; mir war sie aber

44 Die biografischen Kerndaten sind der folgenden Quelle entnommen: https//www.munzinger.de (zuletzt abgerufen am 15.12.2014).

45 Peter Gohle: Von der SDP-Gründung zur gesamtdeutschen SPD. Die Sozialdemokratie in der DDR und die Deutsche Einheit 1989/90, Bonn 2014, S. 83.

46 Zitiert nach: Daniel Friedrich Sturm: Uneinig in die Einheit. Die Sozialdemokratie und die Vereinigung Deutschlands 1989/90, Bonn 2006, S. 143.

kein Herzensbedürfnis.«[47] Später akzeptierte Hilsberg und mit ihm der größte Teil der Partei die unaufhaltsame Entwicklung. Im Februar 1990 auf dem ersten Parteitag der ostdeutschen SPD zum Geschäftsführer berufen, gelangte er in die am 18. März 1990 demokratisch gewählte Volkskammer. Die Karriere in der SPD führte ihn nicht ganz nach oben: Im Juli 1990 trat Hilsberg von seinem Amt als Geschäftsführer zurück; im September des Vereinigungsjahres kandidierte er erfolglos für den Parteivorstand.

Gleichwohl war der Weg zum Berufspolitiker geebnet. Von 1990 bis 2009 Mitglied des Deutschen Bundestages, beim ersten Mal über die Landesliste, danach jeweils direkt gewählt, avancierte Hilsberg im Jahr 2000 zum Parlamentarischen Staatssekretär im Bundesministerium für Verkehr, Bau- und Wohnungswesen – bis 2002. In jenem Jahr übernahm Manfred Stolpe dieses Ministerium, und Hilsberg wollte wegen dessen dubioser DDR-Vergangenheit nicht unter ihm arbeiten. Eine schwere Erkrankung führte zu einer längeren Abwesenheit im Parlament. Dies mag ein Grund für seine bittere Niederlage bei der Delegiertenversammlung im Dezember 2008 gewesen sein. 52 Stimmen fielen auf Thomas Zenker, 37 auf ihn.

Stephan Hilsberg hat mehrfach die Vorgänge von 1989/90 kommentiert[48] und dabei oft die Notwendigkeit betont, wegen des Risikos einer möglichen Unterwanderung ehemaligen SED-Leuten in größerer Zahl keine Heimstatt in der Sozialdemokratie zu bieten. Dieses hohe Maß an Kontinuität findet sich auch bei seiner Absage an eine Koalition mit den Postkommunisten.[49] Anders als sein Parteifreund Richard Schröder urteilt der stärker konfliktorientierte Bürgerrechtler über Gregor Gysi, Lothar de Maizière und Manfred Stolpe wegen ihrer Verstrickungen in die Machenschaften der Staatssicherheit klar negativ.

Der Politiker, der nicht bereit war, sich zu verbiegen, und dadurch bewusst Nachteile in Kauf nahm (vor und nach der Einheit), gehört zu den Sozialdemokraten, die »gegen wiederkehrende Wellen einer ›Ostalgie‹«[50] zu Felde ziehen. Das Engagement für den demokratischen Verfassungsstaat rangiert vor dem für die Partei. So kommt ihm heute eher eine Außenseiterrolle in der SPD zu.

47 Interview mit Stephan Hilsberg, in: Wolfgang Herzberg/Patrick von zur Mühlen (Hg.): Auf den Anfang kommt es an. Sozialdemokratischer Neubeginn in der DDR 1989. Interviews und Analysen, Bonn 1993, S. 151.

48 Vgl. besonders ausführlich: Martin Gutzeit/Stephan Hilsberg: Die SDP/SPD im Herbst 1989, in: Eberhard Kuhrt u. a. (Hg.): Opposition in der DDR von den 70er Jahren bis zum Zusammenbruch der SED-Herrschaft, Bd. 3, Opladen 1999, S. 607–694.

49 2014 war Hilsberg einer der wenigen sozialdemokratischen Wortführer gegen ein rot-rot-grünes Bündnis in Thüringen.

50 Sturm: Uneinig in die Einheit (wie Anm. 46), S. 135.

Thomas Krüger

Thomas Krüger, Vertreter der DDR-Bürgerrechtsbewegung, ist damals wie heute, beruflich wie persönlich ein engagierter und unkonventioneller Demokrat, der über menschliche Integrationskraft verfügt. Einst ein »Paradiesvogel«,[51] der 1990, einen »zerfransten, wuchernden, russisch-orthodoxen Siebziger-Jahre-Vollbart«[52] tragend, als 31-jähriger Theologe in die Berliner Politik ging, ist er heute politischer Realist, wenngleich ein unorthodoxer.

Geboren am 20. Juni 1959 in Buttstädt, einer Gemeinde nördlich von Weimar, als Sohn eines Theologen und einer Krankenschwester,[53] leistete Krüger nach dem Abitur mit Facharbeiterausbildung seinen Wehrdienst ab, da er keinen Grund zur Verweigerung sah und den Bausoldatendienst als »inkonsequent« ablehnte. Er studierte zwischen 1981 und 1987 Theologie an der Humboldt-Universität zu Berlin und war anschließend bis 1989 als Vikar in Berlin und Eisenach tätig. Kulturelle und politische Ereignisse wie Wolf Biermanns Ausbürgerung im Jahr 1976 oder das gemeinsame Grundsatzpapier von SPD und SED 1987, aber auch kurzzeitige Festnahmen durch die DDR-Staatssicherheit ließen Krüger in Widerspruch zum SED-Staat geraten und ihn als Teil der kirchlichen Friedens- und Oppositionsbewegung offen Grundrechte einfordern. Als Vikar predigte er 1988 kirchliche Solidarität mit den inhaftierten Oppositionellen. Thomas Krüger engagierte sich unter anderem in der »Offenen Arbeit« der evangelischen Kirche sowie zwischen 1987 und 1989 in der Initiative »Kirche von Unten« und arbeitete gelegentlich in der Berliner Umweltbibliothek mit.

Am 7. Oktober 1989 gehörte Thomas Krüger zu den Gründungsmitgliedern der SDP, und seither hatte er als Parteimitglied mehrere Ämter und Aufgaben inne: zwischen November 1989 und Februar 1990 Geschäftsführer der SDP bzw. SPD in Ost-Berlin, anschließend bis Oktober 1990 stellvertretender Bezirksvorsitzender und Mitglied der Volkskammer der DDR. 1990/91 bekleidete er das Amt des Stadtrats für Inneres sowie des ersten Stellvertreters des Oberbürgermeisters im Magistrat von Ost-Berlin, wo er sich unter anderem durch eine konsequente Entstasifizierung einen Namen machte und dabei auch vor Kritik an Manfred Stolpe nicht zurückschreckte. Bis 1992 stellvertretender SPD-Landesvorsitzender

51 Siehe das empathiegeladene Porträt über Thomas Krüger von Marlies Menge: Der Bart ist ab, in: Die Zeit vom 28. Mai 1998.

52 So Matthias Matussek: Die Inszenierung Politik, in: Der Spiegel 34/1990, S. 28–31, hier S. 28.

53 Die biografischen Kerndaten sind folgenden Quellen entnommen: https://www.munzinger.de sowie http://www.bpb.de/die-bpb/51753/praesident (zuletzt abgerufen am 11.12.2014).

und bis 1998 Kreisvorsitzender der SPD in Berlin-Lichtenberg, gelangte Krüger 1993, bereits von 1991 an Senator für Jugend und Familie, als Nachrücker in das Berliner Abgeordnetenhaus.

Zwischen 1994 und 1998 gehörte er dem Deutschen Bundestag an. Schon im Bundestagswahlkampf hatte er sich, seinem Naturell entsprechend, auf Wahlplakaten neben dem Slogan »Eine ehrliche Haut« im Adamskostüm abbilden lassen. Nicht minder unkonventionell war sein 1995 zusammen mit Peter Strieder unternommener politischer Vorstoß, die Abgrenzung gegenüber der PDS zu beenden und eine künftige Zusammenarbeit der SPD mit den Postkommunisten nicht generell auszuschließen. Schon 1992 hatte er dafür plädiert, ehemalige SED-Mitglieder politisch zu integrieren.[54]

Krüger, der sich in verschiedenen Vereinen sowie Hilfsorganisationen engagiert und seit 1995 dem Deutschen Kinderhilfswerk vorsteht, ist seit 2000 Präsident der Bundeszentrale für politische Bildung.[55] Durch seine offene, aber auch offensive Art brachte er neuen Schwung in den unter seinen Vorgängern etwas angestaubten Laden. Er will nicht nur Multiplikatoren der politischen Bildung erreichen, sondern auch »bildungsferne« Schichten. Seine Amtsführung geriet deswegen, aber auch aufgrund umstrittener Personalentscheidungen und der veränderten inhaltlichen Ausrichtung mehrfach in die Kritik, besonders in liberalkonservativen Kreisen.

Thomas Krüger stand 1990 als Anhänger eines »dritten Weges« dem Mauerfall und der deutschen Einheit zunächst ausgesprochen skeptisch gegenüber. Der zweifache Vater mit einer musisch-künstlerischen Ader schätzt den demokratischen Verfassungsstaat als alternativlosen Garanten von Grundrechten. Obgleich er die DDR-Geschichte als »gut aufgearbeitet« erachtet, kritisiert Krüger jede Art von Verklärung der SED-Diktatur – ihre »mediale Banalisierung«, ihre Verteidigung bzw. Verharmlosung durch »ewiggestrige Funktionäre« und ihre Verteufelung durch »Protagonisten einer ideologisch zugespitzten Totalitarismustheorie vor allem westdeutscher Provenienz«. Alle »Vorurteile und unreflektierten Kurzschlüsse«,[56] so Krüger, gehörten durch eine »überparteiliche politische Bildung« hinterfragt.

54 hmt: »SED-Mitgliedschaft ist egal«, in: die tageszeitung vom 31. März 1992.

55 Thomas Krüger ist mehr Redner als Schreiber. Veröffentlichungen sind u. a.: Thomas Krüger: Rechtsextremismus in Deutschland, in: Tribüne 40 (2001), S. 206–216; ders.: Kunst als Katalysator und Kommunikationsmittel. Zur Rolle der Kulturpolitik und der kulturellen politischen Bildung heute, in: Hilmar Hoffmann/Wolfgang Schneider (Hg.): Kulturpolitik in der Berliner Republik, Köln 2002, S. 128–148.

56 Thomas Krüger: Vom Pathos ist viel geblieben, in: Neues Deutschland vom 2. Oktober 2008.

Roland Jahn

Der frühere DDR-Dissident Roland Jahn ist ein eigenwilliger Verfechter von Freiheit und Menschenrechten. Einst ein Rebell, der sich nach Jahren der Anpassungsversuche mit dem SED-Regime anlegte und so seine Heimat verlor, ist er heute als Behördenchef, dem das Aufmüpfigsein noch immer eigen ist, Herr über 111 Kilometer Stasi-Akten.[57]

Am 14. Juli 1953 in Jena geboren und 1972 dort maturiert, geriet Roland Jahn schon als junger Mann in Konflikt mit der SED-Diktatur.[58] Obwohl im Geiste Sozialist, ebnete das repressive Vorgehen der Machthaber gegen Andersdenkende früh seinen widerständigen Weg und trieb ihn in die Arme oppositioneller Gruppen. Nach Protesten gegen die Ausbürgerung Wolf Biermanns exmatrikulierte die Friedrich-Schiller-Universität den Studenten der Wirtschaftswissenschaften im Februar 1977. In der Folgezeit prangerte Jahn, inzwischen Transportarbeiter beim VEB Carl Zeiss Jena und in der Jenaer Dissidentenszene aktiv, mit couragierten Protestaktionen Missstände und Unfreiheit in der DDR an.

Der Tod seines Freundes Matthias Domaschk, der in der Untersuchungshaft des MfS unter bis heute nicht ganz geklärten Umständen ums Leben gekommen war, prägte ihn und vertiefte die Kluft zum SED-Regime. Im September 1982 wurde Jahn unter einem Vorwand verhaftet. Nach fünfmonatiger Untersuchungshaft verurteilte das Gericht ihn im Januar 1983 zu einer Freiheitsstrafe wegen »öffentlicher Herabwürdigung der staatlichen Ordnung« sowie »Missachtung staatlicher Symbole«. Der Fall erregte Aufsehen. Internationale Proteste gegen die Inhaftierung mehrerer Jenaer Oppositioneller, darunter Jahn, führten im März 1983 zu seiner vorzeitigen Freilassung. Er engagierte sich weiter in der Jenaer »Friedensgemeinschaft«, die zu einem der oppositionellen Aktivposten in der DDR zählte. Nachdem die DDR-Behörden schon im Mai 1983 beschlossen hatten, die Jenaer Friedensgruppe zu zerschlagen, und Dutzende Aktivisten in den Westen abschoben, wurde auch der Regimegegner Jahn am 8. Juni 1983 aus der DDR zwangsausgebürgert.

Für Roland Jahn, der sein Land nicht verlassen, sondern verändern wollte, war dies ein Schock. Seine neue politische Heimat in Westdeutschland wurden daher die zum damaligen Zeitpunkt noch stark radikalisierten Grünen. Fortan arbeitete er in West-Berlin als freier Journalist, schrieb unter anderem für *die tageszeitung*,

57 Vgl. Gerald Praschl: Roland Jahn. Ein Rebell als Behördenchef, Berlin 2011.

58 Die biografischen Kerndaten sind folgenden Quellen entnommen: https://www.munzinger.de sowie http://www.bstu.bund.de (zuletzt abgerufen am 13.12.2014).

produzierte für die ARD und den Sender Freies Berlin (SFB). Hier verfasste er Beiträge über Opposition, SED-Herrschaft und Menschenrechtsverletzungen in der DDR. Schließlich nahmen zu dieser Zeit die westdeutschen Medien die DDR-Opposition kaum wahr. Parallel fungierte Roland Jahn als wichtige Kontaktperson und westdeutsche Stimme der DDR-Opposition, gab dieser inhaltliche Anregungen und schmuggelte Druckmaterialien in die DDR. Auf diese Weise unterstützte er u.a. maßgeblich die Ost-Berliner Umweltbibliothek. Die Stasi bespitzelte ihn deshalb auch im Westen; 1987 erließ sie gegen ihn Haftbefehl »wegen landesverräterischer Nachrichtenübermittlung«. Roland Jahn, der nach der deutschen Einheit als Fernsehjournalist fast 20 Jahre lang beim SFB bzw. beim Rundfunk Berlin-Brandenburg (rbb) arbeitete (Politmagazin *Kontraste*), erhielt 1998 das Bundesverdienstkreuz.

Am 28. Januar 2011 wählte ihn der Deutsche Bundestag mit fraktionsübergreifender Mehrheit in das Amt des Bundesbeauftragten für die Unterlagen des Staatssicherheitsdienstes der ehemaligen DDR (BStU). Roland Jahn, relativ unerfahren im Politikgeschäft und ohne »Laufbahnerfahrung«, blieb seiner Linie treu und bevorzugte einen unbequemen Einstieg in das neue Amt. In der Antrittsrede forderte er unter anderem, ehemalige hauptamtliche Mitarbeiter der DDR-Staatssicherheit, die noch heute in der Unterlagenbehörde beschäftigt sind, aus Respekt vor den Verletzungen der Opfer zu versetzen.[59] Mit dieser Forderung trat Jahn eine breite Debatte über Recht- und Zweckmäßigkeit eines solchen Unterfangens los. Richard Schröder hielt ihm als Beiratsvorsitzender der BStU vor, auf diese Weise kein Klima der Versöhnung zu schaffen, sondern gegen rechtsstaatliche Prinzipien zu verstoßen und neue Gräben aufzureißen.[60]

Roland Jahn befürwortete in den 1970er und 1980er Jahren zunächst die Idee des Sozialismus, sah im Sozialismus der DDR aber dessen zu beseitigende Entartung; er hegte gleichwohl die Hoffnung, im Heimatland mit Engagement etwas bewegen zu können. Wurde diese Hoffnung zunächst bitter enttäuscht, sollte ihm der Erfolg der friedlichen Revolution recht geben, wenn auch anders als erwartet. Heute ist Roland Jahn nicht nur eine weithin akzeptierte, da höchst integre Symbolfigur der DDR-Opposition. Er hat sich auch gewandelt – von einem Opfer der SED-Diktatur zu einem »Anwalt der Opfer«, von einem rebellischen Sozialisten, der sich trotz alledem »eine Zeit lang in den vorgezeichneten Bahnen des SED-Staates bewegt« hat,[61] zu einem Verfechter einer freiheitlichen Demokratie.

59 Vgl. Stefan Berg: Besuch in der Schlangengrube, in: Der Spiegel 7/2013, S. 30–32.
60 Vgl. als Gegenposition: Richard Schröder: Stasi und kein Ende, in: Der Spiegel 42/2011, S. 48–50. Roland Jahn hat seither einen Prozess der Versetzung dieser Mitarbeiter begonnen, der auch gerichtlich bestätigt wurde.
61 Vgl. hierzu Roland Jahn: Wir Angepassten. Überleben in der DDR, München 2014.

Peter Brandt

Peter Brandt, der älteste Sohn des ehemaligen Bundeskanzlers Willy Brandt, ist seit jeher ein bescheidener Mann. Wegen seines Engagements für die deutsche Einheit in den 1980er Jahren galt er als ein »linker Patriot«. Allerdings vollzog sich die Wiedervereinigung anders als von ihm gewünscht, nämlich in Form der Westbindung, nicht im Sinne eines in gesellschaftlicher wie in außenpolitischer Hinsicht »dritten Weges«.

Geboren am 4. Oktober 1948 in Berlin, nahm Brandt dort ein Studium der Geschichtswissenschaft auf,[62] das er 1973 mit der Promotion über »Antifaschismus und Arbeiterbewegung« beendete.[63] Nach der Tätigkeit als Wissenschaftlicher Assistent an der Technischen Universität Berlin folgte 1988 seine (unveröffentlicht gebliebene) Habilitationsschrift über »Studentische Bewegungen und Frühnationalismus um 1800«. Von 1990 bis 2014 lehrte Peter Brandt, seit 2009 Bundesverdienstkreuzträger und seit jenem Jahr Herausgeber des politisch-kulturellen Online-Magazins *Globkult,* an der Fernuniversität Hagen.

Brandt erregte in der Öffentlichkeit nicht nur durch seine trotzkistische Phase in der ersten Hälfte der 1970er Jahre große Aufmerksamkeit (als Aktivist innerhalb der außerparlamentarischen Opposition und als Mitglied einer sektiererischen Gruppierung namens »Spartacus«), sondern auch durch das Plädoyer für ein vereinigtes Deutschland unter neutralem Vorzeichen in den 1980er Jahren.[64] Das geteilte Deutschland galt in diesem Verständnis als ein Konfliktherd für den Frieden, die nationale Frage sei mit der sozialen Frage verknüpft. Der Abzug der ausländischen Streitkräfte aus Deutschland bilde die Voraussetzung für einen gewissermaßen dialektischen Entspannungs- und Annäherungsprozess zwischen den beiden deutschen Staaten mit der Tendenz zur Neuvereinigung, in dem sozialemanzipatorisch-antikapitalistische Positionen größeren Einfluss gewinnen würden.[65]

Diese eher randständige Sichtweise löste ein beträchtliches Echo aus. Hingegen fanden die von ihm initiierten Versuche einer deutsch-deutschen Freundschafts-

62 Die biografischen Kerndaten basieren auf Angaben des Porträtierten; siehe ferner die autobiografische Skizze: Brandt, Peter, in: Carl-Christoph Schweitzer (Hg.): Lebensläufe – hüben und drüben, Opladen/Leipzig 1993, S. 61–70.

63 Peter Brandt: Antifaschismus und Arbeiterbewegung. Aufbau, Ausprägung, Politik in Bremen 1945/46, Hamburg 1976.

64 Vgl. etwa Peter Brandt/Herbert Ammon (Hg.): Die Linke und die nationale Frage. Dokumente zur deutschen Einheit seit 1945, Reinbek bei Hamburg 1981.

65 Zur Position Brandts vgl. Alexander Gallus: Die Neutralisten. Verfechter eines vereinten Deutschland zwischen Ost und West 1945–1990, Düsseldorf 2001, S. 340–350.

gesellschaft Mitte der 1980er Jahre unter Ausschluss der Öffentlichkeit statt. Daher darf das Engagement Brandts bei der Anfang 1990 gegründeten überparteilichen Deutschen Gesellschaft nicht verwundern.

Der Wissenschaftler zeigt – ohne Angst vor dem Beifall von der falschen Seite – keine Berührungsängste gegenüber Positionen »rechter« Couleur (etwa durch Publikationen mit Wolfgang Venohr, einem betont »nationalen Mann«), wodurch der Vertrauensdozent der Hans-Böckler-Stiftung sich dem Vorwurf der »Rechtslastigkeit« ausgesetzt sah.[66] Davon kann bei Peter Brandt keine Rede sein. Als Kuratoriumsmitglied des 2010 gegründeten »Instituts Solidarische Moderne«, das einen Politikwechsel unter Einschluss der Partei Die Linke anstrebt, und Vorstandsmitglied der Friedrich-Ebert-Stiftung ist er ein heftiger Kritiker des Kapitalismus im Allgemeinen und des »Neoliberalismus« im Besonderen. Das Privateigentum an Produktionsmitteln dürfe nicht das letzte Wort der Geschichte sein. Insofern galt die Art und Weise der deutschen Einheit für ihn keineswegs als insgesamt gelungen. Gorbatschow habe erstaunlicherweise nicht die »deutsche Karte« gespielt.

Zu Brandts Forschungsfeldern zählen u. a. der Nationsbildungsprozess und die Nationalbewegungen sowie die Geschichte der Arbeiterbewegung, insbesondere die der SPD, ferner die vergleichende europäische Verfassungsgeschichte.[67] Eine Studie, die weit über das wissenschaftliche Publikum hinaus Aufmerksamkeit fand, war der mit viel Empathie verfasste »Versuch« über den eigenen Vater anlässlich dessen 100. Geburtstages.[68] Die Ikone Willy Brandt wird nicht idealisiert, das Lager seiner (tatsächlichen oder vermeintlichen) Gegner keineswegs dämonisiert.

Der Sozialdemokrat Peter Brandt (wieder seit 1994) weist im Umgang mit Andersdenkenden ein hohes Maß an Fairness auf. So ist es für ihn »weder beweisbar noch plausibel«, dass Herbert Wehner Willy Brandt gestürzt habe, wie dieser vermutete. »Mein Vater hat heute gewissermaßen eine Lobby, Wehner kaum. Er ist fast zu einer Unperson geworden. Das hat mit historischer Gerechtigkeit nichts zu tun.«[69] Brandts dezidiert sozialistische Ansichten begünstigen keine Lagermentalität, da die eigene Position durch Liberalität und Offenheit geprägt ist. Die positive Bezugnahme auf Antikapitalismus, Demokratie und Nation gleichermaßen irritiert viele.

66 Vgl. beispielsweise Niklas Meyer: Der Patriot von links, in: Jungle World vom 6. September 2012.

67 Eine Auswahl seiner Beiträge findet sich in: Peter Brandt: Schwieriges Vaterland. Deutsche Einheit – Nationales Selbstverständnis – Soziale Emanzipation. Texte von 1980 bis heute, 2. Aufl., Berlin 2001.

68 Vgl. Peter Brandt: Mit anderen Augen. Versuch über den Politiker und Privatmann Willy Brandt, Bonn 2013.

69 Peter Brandt: »Mein Vater hat sich nicht verstellt«, in: die tageszeitung vom 20. Oktober 2013.

Horst Teltschik

Als »the man behind Kohl«[70] war Horst Teltschik ein maßgeblicher sicherheits- und außenpolitischer Gestalter der deutschen Einheit, beteiligt an der Formulierung des Zehn-Punkte-Programms, wichtigster internationaler Kontaktvermittler und Chefunterhändler von Bundeskanzler Helmut Kohl gegenüber der Sowjetunion sowie dessen ständiger Begleiter und Berater auf dem außen- und deutschlandpolitischen Marathon in den Jahren 1989 und 1990.

Horst Teltschik wurde am 14. Juni 1940 im nordmährischen Klantendorf geboren.[71] Seine Familie floh 1945 nach Bayern, wo er 1960 in Tegernsee sein Abitur ablegte. Nach dem Wehrdienst folgte das Studium bis 1967 an der Freien Universität Berlin in den Fächern Politikwissenschaft, Neuere Geschichte und Völkerrecht. Hier betätigte er sich in der Zeit der Studentenbewegung im Ring Christlich-Demokratischer Studenten gegen die 68er-Bewegung. Nach einer zweijährigen Anstellung als Hochschulassistent bei Richard Löwenthal und einer ersten politischen Funktion in der Bundesgeschäftsstelle der CDU in Bonn wurde Teltschik 1972 Ministerialrat in der Staatskanzlei von Rheinland-Pfalz. Seinen dortigen Chef, den späteren Bundeskanzler Helmut Kohl, sollte er fortan beruflich eng begleiten. Nach Kohls Wechsel als CDU/CSU-Fraktionsvorsitzender in den Deutschen Bundestag leitete Teltschik dessen Büro, bevor er ab 1982 als Ministerialdirektor im Bundeskanzleramt (Abteilung 2 »Auswärtige und innerdeutsche Beziehungen, Entwicklungspolitik, äußere Sicherheit«) zum außen- und sicherheitspolitischen Berater des Kanzlers avancierte.

Von dieser Position aus gestaltete Horst Teltschik die außen- und deutschlandpolitischen Wegmarken zur deutschen Einheit hinter den Kulissen mit. So verhandelte er, der seit Jahren vertrauliche Gesprächsbeziehungen nach Moskau unterhielt, 1990 als Sonderbeauftragter des Bundeskanzlers mit dem sowjetischen Generalsekretär Michail Gorbatschow über eine bilaterale Partnerschaft (darunter milliardenschwere westdeutsche Finanzhilfen) sowie über die Souveränität eines vereinigten Deutschlands. Ferner war er an den Zwei-plus-vier-Verhandlungen beteiligt, bei denen »Beamte wie Horst Teltschik, Dieter Kastrup oder Robert Zoellick und Robert Blackwill als Mittler zwischen Politik und Verwaltung gro-

70 Tyler Marshall: He's the Man Behind Kohl: While Bonn's chancellor gets the publicity, Horst Teltschik is quietly crafting strategy for a unified Germany, in: Los Angeles Times vom 24. April 1990.

71 Die biografischen Kerndaten entstammen vorwiegend: https://www.munzinger.de (zuletzt abgerufen am 26.11.2014).

ßen eigenen Handlungs- und Entscheidungsspielraum«[72] genossen. Ende 1990 verließ Teltschik die Politik und durchschritt verschiedene Führungspositionen in der Wirtschaft. Zunächst fungierte er 1991 bis 1993 als Geschäftsführer der Bertelsmann Stiftung, bevor er 1993 (bis 2000) in den Vorstand der BMW AG wechselte, wo ihm das Ressort »Wirtschaft und Politik« unterstand und er die Herbert-Quandt-Stiftung leitete. Von 2003 bis 2006 war er Präsident von Boeing Deutschland. Teltschik ist einer breiten Öffentlichkeit als langjähriger Leiter der Münchener Sicherheitskonferenz bekannt (1999 bis 2008).

Horst Teltschik, der heute als internationaler Berater für Außen- und Sicherheitspolitik wirkt, hat eine Honorarprofessur für Wirtschaft an der Technischen Universität München inne und hält diverse Ehrendoktorate. Er ist Russlandexperte und einer der besten deutschen Kenner internationaler Geschehnisse. Im Auftrag Helmut Kohls und zusammen mit anderen verfolgte er in der Außen- und Deutschlandpolitik der Jahre 1989 und 1990 einen »ebenso zurückhaltenden wie prinzipienfesten Kurs«,[73] der in die deutsche Einheit münden sollte. Teltschik hatte seine politische Karriere früh »an die Person Kohls gebunden« und machte stets dessen Erfolg zum Maßstab seines gleichsam von Kompetenz wie von Loyalität geprägten Handelns.[74] Kohl charakterisierte ihn in seinen Memoiren als »hochbegabte[n] und intelligente[n] politische[n] Kopf« und drückte ihm seine »enge persönliche Verbundenheit«[75] aus.

Teltschik war 1989/90 ein Befürworter der deutschen Einheit und überzeugter Europäer sowie ein Verfechter des transatlantischen Bündnisses. Ähnlich wie sein Dienstherr pflegte er einen Stil des persönlichen Vertrauens und der Verlässlichkeit, was vor allem internationale Skeptiker (darunter in besonderem Maße die sowjetische Seite) positiv beeinflusste. Entsprechend plädiert der Außenexperte heute unverändert für Gespräche und eine geordnete Zusammenarbeit mit Russland. Isolation, so Teltschiks tiefe Überzeugung, sei der falsche Weg. »Wen wir isolieren, machen wir nur noch aggressiver. Nicht Konfrontation, sondern Dialog, Entspannung, Zusammenarbeit sind wichtig.«[76]

72 Werner Weidenfeld: Außenpolitik für die deutsche Einheit. Die Entscheidungsjahre 1989/90, Stuttgart 1998, S. 625.

73 Horst Teltschik: 329 Tage. Innenansichten der Einigung, Berlin 1991, S. 23.

74 Vgl. die Einschätzungen bei Wolfgang Jäger: Die Überwindung der Teilung. Der innerdeutsche Prozeß der Vereinigung 1989/90, Stuttgart 1998, S. 65; Weidenfeld: Außenpolitik (wie Anm. 72), S. 99.

75 Siehe Helmut Kohl: Erinnerungen. 1982–1990, München 2005, S. 47; ders.: Erinnerungen. 1990–1994, München 2007, S. 420.

76 Interview in der Reihe »Voices on Europe« mit Horst Teltschik (1999), unter: http://archives.eui.eu/en/oral_history/INT651 (zuletzt abgerufen am 15.12.2014).

Gerd Poppe

Gerd Poppe gehört zum harten Kern der DDR-Oppositionellen, ungeachtet seiner zeitweiligen – rein formalen – Mitgliedschaft in der FDJ und im FDGB. In den großen Darstellungen zur Revolution 1989/90 nimmt sein Name einen vorderen Platz ein.[77] Das gilt ebenso für die Phase davor.[78] Auch im ersten Jahrzehnt nach dieser historisch bewegten Zeit spielte er eine gewisse Rolle im Politikbetrieb.

Geboren am 25. März 1941 in Rostock, schloss Poppe 1964 sein Studium als Diplomphysiker ab.[79] Die Tätigkeit von 1965 bis 1976 im Halbleiterwerk Stahnsdorf wurde durch eine sechsmonatige Zeit als Bausoldat unterbrochen. Eine mündliche Einstellungszusage an der Akademie der Wissenschaften blieb nach Poppes Protest gegen die Ausbürgerung Wolf Biermanns uneingelöst. Der Arbeit als Maschinist in einer Schwimmhalle in Ost-Berlin bis 1984 schloss sich eine Tätigkeit als Ingenieur im Diakonischen Werk an.

Poppe protestierte gegen die Intervention der Truppen des Warschauer Paktes in der Tschechoslowakei, und 1973/74 traf er sich mit Rudi Dutschke, »dem« Wortführer der westdeutschen Studentenbewegung, die Poppe faszinierte. In den 1970er Jahren bahnten sich enge Kontakte mit Dissidenten wie Wolf Biermann und Robert Havemann an. In Poppes Wohnung – seine zweite Frau Ulrike spielte in der Szene ebenfalls eine unbeugsame Rolle, etwa als Gründungsmitglied der »Frauen für den Frieden« – fanden Lesungen von Schriftstellern statt, die mit dem Staat in Konflikt lagen. Über kaum einen Dissidenten – auf ihn waren zahlreiche inoffizielle Mitarbeiter angesetzt – sammelte die Staatssicherheit so viel Material (Operativer Vorgang »Zirkel«). Maßnahmen der »Zersetzung« blieben Poppe, in den 1980er Jahren mit einem Auslandsreiseverbot belegt, nicht erspart, wohl aber Inhaftierungen.

Der Bürgerrechtler bildete im Osten Berlins eine Art Zentrum für alternative Aktivitäten (etwa bei der Gründung von Samisdat-Zeitschriften).[80] Ende 1985 rief

77 Vgl. etwa Ehrhart Neubert: Unsere Revolution. Die Geschichte der Jahre 1989/90, München 2008, S. 74, S. 198, S. 233, S. 250, S. 332, S. 335, S. 358.

78 Vgl. Ehrhart Neubert: Geschichte der Opposition in der DDR 1949–1989, Berlin 1997, S. 12, S. 224, S. 244, S. 350, S. 406, S. 408, S. 439, S. 442, S. 462, S. 516, S. 545, S. 576, S. 579, S. 614, S. 689, S. 691, S. 693, S. 730–732, S. 735 (jeweils ohne Bezugnahme auf die Zeit 1989/90).

79 Die biografischen Kerndaten sind folgenden Quellen entnommen: https:/www.munzinger.de (zuletzt abgerufen am 15.12.2014); Christin Leistner: Gerd Poppe. Ein unangepasstes Leben in der DDR, Stuttgart 2013.

80 Vgl. Ilko-Sascha Kowalczuk (Hg.): Freiheit und Öffentlichkeit. Politischer Samisdat in der DDR 1985–1989, Berlin 2002.

er mit anderen die Initiative Frieden und Menschenrechte ins Leben, eine der ersten alternativen Gruppen außerhalb des Schutzraumes der Kirche. Die Kontakte erstreckten sich auch nach Ostmitteleuropa – die Solidarność-Bewegung ist für ihn »der ganz entscheidende Wendepunkt in der Geschichte und nicht Gorbatschow«.[81] Am Zentralen Runden Tisch Ende 1989, Anfang 1990 setzte sich Poppe für eine neue Verfassung der DDR und damit für deren Eigenständigkeit ein. Im Februar 1990 trat der Repräsentant der Initiative Frieden und Menschenrechte als Minister ohne Geschäftsbereich in Hans Modrows Kabinett der »nationalen Verantwortung« ein. Trotz des schlechten Abschneidens von Bündnis 90 (2,9 Prozent), einem Zusammenschluss dreier Oppositionsgruppen, gelangte Poppe in die frei gewählte Volkskammer. Im Deutschen Bundestag von 1990 bis 1998 vertreten (und bei den beiden Enquete-Kommissionen zur SED-Diktatur mit Herzblut dabei), votierte er für den Zusammenschluss von Bündnis 90 mit den Grünen »auf Augenhöhe« und als außenpolitischer Sprecher für eine militärische Intervention im ehemaligen Jugoslawien. Poppe war in der rot-grünen Koalition Beauftragter für Menschenrechte und humanitäre Fragen (1998 bis 2003) und ist seit 1998 Vorstandsmitglied der Bundesstiftung zur Aufarbeitung der SED-Diktatur.

Die politischen Aktivitäten, wie sie sich in blockübergreifenden Initiativen niederschlugen, etwa mit Petra Kelly, waren Poppe wichtiger als die publizistischen. Zu seinen wichtigsten Aufsätzen gehört der Beitrag über die Kontakte alternativer Kräfte zur Opposition in Mittelosteuropa.[82] Hier kamen dem Bürgerrechtler die eigenen Erfahrungen zugute. Wie Poppe einräumt, war die Opposition in der DDR im Vergleich zu jener in Polen stärker immanent ausgerichtet.

Als »eine Art Anlaufpunkt – auch für Oppositionelle, die einen anderen Standpunkt als er selbst vertraten«,[83] begehrte der Bürgerrechtler »Poppoff«, dies sein Spitzname nach einer Figur des Kinderbuchautors Janosch, gegen die SED-Diktatur so entschieden wie lange auf. Dabei blieben Wandlungen nicht aus. Einst in konspirativen Zirkeln aktiv, suchte Poppe mehr und mehr die Öffentlichkeit, auch die westliche. In dem Maße, in dem die Hoffnungen auf Reformen des als erstarrt angesehenen kommunistischen Systems zurückgingen, gewann die menschenrechtliche Dimension an Gewicht. Der Partei Die Linke steht er heute ebenso fern wie früher der SED.

81 Gerd Poppe: Widerständiges und oppositionelles Verhalten, in: Deutscher Bundestag (Hg.): Materialien der Enquete-Kommission »Aufarbeitung von Geschichte und Folgen der SED-Diktatur in Deutschland«, Bd. VII/1, Baden 1995, S. 288.

82 Gerd Poppe: Begründung und Entwicklung internationaler Verbindungen, in: Kuhrt u. a. (Hg.): Opposition in der DDR (wie Anm. 48), S. 349–377.

83 Leistner: Gerd Poppe (wie Anm. 79), S. 177.

Rainer Eckert

Rainer Eckert ist ein ostdeutscher Historiker, der mit Herzblut an der friedlichen Revolution beteiligt war und seither im In- wie im Ausland engagiert dafür eintritt, dass die Wissenschaft, die Politik und die Publizistik sie in ihrer säkularen Tragweite würdigt: in Ausstellungen, in Büchern, in Aufsätzen, in Artikeln, in Interviews und in Vorträgen.

Geboren am 16. Januar 1950 in Potsdam als Sohn eines kommunistischen Gewerkschaftsfunktionärs und einer evangelischen, der Sozialdemokratie nahestehenden Mutter, begann er an der Humboldt-Universität zu Berlin ein Studium der Geschichts- und Archivwissenschaft, nachdem er als Mitglied der Jungen Gemeinde in Reaktion auf den Einmarsch der Warschauer-Pakt-Truppen in die Tschechoslowakei zunächst seinen Studienplatz zurückgegeben hatte.[84] 1972 folgten die Relegation aus politischen Gründen und der Ausschluss aus der FDJ – das Ministerium für Staatssicherheit legte einen Operativen Vorgang »Demagoge« an. Während seiner Tätigkeit als Lagerverwalter in einem Baubetrieb war die Aufnahme eines Fernstudiums im Fach Geschichte möglich, das Eckert 1975 abschloss. Als Mitarbeiter im Zentralinstitut für Geschichte der Akademie der Wissenschaften der DDR anschließend angestellt, vermochte er nach bibliothekarischer Arbeit an die Geschichtswissenschaft anzudocken. Sein Dissertationsprojekt über die Rezeption der NS-Judenverfolgung in der Exilpublizistik fiel politischen Bedenken zum Opfer; das Promotionsthema, das 1984, extern fertiggestellt, zum Erfolg führte, betraf die deutsche Besatzungspolitik in Griechenland.[85]

Nach der friedlichen Revolution avancierte der bis dahin diskriminierte und parteilose Eckert, der weder bereit war, in die SED einzutreten noch für die Staatssicherheit zu arbeiten, als eine Art Aushängeschild zum stellvertretenden Direktor des Instituts für Geschichtswissenschaft an der Humboldt-Universität zu Berlin. Der Assistenzzeit (1992 bis 1996) bei dem Neuberufenen Heinrich August Winkler folgte eine Tätigkeit, die Eckert seither ausübt: zunächst Leiter des Zeitgeschichtlichen Forums Leipzig, das zur Stiftung Haus der Geschichte der Bundesrepublik Deutschland gehört, und seit 2001 sein Direktor. Das Zeitgeschichtliche Forum präsentiert Dauer- und Wanderausstellungen, sammelt Objekte zu Oppositionsbewegungen in der DDR und führt Veranstaltungen durch. Nach seiner kumu-

84 Die biografischen Kerndaten basieren auf Angaben des Porträtierten.

85 Vgl. Rainer Eckert: Vom »Fall Marita« zur »wirtschaftlichen Sonderaktion«. Die deutsche Besatzungspolitik in Griechenland vom 6. April 1941 bis zur Kriegswende im Februar/März 1943, Frankfurt a. M. 1992.

lativen Habilitation im Fach Politikwissenschaft an der Freien Universität Berlin (2001) finden Eckerts Lehrveranstaltungen am Kulturwissenschaftlichen Institut der Universität Leipzig statt.

Eckert, bereits im Januar 1990 der SPD beigetreten und vielfältig vernetzt, unter anderem als Mitglied der Historischen Kommission beim Parteivorstand der SPD, im Stiftungsrat zur Aufarbeitung der SED-Diktatur, im Stiftungsrat der Stiftung Ettersberg, hat eine Reihe von Auszeichnungen erhalten: so das Bundesverdienstkreuz, die Sächsische Verdienstmedaille, den Bürgerpreis zur deutschen Einheit (mit anderen).

Auf Eckerts Publikationsliste stehen Studien zur Geschichtswissenschaft in der DDR, zur historischen Aufarbeitung der beiden Diktaturen auf deutschem Boden, zu oppositionellen Kräften in der SED-Diktatur, zur PDS[86] (der Autor versteht sich als Antikommunist und als Antifaschist gleichermaßen), aber auch zum »Dritten Reich«.[87] Sein jüngstes Werk ist widerständigem Verhalten in Leipzig vom 19. Jahrhundert an gewidmet. Das Credo lautet: »[...] der 9. Oktober ist einer der wenigen deutschen Gedenktage ohne Opfer. Am Anfang der 3. deutschen Republik stand eine Friedliche Revolution mit dem Aufbruch der an ihr Beteiligten aus dem Gehäuse der Hörigkeit durch revolutionäre Selbstermächtigung.«[88] Wohl kaum einer kennt die Literatur über Repression in der DDR so gut wie Rainer Eckert.[89]

Und wohl kaum keiner ist derart besorgt um das Vorankommen unbelasteter Ostdeutscher in der Wissenschaftslandschaft. Vehement wendet er sich immer wieder gegen den Begriff der »Wende«, der bei ihm »allergische Reaktionen« erzeugt. In der Tat ist der etwas umständliche Terminus der friedlichen Revolution treffender, wobei es in einer offenen Gesellschaft keine von oben verordneten Sprachregelungen geben soll. Und ebenso vehement gilt für ihn »Leipzig [als] der zentrale Ort«[90] der friedlichen Revolution. Der 9. Oktober 1989 sei wichtiger als der 9. November 1989.

86 Vgl. u.a. Rainer Eckert/Bernd Faulenbach (Hg.): Halbherziger Revisionismus. Zum postkommunistischen Geschichtsbild der PDS, München 1996.

87 Vgl. Rainer Eckert: Arbeiter in der preußischen Provinz: Rheinprovinz, Schlesien und Pommern 1933 bis 1939 im Vergleich, Frankfurt a.M. u.a. 1997; Emigrationspublizistik und Judenverfolgung. Das Beispiel Tschechoslowakei, Frankfurt a.M. 2000.

88 Vgl. Rainer Eckert: Opposition, Widerstand und Revolution. Widerständiges Verhalten in Leipzig im 19. und 20. Jahrhundert, Halle (Saale) 2014, S. 292.

89 Vgl. Rainer Eckert: SED-Diktatur und Erinnerungsarbeit im vereinten Deutschland. Auswahlbibliografie zu Widerstand und politischer Repression, Berlin 2011.

90 »Das muss toll werden«. Der Historiker Rainer Eckert gibt Antworten, in: Die Zeit vom 25. September 2014.

Wolfgang Berghofer

Wolfgang Berghofer ist ein ehemaliger SED-Funktionär, der seine politische Verantwortung und Schuld in der DDR seit Jahren hinterfragt und die sozialistische Diktatur heute schonungslos kritisiert. Sein Freund Rainer Eppelmann schrieb im Jahr 2014 über ihn, er habe die »alten ideologischen Scheuklappen abgelegt« und sei »in der Freiheit angekommen«.[91]

Geboren am 25. Februar 1943, wuchs er nach dem Krieg bei seinen Großeltern in Bautzen auf.[92] Nach der Oberschule folgte zunächst eine Lehre im Bereich Maschinenbau, er arbeitete in einem volkseigenen Betrieb. Mit 19 Jahren wurde Berghofer Kandidat, mit 21 Jahren Mitglied der SED. Es folgte eine steile Karriere und weitere Ausbildung in den Reihen der Freien Deutschen Jugend (FDJ), wo er es bis zum Abteilungsleiter im Zentralrat schaffte. 1971 als inoffizieller Mitarbeiter des MfS (IM »Falk«) angeworben, war Berghofer für die Tschekisten ob seiner unverbindlichen Art der Berichterstattung nutzlos, weshalb das MfS 1981 die Zusammenarbeit mit ihm abbrach. Die Ernennung zum Oberbürgermeister der Stadt Dresden im Januar 1986 markiert den Höhepunkt der politischen Karriere des Wolfgang Berghofer, der im Jahr zuvor noch sein Fernstudium der Geschichte an der Universität Rostock abgeschlossen hatte. Als Dresdner Stadtoberhaupt betrieb er eine betont eigenständige Politik, er aktivierte und pflegte eigenmächtig die Städtepartnerschaft mit Hamburg ebenso wie den engen Kontakt zu den sozialdemokratischen Bürgermeistern der Hansestadt Klaus von Dohnanyi und Henning Voscherau.

Der in Dresden populäre Berghofer rückte vor allem im Herbst 1989 ins politische Rampenlicht der untergehenden DDR, als er am 8. Oktober – zunächst gezwungenermaßen und reserviert – in den Dialog mit der oppositionellen Dresdner »Gruppe der 20« trat. Bald wurde er auch ob seiner Medien- und Redegewandtheit im Westen wie im Osten als Reformer (»Bergatschow«) wahrgenommen, nicht wenige sahen in ihm indes einen »Wendehals«.[93] Berghofer kritisierte nun die »alte SED-Führung« und trat im Januar 1990 aus der SED/PDS aus, der er Reformunwilligkeit und -unfähigkeit vorwarf, zu deren stellvertretendem Vorsitzenden er sich Anfang Dezember 1989 aber noch hatte wählen lassen. Von der

91 Nachwort von Rainer Eppelmann, in: Wolfgang Berghofer: Keine Figur im Schachspiel. Wie ich die »Wende« erlebte, Berlin 2014, S. 250.

92 Die biografischen Kerndaten sind folgenden Quellen entnommen: https://www.munzinger.de (zuletzt abgerufen am 7.12.2014) sowie Berghofer: Keine Figur (wie Anm. 91); ders.: Meine Dresdner Jahre, Berlin 2001.

93 So Cordt Schnibben: »Ich könnte eine Autorität sein«, in: Der Spiegel 5/1990, S. 21–23.

SPD nicht gewollt, schied Berghofer nach dem Verlust des Amtes im Frühsommer 1990 aus der Politik aus.

Seine Kontakte zu westdeutschen Politik- und Wirtschaftseliten ermöglichten ihm einen beruflichen Neuanfang. Anfangs Generalbevollmächtigter der süddeutschen Häussler-Gruppe in der DDR, ist er heute Vorsitzender des Verbands Betriebliche Versorgungswerke für Unternehmen und Kommunen e.V. 1992 holte ihn seine Vergangenheit ein. Berghofer wurde vom Dresdener Bezirksgericht wegen »Wahlfälschung und Anstiftung zur Wahlfälschung« zu einer Freiheitsstrafe von einem Jahr, ausgesetzt zur Bewährung, sowie zu einer Geldstrafe verurteilt. Anders als viele Funktionäre räumte er von Anfang an seine Wahlmanipulationen, die »überall gang und gäbe waren«,[94] und damit seine Schuld ein.

Seine Reputation war nach dieser Verurteilung freilich beschädigt. Entsprechend scheiterte 2001 sein Comeback-Versuch als Oberbürgermeister von Dresden. Berghofer, dessen Kandidatur als »Entlastungsangriff zugunsten der CDU«[95] interpretiert und kritisiert wurde, gewann im zweiten Wahlgang nur 12,2 Prozent der Stimmen. Nachdem es einige Jahre ruhig um ihn geworden war, warf er 2007 in einem aufsehenerregenden Interview der SED/PDS-Führung um Hans Modrow vor, 1989 bewusst die Schuld für die Diktatur in der DDR der Staatssicherheit zugeschoben zu haben, um von der Verantwortung der SED abzulenken.[96] Diese Zusammenhänge erscheinen plausibel.

Ob nun »Bergatschow« oder »Wendehals«, Wolfgang Berghofer rutschte während der friedlichen Revolution zunehmend zwischen die Stühle. Als SED-Oberbürgermeister einer verfallenden Großstadt kannte er seit Jahren die gravierenden Probleme des sozialistischen Musterstaates, konnte und wollte aber den Privilegien des Systems nicht entsagen. Als dieses schließlich durch den Druck der Straße zusammenbrach, sattelte Berghofer Stück für Stück um, zunächst als Dialogpartner der alten Macht, dann als medial populärer SED/PDS-Reformer die Sozialdemokratie wie eine reformierte DDR preisend und schließlich als parteiloser »Macher«, der die deutsche Einheit befürwortete. Im Alter von 47 Jahren kehrte er der Politik den Rücken und fand sein Heil in der neuen Welt der Marktwirtschaft.

94 Wolfgang Berghofer zitiert nach: Urteil: Wolfgang Berghofer, in: Der Spiegel 7/1992, S. 224.
95 Werner Patzelt zitiert nach: Andreas Wassermann: Biedenkopfs Joker, in: Der Spiegel 25/2001.
96 Vgl. Manfred Wilke: »Wenn wir die Partei retten wollen, brauchen wir Schuldige«. Der erzwungene Wandel der SED in der Revolution 1989/90. Interview mit Wolfgang Berghofer, in: Hermann Weber u. a. (Hg.): Jahrbuch für Historische Kommunismusforschung 2007, Berlin 2007, S. 396–421.

Anhang

Personenregister

Die fettgedruckten Seitenzahlen verweisen auf Beiträge der jeweiligen Personen im Buch, die kursiven auf biografische Angaben zu ihnen.

Adamec, Ladislav 161
Adenauer, Konrad 25, 65, 168
Adorno, Theodor W. 119, 126
Albani, Bernd 8
Albiro, Hartwig 8
Albrecht, Rudolf 8
Ammon, Herbert 173
Andreotti, Giulio 31
Andropow, Juri W. 158 f.
Apelt, Andreas H. 9, 12, 16, **59–72**, 64, *220 f.*
Apelt, Ruth 60
Arendt, Hannah 30

Bacon, Francis 203
Ballack, Michael 126
Barroso, José Manuel 167
Bartl, Klaus 8
Beckenbauer, Franz 82
Becker, Boris 82
Beer, Angelika 32
Berghofer, Wolfgang 9, 15–17, **199–212**, *240 f.*
Beyer, Wolf-Dieter 7
Biden, Joe 165
Biermann, Wolf 130, 132 f., 135, 170, 216, 228, 230, 236
Birthler, Marianne 7, 9
Bismarck, Otto von 66
Blackwill, Robert D. 234
Blair, Tony 34
Bohley, Bärbel 59, 67, 108
Böhme, Ibrahim 59, 71
Böttger, Martin 7, 13, 106 f.
Brandt, Peter 9, 14, 16, **141–154**, 173, *232 f.*
Brandt, Willy 50, 86, 110, 123, 157–159, 232 f.
Brecht, Bertolt 81
Breschnew, Leonid I. 158 f., 173, 181
Brüderle, Rainer 84
Brüsewitz, Oskar 216
Bush, George 32, 163 f.

Ceaușescu, Nicolae 160
Černý, David 20
Churchill, Winston 168
Clinton, Bill 166
Coppi, Hans 73
Coppi, Hilde 73

Dahn, Daniela 196 f.
Dalai Lama 176
Dieckmann, Christoph 193

Diestel, Peter-Michael 54, 80
Ditfurth, Jutta 32
Dohnanyi, Klaus von 208, 240
Domaschk, Matthias 134, 230
Dubček, Alexander 34
Dutschke, Rudi 236

Eckert, Rainer 9, 15 f., **185–198**, *238 f.*
Eggert, Heinz 7
Eisler, Hanns 94
Elmer, Konrad 123
Engler, Wolfgang 186, 191, 195
Eppelmann, Rainer 7, 54, 56, 67, 70, 120, 173, 199, 240
Eppler, Erhard 121
Erhard, Ludwig 34, 81

Fischer, Joschka 133
Franziskus I. 81
Friedman, Milton 112
Fuchs, Jürgen 59, 134, 170
Führer, Christian 7

Gasperi, Alcide De 168
Gauck, Joachim 7, 9, 12, 83, 224
Geisler, Hans 69
Genscher, Hans-Dietrich 46, 68, 159
Gericke, Dietrich 69
Gorbatschow, Michael S. 14, 31–33, 38, 40 f., 48, 68, 74, 77, 92–94, 121, 143–145, 147, 158, 160 f., 163–166, 174, 177, 189, 233 f., 237
Gromyko, Andrej A. 158
Grósz, Károly 160
Günderrode, Karoline von 127
Gutzeit, Martin 13, 107, 216
Gysi, Gregor 55, 105 f., 216, 223, 227

Haack, Peter 219
Hager, Kurt 177
Hano, Horst 92
Harmel, Pierre 157
Haseloff, Reiner 114
Havel, Václav 11, 21–23, 182, 214 f.
Havemann, Robert 119, 170, 173, 236
Hayek, Friedrich August von 112
Heisenberg, Werner 75
Henrich, Rolf 181
Hermlin, Andrej 93
Herrhausen, Alfred 160
Heydemann, Günther 8
Heym, Stefan 59, 69, 87
Hildebrandt, Regine 80
Hilsberg, Peter 216, 226
Hilsberg, Stephan 9, 13, 16, **103–118**, *226 f.*
Hinck, Gunnar 195, 197
Hindenburg, Paul von 30
Hintze, Fritz 186
Hitler, Adolf 22, 27, 73
Hoeneß, Ulrich 84
Hollitzer, Tobias 7
Honecker, Erich 33, 54, 75, 93, 100, 111, 137, 160, 174, 177
Honnef, Klaus 75
Höppner, Reinhard 80
Horn, Gyula 160
Huchel, Peter 186

Iltgen, Erich 8

Jahn, Roland 9, 14, 16, 50, 54, 122, **129–140**, 217, *230 f.*
Jähn, Siegmund 134
Janosch (eigentlich Horst Eckert) 237
Jansen, Mechtild 119
Jelzin, Boris N. 165 f., 208
Jesse, Eckhard 172
Juncker, Jean-Claude 221
Jünger, Ernst 61

Kádár, János 160
Kastrup, Dieter 234

Keller, Dietmar 9, 12, 16, **73–88**, *222f.*
Kelly, Petra 15, 133, 171, 176, 237
Kennedy, John F. 156
Kertész, Imre 221
Kim Jong-il 120
King, Martin Luther 166
Kirsten, Ulf 126
Klaus, Václav 215
Kleist, Heinrich von 127
Klier, Freya 7, 105
Kluge, Matthias 7
Kögler, Brigitta 8, 69
Kohl, Helmut 14, 22, 25, 32, 36, 47, 55, 68 f., 111–113, 158–165, 168, 174, 178, 180, 194, 201, 234 f.
Köhler, Horst 83
Koptelzew, Valentin A. 73
Kossok, Manfred 73
Kowalczuk, Ilko-Sascha 85, 175, 189, 194, 223
Krause, Günter 55
Krause, Peter 69
Krawczyk, Stephan 105
Krenz, Egon 49, 93, 121, 174 f., 189, 226
Kroos, Toni 126
Krüger, Thomas 9, 13, 16, **119–128**, *228f.*
Kuckhoff, Adam 73
Kuckhoff, Greta 73
Küttler, Thomas 8
Kwizinski, Juli A. 162
Kyi, Aung San Suu 22

Lafontaine, Oskar 36, 111
Land, Rainer 194
Lengsfeld, Vera 7
Lenin, Wladimir I. 41, 201
Lersch, Heinrich 32
Lersow, Michael 8
Liebknecht, Wilhelm 203
Lindgren, Astrid 120
Löwenthal, Richard 157, 234

Magirius, Christoph 8
Maizière, Lothar de 31, 35 f., 38, 47, 54 f., 70 f., 80, 105, 174, 216, 224, 231
Malinowski, Bernadette 17, 28
Mann, Thomas 66
Mao Tse-tung 25
Markov, Walter 73
Marx, Karl 201, 210
Matzke, Cornelia 7
Mauriac, François 21
Mazowiecki, Tadeusz 177
Mečiar, Vladimír 23
Meckel, Markus 7, 54, 107, 216
Medwedew, Wadim A. 159
Mehlhorn, Ludwig 59
Meir, Golda 168
Merkel, Angela 23, 69, 158, 220 f.
Mielke, Erich 45, 93 f., 188
Misselwitz, Ruth 13, 105 f.
Mittag, Günter 205
Mitter, Armin 190, 224
Mitterrand, François 31 f., 163
Modrow, Hans 8, 12, 49, 70 f., 76, 163, 176, 222 f., 241
Müller, Annemarie 7
Müller, Heiner 59

Nagy, Imre 169
Németh, Miklós 121, 160
Neubert, Ehrhart 7 f.
Niethammer, Lutz 85
Nooke, Günter 7, 69

Obama, Barack 165
Ohse, Marc-Dietrich 8
Orobko, Wieland 7

Perutz, Leo 99
Picasso, Pablo 82

Planck, Max 75
Poppe, Gerd 9, 15–17, **169–184**, *236f.*
Poppe, Ulrike 7, 80, 176, 236
Prodi, Romano 167
Pross, Helge 44
Putin, Wladimir W. 26f., 84, 117, 158, 164–167, 208, 215

Rakowski, Mieczysław 161
Ramelow, Bodo 10, 113
Rau, Johannes 75, 110
Reagan, Ronald 160
Reich, Jens 7, 50, 80, 217
Reichenbach, Klaus 8
Reinhold, Otto 33f.
Reiprich, Siegfried 132
Richter, Edelbert 7, 80
Richter, Frank 8
Richter, Michael 8
Roeder, Manfred 73
Romain, Lothar 75
Romberg, Walter 80
Rosenthal, Rüdiger 122
Rößler, Matthias 7, 69
Röstel, Gunda 7
Roth, Claudia 32
Rühe, Volker 83

Sarkozy, Nicolas 27
Schabowski, Günter 46, 51, 93, 175
Schalck-Golodkowski, Alexander 36
Scharf, Kurt 173
Schäuble, Wolfgang 55, 221, 224
Schewardnadse, Eduard A. 162–164
Schily, Otto 133
Schirmer, Herbert 80
Schiwkow, Todor 161
Schmidt, Helmut 113
Schnur, Wolfgang 70f.
Schorlemmer, Friedrich 7, 69, 80, 217
Schröder, Gerhard 165, 167
Schröder, Richard 9, 11, 16, **29–42**, 80, *216f.*, 227, 231
Schröter, Sonja 69
Schulz, Werner 7
Schumacher, Michael 82
Schuman, Robert 168
Schürer, Gerhard 34, 36, 202
Schwabe, Uwe 7
Schwarzenberg, Heinrich Fürst zu 214
Schwarzenberg, Karl Johannes Fürst zu 9, 11, 16f., **19–28**, *214f.*
Schwitters, Kurt 120
Sellering, Erwin 114
Šik, Ota 34
Sikorski, Radosław 166
Simon, Jana 193, 195
Snowden, Edward 117
Sommer, Theo 65
Stalin, Josef W. 30, 33, 76, 169, 181
Stauffenberg, Klaus Schenk Graf von 73
Steinbrück, Peer 84
Steinmeier, Frank-Walter 12, 23, 82
Steinmetz, Max 73
Stolpe, Manfred 55, 105, 108, 216, 227f.
Strauß, Franz Josef 44
Strieder, Peter 229

Teltschik, Horst 9, 14, 16f., **155–168**, *234f.*
Templin, Wolfgang 7, 56
Thatcher, Margaret 32, 163
Thierse, Wolfgang 80, 194, 221
Tillich, Stanislaw 113
Timoschenko, Julija W. 84
Tschernenko, Konstantin U. 158
Tschiche, Hans-Jochen 80

Ulbricht, Walter 54, 129, 138
Ullmann, Günter 59

Ullmann, Wolfgang 37, 59, 71, 80
Ustinow, Dmitri F. 159

Vaatz, Arnold 7, 66
Venohr, Wolfgang 233
Vettel, Sebastian 82
Voscherau, Henning 240

Wagner, David 194
Wagner, Herbert 7
Wałęsa, Lech 162
Walser, Martin 65, 221,
Wehner, Herbert 201, 233
Weigel, Hansjörg 7
Weiß, Konrad 7, 71
Weißgerber, Gunter 8
Weizsäcker, Richard von 22, 221
Welsch, Wolfgang 9, 12, 16, **43–58**, *218f.*
Werner, Ernst 73
Willisch, Andreas 194
Winkler, Heinrich August 238
Woidke, Dietmar 124
Wolf, Christa 69, 127
Wolle, Stefan 9, 13, 16, **89–102**, 190, *224f.*
Wowereit, Klaus 114
Wulff, Christian 84

Zeh, Klaus 69
Zeman, Miloš 215
Zenker, Thomas 227
Zoellick, Robert 234
Zyl, Arnold van 17

Angaben zu den Herausgebern

Eckhard Jesse

Jahrgang 1948, Dr. phil. habil., von 1993 bis 2014 Professor für Politikwissenschaft an der Technischen Universität Chemnitz (Lehrstuhl Politische Systeme, Politische Institutionen); seit 1989 Herausgeber des Jahrbuchs *Extremismus & Demokratie* (mit Uwe Backes und Alexander Gallus); zahlreiche Veröffentlichungen, u.a. zur Demokratie der Bundesrepublik Deutschland, zu Totalitarismus im 20. Jahrhundert und Extremismus in der Bundesrepublik.

Bücher im Ch. Links Verlag: *Eine Revolution und ihre Folgen. 14 Bürgerrechtler ziehen Bilanz*, 2000; *Friedliche Revolution und deutsche Einheit. Sächsische Bürgerrechtler ziehen Bilanz*, 2006; *Zwischen Konfrontation und Konzession. Friedliche Revolution und deutsche Einheit in Sachsen* (Hg. mit Thomas Schubert), 2010.

Thomas Schubert

Jahrgang 1979, Dr. phil., seit 2007 Wissenschaftlicher Mitarbeiter an der Technischen Universität Chemnitz, Institut für Politikwissenschaft; Veröffentlichungen zu Wahlen, Parteien, Koalitionen, zur friedlichen Revolution und zu politischem Extremismus, u.a. Autor *Wahlkampf in Sachsen*, Wiesbaden 2011; Mitautor *Politik in Sachsen*, Wiesbaden 2014; Mitherausgeber *Deutsche Kontroversen*, Baden-Baden 2013.

Bücher im Ch. Links Verlag: *Zwischen Konfrontation und Konzession. Friedliche Revolution und deutsche Einheit in Sachsen* (Hg. mit Eckhard Jesse), 2010; *Der 17. Juni 1953 in Sachsen. Ursachen, Ereignis, Wirkung und Rezeption* (Hg. mit Clemens Heitmann), 2013.